秦汉卷 — 上册

丁四新
龚建平 著

郭齐勇 主编

中国哲学通史

A
HISTORY
OF
CHINESE
PHILOSOPHY

江苏人民出版社

图书在版编目(CIP)数据

中国哲学通史. 秦汉卷 : 上下册 / 丁四新，龚建平
著. 一 南京 : 江苏人民出版社，2023.8
ISBN 978 - 7 - 214 - 28237 - 8

Ⅰ. ①中… Ⅱ. ①丁… ②龚… Ⅲ. ①哲学史-中国
-秦汉时代 Ⅳ. ①B2

中国国家版本馆 CIP 数据核字(2023)第 125348 号

中国哲学通史

郭齐勇　主编

秦汉卷 : 上下册

丁四新　龚建平　著

策　　　划	府建明	
责 任 编 辑	康海源　赵　婠　刘凤华	
装 帧 设 计	周伟伟	
责 任 监 制	王　娟	
出 版 发 行	江苏人民出版社	
地　　　址	南京市湖南路 1 号 A 楼,邮编:210009	
照　　　排	江苏凤凰制版有限公司	
印　　　刷	苏州市越洋印刷有限公司	
开　　　本	652 毫米×960 毫米　1/16	
印　　　张	460.5	
字　　　数	6126 千字	
版　　　次	2023 年 8 月第 1 版	
印　　　次	2023 年 8 月第 1 次印刷	
标 准 书 号	ISBN 978 - 7 - 214 - 28237 - 8	
定　　　价	1980.00 元(全 20 册)	

(江苏人民出版社图书凡印装错误可向承印厂调换)

目　录

导 言

    秦汉哲学是中国哲学的重要组成部分。秦汉哲学史单独立卷,列入长编《中国哲学通史》的撰写,这既是题中之义,也是十分必要的。由任继愈先生主编的《中国哲学发展史(秦汉)》一书出版于1985年,距今已有30多年。在这30多年里,专业学者的哲学及哲学史观念都发生了很大的变化,而这种变化即要求今人再写一部新的秦汉哲学史。另外,近二三十年来,学者在汉代哲学研究上取得了不错的成绩,撰有论著多部(篇)。这两个因素即决定了今天重写秦汉哲学史是很有必要的。当然,在二者中,前一个因素是主要的。

    《中国哲学通史·秦汉卷》共分17章,主要梳理和论述了秦朝、西汉和东汉三个历史时期的哲学观念、命题、思潮、人物、著作及其成就、意义等内容。此外,本卷还部分涉及了秦国和汉魏之际的哲学。秦汉哲学是如何展开的? 它包括什么主题、线索,发生了哪些变化? 以及某一家、某一派或某一时期的思想是如何构建或瓦解的? 这些问题,都是本卷关心的重点。

一

    秦朝的哲学主要由法家构成,法家哲学属于政治哲学。从逻辑上来

1

看,秦朝的法家思想始于秦孝公时期,即始于商鞅(约前390—前338)和秦孝公(前361—前338在位)二人。公元前356年和前350年,秦孝公起用商鞅,先后两次变法。商鞅以农、战为中心采取了一系列的改革措施,并以国法君令的形式("法""令")将这些改革措施颁布于众。商鞅变法的目的在于富国强兵,增强君权和国家的力量,进而赢得兼并战争的胜利。商鞅变法的效果是良好的,达到了预期目的。尽管在秦孝公去世之后,商鞅被车裂处死,但是变法的精神在秦国流传了下来。在战国晚期,天下统一的历史趋势日益明显,秦国具备了相应的实力;并且,从合纵连横的外交政策和手段来看,秦国自战国中期以来即有攻灭六国、并吞天下的雄心。战国末季,秦王嬴政认为需要进一步强化君权和中央权力,同时需要一种有力且有效的哲学来指导他和帮助他完成统一大业。在此种需要下,秦王采纳了韩非、李斯的新法家哲学,而抛弃了吕不韦杂糅诸家的思想体系。① 韩非、李斯的法家哲学以"法""术""势"为基本概念,"法"即法、律、令,是国家权威的直接体现,是君主统治全体国民的基本工具;"术"即统御之术(或政治管理之术),其内容主要为刑名学,即通过考核臣下、官员之名实是否相符,从而驾驭之,使之有效地服从和执行君主法令,完成国家任务的一套方法;"势"即君主的权势或位势,人君如何保持自身的权势而不被臣下借用和滥用,这是南面术中的一个非常重要的问题。实践证明,秦始皇的选择是对的,他在李斯等人的帮助下进一步强化国家机器,强化君主的权威,从而保证了秦国十分有效地攻灭六国,兼并天下,完成了统一大业。

不过,法家哲学是一把双刃剑。一方面它有效地指导秦王嬴政攻灭六国,兼并天下,建立了强大的秦朝和以皇帝为中心的中央集权制政府,但是另一方面它也是导致秦朝迅速崩溃和灭亡的直接原因。在统一之

---

① 实际上,吕不韦的杂家哲学很可能更适合统一之后的国家统治的需要。随着统一的临近,吕不韦集团具有一定的前瞻性,他们在努力寻求一种综合和融贯诸家思想的新哲学来指导天下统一后的秦王朝的统治,其中包括新王朝合法性的论证,以及如何守护和治理天下等问题。

后,秦始皇和秦二世不但继续以法家哲学为指导,而且大力强化国家机器和君主个人的权威,使国家机器和国家权力在很大程度上蜕化为皇帝个人意志(独裁意志)的直接体现。这样,皇帝的个人意志和个人权威就凌驾于法律和法家哲学之上,皇帝与法家、君主权威与法律权威之间的平衡被打破,法家哲学(法家精神)不再被严肃看待,而被完全看成服务于君主个人意志及其好恶的工具。《史记》即记载了秦始皇极度贪图权势的情景,而秦二世则行"督责之术",认为皇帝的权威应当直接体现在个人权力使用的"肆意极欲"上。这样,在秦始皇父子心中,"权势"成了法家哲学的绝对核心,打破了法家原所设想的"法""术""势"三者之间的平衡关系。进一步,这种权势论法家不但对"法""术"二者构成了严重的破坏和消解,而且在较大程度上毁掉了法家的声誉。应当说,秦氏父子的"法家"概念与韩非、李斯的定义是不尽相同的。另外,秦始皇借助秦为水德说强化了法家观念,《史记·秦始皇本纪》曰:"刚毅戾深,事皆决于法,刻削毋仁恩和义,然后合五德之数。于是急法,久者不赦。"正是这种"刚毅戾深,事皆决于法""刻削毋仁恩和义"的极端主张,①将秦朝推向了黎民百姓、六国旧贵族的对立面,埋下了积怨和祸根,最终导致了帝国的迅速崩溃和灭亡。

二

西汉哲学的产生、发展和变化,与如下四大事件或因素相关:第一件是秦亡汉兴,它直接导致了汉人对于秦亡的持久反思以及黄老思潮的兴起。第二件是汉武帝"罢黜百家,表章《六经》",它直接导致了经学地位的上升和儒学的繁荣,从此儒家成为中国思想、文化的主干。第三件是

---

① 后人往往将"法家"标签化,一提及"法家"就认为它必然具有"刻薄寡恩""严刑峻法"的特点,实际上这是完全不对的。韩非、李斯与秦始皇父子对于"法家"的概念有别,而汉初的吴公、贾谊则更是将"仁义"的观念糅合在他们的思想中。《汉书·循吏传》曰:"是时,循吏如河南守吴公、蜀守文翁之属,皆谨身帅先,居以廉平,不至于严,而民从化。"吴公、贾谊属于法家的温和派。

浑天说的提出和太初历的颁布,它改变了中国人的宇宙论和历法,对武帝之后的中国思想产生了非常深远的影响。最后是谶纬思潮的兴起,图谶改变了汉儒的言说方式,经学由此一变而为谶纬学。

1. 秦亡与汉初哲学的展开

"秦亡"是一个标志性的历史事件,它为西汉哲学特别是汉初哲学的缘起提供了反思的前提和动力。汉以秦亡为鉴,政治精英和知识精英总结出三条经验、教训。

第一条,黎民百姓久离战争之苦,故统治集团在汉初不得不实行"与民休息"或"休息无为"的政策。① 这条政策直接导致了文景之治——财富大量积聚,人口大量繁衍,同时黄老借此流行开来,在文景时期形成了思潮。黄老学是一种政治哲学,以"无为"为宗,"其术以虚无为本,以因循为用"②,同时它吸纳了名家、阴阳家等的思想。黄老学的经典为《老子》和《黄老帛书》(或称《黄帝四经》)。不过,值得注意的是《黄老帛书》并没有出现"自然"和"形神"概念。后来,黄老学在政治上不能适应汉帝国的迅速崛起和中央集权的历史趋势,它在中央与封建诸侯的斗争中倾向于支持后者。汉帝国的崛起要求加强中央集权,一方面强化郡县制,另一方面削弱分封势力,以此彰显帝国本身的权威和皇帝个人的雄心。此外,在王朝的合法性、宗教信仰、王教等重大问题上,黄老学如果不是缺位,就是论证过于简单。在景帝时期,黄老学在意识形态上的独擅地位已受到挑战,而武帝一俟上位即欲将其从"王座"上打落下来。

第二条,当时的政治精英和知识精英普遍认为"仁义不施",乃是秦

---

① 《史记·吕太后本纪》曰:"(太史公曰)孝惠皇帝、高后之时,黎民得离战国之苦,君臣俱欲休息乎无为,故惠帝垂拱,高后女主称制,政不出房户,天下晏然。"同书《曹相国世家》曰:"(太史公曰)然百姓离秦之酷后,参与休息无为,故天下俱称其美矣。"《汉书·景帝纪》班固赞曰:"汉兴,扫除烦苛,与民休息。至于孝文,加之以恭俭,孝景遵业,五六十载之间,至于移风易俗,黎民醇厚。"同书《循吏传》曰:"汉兴之初,反秦之敝,与民休息,凡事简易,禁罔疏阔,而相国萧、曹以宽厚清静为天下帅,民作'画一'之歌。孝惠垂拱,高后女主,不出房闼,而天下晏然,民务稼穑,衣食滋殖。至于文、景,遂移风易俗。"
② 参见司马谈《论六家要旨》,载《史记·太史公自序》。

亡的重要原因。不过,人们对此有四种立场的演绎:陆贾认识到"攻"与"守"的不同,认为"行仁义,法先王"是巩固王朝统治的大政方针。这是从儒家的立场来主张所谓仁义观念。贾谊认为,秦亡的原因在于"仁义不施而攻守之势异也"。这是从法家的立场来主张仁义观念。需要指出,贾谊并未对秦法作过分的否定,而只是认为秦始皇父子运用不当、未能分清时势不同而已。实际上,贾谊及其师吴公属于温和派的新法家。①此外,统治集团推行"与民休息"或"休息无为"的政策,而黄老主张"清静无为",都是从一种间接的立场来主张仁义观念。

第三条,以德运说论证王朝的合法性(受命),这是西汉政治哲学的一个重要问题。汉得水德、土德还是火德? 这是从汉高祖一直到光武帝都在讨论的问题。这个问题涉及汉朝合法性的论证以及如何处理秦朝在历史中的位置。而且,这一问题还涉及国家政治制度和礼乐制度的建构。汉高祖、文帝、武帝、王莽、光武帝以及张苍、贾谊、公孙臣、倪宽、司马迁、刘向、刘歆等都参与了汉朝德运说的争论。汉人的德运说分为两类,一类在刘向之前,德运说"从所不胜",人们无非主张汉得水德还是得土德;一类在刘向之后,刘向、刘歆根据相生说而提出了"母传子"的新德运说,认为周得木德而汉得火德。②而刘向、刘歆的改造,其实是对德运说理论本身作了较大程度的儒化。另外,董仲舒等人利用三统说(黑、白、赤三统)来论证汉朝受命的合法性及对汉朝之历史存在本质的刻画,也是值得注意的。

2."罢黜百家,表章《六经》"与适应帝国需要的西汉儒学

汉武帝"罢黜百家,表章《六经》"又是一个标志性的历史事件。汉

---

① 据《史记·屈原贾生列传》,贾谊师从河南守吴公,"(文帝)闻河南守吴公治平天下第一",而吴公为李斯弟子。《汉书·循吏传》曰:"循吏如河南守吴公、蜀守文翁之属,皆谨身帅先,居以廉平,不至于严,而民化化。"所谓循吏,指上顺公法、下顺人情之官吏。由此可见吴公属于温和派的新法家。
② 参看《汉书·律历志》《郊祀志赞》。王莽改制,据刘向、刘歆说,认为新朝得土德(《汉书·王莽传》)。实际上,指武帝太初元年(前104)之前,汉人实行水德;太初元年之后,实行土德。贾谊和文帝曾试图推行土德,这可能与他们力图加强中央集权的愿望有关。另外,火德的施行,实自光武帝建武二年(26)正月开始。

5

初,黄老学者和儒家为了争夺在王朝中的地位而展开了长期的斗争,其中以景帝至武帝初即位的一段时期最为激烈。武帝建元元年(前140)"罢黜百家",建元五年(前136)"置《五经》博士",由此初步形成了高度尊崇儒术的局面。建元六年(前135),一俟窦太后驾崩,武帝即"黜黄老、刑名百家之言,延文学儒者以百数"。《汉书·儒林传》曰:"及窦太后崩,武安君田蚡为丞相,黜黄老、刑名百家之言,延文学儒者以百数,而公孙弘以治《春秋》为丞相,封侯,天下学士靡然乡风矣。"从此儒学正式登上了帝国的宝座,在意识形态的建设中占据主导地位。其中,窦婴、田蚡、赵绾、王臧、董仲舒、公孙弘等人发挥了重要作用。

儒家为何能够取代黄老而担负起建设帝国意识形态的重任? 这是一个重要问题。这个问题既与汉帝国的需要有关,也与儒学的思想性质及其成分有关。从景帝到武帝时期,加强中央集权、削弱封建诸侯王的势力已成为帝国的迫切任务,而通过宗教信仰和施仁政的方式加强帝国的凝聚力、消弭内部的不和谐因素,同样是皇朝大事。此外,由于汉帝国日趋强盛,"华夷之辨"也提上了意识形态建构的日程。在百家之中唯有儒家能够满足以上各种需求。儒家的"大一统""天人感应""《六艺》之教"和"华夷之辨"等最能满足帝国意识形态建设的需要。反观黄老,其内容单一,总言之曰"君人南面之术"而已矣。而且,在性质上它落后于现实政治的需要,黄老提倡"清静无为"之旨,这在一定程度上即或明或暗地支持封建制。景帝时期,皇朝与王朝,帝国与诸侯国的权力、制度斗争日趋炽烈,天子和帝庭迫切希望改变现状,加强中央集权。武帝洞晓帝国的未来和发展需要,一俟即位,他就急于起用儒家,"罢黜百家,表章《六经》"[1]。相反,对于那些支持黄老而敢于拂逆鳞的朝中大员,武帝轻则予以罢黜,重则加以刑辱。这其中最典型的例子是司马谈、司马迁父子,他们二人同宗黄老,但不识时务,故先后招致奇耻大辱。

武帝之后,儒家经学和哲学得到迅速发展,其中公羊家的政治哲学、

———————————————————

[1]《汉书·武帝纪赞》。

《周易》哲学和儒家人性论十分突出。(1) 董仲舒发展出一套系统的天人感应之学，其主要内容为大一统、三统说、三纲说和灾异说等。"天人感应"是汉儒最基本的哲学观念、宗教观念和思维方式。"尊大一统"既是公羊学的要义，也是汉代现实政治的迫切需要。"三统说"论证了王朝受命的合法性，并通过"王者改制"体现出来。"三纲"(君为臣纲、父为子纲、夫为妻纲)奠定了中国传统社会的伦理基础，它通过"阳主阴从""阳生阴成"和"阳先阴后"的天道观来作论证，即所谓"王道之三纲可求于天"①是也。"灾异"本来是自然界给予人类的一大消极因素，但是董仲舒等人将其转化为表达天意和上天用来谴告人君的政治符号，因而具有一定的积极意义。(2) 除了训解经义之外，西汉易学长于表现天道，"《易》著天地阴阳四时五行，故长于变"②，孟喜的卦气说即是落实天道的一个具体例子。而汉人以阴阳概念来勘定"天道"，这使得《周易》的地位急剧上升，居于《五经》之首；而对于诸经来说，《周易》具有方法论的意义。在西汉中后期，《周易》经学经历了灾异化和谶纬化两个阶段，前一阶段以京房易学为代表，后一阶段以《易纬》为代表。此外，西汉易学在象数学上获得了长足的发展，狭义的"象数"概念即以汉易为依据。对于汉人而言，"象数"是表达"天道"的重要手段。(3) 汉儒高度重视人性善恶问题，陆贾、贾谊、韩婴、董仲舒、刘向、扬雄等均有论述。董仲舒认为人虽有"善质"("身两有仁贪之性")但"未可谓善"，在他看来，"性"和"善"，是"禾"与"米"的关系。他批评孟子误将"善质"当作"性善"来说，认为"善"其实出于圣王之教。扬雄持人性善恶混的观点，善恶两端混杂于性中。③而刘向继承《中庸》的说法，以"未发"为性为阴，以"已发"为情为阳。④ 他的人性说虽然不合于汉儒的一般思路，但与宋儒之说较为接近。在东汉时期，王充和荀悦继续讨论了人性善恶的问题。王充批判性地总结了从

①《春秋繁露·基义》。
②《史记·太史公自序》。
③ 参看扬雄《法言·修身篇》。
④ 参看王充《论衡·本性篇》。

孔子到扬雄之间的人性论观点,并认同人性有善有恶之说。① 荀悦则不但赞同三品人性说,而且细分为九品;在诸家说中,他赞成刘向的人性论主张。②

3. 浑天说及其影响

浑天说的提出和太初历的颁布实行,对于武帝太初元年之后的汉代哲学、思想和文化产生了广泛而深远的影响。首先,浑天说的起源虽然很早,但是其正式形成则很可能在景帝(前156—前141在位)至武帝初期。浑天说包括宇宙生成论和宇宙结构论两个部分,其中以结构论为基础。盖天说认为"天圆如张盖,地方如棋局"(天圆地方)或"天象盖笠,地法覆槃"③,而浑天说则认为天体是一个球形。早期的浑天说对于地体的形状认识不清,至东汉中期张衡明确认为地体亦为球形。从生成论来看,古人很早即突破了天上地下的刚性宇宙观,深入地思考和追问了先天地的生成阶段(即天地的来源)问题。古人对于"先天地"之生成阶段的思考,见于《老子》、楚简《太一生水》和楚竹书《恒先》等文献。④ "太初""太始""太素"等词语已见于先秦文献,但直到汉初,它们才逐渐演变成宇宙生成论的基本概念,且很可能在武帝前期被组织在一起,构成一个理论系统,明确地表示了浑天说之宇宙生成论的先天地阶段。⑤

浑天说深刻地影响着古人的时空观及人们对于天文现象的认识,而由此也引发了古人关于"宇宙"之"真"的争论。王充批评浑天说,认为它是错误的,而赞成盖天说;⑥张衡无疑支持浑天说,并在理论上作了发展。浑天说影响着古人的哲学思考,扬雄的《太玄》即以浑天说为宇宙论基

① 《论衡·本性篇》。
② 《申鉴·杂言》。
③ 《周髀算经》卷下之一。
④ 荆门市博物馆编:《郭店楚墓竹简》,第125页,北京,文物出版社,1998;马承源主编:《上海博物馆藏战国楚竹书(三)》,第288—299页,上海,上海古籍出版社,2003。
⑤ 丁四新:《浑天说的宇宙生成论与结构论溯源——兼论楚竹书〈太一生水〉〈恒先〉与浑天说之理论起源》,《人文杂志》2017年第10期。
⑥ 《论衡·谈天篇》。

础,《易纬·乾凿度》直接吸纳了浑天说的宇宙生成论,甚至在汉末,魏伯阳、虞翻提出的月体纳甲说都受到了浑天说的影响。当然,浑天说最为直接和最为重要的影响表现在历法上,因为准确的"时间"和"时节"是衡定宇宙运行和确定人类生活历程的基本尺度。

在浑天说的背景下,邓平等人制定了《太初历》。据《史记·历书》《汉书·律历志》的记载,武帝以元封七年为太初元年,诏造《太初历》。《太初历》最后采用邓平所造八十一分律历。它以"以律起历"的办法来确定日长,一日八十分,为黄钟一龠之长;一月二十九日又八十一分日之四十三。《太初历》又是刘向、刘歆制定《三统历》的基础。《太初历》的基本数字对于汉代易学,特别是易数和卦气说产生了重要影响,甚至《老子》总分为81章、上下篇分为37章和44章也是《太初历》《三统历》影响的结果。① "历法"或称"历数"。古人十分重视制历的问题,这不仅因为制历关系到时间和时节的确定,而且历法("历数")本身即代表着"天命"或"天道"。《论语·尧曰篇》载帝尧曰:"天之历数在尔躬,允执其中。"《史记·历书》曰:"王者易姓受命,必慎始初,改正朔,易服色,推本天元,顺承厥意。"同书《礼书》曰:"乃以太初之元改正朔,易服色,封太山,定宗庙百官之仪,以为典常,垂之于后云。""历数"具有神圣性,"正朔"代表着天意和天道,对于古人而言它们具有崇高而神圣的政治哲学含义。

需要指出,尽管浑天说在宇宙论上更接近所谓真理,依据它所制定的时间和时节更为精确,但是中国古人不但没有放弃盖天说,而且在价值观上一直以盖天说为基础。天上地下、天圆地方、天阳地阴,人们长期习惯于如此描述我们所居处的环境和空间,并根据这种描述来确定所谓"天道"的内涵,建立诸如"天尊地卑""阳主阴从"之类的价值观念。总之,在西汉中期以后,浑天说和盖天说以各有分工的方式长期并存于中国人的文化心理结构中。

---

① 丁四新:《早期〈老子〉文本的演变、成型与定型——以出土简帛本为依据》,《中州学刊》2014年第10期;《论刘向本(通行本)〈老子〉篇章数的裁划依据》,《哲学研究》2014年第12期;《老子的分章观念及其检讨》,《学术月刊》第48卷第9期(2016年9月)。

4. 经学哲学：从灾异学到谶纬学

经学和谶纬学是汉代哲学的主要表现形式，其中《易》之《十翼》、《书》之《洪范》、《春秋》之《公羊》《穀梁》起着重要作用。在西汉，经学经历了两次大的变化：一变为灾异之学，再变为谶纬学。"灾异"与"瑞应"相对。所谓灾异，旱灾、水灾、蝗灾为"灾"，日蚀、月蚀、地震、陨石、星坠、木鸣、六鹢退飞为"异"。① 对于汉人的灾异说，班固在《汉书·眭两夏侯京翼李传赞》中作了总结，曰：

> 幽赞神明，通合天人之道者，莫著乎《易》《春秋》。然子赣犹云"夫子之文章可得而闻，夫子之言性与天道不可得而闻"已矣。汉兴，推阴阳言灾异者，孝武时有董仲舒、夏侯始昌；昭、宣则眭孟、夏侯胜；元、成则京房、翼奉、刘向、谷永；哀、平则李寻、田终术。此其纳说时君著明者也。

汉人的灾异说起源于景帝时期，在宣帝时形成风气，此后经学家解经多说灾异。董仲舒以《公羊》说灾异，刘向以《穀梁》说灾异，京房以《易》说灾异，夏侯始昌以《洪范·五行》说灾异。《汉书》《后汉书·五行志》专记灾异及经师说解，足见灾异说对于汉人影响之甚。而灾异说在今天之所以可以称为哲学，有两个根据：一个，它是天人感应说的重要组成部分，起着谴告人君（不德、政令不当都在谴告之列），从而要求人君恐惧自省、再行德政的作用；另一个，它是一种具有政治、宗教象征含义的符号语言，具有超越具体事件的一般含义。关于第一个根据，董仲舒在《天人三策》中说："及至后世，淫佚衰微，不能统理群生，诸侯背畔，残贼良民以争壤土，废德教而任刑罚。刑罚不中，则生邪气；邪气积于下，怨恶畜于上。上下不和，则阴阳缪盭而妖孽生矣。此灾异所缘而起也。"②

---

① 《汉书·眭两夏侯京翼李传》："（京房曰）《春秋》纪二百四十二年灾异，以视万世之君。今陛下即位已来，日月失明，星辰逆行，山崩泉涌，地震石陨，夏霜冬雷，春凋秋荣，陨霜不杀，水旱螟虫，民人饥疫，盗贼不禁，刑人满市，《春秋》所记灾异尽备。陛下视今为治邪，乱邪？"
② 参看《汉书·董仲舒传》。

《汉书·宣帝纪》载宣帝诏曰:"盖灾异者,天地之戒也。"《汉书·元帝纪》载元帝诏曰:"盖闻贤圣在位,阴阳和,风雨时,日月光,星辰静,黎庶康宁,考终厥命。今朕恭承天地,托于公侯之上,明不能烛,德不能绥,灾异并臻,连年不息。"《汉书·成帝纪》载成帝诏曰:"君道得,则草木、昆虫咸得其所;人君不德,谪见天地,灾异屡发,以告不治。"关于第二个根据,《汉书·五行志》记杜邺曰:"《春秋》灾异,以指象为言语。"这一句话,《汉书·谷永杜邺传》记为"案《春秋》灾异,以指象为言语,故在于得一类而达之也"。

关于灾异说的局限,班固在《汉书·眭两夏侯京翼李传赞》中作了深入评论,曰:

> 察其所言,仿佛一端。假经设谊(义),依托象类,或不免乎"亿则屡中"。仲舒下吏,夏侯囚执,眭孟诛戮,李寻流放,此学者之大戒也。京房区区,不量浅深,危言刺讥,枢怨强臣,罪辜不旋踵,亦不密以失身,悲夫!

汉人发明灾异之例,其出发点是良善的,但是其虚假性显而易见,其弊端在此暴露无遗:"假经设义,依托象类"正是灾异说的特点,但也是其弊病所从生的根源。

经学演变成谶纬学有两个先决条件,一个是经学先自行衍生灾异之说,并予以充分的自我肯定,另一个是在汉代经学之外已存在谶纬文化,武帝等人崇祭鬼神,给予其合法性和发展的动力。前者是内因,而后者是外因。不过,从源流看,后者为前者的导因,作为整体意识出现的"谶纬"则居于其后。不仅如此,"谶"更能体现谶纬文化的特质。《四库全书总目》曰:"谶者,诡为隐语,预决吉凶;纬者,经之支流,衍及旁义。"[①]谶语产生很早,秦时已颇流行。谶解《六经》在武帝之后逐渐形成风潮,《六纬》在哀帝之前已经形成。经师李寻在哀帝(前6—前1在位)初年说道:

---

① 永瑢等撰:《四库全书总目》卷六《经部·易类六》,第47页,北京,中华书局,1965。

"《五经》《六纬》,尊术显士。"①很可能,《六纬》作于宣成之间。从宣帝到哀帝是谶纬逐步合流而形成纬书的时期。正因为具有谶语的特质,纬书才成其为纬书。不过,谶纬登上西汉政治舞台应该是在哀平之际,张衡说"图谶成于哀平之际",又说"成、哀之后,乃始闻之"②,这是恰当的。建武初,光武帝刘秀命令薛汉、尹敏校定图谶八十一篇;建武中元元年(56),光武帝"宣布图谶于天下"③,并将图谶(或谶纬)称为内学,反将五经之学称为外学。由此,汉代经学发生巨变,正式转变为谶纬之学。谶纬学吸收了多方面的哲学思想,但其特质在于"神异",即将世间生成和变化着的事物看作包含着神意的象征符号。不过,尽管谶纬在叙述和表达方式上发生了巨变,但是它仍然属于天人感应之学,是天人感应之学走向更神秘化、象征化和象数化的变种。

此外,西汉哲学还有三点值得注意:其一,"孝"的伦理观念在战国末至汉初完成了天道化的论证,并通过皇家的提倡和《孝经》立经等方式完成其意识形态化的过程。"孝"是理解汉人行为方式的一个重要观念。其二,在武帝"罢黜百家"之后,黄老学在西汉中后期继续存在,仍受到部分官员和士人的推崇。同时,黄老学的主旨发生改变,养生论和性命论得到阐扬,并逐渐与元气自然论结合起来。其三,医学哲学在西汉达到了高峰,《黄帝内经》不仅系统地阐述了中医基础理论,而且系统地阐述了人体生命和健康哲学,对中医理论和中国文化的影响非常深远。

三

谶纬是西汉哲学的终点,也是东汉哲学的起点。换一句话说,东汉哲学既是对西汉哲学的继续,又是在批判它的基础上展开的。由于光武

---

① 《汉书·眭两夏侯京翼李传》。
② 《后汉书·张衡列传》。
③ 《后汉书·光武帝纪》。

帝的大力支持,谶纬学取代了五经学,登上了帝国意识形态的宝座。图谶(谶纬)被列为内学,而五经之学反被称为外学。针对谶纬神学的流行,有识之士在东汉初期即展开了大力批判。对于谶纬的批判大体上可分为两系,一系以桓谭、王充、张衡等人为代表,他们一面批判了图谶,一面提出了自己的哲学观点。这一系往往采取积极批判的态度。另一系以保守的经学家为代表,他们在拨乱反正的同时使得经注之学重新兴起。这一系往往采取消极批评的态度。

　　1. 桓谭、王充、张衡对谶纬的批判及其哲学

　　桓谭是东汉初的思想家,他批评光武帝迷信谶记,反对灾异之说。桓谭认为谶记多载"奇怪虚诞之事",并非先王之正道,甚至指出当时存在"增益图书,矫称谶记"的欺君现象。他要求光武帝"屏群小之曲说,述五经之正义"①。就灾异之说,桓谭云:"夫灾异变怪者,天下所常有,无世而不然。"②并说,如果明主贤臣"修德善政、省职慎行以应之",那么"咎殃消亡而祸转为福焉";如果"君臣多淫骄失政,士庶多邪心恶行",那么就会多有灾异变怪之事。③很显然,这是继承了荀子《天论》的观点。更为重要的是,桓谭提出了新的形神观,不但否定长生不老之说,而且认为形尽神灭,形神犹如烛火,"火烛俱尽"④,烛尽则其火即灭。桓谭"火烛俱尽"的形神说从根本上否定了鬼神实体的存在,从而极大地打击了谶纬神学。在形神关系问题上,王充的主张跟桓谭基本相同。《论衡·论死篇》曰:"夫物未死,精神依倚形体,故能变化,与人交通;已死,形体坏烂,精神散亡,无所复依,不能变化。夫人之精神,犹物之精神也。物生,精神为病;其死,精神消亡。人与物同,死而精神亦灭,安能为害祸!"在王充看来,不但人死不能为鬼,而且动植物死后也不能为怪,这样就彻底否定了"鬼""怪"观念。

　　王充高度怀疑和否定谶记或谶书所载故事的真实性。《论衡·奇怪

————————

① 《后汉书·桓谭冯衍列传》。
②③ 《新论·谴非》。
④ 《新论·祛蔽》。

篇》曰："如实论之,虚妄言也。"同书《书虚篇》曰："传书之言,多失其实。"同书《实知篇》曰："此皆虚也。"在王充看来,谶记或谶书都是虚妄之言。不仅如此,他的批判是建立在认识论的自觉上的。从书名看,《论衡》即衡定各种言论(特别是谶纬之言)的真实性。《对作篇》曰："《论衡》诸篇……冀悟迷惑之心,使知虚实之分。"《佚文篇》曰："《论衡》篇以十数,亦一言也,曰疾虚妄。""疾虚妄"而"使知虚实之分",这是王充写作《论衡》的出发点和目的,同时也是他写作该书的指导观念。王充的认识论由两点构成,第一点为"证验"。《论衡·知实篇》曰："凡论事者,违实不引效验,则虽甘义繁说,众不见信。……事有证验,以效实然。"第二点为"以心意议"或"以心原物"。《论衡·实知篇》曰："实者,圣贤不能性知,须任耳目以定情实。其任耳目也,可知之事,思之辄决;不可知之事,待问乃解。"同书《薄葬篇》曰："夫论不留精澄意,苟以外效立事是非,信闻见于外,不诠订于内,是用耳目论,不以心意议也。夫以耳目论,则以虚象为言;虚象效,则以实事为非。是故是非者不徒耳目,必开心意。墨议不以心而原物,苟信闻见,则虽效验章明,犹为失实。"在王充看来,认识活动正确与否,或是否如实,需要感性认识和理性认识的共同参与(且后者无疑高于前者),需要引效验以证明之。而认识活动的目的在于求实,在于实事求是。王充说"圣人不能神而先知"[1],又说"含血之类,无性知者""实者,圣贤不能性知",[2]这是他的观点。顺便指出,王充和扬雄都强调"学知"的重要性,乃是针对谶纬神学所谓"圣人性知""神知"的观点而发的。[3]

除了批判主义的方法论和认识论之外,王充在哲学上还主张元气自然生成论。《论衡·物势篇》曰："天地合气,人偶自生。"又曰："天地合气,物偶自生。"同书《自然篇》曰："天地合气,万物自生。"王充认为,存在于天地之间的万物(人和物)是自然而偶然地生成的,而非故生或

---

[1]《论衡·知实篇》。
[2][3]《论衡·实知篇》。

由神性之天生成的。天地所合以生物之"气"即"元气"。关于元气,王充认为它是存在于天地之间的至精至微之气,人物俱禀此气而生;人物既生于元气,死后又复归于元气。很显然,王充以元气为宇宙本体。① 而这个"元气"概念来自于稷下道家的"精气",与《庄子·知北游》"通天下一气耳"的"气"相同。王充主张元气自然生成论,其目的在于批判谶纬化的儒家所主张的"天地故生人"的观念。不但如此,王充借用"自然"概念消解了"河出图,洛出书""黄石授书"等故事的神秘性。② 不过,在天道观上王充存在一些错误观点。他赞成盖天说而反对浑天说,他赞成骨相论、命禄论而轻视人的后天努力对于自身命运的积极意义,这些说法都是不恰当的,或者错误的,在价值观和人生观上起着消极作用。

在谶纬盛行的时代,扬雄、桓谭、王充和张衡等人属于清流。扬雄仿照《周易》《论语》造作了《太玄》《法言》二书,这其实是他不愿同流合污,而力图重返真儒的重要表现。桓谭、王充和张衡三人都推崇扬雄及《太玄》《法言》二书。经过光武帝、明帝和章帝的大力倡导和扶持,谶纬之学在东汉初期即走向鼎盛,"自中兴之后,儒者争学图纬,兼复附以妖言"。在此种背景下,张衡却认为"图纬虚妄,非圣人之法",于是上疏皇帝批评谶纬之学。从《后汉书·张衡列传》所记这份奏疏来看,张衡大概是汉代第一位对谶书作定义,并推断其具体兴起时间的学者。他说,"立言于前,有征于后,故智者贵焉,谓之谶书",并推断"图谶成于哀平之际"。他深刻地揭露了谶书的本质,并予以无情的挞伐,一曰:"一卷之书,互异数事,圣人之言,势无若是,殆必虚伪之徒,以要世取资。"二曰:"此皆欺世罔俗,以昧势位,情伪较然,莫之纠禁。……譬犹画工。恶图犬马而好作鬼魅,诚以实事难形,而虚伪不穷也。""虚伪"即谶书的本质。张衡大概也是历史上第一个正式上疏

①《论衡·言毒篇》曰,"万物之生,皆禀元气";同书《四讳篇》曰:"元气,天地之精微也";同书《论死篇》曰:"人未生,在元气之中;既死,复归元气。元气荒忽,人气在其中。"
②《论衡·自然篇》。

皇帝、请求禁绝图谶的学者。他说："宜收藏图谶，一禁绝之，则朱紫无所眩，典籍无瑕玷矣。"①

除了批评谶纬、推崇扬雄的玄学之外，张衡完善和发展了浑天说。从《灵宪》和《浑天仪注》来看，张衡从宇宙结构论和宇宙生成论两个方面阐明了浑天说，其中有部分内容应当是由他首先提出来的。浑天说的宇宙结构分为天内和天外两个部分。顾名思义，"浑天"即以浑天（视周天为球形）本身来作界定，天包地外，而且张衡明确认为大地亦为球形。"天表里皆水"，球天之内均由"气"生成，而球天之外则弥漫着"水"。在此，"水"不但更接近终极始源，而且其存在比"气"更为普遍。浑天说的宇宙生成论包括元气以上的生成和元气以下的生成两个部分。元气以下的生成，即元气剖判为清浊二气，然后生天生地，进而生成万物。元气之上的生成，西汉浑天说以太初、太始、太素分别表示气、形、质之始；张衡浑天说的特别之处在于将老子"道生万物"的观念与浑天说的先天地生成系列关联起来。而张衡在宇宙论或天文学上的自觉也促使他深入地批判了谶纬，指斥其为伪学，乃至上书欲"禁绝"之。

2. 东汉经学哲学:《白虎通》与汉末易学

在东汉初期，经学及其哲学仍然在发展，其中白虎观会议的召开及《白虎通》（或称《白虎通义》《白虎通德论》）的撰集，乃是汉代经学史上的大事。建初四年(79)，杨终上书，指摘章句之徒"破坏（五经）大体"，并建议汉章帝仿照石渠阁会议（西汉宣帝主持）召开一次儒林大会，目的在于讨论、裁断和重新统一经义，"永为后世则"②。章帝采纳了他的意见，会集诸儒，在白虎观召开五经会议，"讲议五经同异"③。对于白虎观会议，《后汉书》中的章帝纪、丁鸿传、班固传、杨终传和儒林传等都有记

---

① 本段引文，均见《后汉书·张衡列传》。
②《后汉书·杨李翟应霍爰徐列传》。
③《后汉书·肃宗孝章帝纪》。

载，①丁鸿、刘羡、楼望、成封、桓郁、贾逵、李育、赵博、鲁恭、魏应、淳于恭、班固等人参加了这次大会。其中，五官中郎将魏应承制问难，侍中淳于恭奏上，汉章帝称制临决，最后由班固摘要，撰集《白虎通》。《白虎通》是西汉后期至东汉前期儒家经学的系统性概括和总结，其特点在于"通义"，与"破坏大体"的章句之学相对。此书以叙述儒家制度文化为中心，而以天道贯通上下，即以天道作为构造具体制度的逻辑基础和原理。《白虎通》的"天道"可分为客观原则和价值原则两个方面。作为客观原则的"天道"，具体指宇宙论。《白虎通》的宇宙论以盖天说为基础，但同时吸纳了浑天说的宇宙生成论思想。由盖天说所导致的天上地下、天阳地阴和天尊地卑等观念则形成了价值原则的所谓天道，或称价值原理。《白虎通》正是通过此种天道概念来奠定人道世界的价值基础和规范人伦世界的基本秩序的。作为中国传统伦理结构的核心——"三纲六纪"正是通过盖天说的"天道"概念来作论证的。不但如此，《白虎通》还通过盖天说的天道观，即以"天地""阴阳"为基本原理来解释抽象的性情论命题和论证具体的礼乐制度。可以说，章帝召开白虎观会议，这不仅是为了汇集当时的经学知识，讨论经学命题和

① 《后汉书·肃宗孝章帝纪》曰："于是下太常，将、大夫、博士、议郎、郎官及诸生、诸儒会白虎观，讲议五经同异，使五官中郎将魏应承制问，侍中淳于恭奏，帝亲称制临决，如孝宣甘露石渠故事，作白虎议奏。"同书《桓荣丁鸿列传》曰："肃宗诏鸿与广平王羡及诸儒楼望、成封、桓郁、贾逵等，论定五经同异于北宫白虎观，使五官中郎将魏应主承制问难，侍中淳于恭上，帝亲称制临决。鸿以才高，论难最明，诸儒称之，帝数嗟美焉。时人叹曰：'殿中无双丁孝公。'"同书《班彪列传》曰："天子会诸儒讲论五经，作白虎通德论，令固撰集其事。"同书《杨李翟应霍爰徐列传》曰："终又言：'宣帝博征群儒，论定五经于石渠阁。方今天下少事，学者得成其业，而章句之徒，破坏大体。宜如石渠故事，永为后世则。'于是诏诸儒于白虎观论考同异焉。会终坐事系狱，博士赵博、校书郎班固、贾逵等，以终深晓春秋，学多异闻，表请之，终又上书自讼，即日贳出，乃得与于白虎观焉。后诏删太史公书为十余万言。"同书《儒林列传》曰："建初中，大会诸儒于白虎观，考详同异，连月乃罢。肃宗亲临称制，如石渠故事，顾命史臣，著为通义。"又曰："应（魏应）经明行修，弟子自远方至，著录数千人。肃宗甚重之，数进见，论难于前，特受赏赐。时会京师诸儒于白虎观，讲议五经同异，使应专掌难问，侍中淳于恭奏之，帝亲临称制，如石渠故事。明年，出为上党太守，征拜骑都尉，卒于官。"又曰："建初元年，卫尉马廖举育（李育）方正，为议郎。后拜博士。四年，诏与诸儒论五经于白虎观，育以公羊义难贾逵，往返皆有理证，最为通儒。"

辨析经义,而且是为了依据天道原理对汉帝国的伦理和制度再作判断、论证和建构。在西汉中期,儒家经学以天人感应为基本特征,在西汉后期它的神秘性得到强化,象征逻辑突显;而《白虎通》则从天道原理出发,揭示经书大义,论证世间伦理和制度的合理性,这无疑是经学在思维方式和学术态度上的一大转变。当然,《白虎通》受到了谶纬的一定影响,但它只是吸纳了谶纬中最为合理的成分,与谶纬本身还是有着显著区别的。

从汉代经学和思想的演变历程来看,白虎观会议的召开和《白虎通》的撰集实际上标志着正统经学(五经之学)重新得到了朝廷的重视,重返意识形态的宝座,同时标志着谶纬学走向衰落。班固作《儒林传》,即以五经学为主导,述其源流,旁及阴阳灾异,而未曾涉及谶纬;作《眭两夏侯京翼李传赞》,列数诸经学大师,亦未曾涉及图谶,足见对于班固而言,经学(五经之学)与谶纬学之间有着在难以磨灭的区别。这一点也得到了《后汉书·儒林列传》的证明,凡入传者,均因其在五经上学有专长,取得了一定的学术成就,而不以是否擅长谶纬为标准。在汉代中后期,注经之学正是在这种背景下兴起和展开的。

从经学和哲学的角度看,汉末易学象数学最值得注意,其中以郑玄、荀爽、虞翻等为代表。何谓象数? 广义的“象数”概念产生于先秦,《十翼》是易学象数规则的设立者和奠基者。而狭义的“象数”概念则与“义理”相对,特指汉人新发明出来、用以注解《周易》的某些方法。需要指出的是,它们同样是经学家表达和诠释“天道”的哲学方式。从方法论来看,汉末易学有三大特点:其一,汉末易学以求“象”为宗,其中虞翻最为典型。占、画、辞、象、意五者,本是《周易》文本的基本结构。汉易,特别是汉末易学认为注经解经即是将卦画爻之“象”与卦爻辞之“象”对应起来,由此“象”成为整个解经活动的中心。而为了求“象”,汉儒发明了互体、反对、飞伏、卦变、五行、纳甲、纳支、半象、消息、权变等方法,而它们均在《十翼》象数系统之外。毫无疑问,这种高举“象”和发明“象”的解经活动在很大程度上忽视了“意”(经义)的存在,将“手段”当作“目的”本身来对待了。繁琐、牵强和舍本求末,这是汉易的三大通病。王弼即在《周易略例·明象》中作了批评,否定了汉易特别是汉末易学的注经观念及其象数方法。其二,汉末易学不但注重象数方法的运用和发明,而且注重梳理和建构各象数方法之间的逻辑关系,特别重视乾坤二卦(别卦)和八卦(经卦)对于易卦系统本身及整个世界的建构作用,郑玄、荀爽和虞翻等莫不如此。乾坤二卦的贯通作用,一个体现在此二卦十二爻与世间万有的关联上,一个体现在此二卦对于诸易例的统摄上。前者以郑玄的乾坤十二爻辰说为代表,后者以荀爽乾坤升降说为代表,荀氏的乾坤升降说是其卦变说的基础。毫无疑问,汉末易学象数学具有明显的系统性和统一性。虞翻同样重视乾坤二卦的建构作用,但为了满足注经的需要,与郑、荀二氏不同的是,他更加重视易例的博取和发明,乃至达到了令人目眩的地步。以虞翻易学为参照,可知王弼对于汉易的批判不但是完全必要的,而且极具针对性。其三,汉末易学注重“天象”和“天道”。李鼎祚《周易集解序》曰:“郑则多参天象,王乃全释人事。”[1]“天象”与“人事”相对,它是宇宙生成的表现和人所面对、所居处的物象世界,换句话说,“天象”是天道流行的客观表现。在此,“天道”是一个更高的概念。汉易或汉末易学过分倚重“天象”,通过卦气说、阴阳升降说、五行说、月相纳甲说、乾坤十二爻辰说等方法来表现“天象”,不能不说这在很大程度上迷失了解释的方向,因为人类认识“天象”的目的毕竟是为了把握“天道”,进而通过对“天道”的把握来规范“人事”。在古典语境中,“天道”不但是人认识和把握宇宙万有的基本原理,而且是建构人间伦理、制度和其他秩序的基本根据。总之,正因为汉易(特别是汉末易学)具有如上特点,所以王弼一是要回归《易十翼》的方法论,二是要以“人事”为诠释的重点。在“得意忘象”[2]说的指导下,王弼开创了《周易》经学的义理之学(以阐明经义及其所蕴含之道理为核心的一种方法论,与所谓象数

---

[1] 实则,唐李鼎祚《周易集解》引“郑玄曰”仅52例,而引“虞翻曰”多达1292例,无疑虞翻更能体现汉末易学的特点。

[2]《周易略例·明象》。

学相对)。

3. 道教的创立与道教哲学

在东汉中后期,宗教发生了重大转变,由国家型宗教向社会组织型宗教转变,由天人感应、谶纬神学向关注个人生命、现实生活及其内心信仰之宗教转变。道教正是在这种社会意识的背景下产生的。道教是以方仙道、黄老道的思想为基本理论依据,而以"道"和"鬼神"为信仰对象,以建立互助团体乃至太平社会为政治目标,以个体的健康延年为基本生存目标,而以长生不死、得道成仙为终极目的的一种新兴宗教。相应地,道教哲学在本质上是一种生命哲学,是将人的个体生命特别是肉体生命通过信仰托付给鬼神(延年)和神仙肯定(成仙)的哲学。很显然,道教哲学不等于黄老道家哲学。从来源看,道教综合了先秦以来的道德观念、太平理想、神仙理想和以鬼神为中心的民间信仰等内容。其中,鬼神观念起源甚早,而神仙观念则流行于战国末季。在历史上,秦始皇和汉武帝是仰慕仙人和推动仙人信仰的两位关键人物。道教的创立受到了"太平"思潮的严重影响,太平道和五斗米道(天师道)都是如此。① 汉代流行"天下太平"的观念(《礼记·礼运》的"大同"观念在汉代处于蛰伏状态),何休的"三世说"(据乱世、升平世和太平世)即是对此一观念的一种深化。不过,随着黄巾起义的失败及张鲁政权的瓦解,道教逐渐放下"太平社会"的政治理想,改变其发展方向,而转入人的生活世界、生命世界和信仰世界中来。

太平道和五斗米道分别以《太平经》和《老子想尔注》为经典,《太平

---

① "太平社会"(或"天下太平")的观念出自先汉,通行本《老子》第三十五章曰:"执大象,天下往。往而不害,安(焉)平太。"郭店简本有此章。"平太",即"太平"。因押韵的需要,作者颠倒了"太平"的字序。《吕氏春秋·大乐》曰:"天下太平,万物安宁。"《史记·秦始皇本纪》载秦刻石曰:"黔首脩絜,人乐同则,嘉保太平。""太平社会"是一个政治哲学的用语。进入汉代以后,官方和民间都乐于谈论"太平",在景武之间形成思潮,汉末达到鼎盛状态。在先秦,儒家提出了"大同社会"(《礼记·礼运》)的理想,进入汉代以后,儒家更多地采用"太平社会"的概念,公羊学"三世说"中的"太平世"即直接来自这一概念。

经》出自《太平清领书》,①而《老子想尔注》为张陵所作。在《太平经》中,"道""气""天君"是三大本原,"道"通过"元气"生成天地万物,"天地人本同一元气",而人为中和之气所生;"天君"是至上神,是天地万物的主宰者,天意(神旨)即出自天君,而天师传达天意,《太平经》即是对天意的表达。《太平经》还深刻地思考了"恶"的根源,认为"恶"产生于宇宙生成过程中的"承负",而释解"承负"的办法是"守一"。只有"守一"才能治身治国,才能实现"太平"之功。《想尔注》同样以"道""气"为核心概念,它将"道"人格化和神格化,认为"道"即原始的"一","一散形为气,聚形为太上老君,常治昆仑,或言虚无,或言自然,或言无名,皆同一耳",解决了人格神、具象化之"太上老君"的来源问题。"太上老君"是五斗米道信奉的尊神。此外,《想尔注》还提出了"道气"和"道诫"两个重要概念,前者回答了"生"(生命力)的来源问题,后者乃修道的工夫,是连通"道体"和"道气"的中介,是太上老君之言语和道意的显现。

　　4. 阴阳五行的开展及其要义

　　阴阳五行观念在两汉有重大的发展和极其广泛的应用,深入到经学、谶纬、政治、天文、历法、乐律、医学和宗教等领域。"阴阳"和"五行"本是两个彼此独立的观念,它们在春秋后期之前已具备哲学性质。直到战国中晚期,这两大观念虽然有一定的关涉,但是并无"阴阳生五行"的说法。阴阳生四时,四时可与四方五行搭配,但这种搭配关系仍不过是以五行图式关联万物的结果。"阴阳生五行"很可能首先出现在元气生成论的思想系统中,换一句话说它最可能出现在汉代。《春秋繁露·五行相生》曰:"天地之气,合而为一,分为阴阳,判为四时,列为五行。""阴阳生五行"的说法即首先见于此。

　　概括而言,汉代的阴阳观念主要有如下五种意义:(1) 生成义。即阴阳生成四时、五行和万物,生物的生命性来源于阴阳二气。(2) 对待义。

---

① 《后汉书·襄楷列传》。又,《汉书·李寻传》载成帝时齐人甘忠可诈造《包元太平经》等书。《包元太平经》大概是《太平清领书》的源头。

此义的阴阳不从气言,而从原理言。此义又包含配合、平衡与和谐等含义。"一阴一阳之谓道"即是表达阴阳对待义的一个关键命题。不过,所谓对待从总体言,而不是在任何情况下阴阳双方都必须同时兼具的。所谓从总体言,一岁之阴阳消息为相须对待的关系,二者不可或缺,而无一岁尽阳或尽阴之理。因阴阳消息之故而有纯阳、纯阴或阳极阴生、阴极阳生之时。(3)价值义。阴阳价值义在天道观上主要以盖天说为依据,它包括阳尊阴卑、阳主阴从、阳先阴后、阳左阴右、阳上阴下、阳男阴女、阳天阴地、阳善阴恶、阳性阴情等。在西汉中后期,由于受到浑天说"天包地外"的影响而产生了"乾元包坤元"的说法,并在盖浑二说交混作用的情况下又产生了"阳中有阴""阴中有阳"的观念。汉代道家有尚阴尚柔的倾向,则是故意持相反观念的结果。(4)阴阳刑德义。阴阳刑德的观念起源于阴阳家,在先秦已颇流行,汉代黄老道家和儒家都自觉地吸收和运用了这一思想。阴阳刑德理论以自然时节的春生秋杀为所谓天道,并以此天道为根据主张人君应当"依时寄政",即春夏施以德政,秋冬实以刑政。从目的来看,阴阳刑德理论也属于政治哲学。(5)阴阳灾异义。灾异说乃古义,起源于《尚书·洪范》和《春秋》等书。一度,荀子以客观化和自然化的天道观念反对灾异说,但在西汉景武之际,灾异说重新兴起,并与阴阳观念相结合而形成了所谓阴阳灾异说,其中董仲舒和公羊学起到了关键作用。阴阳灾异说是汉代天人感应之学的一个重要构成部分,它将"灾异"神意化和政治化,在西汉经学和谶纬学中发挥着谴告人君、制约君权而面向民本政治的重要作用。王充等人则反对此说,批判尤甚。

五行观念在汉代具有如下五种意义:(1)材质义和生成义,即水火木金土是构成和生成世间事物的五种基本材质。在此基础上,春秋时期的史伯以"和实生物"("先王以土与金木水火杂以成百物")的命题解决了先王如何创造万物和参赞万物之化育的问题。(2)关联性思维义,即以五行五方四时为基础而将万有关联成一个有机的整体。同时,生克关系被运用到这一思维方式之中。这种思维方式又称五行思维图式,在中国传统思维方式中长期占据着重要位置，至今它仍然顽强地存活在中医的基础理论中。（3）五行生胜义，即金生水、水生木、木生火、火生土、土生金，和金胜木、木胜土、土胜水、水胜火、火胜金之说。汉人从五行图式看此生胜义，进一步将它们归纳为"比相生而间相胜"①。汉人还提出了木壮、水老、火生、金囚、土死及"五行相治"的说法，②进一步看到了事物联系的复杂性，深化了五行思维的整体主义观念。（4）德运义，即邹衍在五行相胜说的基础上提出来的历史哲学。秦人据此以为秦为水德，汉人以为汉为水德（武帝太初以前）或土德（武帝太初以后）。在成帝时期，刘向、刘歆根据五行相生说提出了新的德运观，认为汉朝之运为火德。不过，西汉王朝没有采纳刘向的这一新德运观。王莽是采纳刘向说的第一位皇帝，他据此认为新朝为土德。刘秀重建汉朝之后即很快采纳了这一德运观，认为汉为火德。德运观既为历史哲学，亦为政治哲学。（5）五行灾异义，即以《洪范》"五行"为基础衍生的一套灾异学说。它滥觞于先秦，在西汉中期成为阴阳灾异说的一个部分，后期则发展为灾异说的大宗。五行灾异说的经典主要有《洪范五行传》和《洪范五行传论》（多位经学大师撰有自己的《论》）。《汉书》以下历代正史一般设《五行志》，专记当朝灾异现象和诸家的灾异说。顺便指出，隋朝萧吉《五行大义》是专门梳理和总结古人阴阳五行理论的著作，不过其内容大体上来源于汉人。

此外，王符、崔寔、仲长统、徐干等人推进了汉代的政治学说，荀悦再次论述了人性论问题，对东汉哲学有一定的贡献。

四

秦汉是从旧制度、旧文化向新制度、新文化转变的一个关键时期，奠定了其下两千余年中国传统社会的政治、思想、文化和国家、民族的基础。秦汉哲学是中国哲学的重要发展阶段，在中国思想史上具有多方面

---

① 《春秋繁露·五行相生》。
② 《淮南子·地形篇》。

的重要意义和价值：

其一，儒学成为中国思想和文化的主干，是在经过汉初一系列的思想斗争中逐步变成现实，最终由武帝统一思想、有意拔擢，从而登上帝国意识形态的宝座的。秦朝的遽尔灭亡说明了法家不足恃，汉初思想和哲学呈现出多元演绎的态势，都是历史的必然。值得一提的是，吕不韦早在秦统一六国之前已经开始反思单一指导思想（法家哲学）的巨大局限，而试图以综合诸家的新思想来指导即将建立的新王朝。汉初，民生极度凋敝和人性高度扭曲的现实为精英集团提供了深刻反省的基础，相应地，统治集团遂不得不在政治上实行"与民休息"的政策，而在文化上重启《诗》《书》《礼》《乐》的所谓王教。这两大政策的实施不仅为道家的无为哲学，而且为儒家的仁政哲学开辟了发展的道路。鉴于秦亡，陆贾认为"取""治"之势不同，而贾谊认为"攻守之势异也"。由此，二氏认为，人主应当相应地改变统治观念，在秦亡之后应当以仁义礼乐补救法家之偏弊。在"与民休息"的共识下，曹参、文帝、窦太后、景帝提倡黄老学，而诸儒则提倡经术，倡导《六艺》。一者黄老"清静无为"的宗旨与朝廷"与民休息"的政策很接近，二者得到了曹参、文帝、窦太后、景帝的大力支持，故汉初黄老先盛，形成思潮，并占据了帝国意识形态的宝座。但是，随着财富的大量积累和社会的稳定，帝国变得日益强大，而那种宣扬无为而治、从而暗中支持封建体制的黄老哲学就不再能够满足帝国的需要。先是文帝、景帝采纳贾谊和晁错的计策（霸术）削藩，抑制封建势力的膨胀，继而武帝一俟即位即大张旗鼓地擢升儒学，"罢黜百家，表章《六经》"①。与黄老相对，儒家的"大一统"说、天人感应思想（其实以皇帝为中心）和三纲王教说都非常符合肯定帝国强大和满足皇帝之雄心的需要。这样，吸纳了诸家精华的汉代儒学在武帝的特别青睐下迅速登上了帝国意识形态的宝座。不仅如此，武帝还开启了以经术取士的途径，而这个政策对于儒学在汉代地位的巩固和学术繁荣至为关键，当然对于中国文化的

————————

① 《汉书·武帝纪赞》。

影响也极为深远。而儒学在西汉中后期经过了一系列的制度化之后便正式成为了中国思想、文化的主干。

其二,经学是汉代儒家哲学乃至汉代哲学的主要表现形式。汉人的经学哲学在历史上经历了四种形态或四个阶段,它们是汉初的《六艺》之学,武帝至元成时期的五经之学,哀平至东汉前期的谶纬学,和东汉中后期的经注之学。在哲学上,汉代经学的意义在于:(1) 为汉代哲学确立了"经学"的表达范式,其中《春秋》公羊学、《洪范》五行学和易学最为突出。(2) 提出了一整套天人感应之学和政治哲学,其中"阴阳灾异"乃诸经之通义,最受经学大师的重视,这些大师"孝武时有董仲舒、夏侯始昌,昭宣则眭孟、夏侯胜,元成则京房、翼奉、刘向、谷永,哀平则李寻、田终术"①。(3) "天道"成为汉代经学哲学的基本原理和最为重要的论述对象,其中在天道的诠释和表达上,《周易》象数学非常突出,"象数"成为汉代哲学的重要表达方式。(4) 盖天说和浑天说成为汉代经学的宇宙论背景,浑天说虽然在较大程度上改变了汉人的宇宙观,但是盖天说仍然是汉人价值观形成的天道基础。(5) 不但焦赣的《易林》、扬雄的《太玄》《法言》是对经学的补充,谶纬是经学的变形,而且桓谭的形神论、张衡的浑天说和王充的批判哲学都是在批判谶纬思潮的过程中推展出来的。汉代的"经学"范式对于今天的中国哲学学科的建设仍然具有一定的积极意义。

其三,在汉代,"天道"成为一个表示"普遍原理"的概念,它贯穿于古人的宇宙观、价值观和人生观之中,而汉人即以"天道"作为人事的根本依据和原理。在汉代,"天道"从天人、古今两个方面展开,即司马迁所谓"究天人之际,通古今之变"②。从天人关系来看,汉人的"天道"包括两种,一种是感应论式的,一种是自然论式的。前者以"天"为一有意志的

---

① 《汉书·眭两夏侯京翼李传赞》。
② 这两句话出自《史记·太史公自序》。在《太史公自序》中,司马迁还说:"礼乐损益,律历改易,兵权山川鬼神,天人之际,承敝通变,作八书。""天人之际,承敝通变"也是"究天人之际,通古今之变"的意思。在司马迁之前,相近的概括已经出现,公孙弘曰:"明天人分际,通古今之义。"(《史记·儒林列传》)董仲舒曰:"由此言之,天人之征,古今之道也。孔子作《春秋》,上揆之天道,下质诸人情,参之于古,考之于今。"(《汉书·董仲舒传》)

存在,这常常表现在经学、谶纬学的观念中,而后者则以"天"为一自然的或者物质性的存在,如气化之天,如苍苍之天,人们常常以"元气"概念为宇宙生成的总根。毫无疑问,神性义的"天"在汉代思想中是主要的,天人感应之说占据了汉代哲学的主流。在价值观上,汉人以"天道"为总根据,将盖天说的宇宙观价值化,并落实在"天地""阴阳"两对概念上,以它们为人间价值的生成根源。"天地"从结构看,"阴阳"从流行看。这两个概念对言有别,散言则通。阳尊阴卑(天尊地卑)、阳主阴从和阳善阴恶等,是汉儒普遍持有的价值观念。董子曰"王道之三纲可求于天"①,又说"道之大原出于天"②,汉人的三纲学说通过阴阳化的"天道"得到了合理性的论证。另外,黄老的政治哲学也以"天道"为论证根据,其所谓"天道"概念主要包括两个方面,一个指存在于宇宙中的"天常"(类似于客观规律的概念),一个指阴阳刑德。"通古今之变"当然应以知识性的把握为前提,但是仅此不足以通古今之变,对于汉人而言更重要的是把握"道",以"道"通古今之变。在此方面,德运说和三统说的历史哲学最具代表性。朝代或时代的命运,由当下某一转运之金德、木德、水德、火德、土德主宰,此即所谓德运说。西汉的德运说有两种,一种遵循从所不胜的法则,一种遵循相生法则。前者本自邹衍,汉人据之而以为汉得水德或土德;后者乃刘向的新说,刘向、刘歆认为汉为火德。董仲舒不言德运说,但他提出了三统说(夏黑、殷白、周赤),以之解释改朝换代和受命为王的问题。

其四,汉代是形成阴阳五行思维、象征思维和批判性思维的关键时期,而这些思维方式对于华夏民族文化特质的形成具有重要意义。(1)阴阳、五行的思维方式初步形成于先秦,进入汉代以后,一方面得到深化,另一方面得到广泛的应用。阴阳思维即二元思维,五行思维即五元思维。阴阳思维以对待、流行为基本原则,将世间万有区分为对立的

①《春秋繁露·基义》。
②《汉书·董仲舒传》。

两极或二元;五行思维则以生克或王相死囚休的关系建立五元的时空图
式,进而将世间万有如此这般地关联起来。阴阳五行是汉人宇宙生成
论、天人感应说(包括灾异说)、传统价值观和中医理论等的思维原理。
此后两千余年,阴阳五行占据了中国人的思维世界。(2)汉人的象征思
维主要体现在两个方面,一个是具体事物或事件的象征化和符号化,另
一个是易学解释的象征化。在"灾异"和"瑞应"中,自然事物或事件通过
象征化和符号化而具有或吉或凶的政治化寓意,而这个寓意其实主要是
为了给人君开示所谓天意。顺便指出,灾异说的流行,实际上表明了革
命说在当时已不合时宜,故儒者转而推明灾异说,从而达到了谴告人君、
重视民生和维护王朝统治的政治目的。在汉易解释学中,象征主义占据
了主导地位。《周易》解释的象征化,即是执行"象思维"的结果。易学
"象思维"概念的提出,即以爻象、卦象及预设"万物唯象"为前提。"象思
维"在汉末易学中得到了最充分的运用,为了达成"象"的解释,郑玄、荀
爽、虞翻、陆绩等人发明了许多取象的方法(易例),而这些方法常常未必
见于《易十翼》。很显然,汉易存在滥用甚至严重滥用象思维的倾向,而
这种滥用倾向主要表现在两个方面,一个是颠倒了意、象关系,即颠倒了
目的和手段的关系,另一个是大大超出了《易十翼》所本具的象数方法。
(3)汉人的批判性思维是在对抗和批判神秘主义天人感应说、灾异说和
谶纬思潮中兴起的,桓谭、张衡和王充是其中的杰出代表。王充的批判
性思维最为突出。他"疾虚妄",对于流行意见、说法是否真实、正确,他
都要再作怀疑、考察、辩驳和判断。而如何再作考察和判断? 王充即从
认识论着手,第一步,重视"效验"原则,《论衡·知实篇》曰:"凡论事者,
违实不引效验,则虽甘义繁说,众不见信。"第二步,将经验认识和理性认
识结合起来,其中理性认识更为重要。他说:"夫论不留精澄意,苟以外
效立事是非,信闻见于外,不诠订于内,是用耳目论,不以心意议也。夫
以耳目论,则以虚象为言;虚象效,则以实事为非。是故是非者不徒耳
目,必开心意。墨议不以心而原物,苟信闻见,则虽效验章明,犹为失

实。"①"用耳目论",即所谓经验认识;"以心意议",即所谓理性认识。耳目看到的是事象,不一定为实情,因此一个认识是否正确,必须"以心原物"。

此外,汉代哲学还有多方面的重要贡献:汉代提出了"三纲六纪"的伦理框架,为中国传统社会打下了牢固的伦理基础;提出了"太平盛世"的社会理想,为统治集团的政治活动设定了恰当而重要的社会奋斗目标;深化了人性善恶问题的讨论,为宋儒讨论相关问题提供了一个重要的反思前提;实现了从经学哲学、谶纬神学到道教哲学的转变;医学哲学化达到了高峰,出现了重要理论著作《黄帝内经》;形成了元气自然论和以精气神为中心的新生命哲学观念;宇宙学说取得了重大突破,浑天说的提出和《太初历》的制定影响深远;司马谈、司马迁父子分诸子为六家,刘向、刘歆、班固分诸子为九流十家,并将《六艺》经传置于诸家之前,较好地完成了哲学史梳理和知识体系重构的任务;从解经、注经传统中形成的汉学方法,奠定了清代以来中国现代人文学术研究的方法论基础。

总之,汉代哲学的贡献是巨大的,它不但构成了中国哲学发展的一个必要的历史环节,为魏晋玄学的产生提供了前提,而且对后世产生了极其深远的影响。

---

① 《论衡·薄葬篇》。

第一章 从秦国到秦朝：以法家为主导的政治哲学

在中国历史上,秦国和秦朝是一个连续的政治实体。秦自襄公(前 777—前 766 在位)立国至秦王政二十六年(前 221)攻灭六国、统一天下,这一段时间为秦国;自秦王政二十六年统一天下至秦朝灭亡(前 206),这一段时间为秦朝。很显然,叙述秦朝哲学不能割断其思想来源——秦国哲学,不能将秦始皇(前 246—前 210 在位)的统治历史及其思想割裂为毫不相干的两半。实际上,自秦孝公任用商鞅变法以后,秦国逐渐走上了以法家思想为主导并不断强化这一特点的道路。

第一节 从秦简《为吏之道》《语书》看秦法治主义的强化

睡虎地秦简于 1975 年 12 月发掘于湖北省云梦县睡虎地秦墓,墓主是一个叫"喜"的地方官吏,他死于秦始皇三十年(前 217)。这批秦简共 1155 支,另有残片 80 块,抄写于战国末至秦始皇时期,它们包括《秦律十八种》《效律》《秦律杂抄》《法律答问》《封诊式》《编年记》《语书》《为吏之道》《日书(甲乙种)》,其中《效律》《封诊式》《语书》《日书》四种为原题篇名。它们都是"喜"的藏书。"喜"做过安陆御史、安陆令史、鄢令史和鄢狱吏等,是一位非常熟悉秦律的官员。①《为吏之道》和《语书》是我们下面要论述的两篇秦简。这两篇简书的性质不同,前一篇属于官吏文化,由多段文本构成,来源应该比较复杂,其中大部分很可能是官场传习很久的材料;后一篇则属于文告性质,是官对民、上级郡守对下级县、道啬夫的正式告谕,具有严正的官方立场。

一、官吏角色内涵的转变:《为吏之道》与《语书》比较

秦简《为吏之道》一共 51 支竹简,抄写于公元前 252 年之后,很可能早于《语书》。《为吏之道》杂抄了两段魏律,除此之外,它主要围绕如何做官、如何保护自己在官场的人身安全来展开。这篇竹书虽然包含了一些所谓明哲保身、圆滑处世的内容,但在整体上是积极的,受到了诸子特别是儒家思想和价值观念的深刻影响。现将跟儒家思想比较接近的内容引出(从宽式):②

(1) 凡为吏之道……宽容忠信,和平毋怨,悔过勿重。慈下勿陵,敬上勿犯,听谏勿塞。审知民能,善度民力,劳以率之,正以矫之。……毋穷穷,毋矜矜,毋衰衰。临财见利,不取苟富;临难见死,不取苟免。欲富太甚,贫不可得;欲贵太甚,贱不可得。毋喜富,毋恶贫,正行修身,祸去福存。

(2) 吏有五善:一曰忠信敬上,二曰清廉毋谤,三曰举事审当,四曰喜为善行,五曰恭敬多让。五者毕至,必有大赏。

(3) 怵惕之心,不可[不]长。以此为人君则怀,为人臣则忠;为人父则慈,为人子则孝;能审行此,无官不治,无志不彻,为人上则明,为人下则听。君怀臣忠,父慈子孝,政之本也;志彻官治,上明下听,治之纪也。

---

① 本书关于睡虎地秦简基本情况的介绍,参看睡虎地秦墓竹简整理小组编《睡虎地秦墓竹简》(北京,文物出版社,1990)书前的出版说明。

② 秦简《为吏之道》文本,参看睡虎地秦墓竹简整理小组编《睡虎地秦墓竹简》,第 167—176 页。

（4）除害兴利，慈爱万姓。毋罪无罪，[无罪]可赦。

（5）处如斋，言如盟，出则敬，毋弛常。昭如有光施而喜之，敬而起之，惠以聚之，宽以治之，有严不怠。与民有期，按驵而步，毋使民惧。疾而毋谡，简而毋鄙。当务而治，不有可改。劳有成既，事有机时。治则敬自赖之，施而息之。密而牧之；听其有矢，从而则之；因而征之，将而兴之，虽有高山，鼓而乘之。民之既教，上亦毋骄，熟导无怠，发正乱昭。安而行之，使民望之。道易车利，精而勿至，兴之必疾，夜以接日。观民之作，辋服必固。地修城固，民心乃宁。百事既成，民心既宁，既无后忧，从政之经。不时怒，民将逃去。

（6）凡戾人，表以身，民将望表以戾真。表若不正，民心将移乃难亲。

上述六段文字具有明显的儒家色彩，从内容来看主要包括修身正行、仁政哲学、民本思想三个方面。修身正行的内容见上引第（1）（2）（6）三段文字，仁政哲学见上引第（3）（4）两段文字，民本思想见上引第（5）段文字。而仁政哲学是对民本思想的深化，来自孟子。由此可知，竹简的如上观点或主张当受到了孔孟思想的深刻影响，而跟荀子没有关系。进一步，《为吏之道》确实反映了在天下统一之前秦文化的复杂性和宽容性，尽管秦国在商鞅变法之后已偏向于法家，法治主义的观点在逐步推进，但在焚书坑儒之前仍然对于诸子书及其思想持宽容的态度。[①]

与《为吏之道》相对，《语书》所要求的"官吏"在内涵上大不相同。在《语书》第一部分中，郡守腾的姿势居高临下，语气强硬、严肃，一副教训的口吻。在他看来，破除乡俗、恶俗的关键在于官吏，在于以法律为武

---

① 高敏、邢义田、余宗发、徐富昌指出，《为吏之道》受到了儒家思想的影响。转见工藤元男：《睡虎地秦简所见秦代国家与社会》，广濑薰雄、曹峰译，第8—9页，上海，上海古籍出版社，2010。

31

器,同时"公"观念的确立也在于破除官吏个人的私好。《语书》第二部分即直接阐明了什么是"良吏"和什么是"恶吏",竹简曰:①

> 凡良吏明法律令,事无不能也;又廉洁敦愨而好佐上;以一曹事不足独治也,故有公心;又能自端也,而恶与人辨治,是以不争书。恶吏不明法律令,不知事,不廉洁,无以佐上,偷惰疾事,易口舌,不羞辱,轻恶言而易病人,无公端之心,而有冒抵之治,是以善诉事,喜争书。争书,因伴瞋目扼腕以示力,吁谑疾言以示治,诋认丑言麃斫以示险,阮阆强伉以示强,而上犹智之也。故如此者不可不为罚。发书,移书曹,曹莫受,以告府,府令曹画之。其画最多者,当居曹奏令、丞、令、丞以为不直,志千里使有籍书之,以为恶吏。

《语书》所说的"良吏",无疑是以法治为基础的,除了知法、明法外,还需要具备能干、廉洁、公心和端正四种品德。"恶吏"则与"良吏"相对,他"不明法律令,不知事,不廉洁,无公正之心"。《语书》所描绘的"良吏"或"恶吏",与《为吏之道》所说之"吏有五善""吏有五失"相去甚远。② 如果说《为吏之道》表达的是做官文化,或者"喜"个人的爱好的话,那么它确实可以反衬出竹简《语书》(作为官方文件)所包含的强硬的法治主义精神。

二、《语书》与秦法治主义的强化

秦简《语书》一共 14 竹简,作于秦王政二十年(前 227),即秦统一天下前 6 年,属于官府正式文告。竹简第一部分属于文告本身,第二部分则从法治主义的角度阐明了什么是"良吏"、什么是"恶吏"。第一部分主要反映了官家与乡土、秦法与民俗的对立,表现了秦人强化法治主义的强烈意图。这一部分竹简曰:

---

① 秦简《语书》文本,参看睡虎地秦墓竹简整理小组编《睡虎地秦墓竹简》,第 13—16 页。
② 所谓"吏有五失",《为吏之道》曰:"吏有五失:一曰夸以迣,二曰贵以泰,三曰擅制割,四曰犯上弗知害,五曰贱士而贵货贝。一曰见民倨傲,二曰不安其朝,三曰居官善取,四曰受令不偻,五曰安家室忘官府。一曰不察所亲,不察所亲则怨数至;二曰不知所使,不知所使则以权衡求利;三曰兴事不当,兴事不当则民□指;四曰善言惰行,则士无所比;五曰非上,身及于死。"

廿年四月丙戌朔丁亥，南郡守腾谓县、道啬夫：古者，民各有乡俗，其所利及好恶不同，或不便于民，害于邦。是以圣王作为法度，以矫端民心，去其邪僻，除其恶俗。法律未足，民多诈巧，故后有干令下者。凡法律令者，以教道（导）民，去其淫僻，除其恶俗，而使之之于为善也。今法律令已具矣，而吏民莫用，乡俗淫泆之民不止，是即废主之明法也，而长邪僻、淫泆之民，甚害于邦，不便于民。故腾为是而修法律令、田令及为奸私方而下之，令吏明布，令吏民皆明知之，毋距于罪。今法律令已布，闻吏民犯法为奸私者不止，私好、乡俗之心不变，自从令、丞以下知而弗举论，是即明避主之明法也，而养匿邪僻之民。如此，则为人臣亦不忠矣。若弗知，是即不胜任、不智也；知而弗敢论，是即不廉也。此皆大罪也，而令、丞弗明知，甚不便。今且令人案行之，举劾不从令者，致以律，论及令、丞。又且课县官，独多犯令而令、丞弗得者，以令、丞闻。以次传；别书江陵布，以邮行。

"廿年"，即秦王政二十年，公元前 227 年。这篇文告是由一位叫腾的南郡守以一副教训的口气对县、道啬夫发布的。文告不但是秦国和法家主张"以吏为师"的证据，而且直接体现了"乡俗"与"法律"的对立。竹简在肯定有些乡俗是恶俗的同时，断定法律令一般是善的。《语书》曰："凡法律令者，以教道（导）民，去其淫僻，除其恶俗，而使之之于为善也。"其善恶判断很明显，秦国就是要以法、律、令三者针锋相对地教导和规范黎民百姓，使之归于为善，而否定了乡俗的价值和意义，要"去其淫僻，除其恶俗"。这种强调法律的规范作用和社会作用，而希望将乡俗文化改变为由法、律、令主导的规范文明，确实为秦在当时积极推行法治主义措施的重要表象。与此相对，竹简《为吏之道》则反对"变民习俗"，承认民俗或乡俗的社会价值。① 如果《为吏之道》确实早于《语书》的写作，那么二篇简书的这一尖锐对立，无疑反映了秦人从温和的法治主义走向了严

---

① 秦简《为吏之道》曰："临事不敬，倨骄无人，苛难流民，变民习俗，须（懦）身遂过，兴事不时，缓令急征，决狱不正，不精于财，废置以私。"这些都是为吏所要戒除的行为举止。

厉的法治主义。日本学者工藤元男说:"这样看来,虽然秦法治主义的转换是从南郡设置的 20 年后(前 258)开始的,但它在统一六国过程中有一定的发展过程。初期的统治比较宽容,后来开始追求像《语书》所见那样强硬的一元化统治。喜历任南郡诸县的史、令史、治狱等官职的时期,正好在这个过程中。就是说,秦走向一元化统治,最后到了像《语书》所表明的地步。"又说:"在睡虎地秦简中,宽容基层社会习俗的具有容忍性的法治主义与追求一元化统治的严格的法治主义并存,这反映出秦法治主义的过渡性。正因为睡虎地秦简是带有过渡性质的文书,所以其记述往往含有互相矛盾的内容。"①他的推断是可取的。如果《为吏之道》《语书》大体作于同时,或者"喜"一面抄写《语书》另一面私下诵读和传抄《为吏之道》,那么这说明秦人在焚书坑儒之前所采取的仍然是温和、宽容的法家立场。根据《史记》的记载,实际情况很可能如此。

单凭《语书》本身来看,即可以直接反映法律本身的意志在秦国通过集权制(即郡县制)得到了贯彻:它正试图以强硬的姿势闯入乡族社会,破除所谓乡里恶俗,进而主宰这一民间社会,同时它也理所当然地闯入官员的私人空间,破除其所谓私好,从而建立起"公"对"私"("民间"和"个人")的权威,建立起法律的权威,建立起国家和君主的权威。需要指出,郡守腾以法律为武器,其所破除的不过是乡俗中的"恶俗",而不是全部乡俗! 全部乡俗的破除基本上是在现当代中国完成的。

第二节 秦始皇的哲学思想

秦始皇(前 259—前 210),姓嬴名政,又名赵政。《史记·吕不韦列传》说嬴政为赵姬所妊吕不韦之子,这未必可信。嬴政十三岁时,庄襄王

---

① 上引两段文字,参看工藤元男《睡虎地秦简所见秦代国家与社会》,广濑薫雄、曹峰译,第 365—366 页、第 366 页。工藤元男的论点受到了詹越、熊铁基论文的启示。参看詹越《斥"四人帮"在秦代史上的反动谬论》,《考古》1978 年第 3 期;熊铁基《释〈南郡守腾文书〉——读云梦秦简札记》,《中国史研究》1979 年第 3 期。

死,嬴政代立为秦王。秦王政二十六年,改称始皇帝。秦始皇的历史功绩主要有两条,其一为并诸侯,统一中国。自秦王政十三年(前234)至二十六年(前221),先后攻灭了韩、魏、楚、赵、燕、齐六国,吞并天下。其二为定制度,这包括皇帝、郡县、统一文字法度量衡、博士制度、巡守和以水德定制等。从思想上来看,秦始皇主要信奉和推崇法家哲学、五德终始说、皇帝功业说和神仙观念等。

一、秦朝的历史哲学:秦得水德之说

自秦孝公任用商鞅变法以来,法家逐渐成为秦国的主导思想,申、韩之术亦被秦始皇所信奉。秦始皇与李斯一道将法家哲学比较成功地运用于秦国和秦朝的政治实践。而在实施法家思想的过程中,秦始皇下令焚书和坑儒,制造了两起屡遭后世非议的严重事件。焚书发生于始皇三十四年(前213),这一事件确立了公学的垄断地位,昭示了强权即真理的国家原则。所谓以陛下"别白黑而定一尊""以吏为师",[1]即将韩非子的相关思想在行政和制度上落实了下来。坑儒事件发生在始皇三十五年(前212),其直接诱因源于方士卢生求奇药而不成,遂与侯生诽谤始皇,因惧诛而亡去。于是始皇大怒,"使御史悉案问诸生"治罪,结果"犯禁者四百六十余人,皆坑之咸阳"。[2] 所坑之儒,乃广义的儒生,非独儒家之儒。"坑儒"对于中国知识分子的影响比"焚书"更大,它直接地威胁到士人肉体生命的安全。"焚书"和"坑儒",都是法家思想在秦朝发生现实作用的两个必然事件。

为了论证秦灭六国、统一天下的合理性,秦始皇君臣除了指斥六国的暴虐及申明天下分裂给百姓带来的巨大灾乱之外,还借用宣扬天命转移的德运说(五德终始说)来论证其夺取天下的合法性。五德终始说以五行相胜说为基础,火胜金,金胜木,木胜土,土胜水,水胜火。五行相胜

---

[1]《史记·李斯列传》。
[2]《史记·秦始皇本纪》。

说产生很早,在战国中后期之交,它被邹衍改造为五德终始说。邹衍为齐士,也是稷下诸先生之一。他"称引天地剖判以来,五德转移,治各有宜",拥有"谈天衍"的美誉。① 邹子首先将火、金、木、土、水五行肯定为五种基本的宇宙力量,认为它们是天命转移的载体与象征符号,然后认为它们是按照"从所不胜"②的先后次序来体现天命转移的,具体为虞土、夏木、商金、周火,而继周的王朝则当得水德。五德终始说既是历史哲学也是政治哲学。这种依五行从所不胜的模式来展现天命的转移,从而论证世间政权更迭之合理性的学说,很容易被秦国和秦朝统治阶级所认可和采纳。因为"胜克"观念本身即符合武力统一天下的特征,而"从所不胜"也符合秦代周为王的历史逻辑。另外,秦自襄公立国祠上帝以来即逐步接受和形成了五帝的观念,这为秦人接受五德终始说提供了思想准备。根据《吕览·应同篇》,在秦统一天下之前,五德终始说已经传入秦国,但是直到始皇称帝之后才被秦人正式采用。关于秦得水德,相关文献见下:

(1)始皇推终始五德之传,以为周得火德,秦代周德,从所不胜。方今水德之始,改年始,朝贺皆自十月朔。衣服旄旌节旗皆上黑。数以六为纪,符、法冠皆六寸,而舆六尺,六尺为步,乘六马。更名河曰德水,以为水德之始。刚毅戾深,事皆决于法,刻削毋仁恩和义,然后合五德之数。于是急法,久者不赦。③

(2)是时独有邹衍,明于五德之传,而散消息之分,以显诸侯。而亦因秦灭六国,兵戎极烦,又升至尊之日浅,未暇遑也。而亦颇推五胜,而自以为获水德之瑞,更名河曰"德水",而正以十月,色上黑。然历度闰余,未能睹其真也。④

(3)自齐威、宣之时,邹子之徒论著终始五德之运,及秦帝而齐

---

① 《史记·孟子荀卿列传》。
② 《淮南子·齐俗篇》许慎《注》引《邹子》,参看何宁《淮南子集释》卷十一,第789页,北京,中华书局,1998。
③ 《史记·秦始皇本纪》。
④ 《史记·历书》。

人奏之，故始皇采用之。①

（4）秦始皇既并天下而帝，或曰：黄帝得土德，黄龙地螾见。夏得木德，青龙止于郊，草木畅茂。殷得金德，银自山溢。周得火德，有赤乌之符。今秦变周，水德之时。昔秦文公出猎，获黑龙，此其水德之瑞。于是秦更命河曰德水，以冬十月为年首，色上黑，度以六为名，音上大吕，事统上法。②

（5）战国扰攘，秦兼天下，未皇暇也，亦颇推五胜，而自以为获水德，乃以十月为正，色上黑。③

从这五条文献来看，第一，秦始皇称帝之后才采用五德终始说，且它是由齐人上奏的，而不是直接采自吕不韦门下。第二，上奏五德终始之说既是为了论证秦得天下的合理性，同时也是为了劝说秦始皇采纳阴阳家的理论以定制度。"今秦变周"当得"水德之时"，与秦文公（前765—前716在位）获黑龙的符瑞相应。这里，符瑞启示于前，而推断秦得水德在后。第三，秦得水德的确定在秦王嬴政改称始皇帝之同年，并依水德改制，如以十月为年始、色上黑、数以六为纪等。值得注意的是，秦由得水德而强化了法家刻薄寡恩的特征，所谓"刚毅戾深，事皆决于法，刻削毋仁恩和义，然后合五德之数"是也。当然，在此需要将廷尉李斯与秦始皇略作区别，前者并不主张如此之"急法"。④

总之，"革命"及改代更制之合理性的论证，在战国中晚期之交已从周人所谓"以德配天"转变为邹衍的"五德终始转运"之说。前者以主观的德行自省、修养为配天的依据，后者则以客观的命数转运来说明世间王朝更替的合理性。就秦始皇的性格来说，后者更适合其论证的需要。虽然如此，但这并不是说秦始皇完全无视君主个人之"德"。在主观意识

①②《史记·封禅书》。
③《汉书·律历志上》。
④ 李斯与秦始皇、二世对于法家的作用和态度不是完全相同的，这可以参看《史记·李斯列传》，如李斯狱中上书二世曰："缓刑罚，薄赋敛，以遂主得众之心，万民戴主，死而不忘。罪七矣。"这跟儒家的主张相合。

上，其实他是德业并重的。

二、作为君主理想的"皇帝"观念与秦人的道德观

"皇帝"尊号的设立，本是秦始皇君臣将始皇之功业与三皇五帝相比并的结果。从《史记·秦始皇本纪》来看，这其中也包含了道德的因素；或者说，道德因素也是秦王政可以配上"皇帝"尊号的一个基本理由。同时，这一尊号本身也是法古折中的一个结果。不过，从政治体制的构设来看，"皇帝"在随后的中国历史中不幸逐渐演变为君主独断专制者的代名词。甚至在秦始皇之当时，他除谥法，并希望自始皇帝之后，"二世三世至于万世，传之无穷"①，这种想法本身——即垄断天下之权源永为一家之私有的想法——已将"皇帝"观念在逻辑上推向了专制集权之代名词的地步。虽然如此，在政治及与其相关涉的文化转型时期，秦始皇在享受"皇帝"这一尊号的同时，从一个角度来看也传达出他尊重道德的观念。

秦人重德的历史十分悠久，今不俱论。这个"德"的观念包括天命有德和世教之道德两个方面。巡守和封禅，与皇帝制相配，它们也属于古制。始皇二十八年（前219），登泰山，立石诵秦德，其刻辞曰："本原事业，祗诵功德。"又曰："贵贱分明，男女礼顺，慎遵职事。"同年，南登琅邪，作琅邪台，立石，诵秦德曰："以明人事，合同父子。圣智仁义，显白道理。"又曰："尊卑贵贱，不逾次行。"又曰："六亲相保，终无寇贼。驩欣奉教，尽知法式。"又曰："昭明宗庙，体道行德，尊号大成。"二十九年（前218），登之罘，立石，其刻辞有曰："外教诸侯，光施文惠，明以义理。"其东观刻辞曰，"皇帝明德，经理宇内"。又曰："群臣嘉德，祗诵圣烈，请刻之罘。"三十二年（前215）之碣石，其刻辞曰："皇帝奋威，德并诸侯，初一泰平。"在三十四年（前213）下焚书令之前，秦始皇在巡守过程中反复宣扬并以为荣耀的乃是将统一天下的盖世功业主要看作"德明"的结果，并且在较大

---

① 《史记·秦始皇本纪》。

程度上肯定了儒家赞同维系家庭和社会的基本伦理观念。而即使在焚书坑儒之后，秦始皇仍在一定程度上保持了崇德的观念，例如三十七年（前210）上会稽，立石刻，诵秦德，云"德惠修长""圣德广密"等。①

秦代非常重视刑罚，这主要是从统治手段上来说的，但是从目的和内容来看，世间基本伦理仍然受到了秦法的保护，或者说，世间基本伦理以法律的形式表现了出来，这可以参看云梦睡虎地法律类秦简。值得一提的是，睡虎地秦简有一篇名为《为吏之道》的文章，其中有不少地方与儒家思想一致。由此可见，儒家虽然在秦朝受到严重的裁抑和打击，但是那些能够与世教相符合的基本伦理思想，还是居于秦法及皇权的大力保护之下。

三、形神、方术与政治

古人由于医疗条件不足、水平有限等原因，寿命的长短遂成为一个大家普遍关心的重要问题，对此秦始皇也不例外。《史记·秦始皇本纪》曰："天下之事无小大皆决于上，上至以衡石量书，日夜有呈，不中呈不得休息。贪于权势至如此，未可为求仙药。"从一个方面来看，秦始皇勤勉于政事，可以算得上是一个优秀的皇帝；但是从另一个方面来看，正如侯生、卢生所云，其勤政也是其严重"贪于权势至如此"的一种具体表现。秦始皇五十岁即驾崩，在一定意义上说他是累死的，被自己对于权势的贪欲害死的。其实，秦始皇对自己很了解，统一天下之后不久，他即对长生之术及寻找奇药、仙人产生了浓厚的兴趣。奇药仙人的传说作俑于战国中期的燕齐方士，在战国晚期产生了广泛的影响。在《庄子》内外杂篇中都可以看到广泛运用方仙术的文本例子。不过，庄子及其学派只是借用了这些仙话，其实成为真人、神人、至人还得依靠个人的内在修养。方仙术与庄子学派不同，方士们突破了在世之生命由魂魄变现的传统观念，而认为人的肉体生命可以借助于奇药的神妙作用而得以长生不老或

---

① 以上引文，俱见《史记·秦始皇本纪》。

成仙。应当说，这是关于生命自身的一次哲学观念的大转变。

《史记·秦始皇本纪》曰：

（1）（二十八年）既已，齐人徐市等上书，言海中有三神山，名曰蓬莱、方丈、瀛洲，仙人居之。请得斋戒，与童男女求之。于是遣徐市发童男女数千人，入海求仙人。

（2）三十二年，始皇之碣石，使燕人卢生求羡门、高誓……因使韩终、侯公、石生求仙人不死之药……燕人卢生使入海还，以鬼神事，因奏录图书，曰"亡秦者胡也"。始皇乃使将军蒙恬发兵三十万人北击胡，略取河南地。

（3）（三十七年）还过吴，从江乘渡。并海上，北至琅邪。方士徐市等入海求神药，数岁不得，费多，恐谴，乃诈曰："蓬莱药可得，然常为大鲛鱼所苦，故不得至，愿请善射与俱，见则以连弩射之。"始皇梦与海神战，如人状。问占梦，博士曰："水神不可见，以大鱼蛟龙为候。今上祷祠备谨，而有此恶神，当除去，而善神可致。"乃令入海者赍捕巨鱼具，而自以连弩候大鱼出射之。自琅邪北至荣成山，弗见。至之罘，见巨鱼，射杀一鱼。遂并海西。

秦始皇对于长生之术及寻找仙人、不死之药产生了浓厚的兴趣，毫无疑问，这源于人悦生恶死的自然情感和他对于生死的高度关心。方士徐市、卢生等人上书言神仙、不死之药，这不但勾起了秦始皇企求长生的强烈愿望，而且由此也严重地影响了他的政治判断及对维系帝国统治的思考。公元前219年，秦始皇派遣方士徐市率领数千童男童女"入海求仙人"。公元前210年，秦始皇北至琅琊（即琅邪），徐市"求神药"不得，惧诛，于是诈言之所以不能得到蓬莱神药，乃由于"常为大鲛鱼所苦，故不得至"。是夜，秦始皇就梦见自己"与海神战，如人状"，达到了神魂颠倒、梦寐以求乃至心理极度焦虑的地步。方士燕人卢生"使入海还"而上奏"亡秦者胡也"谶语，秦始皇竟然听信其言，下令将军蒙恬发兵三十万人北击胡人。公元前212年，始皇听信卢生有关"真人"的说法而改变制度；后来，卢生与侯生诽谤秦始皇并亡去，始皇闻讯大怒，"使御史悉案问诸生"，由此导致了所谓"坑儒"事件。[①] 长子扶苏因谏得罪，"始皇怒，使扶苏北监蒙恬于上郡"[②]，秦朝继统的根基由此发生了严重动摇。

总之，秦始皇寻求不死之药的动机既出于他对世俗权势的贪求，也出于人皆有之的悦生恶死的自然情感。他不满足于世俗所谓延年之术的说教，而祈求长生之方、不死之药，企图以此超脱生死，而入于不生不死的仙人境界。这种想法符合人们对于生命神化的愿望，但是它是建立在不正确的生命认识的基础上的。如果位居人极的皇帝迷恋上了这种荒诞想法，并且单纯依靠外因（"奇药"）而企图将肉体生命升华到不死不朽之境，那么由此产生的政治危害可能是非常巨大的。需要指出的是，这种方仙术的观念并不因为秦始皇的遽然死去而自动废止，反而因为所谓"不死之药"的神奇传说，此后即不断诱发人们对于生命的仙化幻想。

第三节　李斯的法家哲学

秦孝公与商鞅，秦始皇与李斯，都是法家思想的积极实践者和推行者。李斯（约前280—前208），楚上蔡人。年少时曾为郡小吏，后从荀卿学帝王之术，与韩非为同学。公元前249年，西游入秦，不久庄襄王卒，不得已乃求为吕不韦舍人。李斯在秦的活动大抵可以分为三个时期：第一从为郎至廷尉时期，第二为始皇丞相时期，第三为二世丞相时期。

一、始皇时期的李斯思想

在第一个时期，李斯为郎官，游说秦王，坚定了秦王嬴政吞并六国、统一天下而成就帝业的决心。随后，他被拜为客卿。后来，遇郑国间秦，

---

①②《史记·秦始皇本纪》。

秦王下逐客令，"非秦者去，为客者逐"①，李斯乃上《谏逐客书》。是书力陈人才对于成就帝业的重要性，建议秦王应当宽大为怀，而尽纳天下英才。

在第二个时期，始皇三十四年（前213），齐人淳于越当庭谏议师古以分封子弟功臣，由此引发了一场儒法的思想斗争。李斯是法家的坚定信仰者、维护者和实践者，他上书驳斥了淳于越的师古妄议，并请求禁书：

> 古者天下散乱，莫之能一，是以诸侯并作，语皆道古以害今，饰虚言以乱实，人善其所私学，以非上之所建立。今皇帝并有天下，别黑白而定一尊。私学而相与非法教，人闻令下，则各以其学议之，入则心非，出则巷议，夸主以为名，异取以为高，率群下以造谤。如此弗禁，则主势降乎上，党与成乎下。禁之便。臣请史官非秦记皆烧之。非博士官所职，天下敢有藏诗、书、百家语者，悉诣守、尉杂烧之。有敢偶语诗书者弃市。以古非今者族。吏见知不举者与同罪。令下三十日弗烧，黥为城旦。所不去者，医药卜筮种树之书。若欲有学法令，以吏为师。②

秦始皇认可李斯的提议，随即颁布了禁书令。禁书令的颁布，对于中国文化及精神的影响甚大。从李斯上书来看，禁书令赫然确立了"强权即真理"的原则，同时开启了此后几乎中国历代政权走上摒弃私学而确保公学之垄断地位的管治道路。禁书令包括"今皇帝并有天下，别黑白而定一尊"、焚烧《诗》《书》百家语及"以吏为师"等内容。从目的来看，禁书令就是为了统一思想，维护法家的垄断地位，消除诸子尤其是儒家在政治、文化、教育上的影响，从而巩固皇帝的绝对权威。从统一国家的形成要求其具有相应的、统一的意识形态来看，李斯的提议有一定的合理性，但是统治集团以此为借口来严格限制私学、禁绝非议，并确保权势对于文化和教育的绝对支配地位，其危害是极其深远、巨大的。焚书之

---

① 《史记·李斯列传》。
② 《史记·秦始皇本纪》。这段话亦见《史记·李斯列传》，唯文辞小异。

后接着是坑儒事件（前212），前后相仍，其有以夫！

二、二世与李斯的哲学："肆意极欲"的权力享乐主义与刻薄至极的"督责之术"

在第三个时期，李斯的哲学与秦二世的哲学紧密地联系在一起，或者说李斯的哲学直接反映了秦二世的哲学。二世（前209—前207在位）名胡亥，为秦始皇少子。公元前210年，他陪秦始皇东巡，在返回京城咸阳、途经沙丘的时候始皇驾崩，他与赵高、李斯密谋，立自己为太子，赐公子扶苏、大将蒙恬自尽，随后袭位为二世皇帝。二世暴虐无道，统治数年即致秦亡。胡亥信奉法家哲学，但他信奉的是"繁刑严诛，吏治刻深"[1]的极端法家观点和皇帝"肆意极欲"[2]的权力享乐论。一次，二世责问李斯说：

> 吾有私议而有所闻于韩子也，曰"尧之有天下也，堂高三尺，采椽不斫，茅茨不翦，虽逆旅之宿不勤于此矣。冬日鹿裘，夏日葛衣，粢粝之食，藜藿之羹，饭土塯，啜土铏，虽监门之养不觳于此矣。禹凿龙门，通大夏，疏九河，曲九防，决渟水致之海，而股无胈，胫无毛，手足胼胝，面目黎黑，遂以死于外，葬于会稽，臣虏之劳不烈于此矣"。然则夫所贵于有天下者，岂欲苦形劳神，身处逆旅之宿，口食监门之养，手持臣虏之作哉？此不肖人之所勉也，非贤者之所务也。彼贤人之有天下也，专用天下适己而已矣，此所以贵于有天下也。夫所谓贤人者，必能安天下而治万民，今身且不能利，将恶能治天下哉！故吾愿赐志广欲，长享天下而无害，为之奈何？[3]

尧、禹为了天下人的福利而苦形劳神，被后世称颂为圣人，然而秦二世不以为然。他认为，像尧禹苦形而劳神之所为，乃"不肖人之所勉也，非贤者之所务也"。真正拥有天下的贤人，在他看来，就应当倾尽天下之

---

① 贾谊：《过秦论》，参看《史记·秦始皇本纪》。
②《史记·秦始皇本纪》。
③《史记·李斯列传》。这段话亦见同书《秦始皇本纪》，唯所记小异。

所有以满足自己无穷无尽的欲望——而这正是人君之所以贵有天下、乐为天子的原因。二世的这种看法，乃是一种极端自私自利的权力享乐主义哲学观念。这一观念导源于战国中后期治身与治天下孰轻孰重、孰先孰后的辩论，在那时这是诸子间争论得颇为热烈的一个话题。[①] 从生命哲学的角度来看，这种辩论具有一定的意义。但是从政治哲学的角度来看，人君如果以利己自适为第一位，那么其危害性将是非常巨大的。对于皇帝而言，"利身"与"安天下而治万民"之间具有高度的相关性。二世也意识到这一点，但是他仍然优先要求享受作为人君拥有天下的那种肆意极欲的快乐。二世的这一要求彻底突破了人们关于人君的传统价值观，在自我焦虑之中二世遂责问李斯"吾愿赐（赐，尽也）志广欲，长享天下而无害，为之奈何"的问题。李斯屈从了这一无理的要求，他上书对以"督责之术"。

所谓"督责之术"，《史记·李斯列传》曰：

> 夫贤主者，必且能全道而行督责之术者也。督责之，则臣不敢不竭能以徇（殉）其主矣。此臣主之分定，上下之义明，则天下贤不肖莫敢不尽力竭任以徇（殉）其君矣。是故主独制于天下而无所制也。能穷乐之极矣，贤明之主也，可不察焉！

> 故申子曰"有天下而不恣睢，命之曰以天下为桎梏"者，无他焉，不能督责，而顾以其身劳于天下之民，若尧、禹然，故谓之"桎梏"也。夫不能修申、韩之明术，行督责之道，专以天下自适也，而徒务苦形劳神，以身徇（殉）百姓，则是黔首之役，非畜天下者也，何足贵哉！夫以人徇（殉）己，则己贵而人贱；以己徇（殉）人，则己贱而人贵。故徇（殉）人者贱，而人所徇（殉）者贵，自古及今，未有不然者也。凡古之所为尊贤者，为其贵也；而所为恶不肖者，为其贱也。而尧、禹以身徇（殉）天下者也，因随而尊之，则亦失所为尊贤之心矣！夫可谓

---

① 参看《老子·十三章》《庄子·让王》《吕氏春秋·审为》《墨子·贵义》。此外，杨朱有相关论述。

大缪（谬）矣。谓之为"桎梏"，不亦宜乎？不能督责之过也。

故韩子曰"慈母有败子而严家无格虏"者，何也？则能罚之加焉必也。故商君之法，刑弃灰于道者。夫弃灰，薄罪也，而被刑，重罚也。彼唯明主为能深督轻罪。夫罪轻且督深，而况有重罪乎？故民不敢犯也。是故韩子曰"布帛寻常，庸人不释，铄金百溢（镒），盗跖不搏"者，非庸人之心重，寻常之利深，而盗跖之欲浅也；又不以盗跖之行，为轻百镒之重也。搏必随手刑，则盗跖不搏百镒；而罚不必行也，则庸人不释寻常。是故城高五丈，而楼季不轻犯也；泰山之高百仞，而跛牂牧其上。夫楼季也而难五丈之限，岂跛牂也而易百仞之高哉？峭堑之势异也。明主圣王之所以能久处尊位，长执重势，而独擅天下之利者，非有异道也，能独断而审督责，必深罚，故天下不敢犯也。今不务所以不犯，而事慈母之所以败子也，则亦不察于圣人之论矣。夫不能行圣人之术，则舍为天下役何事哉？可不哀邪！

且夫俭节仁义之人立于朝，则荒肆之乐辍矣；谏说论理之臣间于侧，则流漫之志诎矣；烈士死节之行显于世，则淫康之虞废矣。故明主能外此三者，而独操主术以制听从之臣，而修其明法，故身尊而势重也。凡贤主者，必将能拂世磨俗，而废其所恶，立其所欲，故生则有尊重之势，死则有贤明之谥也。是以明君独断，故权不在臣也。然后能灭仁义之涂，掩驰说之口，困烈士之行，塞聪掩明，内独视听，故外不可倾以仁义烈士之行，而内不可夺以谏说忿争之辩。故能荦然独行恣睢之心而莫之敢逆。若此，然后可谓能明申、韩之术，而修商君之法。法修术明而天下乱者，未之闻也。故曰"王道约而易操"也。唯明主为能行之。若此则谓督责之诚，则臣无邪，臣无邪则天下安，天下安则主严尊，主严尊则督责必，督责必则所求得，所求得则国家富，国家富则君乐丰。故督责之术设，则所欲无不得矣。群臣百姓救过不给，何变之敢图？若此则帝道备，而可谓能明君臣之术矣。虽申、韩复生，不能加也。

在这份奏书中，李斯因故不得不阿奉二世之意，而对以所谓"督责之术"。所谓"督责之术"包括三个要点，第一，李斯在书中否定了尧、禹之行的价值，认为他们终生苦形劳神，以身殉百姓、天下，这不是至贵之人所应当做的事情，而是黔首之所为。在李斯看来，"以人徇己"乃"己贵而人贱"，"以己徇人"乃"己贱而人贵"。根据这种人生哲学，至贵之人（皇帝）就完全应当享受天下至极的快乐，且唯有肆意极欲才能体现出其身的尊贵。与此相对，"天下"乃适为尧、禹之"桎梏"，"天下"之"重任"让尧、禹完全丧失了作为人君的自由。进一步，尧、禹之所以"以天下为桎梏"的原因，在李斯、二世看来乃在于他们不能行督责之术。第二，所谓督责之术，即是在面对至轻之罪（例如弃灰于道），人主也能够深督（督，责罚也）之以重刑，而罚罪无赦。李斯认为，人主"能独断而审督责，必深罚"，这是天下人之所以不敢冒犯君上而"明主圣王"之所以能够长久保持至尊权势且独擅天下之利的原因。第三，李斯认为，人主应当"独操主术以制听从之臣"，而将节俭仁义之人、谏说论理之臣和死节之烈士从朝廷扫荡出去。"凡贤主者，必将能拂世磨俗，而废其所恶，立其所欲"，这是将君主的权力随心所欲地发挥至极的又一种所谓"肆意极欲"。在此，天下所有的人，包括一人之下的丞相也不过是皇帝实现其"肆意极欲"的工具。

史载："书奏，二世悦。于是行督责益严，税民深者为明吏。二世曰：'若此则可谓能督责矣。'刑者相半于道，而死人日成积于市。杀人众者为忠臣。二世曰：'若此则可谓能督责矣。'"①二世之暴虐有过于桀纣！

总之，李斯通过阐释所谓"督责之术"，而将申子之所谓"术"和法家"刻薄寡恩"之意推向了极致②，以此来保证二世作为人君"肆意极欲""赐

①《史记·李斯列传》。
②《史记·老子韩非列传》，裴骃《集解》引刘向《新序》云："申子之书言人主当执术无刑，因循以督责臣下，其责深刻，故号曰'术'。商鞅所为书号曰'法'。皆曰'刑名'，故号曰'刑名法术之书'。"（《史记》卷六三，第2146—2147页，北京，中华书局，1959）李斯、二世将申子之术推向了极端。

志广欲"享受至尊位势和至高权力的极端欲求。这就完全摒弃了圣君（尧、禹）苦形劳神以为天下的传统规范，而将个人自身的利益及其欲望的满足作为设立君主的最高目的，或以此作为规定君主至尊身份的根本内涵。毫无疑问，这是一种极端自私自利而以权力享受为要旨的君主观，极端严重地背离了民本思想，而极大地瓦解了统治集团内部的团结，并迫使底层民众最大限度地敌视现存政权，甚至最终不得不走向拼死反抗的道路。简言之，二世所信奉的以绝对君权为基础的极端权力享乐主义和刻薄至极的督责之术，乃是秦朝迅速走向灭亡的重要原因。

需要指出，李斯虽然极力倡导法家哲学，但是他显然反对极端的法家主义和过度用刑擅势的权术主义。他以"督责之术"上对二世之问，虽然与他的法家主张有一定的关联，也出自其手笔，但是可以肯定这并非其本意。"督责之术"乃李斯迫于二世的淫威而不得不如此曲奉之、杜撰之而已。而秦二世所认可和实践的高度权力异化的法家，特别是所谓"督责之术"给正统法家蒙上了一层厚重的污垢。

第二章 杂糅与会通：《吕氏春秋》的哲学思想

第一节 吕不韦与《吕氏春秋》

一、吕不韦其人

吕不韦(？—前 235)，据《战国策》卷七《秦五·濮阳人吕不韦章》的记载，为卫国濮阳(今河南濮阳县西南)人。他本是一名商人①，后来通过投资秦公子子楚而当上了秦国的丞相；嬴政继位为王，吕不韦号称仲父。他主编了《吕氏春秋》，在中国哲学和思想上作出了一定的贡献。

吕不韦一生干的第一件大事就是帮助秦公子子楚(原名"异人")立为安国君(孝文王，前 302—前 250)的嫡嗣。秦昭襄王四十年(前267)，太子死，安国君被立为太子。安国君有亲生儿子二十余人，子楚居于中间。当时子楚在赵都邯郸做人质，吕不韦以为"奇货可居"，成功地帮助他立为嫡嗣。② 公元前 250 年，安国君薨，子楚继位(庄襄

---

① 《史记·吕不韦列传》说吕氏为"阳翟(今河南禹州市)大贾"，"家累千金"。

② 《史记·吕不韦列传》曰："(吕不韦对子楚曰)不韦虽贫，请以千金为子西游，事安国君及华阳夫人，立子为适嗣。"

王)。庄襄王随即"以吕不韦为丞相,封为文信侯,食河南雒阳十万户"①。公元前 246 年,秦王政立,"尊吕不韦为相国,号称'仲父'"②,位居人臣之极。

不过,秦王政九年(前 238),因嫪毐与太后淫乱之事发,且"事连相国吕不韦",大祸随后降临在吕不韦的头上。次年十月,吕不韦被解除相国职务,并逐出咸阳,迁于河南封地。一年多后,秦王政又赐书谴责吕不韦,曰:"君何功于秦? 秦封君河南,食十万户。君何亲于秦? 号称仲父。其与家属徙处蜀!"③吕不韦恐诛,于是饮鸩自杀。司马迁曾评价吕不韦道:"孔子之所谓'闻'者,其吕子乎!"④即认为吕不韦是那种为了达到出名的目的,而不会顾及他人和后果的人,德行修养十分缺乏。

二、《吕氏春秋》的编写及其相关问题

吕不韦一生干的第二件大事,就是在他被秦王政任命为相国之后,召集门客编写了《吕氏春秋》一书。《吕氏春秋》又名《吕览》。《史记·吕不韦列传》曰:

> 当是时,魏有信陵君,楚有春申君,赵有平原君,齐有孟尝君,皆下士喜宾客以相倾。吕不韦以秦之强,羞不如,亦招致士,厚遇之,至食客三千人。是时诸侯多辩士,如荀卿之徒,著书布天下。吕不韦乃使其客人人著所闻,集论以为《八览》《六论》《十二纪》,二十余万言。以为备天地万物古今之事,号曰《吕氏春秋》。布咸阳市门,悬千金其上,延诸侯游士宾客有能增损一字者予千金。

首先,我们来看《吕氏春秋》的写作时间。《吕览》一书应当作于秦王

---

①②③④《史记·吕不韦列传》。

政即位之初，成于秦王政六年(前241)。① 不过，司马迁在《报任安书》中说"不韦迁蜀，世传《吕览》"②，此说又见《史记·太史公自序》。那么，《吕氏春秋》到底是什么时候写成的？这是一个问题。现在看来，《报任安书》《太史公自序》所谓"不韦迁蜀，世传《吕览》"，乃司马迁一时激愤之辞，未为信据。《吕氏春秋》其实在徙蜀令下达前数年已经编成，而事实上吕氏自杀，并没有迁往蜀地。

其次，吕不韦是编写《吕氏春秋》的组织者和指导者，《吕氏春秋》在一定程度上贯穿了他的思想，但他不是此书的直接作者。吕氏激于当时辩士著书可以影响朝廷和天下，于是召集门客"人人著所闻，集论以为《八览》《六论》《十二纪》，二十余万言"③，可见《吕氏春秋》的直接作者乃是他的门客。这里，有一个问题：在《吕氏春秋》的作者群中为何没有留下任何一个作者的具体名字呢？原因大概有二，一者先慑于吕不韦的权势，二者后惧怕受到嫪毐、吕不韦案的牵连，于是这些真正的作者只能隐忍下来，不敢自著其名了。关于慑于吕不韦的权势，汉儒高诱有评论。书编撰出来后，吕不韦曾经将《吕览》公布于咸阳市门，"延诸侯游士宾客有能增损一字者予千金"，但其真正用意恐怕在于一自卖自夸，二延请游士、宾客来做宣传和吹捧——哪里会是专门邀请他们来吹毛求疵的呢？高诱《吕氏春秋序》即曰："时人无能增损者。诱以为时人非不能也，盖惮相国，畏其势耳。"诚哉是言！

再其次，关于《吕氏春秋·八览》《六论》《十二纪》的次序，古今有三种说法。第一种，《史记·吕不韦列传》《十二诸侯年表序》说为《八览》《六论》《十二纪》，这是司马迁的说法。由于《八览》排在《六论》《十二纪》之前，故太史公在《报任安书》中将《吕氏春秋》省称为《吕览》。第二种，

---

① 《吕氏春秋·季冬纪·序意》曰："维秦八年，岁在涒滩。秋甲子朔，朔之日，良人请问《十二纪》，文信侯曰……"高诱《注》曰："八年，秦始皇即位八年也。"学者或说"八年"当作"六年"。参看王利器《吕氏春秋注疏》，第1204—1207页，成都，巴蜀书社，2002。按，本书凡引《吕览》及校正文字，均见王利器此书。

② 《汉书·司马迁传》。

③ 《史记·吕不韦列传》。

为今传高诱注本，高氏《吕氏春秋序》曰："为《十二纪》《八览》《六论》，合十余万言。"《序》末云"凡十七万三千五十四言"，与太史公所说"二十余万言"不同。大概至高诱注书时，《吕氏春秋》已脱佚不少文字。第三种，今人王利器认为《吕氏春秋》古本顺序当为《六论》《十二纪》《八览》。① 笔者认为，古本顺序仍当以司马迁说为正，高本次序乃其调整过的结果。《十二纪》末有《序意》一篇，根据古书通例，当在全书之末②，可为太史公说的明证。

最后，《吕氏春秋》以"春秋"命名，乃吕不韦效法孔子作《春秋》，以当王法的结果。《史记·十二诸侯年表序》曰："（孔子）西观周室，论史记旧闻，兴于鲁而次《春秋》，上记隐，下至哀之获麟，约其辞文，去其烦重，以制义法，王道备，人事浃。七十子之徒口受其传指，为有所刺讥褒讳挹损之文辞不可以书见也。鲁君子左丘明惧弟子人人异端，各安其意，失其真，故因孔子史记具论其语，成《左氏春秋》。铎椒为楚威王傅，为王不能尽观《春秋》，采取成败，卒四十章，为《铎氏微》。赵孝成王时，其相虞卿上采《春秋》，下观近势，亦著八篇，为《虞氏春秋》。吕不韦者，秦庄襄王相，亦上观尚古，删拾《春秋》，集六国时事，以为《八览》《六论》《十二纪》，为《吕氏春秋》。"孔子编次《春秋》，其旨甚大，"以制义法，王道备，人事浃"。《史记·儒林传》曰："（孔子）因史记作春秋，以当王法，其辞微而指博，后世学者多录焉。"所谓"以制义法""以当王法"，两汉学者对此多有申述。《吕氏春秋》的得名，乃吕氏效仿左丘明、铎椒、虞卿作书之成例，而归本于孔子作

---

① 王利器并说："《吕氏春秋》以《十二纪》为首，盖受唐明皇删定《月令》之影响。"参看王利器《吕氏春秋注疏序》，载王利器《吕氏春秋注疏》，第10页。
② 杨树达说："古书自述作书之意者，其文皆殿全书之末，《庄子·天下》《淮南·要略》《太史公自序》《汉书·叙传》《论衡·自纪》之类是也。此书独在篇中者，乃后人移易《吕书》次第致然，盖今本次第非《吕书》之旧故也。据《史记·吕不韦传》及《十二诸侯年表序》述《吕氏春秋》皆以《八览》《六论》《十二纪》为次，知《十二纪》本在《八览》《六论》之后，则此篇本在全书之末也。"转见王利器《吕氏春秋注疏》，第1203—1204页。

《春秋》之意的结果。① 司马迁说《吕氏春秋》"以为备天地万物古今之事"，即所谓"以制义法，王道备，人事浃"之意。董仲舒《天人对策》一曰"孔子作《春秋》，先正王而系万事，见素王之文焉"，又曰"孔子作《春秋》，上揆之天道，下质诸人情，参之于古，考之于今"②，可见《春秋》所制之义法、王法，至少在汉人看来即存在于古今之事、天人之际中。由此可见《吕氏春秋》的本旨当是吕氏面对天下统一的历史大势，而力图为即将统一天下的秦王朝构建一个初步的王法系统。不过，《吕氏春秋》虽然合乎吕氏的性格和设想，但是并不合乎秦王朝的历史特征及秦始皇的个人性格，它所拟构的哲学，除了德运说之外，无论在秦国还是在秦朝大多没有被肯定和实行下去。

总之，《吕氏春秋》包括《十二纪》《八览》《六论》，共二十六卷，一百六十篇，十七万余字。"二十六卷"，即《汉书·艺文志》所说"二十六篇"。《十二纪》对应十二月，每纪五篇，共六十篇，外加《序意》一篇。《八览》对应八节，每览八篇，共六十四篇（《有始览》缺第八篇）。《六论》以"六"为数，与水德相应，每论六篇，共三十六篇。从形式上来，《吕氏春秋》的篇章结构似乎很系统和很完整，不过从汉人的学派观念来看，《吕氏春秋》的内容非常驳杂，故《汉志》列入杂家。对于此书，班固评论道："兼儒、墨，合名、法，知国体之有此，见王治之无不贯，此其所长也。"③具体说来，《吕氏春秋》包括阴阳、道、法、兵、农、儒、墨、纵横等家的思想。高诱《序》曰："然此书所尚，以道德为目标，以无为为纲纪，以忠义为品式，以公方为检格，与孟轲、孙卿、淮南、扬雄相表里也，是以著在《录》《略》。"吕不韦杂取诸家而自成一家之言，其目的无非为了王治，或者说为了即将统一天下的新王朝（秦国）的统治服务。

①《史记·太史公自序》曰："（壶遂曰）孔子之时，上无明君，下不得任用，故作《春秋》，垂空文以断礼义，当一王之法。"《汉书·董仲舒传》载仲舒《对策》曰："孔子作《春秋》，先正王而系万事，见素王之文焉。"
②《汉书·董仲舒传》。
③《汉书·艺文志·诸子略》。

第二节　天道观与历史哲学

一、天道观:本体论与圜道观

1.《仲夏纪·太乐》的本体论和《季春纪·圜道》的圜道观

《吕氏春秋》的本体论见之于《仲夏纪·太乐》篇,为道家哲学。天道观则见于《季春纪·圜道》《十二纪》各篇和《有始览·应同》,属于阴阳家哲学。前者提出了"太一即道"的新观念,后者则分别以圜道观、物类关联思维和五德终始说为主要内容。其中《圜道》的圜道观可以直接纳入《十二纪》的思想系统中。在《十二纪·序意》中,吕不韦认为天地的大圜、大矩之道是君主应当取法的对象,而《十二纪》就是以大圜、大矩之道为其论说根据的。而《应同》的五德终始说则属于当时流行的政治哲学和历史哲学。

先看《太乐》"太一即道"的本体论。《仲夏纪·太乐》的本意是阐述音乐之所从来及所以和调天下、国家的重大问题,但是其中包含了非常重要的哲学思想。《太乐篇》认为音乐在本质上是一种"度量"("数")的和谐,它"本于太一"。"太一"是最高的本体,它既是"度量"的本源,也是"度量"的高度统一。从生成论来看,"太一出两仪,两仪出阴阳",阴阳的变化既能成就亦能毁灭万物,《太乐》说"万物所出,造于太一,化于阴阳",也是此意。总之,天地、阴阳、日月星辰和四时万物都是由"太一"造生出来的。

"太一出两仪"的说法,大致综合了《易·系辞》"太极生两仪"和楚竹书《太一生水》的思想。据高诱《注》"两仪,天地也",可知"太一出两仪"还融合了天地合气而生物的思想。"天地"对"万物"而言,是万物所由生的仪则。"阴阳"即阴阳之气,具体事物的流形成体即是由此二气的离合所导致的。不但如此,《太乐》篇还认为"太一"即是"道",并论述了"道"的本体特性。是篇曰:

道也者,视之不见,听之不闻,不可为状。有知不见之见、不闻之闻、无状之状者,则几于知之矣。道也者,至精也,不可为形,不可为名,强为之谓之太一。

本体之"道",不可见,不可闻,不可名状,是一超越的存在。此种阐述,本自通行本《老子》第十四章,《太乐》作了继承。而这种"不可为形,不可为名"的"至精"之"道",《太乐》云"强为之谓之太一",这即是说"太一"乃本体之道的"强名"。通行本《老子》第三十九章所反复阐述的"一"与此"太一"虽然具有一定的渊源关系,但是"太一"一名当系直接继承楚竹书《太一生水》篇的结果。在《太一生水》中,"太一"是终极始源,在篇中居于中心位置,由它依次生成了水→天地→神明→阴阳→四时→沧热→湿燥→岁,"成岁而止"是其目的。"太一"又是万物的本体,竹书《太一生水》曰:"是故太一藏于水,行于时。周而又【始,以己为】万物母;一缺一盈,以己为万物经。"

再看《季春纪·圜道》的圜道观。《圜道》曰:

天道圜,地道方,圣王法之,所以立上下。何以说天道之圜也?精气一上一下,圜周复杂(匝),无所稽留,故曰天道圜。何以说地道之方也?万物殊类殊形,皆有分职,不能相为,故曰地道方。主执圜,臣处方,方圜不易,其国乃昌。

《说文·口部》曰:"圜,天体也。"同部曰:"圓,规也。"同部曰:"圆,圜全也。""圜"字段玉裁《注》曰:"圜,环也……许言天体,亦谓其体一气循环,无终无始,非谓其形浑圜也……依许则言天当作圜,言平圆当作圆,言浑圆当作圆。"[1]据许书及段《注》,圜、圓、圆三字义有分别,"圜"不等于"圆"。《管子·君臣》"主劳者方,主制者圆",《淮南子·主术》"主道员者,运转而无端,化育如神",按照许氏用字,"圆"或"员"都应当读作"圜"。"天地"由"太一"生出,天道(天所包含的原则)曰圜,"圜"者谓天

---

[1] 段玉裁:《说文解字注》五篇下,第277页,上海,上海古籍出版社,1988。

体一气循环,无终无始,所谓"精气一上一下,圜周复杂(匝),无所稽留"是也;地道(地所包含的原则)曰方,"方"谓具体的准则和义理,乃万物得以裁成的根据,所谓"万物殊类殊形,皆有分职,不能相为"是也。

《圜道》进一步认为"天道圜,地道方"是圣王"所以立上下"的根据,这就将"圜""方"之道看作政治活动的基本依据,从而上升到了政治哲学的高度。由"所以立上下",《圜道》曰:"主执圜,臣处方,方圜不易,其国乃昌。"简言之,主道效法天道之圜,在政治活动中应当把握基本原理,从而达到贯通、无所偏滞的地步;臣道效法地道之方,在政治活动中各自要谨守其分职,而不能相兼相为,超出各自官职的范围。这种"方圜不易"的观念与古人君臣定位不移的思想相一致,同时间接地反映了在战国中晚期君主地位急剧上升的政治现实。当然,这种将人间的君臣之道放之于宇宙间的天地之道来做论证的方法,在古书中习见,对于古人来说也是十分有效的。

对于所谓"圜道",《圜道》还有很具体的论述。今引述如下,但不再做讨论:

> 日夜一周,圜道也。月躔二十八宿,轸与角属,圜道也。精行四时,一上一下,各与遇,圜道也。物动则萌,萌而生,生而长,长而大,大而成,成乃衰,衰乃杀,杀乃藏,圜道也。云气西行云云然,冬夏不辍,水泉东流,日夜不休,上不竭,下不满,小为大,重为轻,圜道也。黄帝曰:"帝无常处也,有处者,乃无处也。"以言不刑(形)塞(滠),圜道也。人之窍九,一有所居则八虚,八虚甚久,则身毙,故唯而听唯止,听而视听止。以言说一,一不欲留,留运为败,圜道也。一也者至贵,莫知其原,莫知其端,莫知其始,莫知其终,而万物以为宗。圣王法之,以令<全>其性,以定其正,以出号令。令出于主口,官职受而行之,日夜不休,宣通下究,瀸于民心,遂于四方,还周复归,至于主所,圜道也。令圜则可不可、善不善无所壅矣,无所壅者,主道通也。

2.《十二纪》的物类关联思维与依时行政的思想

《吕氏春秋·十二纪》与《圜道》有密切的思想关系,吕不韦本人已指明。《序意》曰:

> 维秦八(六)年,岁在涒滩,秋甲(庚)子朔,朔之日,良人请问《十二纪》,文信侯曰:"尝得学黄帝之所以诲颛顼矣:'爰有大圜在上,大矩在下,汝能法之,为民父母。'盖闻古之清世,是法天地。凡《十二纪》者,所以纪治乱存亡也,所以知寿夭吉凶也。上揆之天,下验之地,中审之人,若此则是非、可不可无所遁矣。天曰顺,顺维生;地曰固,固维宁;人曰信,信维听。三者咸当,无为而行。"行也者,行其理(数)也。行[其]数,循其理,平其私。夫私视使目盲,私听使耳聋,私虑使心狂。三者皆私设精,则智无由公。智不公则福日衰,灾日隆,以日倪而西望知之。

所谓"大圜在上,大矩在下",即是《圜道》"天道圜,地道方"之意。所谓"汝能法之,为民父母",即是《圜道》"圣王法之,所以立上下"之意。据良人与吕不韦的问答来看,《圜道》的"法天地"观念正是《十二纪》立说的依据。需要指出的是,"法天地"的观念虽然见于《老子》第二十五章,但不必以为道家所专有,这一基本原理可以为阴阳家等所共有。由圜方之道天有顺、生的特性,地有固、宁的特性;人居天地之间,戴大圜而履大方,则有信从之德。吕不韦认为,"三者咸当"则人君可以无为而行矣。从目的来看,《十二纪》是为了阐明"所以纪治乱存亡""所以知寿夭吉凶"的政治哲学和生命哲学。

《十二纪》与十二月对应,依春夏秋冬四时(每一时又分孟、仲、季三月)排列,这是一种自然时间顺序。通观各纪的内容,其基本结构相同,今引《孟春纪》为例稍作说明。《孟春纪》曰:

> 孟春之月,日在营室,昏参中,旦尾中,其日甲乙。其帝太皞,其神句芒,其虫鳞,其音角,律中太蔟,其数八,其味酸,其臭膻,其祀户,祭先脾,东风解冻,蛰虫始振,鱼上冰,獭祭鱼,候雁北。天子居

青阳左个,乘鸾辂,驾苍龙,载青旗,衣青衣,服青玉,食麦与羊,其器疏以达。

是月也,以立春,先立春三日,太史谒之天子,曰:"某日立春,盛德在木。"天子乃斋,立春之日,天子亲率三公九卿诸侯大夫以迎春于东郊,还,乃赏卿诸侯大夫于朝,命相布德和令、行庆施惠,下及兆民。庆赐遂行,无有不当。乃命太史守典奉法,司天日月星辰之行,宿离不忒,无失经纪,以初为常。

是月也,天子乃以元日祈谷于上帝,乃择元辰,天子亲载耒耜,措之参于保介之御御间,率三公九卿诸侯大夫躬耕帝籍田,天子三推,三公五推,卿诸侯大夫九推。反,执爵于太寝,三公九卿诸侯大夫皆御命,曰劳酒。

是月也,天气下降,地气上腾,天地和同,草木繁动。王布农事,命田舍东郊,皆修封疆,审端径术,善相丘陵阪险原隰,土地所宜,五谷所殖,以教道民,必躬亲之。田事既饬,先定准直,农乃不惑。

是月也,命乐正入学习舞,乃修祭典,命祀山林川泽,牺牲无用牝,禁止伐木,无覆巢,无杀孩虫胎夭飞鸟,无麛无卵,无聚大众,无置城郭,掩骼霾髊。

是月也,不可以称兵,称兵必有天殃。兵戎不起,不可以从我始,无变天之道,无绝地之理,无乱人之纪。

孟春行夏令,则风雨不时,草木早槁,国乃有恐;行秋令,则民大疫,疾风暴雨数至,藜莠蓬蒿并兴;行冬令,则水潦为败,霜雪大挚,首种不入。

从总体上来看,《吕览·孟春纪》可以分为两大部分。第一部分叙述了孟春之月的天文、神灵、物候和天子在明堂之所居、车驾、服色、食物等内容,第二部分叙述了与此月相匹应的天子之政的具体内容。第一部分所述物类现象非常繁杂,它们是由天道运行到是月(孟春之月)时所生展出来的。而这些繁杂的物类之间均依据五行的思维方式被关联起来。

第二部分文字无疑体现了"人应天道"和"依时行政"的思想：当孟春之月，天子、三公、九卿、诸侯、大夫、太史、田官、乐正等各有其政事，皆依时而行。尤其值得注意的是，第二部分文字直接点明了"依时行政"的理论根据，所谓"盛德在木"是也。根据《十二纪》各篇所述，天道的运行当春时三月，皆值木德盛行；当夏时三月，皆值火德盛行；当秋时三月，皆值金德盛行；当冬时三月，皆值水德盛行。唯土德例外，《吕氏春秋》将其附于《季夏纪》末叙述。而为何土德要附于《季夏纪》之末，而未放于任何具体一时之中呢？孔颖达、萧衍、班固已作说明①，其理由无非有二：土王四季，和土居五行之中。另外，还需要指出的是，在《吕氏春秋》中，五德之运包括两个次级法则：其一，即《十二纪》所说木德、火德、土德、金德、水德在四时的更王，它们遵循相生之序，属于自然哲学的范围；其二，即《应同篇》所云决定朝代更替、兴亡的五德转移说，在此五德遵循相胜（从所不胜）次序，属于历史哲学和政治哲学的范畴。五德之运的这两个次级法都属于阴阳家的思想，但是各自所依据的五行原理是不同的。

孟春之月，王政有其禁令，"不可以称兵"。这一点很容易理解，春天正是万物滋生，农事播殖五谷之时，故高诱《注》曰："春当行仁，非兴兵征伐时也。"如若举兵征伐，那么就会破坏农事，导致饥荒，即所谓"称兵必有天殃"是也。除了月有禁令之外，如果天子（或人君）在是月行夏令、秋令或冬令，即政与时不合，这会带来严重的自然灾乱。这是一种变相的天人感应之说。毫无疑问，阴阳家是"天人感应"说的提倡者和支持者。在汉代，阴阳家是天人感应说形成学术风气和社会风气的前导者。

《十二纪》以五行之德关联的四时物类系统，今引述如下，以见大略：

---

① 《礼记》卷一六《月令正义》曰："四时系天，年有三百六十日，则春夏秋冬各分居九十日。五行分配四时，布于三百六十日间，以木配春，以火配夏，以金配秋，以水配冬，以土则每时辄寄王十八日也。虽每分寄，而位本未宜处于季夏之末、金火之间，故在此陈之也。"（隋）萧吉《五行大义》卷二曰："《礼记》云：'中央土。'在季夏之后，此则岁之半，处四时之中央。"《白虎通·五行》曰："土所以王四季何？木非土不生，火非土不荣，金非土不成，水非土不高。土扶微助衰，历成其道，故五行更王，亦须土也。王四季，居中央，不名时。"

仲春之月,日在奎,昏弧中,旦建星中。其日甲乙,其帝太皞,其神句芒,其虫鳞。其音角,律中夹钟,其数八,其味酸,其臭膻,其祀户,祭先脾。始雨水,桃李华,苍庚鸣,鹰化为鸠。天子居青阳太庙,乘鸾辂,驾苍龙,载青旗,衣青衣,服青玉,食麦与羊,其器疏以达。①

季春之月,日在胃,昏七星中,旦牵牛中。其日甲乙,其帝太皞,其神句芒,其虫鳞。其音角,律中姑洗。其数八,其味酸,其臭膻,其祀户,祭先脾。桐始华,田鼠化为鴽,虹始见,萍始生。天子居青阳右个,乘鸾辂,驾苍龙,载青旗,衣青衣,服青玉,食麦与羊,其器疏以达。②

孟夏之月,日在毕,昏翼中,旦婺女中。其日丙丁,其帝炎帝,其神祝融,其虫羽,其音徵,律中仲吕。其数七,其性礼,其事视,其味苦,其臭焦,其祀灶,祭先肺。蝼蝈鸣,丘蚓出,王菩生,苦菜秀。天子居明堂左个,乘朱辂,驾赤骝,载赤旗,衣赤衣,服赤玉,食菽与鸡,其器高以觕。③

仲夏之月,日在东井,昏亢中,旦危中。其日丙丁,其帝炎帝,其神祝融,其虫羽。其音徵,律中蕤宾,其数七。其味苦,其臭焦,其祀灶,祭先肺。小暑至,螳螂生,鵙始鸣,反舌无声。天子居明堂太庙,乘朱辂,驾赤骝,载赤旗,衣朱衣,服赤玉,食菽与鸡,其器高以觕,养壮狡。④

季夏之月,日在柳,昏心中,旦奎中。其日丙丁,其帝炎帝,其神祝融,其虫羽。其音徵,律中林钟,其数七。其味苦,其臭焦,其祀灶,祭先肺。凉风始至,蟋蟀居宇,鹰乃学习,腐草化为蚈。天子居明堂右个,乘朱辂,驾赤骝,载赤旗,衣朱衣,服赤玉,食菽与雉,其器高以觕。……中央土,其日戊己,其帝黄帝,其神后土,其虫倮。其

---

①《吕氏春秋·仲春纪》。
②《吕氏春秋·季春纪》。
③《吕氏春秋·孟夏纪》。
④《吕氏春秋·仲夏纪》。

音宫，律中黄钟之宫，其数五，其味甘，其臭香，其祀中溜，祭先心。天子居太庙太室，乘大辂，驾黄骝，载黄旗，衣黄衣，服黄玉，食稷与牛，其器圜以揜。①

孟秋之月，日在翼，昏斗中，旦毕中。其日庚辛，其帝少皞，其神蓐收，其虫毛。其音商，律中夷则，其数九。其味辛，其臭腥，其祀门，祭先肝。凉风至，白露降，寒蝉鸣，鹰乃祭鸟，始用行戮。天子居总章左个，乘戎路，驾白骆，载白旗，衣白衣，服白玉，食麻与犬，其器廉以深。②

仲秋之月，日在角，昏牵牛中，旦觜巂中。其日庚辛，其帝少皞，其神蓐收，其虫毛。其音商，律中南吕，其数九。其味辛，其臭腥，其祀门，祭先肝。凉风生，候雁来，玄鸟归，群鸟养羞。天子居总章太庙，乘戎路，驾白骆，载白旗，衣白衣，服白玉，食麻与犬，其器廉以深。③

季秋之月，日在房，昏虚中，旦柳中。其日庚辛，其帝少皞，其神蓐收，其虫毛。其音商，律中无射，其数九。其味辛，其臭腥，其祀门，祭先肝。候雁来宾，爵入大水为蛤，菊有黄华，豺则祭兽戮禽。天子居总章右个，乘戎辂，驾白骆，载白旗，衣白衣，服白玉，食麻与犬，其器廉以深。④

孟冬之月，日在尾，昏危中，旦七星中。其日壬癸，其帝颛顼，其神玄冥，其虫介。其音羽，律中应钟，其数六。其味咸，其臭朽，其祀行，祭先肾。水始冰，地始冻，雉入大水为蜃，虹藏不见。天子居玄堂左个，乘玄辂，驾铁骊，载玄旗，衣黑衣，服玄玉，食黍与彘，其器宏以弇。⑤

仲冬之月，日在斗，昏东壁中，旦轸中。其日壬癸，其帝颛顼，其

---

① 《吕氏春秋·季夏纪》。
② 《吕氏春秋·孟秋纪》。
③ 《吕氏春秋·仲秋纪》。
④ 《吕氏春秋·季秋纪》。
⑤ 《吕氏春秋·孟冬纪》。

神玄冥,其虫介。其音羽,律中黄钟,其数六。其味咸,其臭朽,其祀行,祭先肾。冰益壮,地始坼,鹖鴠不鸣,虎始交。天子居玄堂太庙,乘玄辂,驾铁骊,载玄旗,衣黑衣,服玄玉,食黍与彘,其器宏以弇。命有司曰:"土事无作,无发盖藏,无起大众,以固而闭。"发盖藏,起大众,地气且泄,是谓发天地之房,诸蛰则死,民多疾疫,又随以丧,命之曰畅月。①

季冬之月,日在婺女,昏娄中,旦氐中。其日壬癸,其帝颛顼,其神玄冥,其虫介。其音羽,律中大吕,其数六。其味咸,其臭朽,其祀行,祭先肾。雁北乡,鹊始巢,雉雊鸡乳。天子居玄堂右个,乘玄辂,驾铁骊,载玄旗,衣黑衣,服玄玉,食黍与彘,其器宏以弇。命有司大傩旁磔,出土牛,以送寒气,征鸟厉疾乃毕。行山川之祀,及帝之大臣、天地之神祇。②

从《史记》来看,"谈天衍"(邹衍别号)的天道观主要包括大小九州说、五德终始说和阴阳主运说。关于阴阳主运说,《史记·孟子荀卿列传》说邹衍如燕,为燕昭王师,作《主运》。《史记·封禅书》曰:"自齐威、宣之时,邹子之徒论著终始五德之运。(如淳《注》:'今其书有《五德终始》。五德各以所胜为行。')……邹衍以阴阳主运显于诸侯。(如淳《注》:'今其书有《主运》。五行相次转用事,随方面为服。')"据如淳《注》,邹子《五德终始》与《主运》所使用的五行原理不同,前者从所不胜,后者以相生为说。所谓"五行相次转用事",即是"比相生"之意,而"随方面为服"直接证明了《主运》使用的是五行相生次序。五德终始说所论朝代更替受命的合法性,属于历史哲学,与"方面"无关。简言之,阴阳主运说与五德终始说大异,前者当与《吕氏春秋·十二纪》的内容一致。这也即是说,《十二纪》在内容上受到了邹子阴阳主运说及齐学的深刻影响。

最后,从观念溯源来看,《吕氏春秋·十二纪》的思想起源甚早。《尚

①《吕氏春秋·仲冬纪》。
②《吕氏春秋·季冬纪》。

书·洪范》第八畴有所谓"休征""咎征"之说,其中的天人相征可以看作《十二纪》在思想上的上古源头。不过,从阴阳家的具体发展来看,《管子·四时》(还有《五行》《幼官》两篇)的"依时寄政"说正是《吕氏春秋·十二纪》的直接思想源头。而《十二纪》的阴阳家说对于秦汉的道家、儒家产生了较大的影响,比如《礼记·月令》和《淮南子·时则》就直接承袭了《十二纪》的内容①,而董仲舒的思想受到阴阳家思想的严重浸染,也是众所周知的事实。

二、《有始览·应同篇》的历史哲学与秦汉的五德终始说

五德终始说亦为《吕氏春秋》的天道观之一。以从所不胜为原理的五德终始说,出自邹衍。邹子此说随后成为战国晚期至秦汉时期的重要历史哲学观念,在论证新朝受命取代前朝的合法性上产生了巨大作用。《吕氏春秋·有始览·应同》曰:

> 凡帝王者之将兴也,天必先见祥乎下民。黄帝之时,天先见大螾大蝼,黄帝曰:"土气胜。"土气胜,故其色尚黄,其事则土;及禹之时,天先见草木秋冬不杀,禹曰:"木气胜。"木气胜,故其色尚青,其事则木;及汤之时,天先见金刃生于水,汤曰:"金气胜。"金气胜,故其色尚白,其事则金;及文王之时,天先见火赤乌衔丹书集于周社,文王曰:"火气胜。"火气胜,故其色尚赤,其事则火。代火者,必将水,天且先见水气胜,水气胜,故其色尚黑,其事则水。水气至而不知,数备,将徙于土。天为者时,而不农助于下。

《应同》,一名《召类》。《应同》的五德终始之说源自邹子,这是毫无疑义的,但是又与邹子说不尽相同。《淮南子·齐俗》许《注》引《邹子》

---

① 陆德明《经典释文·礼记》曰:"此是《吕氏春秋·十二纪》之首,后人删合为此记。蔡伯喈、王肃云:'周公所作。'"孔颖达《礼记·月令正义》曰:"郑《目录》云:'名曰《月令》者,以其记十二月政之所行也。本《吕氏春秋·十二月纪》之首章也,以礼家好事钞合之,后人因题之,名曰《礼记》,言周公所作,其中官名、时事多不合周法。此于《别录》属《名堂阴阳记》。"

曰:"五德之次,从所不胜,故虞土,夏木,殷金,周火。"①《文选》沈休文《安陆昭王碑文》注引《邹子》亦曰:"五德从所不胜,虞土,夏木,殷金,周火。"据此,邹衍五德终始说从虞舜起算,而未及黄帝。这是合理的,虞、夏、商、周四代相连。而且,这种起算法也与邹子由儒入于阴阳,且又归止于"仁义节俭"(《史记·孟子荀卿列传》)的思想历程相合。战国晚期,黄学兴起,黄帝逐渐演变为上古圣人的共同祖先,于是燕齐方怪之士传邹衍之术者遂将"虞舜"改为"黄帝",这可以参看《吕览·应同》和《史记·封禅书》《史记·孟子荀卿列传》等书篇。②

《吕氏春秋·应同》以从所不胜为五德终始说的基本原理,但是此篇的第一个要义在于阐明"凡帝王者之将兴也,天必先见祥乎下民"。在邹衍看来,五德终始是一循环且必然的客观历史命运,但是如何判断五德转移的历史时机,即如何判断帝王的将兴和天命的更革? 这是一个关键问题。《应同》认为,天命转移的信息会在"祯祥""符应"上首先显现出来。黄帝之时,"天先见大螾大蝼",黄帝即据此判断"土气胜",于是依土德而行改制之事;禹之时,"天先见草木秋冬不杀",禹即据其判断"木气胜",于是依木德而行改制之事;汤之时,"天先见金刃生于水",汤即据其判断"金气胜",于是依金德而行改制之事;文王之时,"天先见火赤乌衔丹书集于周社",文王即据其判断"火气生",于是依火德而行改制之事。依五德终始说,水代火,是周后一代天命转移的客观必然逻辑。

《应同》的第二个要义在于判断出现"水气胜"的历史时机。《应同》曰"天且先见水气胜",这就要求帝王根据相应的祯祥、符瑞而真实地判断"水气胜"出现的历史时机。"水气至而不知,数备,将徙于土",这是说,历史的大转折时机即将来临,人君、帝王即应对此保持高度的警觉和紧张。当然,这些说法也可以看作《应同》的作者(也可以看作是吕不韦本人)对秦王发出了十分严肃的警告,欲其自觉认识到"水气"的来临,应

---

① 何宁:《淮南子集释》卷十一,第 789 页。
② 参看萧汉明《阴阳大化与人生》,第 159—161 页,广州,广东人民出版社,1998。

当应水德之运而为帝王①;否则,水气来至,人君却毫不知觉,不能匹应天道,乃至错过了天数(水德)的历史之运(数备则过),天命就会转移到土德上了。后来,秦始皇采纳齐人奏书,"推终始五德之传",而意识到"方今水德之始"。② 而这里所谓齐人所说,实际上与《吕览·应同篇》相同。不过,秦始皇之所以采纳齐人所说,乃因为吕不韦为罪臣,《吕氏春秋》即在弃置不用之列。另外,《史记·封禅书》所记"或曰'黄帝得土德'"云云,与《吕氏春秋·应同》所说大同小异。

邹衍的五德终始说对西汉论证王朝的合法性问题产生了重大影响。从汉初到武帝时期,官方和学者都很重视五德终始说,但是在认识上充满了斗争。大抵说来,西汉的五德终始说大抵经历了三个时期,分别为高祖、文帝和武帝时期。(1) 高祖初起,先以自己为赤帝子,而以秦为白帝子,故色上赤。火赤金白,火胜金,因此刘邦认为汉得火德。事见《史记·高祖本纪》和《史记·封禅书》。③ 但刘邦的这一说法乃即时"起兴"的结果,实际上跟当时流行的成系统的邹衍五德终始说理论不合。高祖二年(前205),刘邦和张苍等人又以为汉得水德④,这一次是以邹衍说为主要依据再作判断的结果。(2) 文帝时期,贾谊与张苍⑤、公孙臣与张苍

---

① 需要指出,"土气"与"土德","木气"与"木德","金气"与"金德","火气"与"火德",及"水气"与"水德",这五对概念前后二者的用法有区别,"气"(例如"土气")是就天命的具体流行(作用)而言,"德"(例如"土德")是就天命所转移的客观本体而言。一命(天命)而五德(土德、木德、金德、火德和水德),而五德终始从所不胜,这是邹子德运说的基本内涵。

②《史记·秦始皇本纪》。

③《史记·高祖本纪》曰:"众莫敢为,乃立季为沛公。祠黄帝,祭蚩尤于沛庭,而衅鼓旗,帜皆赤。由所杀蛇白帝子,杀者赤帝子,故上赤。"同书《封禅书》:"汉兴,高祖之微时,尝杀大蛇。有物曰:'蛇,白帝子也,而杀者赤帝子。'高祖初起,祷丰枌榆社。徇沛,为沛公,则祠蚩尤,衅鼓旗。遂以十月至灞上,与诸侯平咸阳,立为汉王。因以十月为年首,而色上赤。"

④ 参看《史记·历书》《史记·封禅书》。

⑤ 贾谊在文帝初年即已提议汉当改从土德,他亦曾被张苍所黜。贾生从汉得水德到得土德观念的转变,应当看作其对秦朝的暴政进行深入批判的结果:对于他而言,在五德终始之运的历史模式中,秦汉不是同一历史环节(水德)的两个阶段,而是"从所不胜"的前后两个历史环节(水德→土德)。《史记·屈原贾生列传》曰:"贾生以为汉兴至孝文二十余年,天下和洽,而固当改正朔,易服色,法制度,定官名,兴礼乐,乃悉草具其事仪法,色尚黄,数用五,为官名,悉更秦之法。"《史记·张丞相列传》"太史公曰":"张苍文学律历,为汉名相,而绌贾生、公孙臣等言正朔服色事而不遵,明用秦之颛顼历,何哉?"

先后两次就汉得何德发生争论,其中后一次的争论较大,参看《史记》中《孝文本纪》《历书》《封禅书》《张丞相列传》和《屈原贾生列传》。文帝十二年(前168),鲁人公孙臣上书,认为秦既然得水德,那么根据五德终始说汉即应当得土德,"宜改正朔,易服色,色上黄",并预言"土德之应黄龙见"①。但此说遭到了张苍的反对。文帝十五年(前165),"黄龙见成纪"②,文帝重新起用公孙臣,拜为博士,"与诸生草改历服色事"③,而张苍自黜④。但实际上,由于新垣平等人作乱,土德说在当时并没有真正实行下来。(3)武帝时期,"招致儒术之士,令共定仪"⑤,有人议论太古瑞应定制之事,再加上武帝本人迷信黄帝传说,于是下诏改制,从土德。《史记·礼书》曰:"乃以太初之元改正朔,易服色,封太山,定宗庙百官之仪,以为典常,垂之于后云。"《史记·封禅书》曰:"夏,汉改历,以正月为岁首,而色上黄,官名更印章以五字,为太初元年。"太初元年(前104)之后,西汉实行土德。

此外,刘向、刘歆父子将德运说的原理从相胜改为相生次序,认为汉得火德,在理论上作了重大改变。据《汉书·律历志》,刘向、刘歆的具体说法是这样的:太昊(伏羲氏)木德,炎帝(神农氏)火德,黄帝(轩辕氏)土德,少昊(金天氏)金德,颛顼(高阳氏)水德;帝喾(高辛氏)木德,唐尧火德,虞舜土德,夏禹金德,商汤水德,周文木德,汉高祖火德。《汉书·律历志》还认为自秦昭王至秦二世皇帝不过是"秦伯",而王莽则"盗袭帝位"、窃号"新室"而已,认为他们既没有受命也非天子。⑥ 而汉得火德之说,直到东汉光武帝建武二年(26)才得以真正颁布实行。

---

① 《史记·封禅书》。
② 《史记·历书》《史记·封禅书》。
③ 《史记·封禅书》。
④ 《史记·历书》《史记·张丞相列传》。
⑤ 《史记·礼书》。
⑥ 《汉书·王莽传中》曰:"武功丹石出于汉氏平帝末年,火德销尽,土德当代,皇天眷然,去汉与新,以丹石始命于皇帝。"王莽根据刘向、刘歆的德运说认为新朝得土德。火生土,汉朝为火德,则新朝为土德。不过,东汉皇帝及诸儒根本否定王莽的新朝得土德,认为自西汉至东汉,刘姓王朝一以贯之,均为火德。

三、《慎大览·贵因》的贵因说与《察今》的因时变法观

1. 《慎大览·贵因》等篇的贵因说

天道及外物对于人而言具有客观性，作为主体的人就应当充分尊重它们。在《吕氏春秋·慎大览》诸篇的作者看来，"贵因"乃是主观对待客观、主体对待客体的一个重要原则。"因"是道家的重要哲学概念。《说文·口部》曰："因，就也。"段玉裁《注》曰："'就'下曰：'高也。'为高必因丘陵，为大必就基址。故因从口大，就其区域而扩充之也。"[1]"因"即依靠、凭借，而包含循、顺、随等义。庄子由"天"（"自然"）而重视"因"的观念，《荀子·解蔽》篇做了概括："（庄子）由天谓之道尽因矣。"但是真正将"因"作为一个哲学概念明晰地反省出来的，则首见于《管子·心术上》篇。《心术上》曰："是故有道之君，其处也，若无知；其应物也，若偶之。静因之道也。"又曰："君子之处也若无知，言至虚也。其应物也若偶之，言时适也。若影之象形，响之应声也，故物至则应，过则舍矣，舍矣者，言复返于虚也。"在这里，"静因之道"与"因术"有所区别：未感自处之时，有道之君（认知主体）"若无知"，则静也；其感物应事"若偶之"，则因也。因此"因"一定是存在于主体的能动作用之中并对其加以自我制约和规范的一个重要原则，而所谓"因术"，只是"静因之道"的一个方面。《心术上》曰："无为之道因也，因也者，无益无损也。以其形，因为之名，此因之术也。"所谓"因"，就是在发挥主观能动性的过程中，人能够以无为为原理而如实地反映和尊重客观事物。而所谓"因术"，就是具体实行"因"的方法，譬如因形而为名。在"静因之道"中，"静"为本，"因"为用。"静"是修心之术，对己而言。《心术上》曰："君子恬愉无为，去智与故，言虚素也。"以静修心的目的，乃是通过内在的无为修养去掉智故，而到达"虚素"的心境。"因"是人对于主体自身的一种规范和澄汰，目的无非是严格限制自身，直至完全消除主体对于客体的消极作用，古人称之为"舍

---

[1] 段玉裁：《说文解字注》六篇下，第 278 页，上海，上海古籍出版社，1988。

己"或"无己"。《心术上》说:"因也者,舍己而以物为法者也。"在此基础上,《心术上》提出了所谓"贵因"的观点。

毫无疑问,《吕氏春秋·慎大览》诸篇继承了《管子·心术上》的"贵因"说。不过,《贵因》诸篇的论述重点并不在于追问"贵因"之理论根据和含义,而在于通过叙述一系列所因之对象,并在事件之成败好坏的因果关系中来突出和强化这一原则。简言之,"因"既是指导实践的观念,又是一种方法,它得到了《贵因》作者的高度肯定。《慎大览·贵因》曰:

> 三代所宝莫如因,因则无敌。禹通三江五湖,决伊阙,沟回陆,注之东海,因水之力也;舜一徙成邑,再徙成都,三徙成国,而尧授之禅位,因人之心也;汤武以千乘制夏商,因民之欲也;如秦者立而至,有车也,适越者坐而至,有舟也,秦越,远涂也,竫立安坐而至者,因其械也。

"宝"即"贵","三代所宝莫如因"即"贵因"之意。禹导水,"因水之力";尧授舜位,"因人之心";汤放桀,武王灭商,"因民之欲";乘车至秦,坐舟至越,"因其械也"。不但如此,凡事皆当贵因。《贵因》又曰:

> 夫审天者察列星而知四时,因也;推历者视月行而知晦朔,因也;禹之裸国,裸入衣出,因也;墨子见荆王,锦衣吹笙,因也;孔子道弥子瑕见厘夫人,因也;汤武遭乱世,临苦民,扬其义,成其功,因也。故因则功(工),专则拙。因者无敌,国虽大,民虽众,何益?

《慎大览·顺说》曰:

> 善说者若巧士,因人之力以自为力,因其来而与来,因其往而与往,不设形象,与生与长,而言之与响,与盛与衰,以之所归,力虽多,材虽劲,以制其命。顺风而呼,声不加疾也;际高而望,目不加明也,所因便也。……宋王,俗主也,而心犹可服,因矣。因则贫贱可以胜富贵矣,小弱可以制强大矣。

在人们推求自然规律和治国之道,乃至游说、辩说等事中,其成功与否,在作者看来,"因"起着十分重要的作用。"因"是人类实践活动(包括政治活动)能否成功的关键,"因则无敌",不因则无以成功。"因"与"专"对,因则工巧,专则拙劣。"专"谓专断、专任。"因"有善因(善于因借)与不善因之分,因其势便为善因,例如"顺风而呼""际高而望"之类即是。能够善因,这与"审因"具有密切的关系。《仲秋纪·决胜》曰:"凡兵,贵其因也。因也者,因敌之险以为己固,因敌之谋以为己事,能审因而加胜则不可穷矣。胜不可穷之谓神,神则能不可胜也。"《决胜》是专就用兵而言之的,其实凡事皆涉及因借的问题。而因借的有效性即决定于人们是否善因和审因。

最后,《慎大览·不广》还提出了"因时"的概念。"时"是一种具体的历史条件和时机,它是人们的主观能动性能否有效发挥的历史前提,因此"因时"对于人的当下实践活动来说是十分重要的。《不广》曰:"智者之举事必因时,时不可必成。"聪明的人去做一件事情,他一定会去因借相应的历史条件;但是,历史条件具备了,还未必能够保证事情办成。进一步,《慎大览·察今》提出了"因时变法"的观念,将"因时"看作"变法"的根据。

2.《慎大览·察今》的因时变法观

《慎大览·察今》首先认为时君上不能取法"先王之法"。而之所以不能取法,不是因为"先王之法"不善,而是因为时代变迁,已经无可取用了。"法"与"时"之间存在历史的张力。"时"是永远在流动变化的,而"先王之法"只是依据具体的历史条件制定出来的,具有静止不动、难以趋势变化的特性,这就决定了"先王之法"在历史本质上必然终究会落后于变动不居的"时"。不过,就其制定之本初来看,"先王之法"又是"有要于时"的,"法"与"时"在当时是历史地相应的。在此,"有要于时"是一个很重要的命题,它是古往今来制定"法"的必要前提。

《慎大览·察今》曰:

> 凡先王之法,有要于时也。时不与法俱至,法虽今而至,犹若不

可法,故择(释)先王之成法,而法其所以为法,先王之所以为法者何也? 先王之所以为法者,人也。而己亦人也,故察己则可以知人,察今则可以知古,古今一也,人与我同耳。

进一步,《察今》认为,虽然不能法先王之"成法",但是可以"法其所以为法"。"先王之所以为法者,人也","人"既是为法的总目的,也是其基本依据和出发点。从绝对的当下立场上来说,"法"一定要与当下之"人"的历史条件相契合。古人与今人,他人与自己,均属于人。"而己亦人也",既然如此,制定法律之人可以通过"察己"而"知人",进而知道人在某一历史条件下存在的复杂性和特殊性,"察今则可以知古"。古今制定法律的基本原则都是一样的,他人与我均属于"人"。在此,"时"虽有古今变化,"人"虽有彼我之不同,但是制定法律的通则——"时"和"人"作为基本要素来说却是亘古不变的,变化的不过是在特定历史中存在的具体之"时"和具体之"人"。这种将特殊性与普遍性、特定历史条件与基本原理("道")贯通起来思考的方法,其实源自孟子等人。① 相对于商鞅、韩非的论证来说,《察今》的论述在理论上是一大进步。总之,今日制法,必察今之时,而不必泥于先王之成法。

《察今》下文又曰:

> 故治国无法则乱,守法而弗变则悖,悖乱不可以持国,世易时移,变法宜矣。……故凡举事,必循法以动,变法者,因时而化,若此论则无过务矣。夫不敢议法者,众庶也;以死守[法]者,有司也;因时变法者,贤主也。是故有天下七十一(二)圣,其法皆不同,非务相反也,时势异也。

---

① 《孟子·离娄下》曰:"(孟子曰)舜生于诸冯,迁于负夏,卒于鸣条;东夷之人也。文王生于岐周,卒于毕郢,西夷之人也。地之相去也,千有余里;世之相后也,千有余岁;得志行乎中国,若合符节。先圣后圣,其揆一也。"同书《万章上》曰:"(孔子曰)唐、虞禅,夏后、殷、周继,其义一也。"同书《告子下》曰:"(孟子曰)居下位,不以贤事不孝者,伯夷也;五就汤,五就桀者,伊尹也;不恶污君,不辞小官者,柳下惠也。三子者不同道,其趋一也。一者何也? 曰仁也。君子亦仁而已矣,何必同?"

这段文字提出了"世易时移,变法宜矣"和"因时变法"的观点,更为鲜明地肯定了"时势"对于"变法"的根本作用:七十二圣之法不同,"非务相反也,时势异也"。这些观点,后来被《淮南子·齐俗》《文子·道德》所抄录。拘于成法而不知时变,以古责今,此譬如刻舟求剑,循表夜涉,不但于治无益,反而徒增惑乱和祸害而已。

第三节 生命哲学:"贵生"和"重己"

《吕氏春秋》很重视生命现象,并着重从道家的立场作了深入的思考。从先秦道家的发展线索来看,《吕氏春秋》对于"生命"的哲学思考起源于《老子》第十三章,中经杨朱对于"为我"观念的极端提倡,及庄子对于无待之自由生命的肯定,在战国晚期终于酿成"贵生"和"重己"的思潮,这特别表现在《庄子》外杂篇和《吕氏春秋·十二纪》诸篇中。将"生命"本身作为哲学思考的对象和本体,这是杨朱和庄子等人的功劳,但是杨朱后学、庄子后学、子华子、魏公子牟等人通过比较和选择的方法开显出"生命"对于"个体"(普遍之"己""我")之存在的巨大意义,并导致"贵生""重己"观念的流行。应当说,这是中国古典生命哲学在特定历史时期的一种自然反应和必然结果。不过,既然这套哲学使用了"贵贱""轻重"等词语来判断生命的价值,那么它受到了世俗价值观念的深入影响和沾染上了浓重的利己主义色彩,这是可以肯定的。

一、生命的本源与本体

在《仲夏纪·太乐》中,作者认为天地、阴阳、日月星辰、四时、万物皆出自"太一"("道"),"太一"即是万有的本源。《有始览》首篇具体说道:"天地有始,天微以成,地塞以形,天地合和,生之大经也。""太一"是生命的终极始源,而"天地合和"是生命得以生成的根本方式。在此,作者改造了以"道"为本与以"天"为本("天生百物")的两种生成论,并有层次地将它们统合起来。通览全书,在《吕氏春秋》中,"道"也是万物(包括生命现象)的本体。需要指出的是,《吕氏春秋》既继承了稷下道家以"精气"为本体的观念,又继承了庄子学派以"性"为生命本体的观念;不过,这两大观念在《吕氏春秋》中没有很好地融合起来。

《吕氏春秋》使用"精气"概念,见于《季春纪·尽数》《先己》《圜道》和《恃君览·达郁》数篇。从《圜道篇》的叙述来看,"精气"是天地万物的本源及构成本体,它具有"圜周复杂,无所稽留"的特性。《尽数》诸篇则具体指明了"精气"是"生命"的本源和本体。不过,就宇宙之全体来说,"精气"是弥散而周流的;从具体之人物来看,它又是相对集聚的。不仅如此,《尽数》《先己》和《达郁》三篇还认为"精气"具有特别的"活力",并以"流动日新"(与"稽留郁塞"相对)为其存在方式,而生死康病的生命现象与之具有本质的关联。因此养生即是保持精气,并使之在形体内持久地流动,而不郁闭。

"性命之情",在先秦文献中仅见于《吕氏春秋》和《庄子》外杂篇,前者一共出现10次,后者出现9次(《骈拇》《在宥》共7次,《天道》《徐无鬼》各1次)。据此可知,《吕氏春秋·本生》《重己》等篇所宣扬的性命说很可能出自庄子后学一脉。关于现实生命之本体,《吕氏春秋》除有"精气"说外,又有性命说。所谓"性",《吕氏春秋》曰:

> 性者,所受于天也,非人之所能为也。①
>
> 石可破也,而不可夺坚;丹可磨也,而不可夺赤。坚与赤,性之有也。性也者,所受于天也,非择取而为之也。②
>
> 治欲者不于欲,于性。性者,万物之本也,不可长,不可短,因其固然而然之,此天地之数也。③

何谓"性"?"性"乃在人物者,而受之于天。它属于天,是自然的,而非人为的;它既不可选择而有,亦不可选择而无;"性"是"万物之本",万

---

① 《吕氏春秋·孟秋纪·荡兵》。
② 《吕氏春秋·季冬纪·诚廉》。
③ 《吕氏春秋·不苟论·贵当》。

物之度数"因其固然而然之"。简言之，"性"即人物而言（在己而有），受之于天，是人物所固有的而使其所以如此的、先天而内在的根据。

《恃君览·知分》又曰：

> （禹曰）吾受命于天，竭力以养人。生，性也，死，命也，余何忧于龙焉？……命也者，不知所以然而然者也，人事智巧以举错者，不得与焉。故命也者，就之未得，去之未失，国士知其若此也，故以义为之决而安处之。

《吕氏春秋》的"命"字共出现了一百余例，大部分作动词"命使"使用，小部分或作名词"命令"使用，或作"天命""命分"等使用。"性命"二字连用，在《吕氏春秋》中大量出现，并着重针对人的生死而言的。这个"命"即是"命分"，受之于天。从死亡的角度来看，"命"即"命限"义。因为生死从根本上来说不是人所能支配的，所以此"命"具有主宰性、不可知性和不可抗拒性。这是古人在面对生死的时候所构造出来的，具有绝对主宰性的一种抽象实体。进一步，《知分》又用"性""命"概念给生死现象划界。对于生命现象而言，"生"既有其共性，也有其形式上的特殊性，但是"死"只有共性而无特殊性。生死，从总体上来说均由天受命，《吕氏春秋·先识览·知接》曰："死生，命也。"①但是具体的生命（"生"）只以"性"为基础，故曰："生，性也。"结合《庄子·庚桑楚》"性者，生之质也"及《孟子·告子上》"（告子曰）生之谓性"来看，"性"是"生"的大本大源，是使生命之所以如此的先天而潜在的质体和必然规定；而"生"则是"性"的显发和实现，它既指具体的生命现象，又指人物所共有的"生命"本质。

另外，《吕氏春秋》将"情""欲""爱""力"等看作"性"的内容②，这已见

---

① "生死"，是庄子哲学所要着重解决的一个问题。《庄子·大宗师》曰："死生，命也，其有夜旦之常，天也。人之有所不得与，皆物之情也。"郭象《注》："其有昼夜之常，天之道也。故知死生者命之极，非妄然也，若夜旦耳，奚所系哉！""死生有命"的观念，见《论语·颜渊》"商闻之矣"，这大概是古人的通说。另外，《庄子·至乐篇》亦单将"死"属之于"命"。
② 《吕氏春秋·孟秋纪·荡兵》曰："民之有威力，性也。"同书《孟冬纪·节葬》曰："孝子之重其亲也，慈亲之爱其子也，痛于肌骨，性也。"

于郭店竹简《语丛二》。不过,它对于"生命"的理解虽然包含了多个方面,但是大体上持道家自然主义的观念,而特别关注人形体生命的安全和寿命的延长问题。同时,"形—气"与"形—性"这两种生命概念在《吕氏春秋》中以非常模糊的意识被融合起来了,《恃君览·知分》曰:"凡人物者,阴阳之化也;阴阳者,造乎天而成者也。"可以设想,"性命"也是在阴阳的气化流形中一同被给予人物的。当然,最终完成"气""性"两概念的高度统一,则是在此后很遥远的未来完成的。

二、贵生和重己的生命哲学

1.《本生》《重己》和《贵生》的生命哲学

《吕氏春秋》的生命哲学,主要见于《十二纪》,特别见于《孟春纪·本生》《孟春纪·重己》《仲春纪·贵生》《仲春纪·情欲》《季春纪·尽数》五篇。这种篇章安排,与古人所谓"春生"之义相合。这五篇文献以"贵生""重己"为其思想要点,以养生和全生为根本目的。

先看《吕氏春秋》的"贵生"(或"重生""尊生")说。《本生》认为人的生命是一个天生人成的过程,"始生之者,天也;养成之者,人也"。树立天子和诸官的目的就是为了养生和全生,而不是为了害生和残生。《本生》曰:

> 夫水之性清,土者抇(汩)之,故不得清;人之性寿,物者抇(汩)之,故不得寿。物也者,所以养性也,非所(所字衍文)以性养也。今世之人,惑者多以性养物,则不知轻重也。不知轻重,则重者为轻,轻者为重矣。

"生"的大本在"性"。从自然的角度来说,"人之性寿";但是由于外物汩乱之,"故不得寿"。这里,存在"性寿"与"生寿"的辩证关系。人之性寿,但不必然意味着人之生寿。从性寿到生寿,需要后天的养护和保全;若如受到外物的伤害("物者汩之"),则虽性寿而不生寿。《本生》用水之清浊来阐明这一问题。水之性本清,若以壤土汩乱之,它就会变浑浊。毫无疑问,"性"在此是受到肯定的积极对象,而"物"被看作是一种可能致恶的消极因素。因此,"性""物"之间存在主从、轻重的关系。《本生》曰:"物也者,所以养性也,非以性养也。"要以物养性,而不能以性养物;否则,就是昧于轻重,甚至颠倒轻重了。所谓"物",《本生》又进一步指实为声色滋味。声色滋味是用来满足人的感官欲望的需求的,若失节过度,就会适得其反,导致伤生害性的严重后果。而失节过度者往往非贵即富。《本生》曰:"世之贵富者,其于声色滋味也多惑者,日夜求,幸而得之则遁焉。遁焉,性恶得不伤。""遁",高诱《注》曰:"流逸不能自禁也。"贵富之人易于放纵声色滋味而不能自禁,据此"重生"即应当轻易贵富。"贵富"成为作者批评的重点对象。当然,《本生篇》并非全然否定外物对于养性、养生的作用,是篇曰:"圣人之于声色滋味也,利于性则取之,害于性则舍之,此全性之道也。"而如何"利于性则取之,害于性则舍之",这是需要智慧的。

总之,《孟春纪·本生》的"本生"观念即是要推原生命之本体,深入到"性命"本原来看待养生、全生的问题。由此,该篇又提出了重生而轻物的观点。可以说,"本生"概念在思想上已内在地涵摄了"贵生""重己"这两个观念,因此《贵生》《重己》等篇可以看作《本生》在思想上的展开。

《仲春纪·贵生》以"贵生"为思想要点,它说:"圣人深虑天下,莫贵于生。"不过,对于"贵生"的论证,它与《本生篇》大体相同。例如,《贵生》认为耳目鼻口"四官"乃养生之事("生之役"),此种说法在《本生》篇已出现。所不同的是,一者,《贵生》强化了控制四官(耳目鼻口)之欲求的观念,所谓"必有所制""不得擅行"是也。这就将"贵生"转化为方法("贵生之术")的问题。所谓"贵生之术",指在生命与外物之间作利害比较和轻重权衡,以彰显生之利和生之重。二者,《贵生》对于人的生命从贵至贱依次划分出全生、亏生、死和迫生四种存在状态。《贵生》曰:

> 子华子曰:"全生为上,亏生次之,死次之,迫生为下。"故所谓尊
> 生者,全生之谓。所谓全生者,六欲皆得其宜也。所谓亏生者,六欲

分得其宜也。亏生则于其尊之者薄矣,其亏弥甚者也,其尊弥薄。所谓死者,无有所以(以字衍文)知,复其未生也。所谓迫生者,六欲莫得其宜也,皆获其所甚恶者。服是也,辱是也。辱莫大于不义,故不义,迫生也,而迫生非独不义也,故曰迫生不若死。奚以知其然也?耳闻所恶,不若无闻;目见所恶,不若无见。故雷则掩耳,电则掩目,此其比也。凡六欲者,皆知其所甚恶,而必不得免,不若无有所以(以字衍文)知。无有所以(以字衍文)知者,死之谓也。故迫生不若死。嗜肉者,非腐鼠之谓也;嗜酒者,非败酒之谓也;尊生者,非迫生之谓也。

从引文看,全生、亏生、死和迫生这四种生存状态的划分来源于子华子。“贵生”“重生”或“尊生”,即仅就“全生”而言。所谓“全生”,“六欲皆得其宜也”。“六欲”,高诱《注》曰:“生、死、耳、目、口、鼻也。”四官及生死的欲求均得其宜,这即是所谓适性节欲,而合乎生命需要的内在矩度。如此而生,即为“全生”。所谓“亏生”,指四官及生死的欲求半得其宜,所亏愈甚,则所尊愈薄。所谓“死”,高诱《注》曰:“死君亲之难,义重于生,视死如归,故曰:‘无有所知,复其未生也。’”“死”即指在特定的场合,人们必须舍生而取义的一种生存状态。所谓“迫生”,指四官生死皆莫得其宜,而“获其所甚恶”。临大难而不能死义,反而苟且偷生、受尽屈辱地活着,这就是“迫生”。“迫生”与“死”这两种生命存在状态的差别在于:人一死可以百了,无有所知;而“迫生”却使人在余生中可以深切地感知到自己正在屈辱、卑鄙中苟且地活着,苟且地存在着,因此《贵生》云“迫生不若死”!“迫生”,与“尊生”是完全相对立的。又据《贵生》,在战国末季,道家的生命哲学已经融合了儒家的某些教义,而摆脱了那种对于仁义礼乐一味严加拒斥和批判的庄学态度。

再看《孟春纪·重己》等篇对于“重己”的论述。在《吕氏春秋》中,“重己”的观点其实包含在“贵生”之中,不过在哲学上它也有特别的意义。《本生》等篇以“性”对“生”作了本原性的深化,如此,“贵生”即包含着对于形体和本性两个方面的尊重。而"生"概念既指具体的生命个体，也指人的普遍生命。"物"与"生"对，从《吕览》文本来看，"物"或指权势及其所关涉的天下、国家，或指声色滋味及其所关涉的事物、财富。而无论是权势、财富还是声色滋味，都是为了满足人的贪欲，因此"欲"也就成为"生"的内在构成要素。进一步，通过对于"欲"的自我控制，或者说"节欲"，养生活动即成为人的一个内在事件。而"生""物"的对立，也就转化为人性的内在对立。讨论"重己"则是在"己我"与"他物"之间展开，而在己他、物我之间划出一条严格的界线，即是讨论此一问题的前提；同时，在物我的轻重权衡中，它确立了利己主义的生命哲学观。在此，"己"主要指自己的形体（肉体）生命，"物"指"外物"（身外之物），具体指个人的权位及其外化的附属之物（富贵之物）。

《贵生》曰：

> 尧以天下让于子州支父，子州支父对曰："以我为天子犹可也。虽然，我适有幽忧之病，方将治之，未暇在天下也。"天下，重物也，而不以害其生，又况于它物乎？惟不以天下害其生者也，可以托天下。越人三世杀其君，王子搜患之，逃乎丹穴。越国无君，求王子搜而不得，从之丹穴。王子搜不肯出，越人熏之以艾，乘之以王舆。王子搜援绥登车，仰天而呼曰："君乎！独不可以舍我乎？"王子搜非恶为君也，恶为君之患也。若王子搜者，可谓不以国伤其生矣，此固越人之所欲得而为君也。鲁君闻颜阖得道之人也，使人以币先焉。颜阖守闾，鹿布之衣，而自饭牛。鲁君之使者至，颜阖自对之。使者曰："此颜阖之家邪？"颜阖对曰："此阖之家也。"使者致币，颜阖对曰："恐听缪（谬）而遗使者罪，不若审之。"使者还反审之，复来求之，则不得已。故若颜阖者，非恶富贵也，由重生恶之也。世之人主，多以富贵骄得道之人，其不相知，岂不悲哉？

上引《贵生》文出自《庄子·让王篇》，《吕氏春秋》即继承了庄子学派的"贵生"和"重己"观。在上引文的三个故事中，"天下""越国"和"富贵"

即为外物。虽然《贵生篇》是从"贵生"的角度来展开论述的,但是从引文来看,其所贵之"生"即与外物相对待,而实指"己身"。为什么子州支父要坚辞天下,王子搜要逃越国于丹穴,而颜阖要巧辞富贵呢? 富贵,人之所欲也,天下、国家非不重也,而三子之所以辞之、逃之、拒之,俱因为他们严肃地认为己身的生命远重于外物。以身徇物,追求所谓功名禄爵,此譬如"以隋侯之珠弹千仞之雀","所用重,所要轻也"。所以说:"道之真,以持身;其绪余,以为国家;其土苴,以治天下。"(《贵生》)其所谓"道",即"完身养生之道"(《贵生》)。

进一步,从主要倾向来看,"己身"与"外物"的轻重权衡也是在人的政治生命与肉体生命的紧张关系中及在人的自我意识中展开的。《孟春纪·重己》即直接将其揭明出来。《重己》曰:

> 倕至巧也,(倕,尧之巧工也。)人不爱倕之指,而爱己之指,有之利故也。人不爱昆山之玉、江汉之珠,而爱己之一苍璧小玑,(苍璧,石多玉少也,珠之不圜者曰玑,皆喻不好也。)有之利故也。(之犹其也。)今吾生之为我有,而利我亦大矣。论其贵贱,爵为天子,不足以比焉;论其轻重,富有天下,不可以易之;论其安危,一曙失之,(曙,旦明也。)终身不复得。此三者,有道者之所慎也。

这段引文最值得注意的是将与外物相对立的"己我"直接挑明出来,从自我的角度深入思考了生命的价值和意义。当然,这一点是继承了杨朱"为我"哲学的结果,《审分览·不二》即说"阳生贵己"。倕之指虽至巧,昆山之玉、江汉之珠虽美,然而人们不爱之,而爱"己之指""己之一苍璧小玑",因为前者终为他人之物,而后者方为我所有,而可以为我所用,"有之利故也"。以此类推,《重己》很自然地提出了"今吾生之为我有,而利我亦大矣"的观点。"今吾生之为我有",这是"利我亦大矣"的前提;若吾生不为我所有,而舍己徇物,则何利之有? 这显然是一种利己主义的生命观。这种从"己我"本位出发而肯定个人高度尊重自己之生命的观念,当然有其积极价值。在《重己》中,通过与外物(天子之爵、天下之富)

的权衡、比较,已身的价值显得更贵、更重。而且,一旦失其所安,那么已身终生绝难再得其所安;反过来说,己身及其安立,正是以某个人为天子及其富有天下的必要前提。

需要说明的是,利己重生不等于自私,但是利己主义的生命哲学在适宜的条件下必然会导致完全消极意义上的自私行为。设若王子搜之贤足以治越国,振救越民于水火,那么他逃于丹穴而不任君位,其实是为了逃避其应当承担的政治责任,因而这是一种自私自利的丑恶行为,其实与杨朱"拔一毛而利天下,不为也"①无异。在此,所谓利己重生的主张也就演变成人们掩饰其胆怯、丑恶行为的一种堂皇借口。因此,利己主义的生命哲学最终应当受到必要的约束,特别是受到道德原则(例如"义")的规范。在此,存在两种生命观的严重冲突。从《贵生》来看,战国晚期的道家其实已经思考到了这一冲突。在"全生""亏生""死""迫生"的四种生存状态中,"义"的力量显然被考虑到了;只不过在"义"之外,"情欲"对于生命的消极影响受到了作者的高度关注罢了。

最后,我们来看《贵生》和《重己》两篇的养生方法。不管是主张"尊生"还是"重己",其目的无非是为了全生、延年益寿和长生久视。为了实现这些目的,当然需要具体的人为修养方法。《贵生》于是提出了"贵生之术"。所谓"贵生之术",即指对耳目鼻口四官的欲求作出相应的限制,"耳目鼻口不得擅行,必有所制,譬之若官职不得擅为,必有所制",这是一种以控制为主导的贵生方法。《重己》认为"节性""适欲"可以"顺生",并将其具体化和方法化,如说:"昔先圣王之为苑囿园池也,足以观望劳形而已矣;其为宫室台榭也,足以辟(避)燥湿而已矣;其为舆马衣裘也,足以逸身暖骸而已矣;其为饮食酏醴也,足以适味充虚而已矣;其为声色音乐也,足以安性自娱而已矣。五者,圣王之所以养性也。""节""适",据高《注》,与"和"通训。"节性""适欲",就是满足身体欲望的正当需求,但又绝对不是放纵情欲。相应地,苑囿园池、宫室台榭、舆马衣裘、饮食酏

---

① 《孟子·尽心上》。

醴和声色音乐均应以此为制。

2.《情欲》《尽数》两篇的生命哲学

《仲春纪·情欲》的思想特征,介于《本生》《重己》《贵生》三篇与《季春纪·尽数》之间。其特别之处在于从"情欲"立论,对于人性的认识有所深化。《情欲》云:

> 天生人而使有贪有欲,欲有情,情有节。圣人修节以止欲,故不过行其情也。故耳之欲五声,目之欲五色,口之欲五味,情也。此三者,贵贱、愚智、贤不肖欲之若一,虽神农黄帝,其与桀纣同。圣人之所以异者,得其情也。由贵生动则得其情矣,不由贵生动则失其情矣。此二者,死生存亡之本也。俗主亏情,故每动为亡(亡字衍文)败。

作者首先认为"贪欲"是天生的,进而认为"欲有情"而"情有节"。所谓"欲",指耳目口之欲。所谓"情",从内容来看,指"耳之欲五声,目之欲五色,口之欲五味";从字义来看,可训"实"。凡人皆有"欲""情",自然如此。这里,"欲"是人的本性,"情"是"欲"的具体展开。这种"情欲"说,见于稷下诸子到荀子一系,《荀子·正名》曰"欲者,情之应也",即与此相应。另外,本篇提出了"节情"说,亦与《荀子》相合。不过,《情欲》与《正名》不同的是,前者以自然主义的养生论为旨趣,而后者则以"化性起伪"为归宗。由"节情",《情欲》有所谓"得其情"和"失其情"之分:圣人得其情,而俗主失其情。所谓"得其情",高诱《注》曰:"得其不过节之情。"例如沉湎于声色滋味,超过了必要的节度,即为"失其情"矣。而判断是否得情、失情的依据是"由贵生动则得其情矣,不由贵生动则失其情矣"。"贵生"是生命哲学的根本目的。

《情欲》的这种"节情"说,又见于《孟春纪·重己》。不过,《重己》使用的是"适欲"和"节性"两个术语。高诱《注》曰:"适,犹节也。"又《注》曰:"节,犹和也。和适其情性而已,不过制也。"可知"适欲""节性"与"节情"三词的含义是基本相同的。为什么要"适欲"?因为在《重己》看来,

"使生不顺者，欲也"。顺生则寿长，逆生则寿短，而"长生久视"几乎是每个人潜藏在内心里的终极欲望。

在方法上，《情欲》继承了《老子》第五十九章所谓啬道，提出了"早啬"之说。所谓"早啬"，指人应当及早爱啬其精神。"知早啬则精不竭"，如此，可以"生以寿长，声色滋味能久乐之"。简言之，"早啬"之说一是认为养生要趁早，长生是少时即做修养的结果；二是要爱惜、节省自己的精神，使之长流不绝。

《季春纪·尽数》的养生观念与《情欲》较为接近，但是与《本生》《重己》和《贵生》三篇的差距较大。所谓"尽数"，即人尽其天年之数。"数"，分数。《尽数》虽然没有明文提出"贵生"观念，但是也非常重视养生的问题。与《本生》等三篇不同，它认为生命的本源、本体在于"气"，而"气"又可分为阴阳之气和精气，它们分别是形体和精神的来源。这种说法综合了庄学和稷下学两大传统，但是《尽数》更重视"精气"的概念。庄子具备形神的观念，但是他没有从本根论上说明"精神"的来源，只是从庄子后学那里吸取了"精神"这一概念。稷下道家以精气为神明之源，首先解决了"精神"的来源问题。形神观念的提出很重要，它超出了将生命仅仅看作物质现象的观念，对后世影响极其深远。《尽数》继承了这一重要思想成果，将"精气"和"精神"看作生命的本源和动力，而所谓养生、长生即是"精神（如何）安乎形"，及"精气"如何在形体内日新流动。所谓"生"，对《尽数》而言，指精气在体内的集聚、流动和安处，否则意味着非死即病。既然如此，那么养生所要防止的根本问题就是"气郁"。"郁，滞不通也"（《恃君览·达郁》）"病之留，恶之生也，精气郁也"高诱《注》曰），精气滞塞在体内而不行就会产生病恶。而如何防止"气郁"？除了观念作用外，需要相应的修养方法。

"尽数之务，在乎去害"，《尽数》将"害"分为三大类：一者，五味太盛、充形之害；二者，五情太过、接神之害；三者，七种非常天气动精之害。针对第一类危害，其具体去害之法是："食能以时，身必无灾。凡食之道，无饥无饱，是之谓五藏之葆，口必甘味，和精端容，将之以神气，百节虞欢，咸进受气;饮必小咽,端直无戾。"对于第三类危害,其具体去害之法是,通过形体的运动而促使精气在体内的流行。《尽数》云:"流水不腐,户枢不蠹,动也。形气亦然,形不动则精不流,精不流则气郁。"这即是说,通过形动可以促使精动,例如导引术,乃至徒步行走,都属于此类方法。这种方法在观念上与主流道家倡导以"虚静"为宗旨的思想相反对。至于祛除情感过盛之害的方法,《尽数篇》没有谈及,因而本书也就不作议论了。①

三、生命哲学与政治哲学的关联

《吕氏春秋》一方面倡导"贵生""重己"说,试图确立以生命为本、以己我为重的生命哲学观念,但是另一方面又将生命纳入政治哲学中来讨论。当人们权衡"己身"与"天下""国家"之轻重的时候,这已经关涉到了政治哲学的问题。郭店楚竹书《老子》乙编云:"[故贵为身于]为天下,若可以厄(托)天下矣;恶(爱)以身为天下,若可以迖(寄)天下矣。"②老子认为治身先于治天下,某人只有能先治其身,然后才可以将天下托付给他来治理。这是一种道家的政治哲学观念,它将治身看作治天下的先决条件。身之不治,则宠辱患祸及其身,及于国家、天下。《庄子·在宥》引用《老子》此文,而发挥"无为"之旨,云:"无为也而后安其性命之情。"此所谓无暇治天下而天下治!《吕氏春秋·本生》《吕氏春秋·贵生》在一定程度上继承了这一传统。《本生》一开始即从立天子、百官起论,然后推及"以物养性"和"重生"之旨。这其实也即是将"重生"设定为政治活动的根本目的。《贵生》则直接说:"天下,重物也,而不以害其生,又况于它物乎? 惟不以天下害其生者也,可以托天下。"《吕氏春秋》以"贵生"为可

---

① 《吕氏春秋·似顺论·有度》曰:"贵富显严名利六者,悖意者也;容动色理气意六者,缪心者也;恶欲喜怒哀乐六者,累德者也;智能去就取舍六者,塞道者也。此四六者不荡乎胸中则正,正则静,静则清明,清明则虚,虚则无为而无不为也。"按,这段话出自《庄子·庚桑楚篇》。
② 引文、解义,参看丁四新《郭店楚竹书〈老子〉校注》,第286—307页,武汉,武汉大学出版社,2010。

以托付天下的目的和判断标准,若揭日月而明!自杨朱标举"拔一毛而利天下,不为也"的"为我"哲学,即彻底将"为身"与"为天下"撕裂开来,并开启了利己主义的"己身重于天下"的生命哲学观念。"贵生""重己"之旨在《吕氏春秋》中被突显出来,应该说也受到了杨朱哲学的一定影响。

《吕氏春秋·先己》《吕氏春秋·论人》等篇将个体生命与政治活动结合起来论述,其用意更为明显。《先己》认为"凡事之本,必先治身",即使是取天下和治天下也是如此,所谓"治其身而天下治""为天下者,不于天下,于身"是也。所谓"治身",即要爱啬体内的精气,并使"精气日新,邪气尽去"。在"治身"与"治天下"之间,这里的逻辑是,二者在"无为"的原理上是相通的。《先己》曰:"故反其道而身善矣,行义则人善矣,乐备君道而百官已治矣,万民已利矣。三者之成也,在于无为。"进一步的逻辑是,从理想的角度来看,天子能否治理好天下,其关键在于己身之德;作为行政的最高主体,他应当担当天下的全部道义及将天下治理好的政治责任。而如果未能将天下治理得很好,那么他就应当"反于己身",进行自我修养,因为邪气的消解、欲望的节制,乃正是其治理好天下的必要条件:只有"无为"的原理被深刻地化入天子的体内,它才有可能通过具体的一言一行而放诸四海,从而以"无为"的原理取得天下大治。

《论人》与《先己》相关,它首先认为"主道约,君守近","近"者"身"也,紧接着提出了"太上反诸己,其次求诸人"的重要论点。何谓"反诸己",《论人篇》曰:"适耳目,节嗜欲,释智谋,去巧故,而游意乎无穷之次,事心乎自然之涂,若此则无以害其天矣。"这一点与《先己》相近,其修身的原理也是"无为"之道。比较特殊的是,《论人篇》提出了"知知一"的说法。通过无为的修养而能够自得其精神,此谓之"知一"。"知一"犹"得一"。"知知一"也就是知道如何得一,它成为《论人篇》的一个论述重点。何谓"求诸人"?论人之智愚、贤不肖,既有"八观六验"之法,又有"六戚四隐"的关系需要注意。所谓"八观",即"通则观其所礼,贵则观其所进,富则观其所养,听则观其所行,止则观其所好,习则观其所言,穷则观其所不受,贱则观其所不为";所谓"六验",即"喜之以验其守,乐之以验其僻,怒之以验其节,惧之以验其特,哀之以验其人,苦之以验其志";所谓"六戚",即"父母、兄弟,妻子";所谓"四隐",即"交友,故旧,邑里,门郭"。《论人》曰:"内则用六戚四隐,外则用八观六验,人之情伪、贪鄙、美恶,无所失矣,譬之若逃雨污(濡),无之而非是。此圣王之所以知人也。"总之,"知知一"是为了自修,这是根本;"知人"乃为了分辨智愚、贤不肖,因为治理天下必须任用贤才。

另外,《先己》和《论人》二篇无疑以道家为基点,但是也融合了儒家的思想因素。"反己"本是儒家修养论的传统术语,但这两篇文献将其挪用了过来,这是需要注意的现象。

第四节 《吕氏春秋》的政治哲学:贵公去私、形名说与主术

在内容上,《吕氏春秋》的政治哲学非常复杂,涉及许多方面。这里,本书仅论其贵公去私说、形名说和主术三个方面的内容。

一、"贵公""去私"与"天下非一人之天下,天下之天下也"

1. 公私之辨与"天下非一人之天下,天下之天下也"

权位的设立,本是为公还是为私? 人主的权力,应当为公还是为私? 这是中国政治哲学需要面对和处理的两个基本问题。《孟春纪·贵公》曰:

> 昔先圣王之治天下也,必先公,公则天下平矣,平得于公。尝试观于上志,有得天下者众矣,其得之以公,其失之必以偏。凡主之立也,生于公。故《洪范》曰:"无偏无党,王道荡荡;无偏无颇,遵王之义;无或作好,遵王之道;无或作恶,遵王之路。"天下非一人之天下也,天下之天下也。阴阳之和,不长一类;甘露时雨,不私一物;万民之主,不阿一人。

春之德尚生,绝大多数中国古代哲人信奉天地之间生为贵的观念。由贵生而贵公,这即是由生命哲学进入政治哲学的论域。"贵公"即在政治哲学中尊重公正的原则。而为何人主应当贵公,或以公为先? 首先,从为治的结果来看,"公"是圣王治理天下且使天下致太平的根本原理,所谓"公则天下平矣,平得于公"。其次,"公"是人主得立的根本依据。得天下以公正,失天下以偏私。"凡主之立也,生于公",这个命题对于古人而言具有一般意义。最后,《贵公篇》提出了"天下非一人之天下也,天下之天下也"的重要命题。此"一人"着重从"一家"为说①,下句"天下之天下也"也不专就人而言。这两句是说,天下非一人、一家之所有、私有,乃天下万人、万物之所共有。既然如此,设立"天子"或"王"的本意,就不是为了专私一人或一家,而是为了公利万民,乃至天地之间的万千事物。

2.《贵公》《去私》《下贤》三篇:从"贵公"到"至公"

由公私之辨,《孟春纪·贵公篇》进而从利己、利物的角度阐述了"贵公"之旨。《贵公》说,伯禽将行,请问周公治理鲁国之道,周公答曰:"利而勿利也。"所谓"利而勿利也",即利天下而勿自利之义。《贵公》曰:

> 荆人有遗弓者而不肯索,曰:"荆人遗之,荆人得之,又何索焉?"孔子闻之曰:"去其'荆'而可矣。"老聃闻之曰:"去其'人'而可矣。"故老聃则至公矣。天地大矣,生而弗子,成而弗有,万物皆被其泽、得其利,而莫知其所由始。此三皇五帝之德也。

由荆人遗弓而有三议,"荆人遗之,荆人得之",有私于荆人也;孔子闻之曰"去其'荆'而可矣",有私于人也;老聃闻之曰"去其'人'而可矣",则无私于人,利万物可矣。此三者都是由私入公之议,但有境界上的差别,在《贵公》的作者看来,老聃之"至公"达到了与天地合其德的境界。

---

① 《尚书大传·汤誓》曰:"夫天下非一家之有也,唯有道者之有也,唯有道者宜处之。"《周书·殷祝》曰:"此天子位有道者可以处之。天下非一家之有也,有道者之有也。故天下者唯有道者理之,唯有道者纪之,唯有道者宜久处之。"《新书·修政语下》曰:"(师尚父曰)故天下者非一家之有也,有道者之有也。"

所谓天地之德,《贵公》曰:"天地大矣,生而弗子,成而弗有,万物皆被其泽、得其利,而莫知其所由始。"这种兼利万物而莫知其所由始的境界,即是"至公"境界,三皇五帝之德也不过如此。《贵公篇》还具体举出了齐桓公的例子来作说明,曰:"桓公行公去私恶,用管子而为五伯长;行私阿所爱,用竖刀而虫出于户。"公正之利与偏私之害俱大,可不慎欤!

《孟春纪·去私》对"偏私"作了深入批判,从负面进一步论证了"贵公"之义。《去私》曰:"天无私覆也,地无私载也,日月无私烛也,四时无私行也,行其德而万物得遂长焉。"此天地无私之德,正是人间帝王所应当具备之德。首先,这种无私之德表现在帝王的自我禁欲上,《去私》即引黄帝之言曰:"声禁重,色禁重,衣禁重,香禁重,味禁重,室禁重。"其次,这种无私之德表现在至尊权位的移交方式上,《去私》认为人间帝王不应以一家之故而将其私与或垄断之,而应当授之于天下之德者贤者。《去私》曰:"尧有子十人,不与其子而授舜;舜有子九人,不与其子而授禹,至公也。"天子之子虽多,如果德贤不及舜、禹,那么尧当授舜,舜当授禹,如此才叫作所谓"至公"。再其次,在公权的执行过程中,一定要坚持原则,严格做到不私亲、不乱权的地步。为此,《去私》举了两个例子来做论证。其一,晋大夫祁黄羊"外举不避雠,内举不避子",这种行为得到了孔子的大力赞扬,云:"祁黄羊可谓公矣!"其二,墨者巨子腹䵍之子杀人,秦惠王怜其老而无他子,且欲舍之,腹䵍则"不许惠王而遂杀之"。对此,《去私》评论道:"子,人之所私也,忍所私以行大义,巨子可谓公矣。"顺便指出,公私之辨的议论在战国中后期已非常深入,腹䵍不许惠王而杀子的观念和行为,儒家很可能持不赞成的立场,因为其中还存在忠孝、仁义观念的内在冲突问题。最后,在对待贤德的问题上,《去私》认为王霸之君应当"诛暴而不私,以封天下之贤者",如此方"可以为王伯"。这再次宣扬了"封建"思想,与彼时吕不韦被封为文信侯的身份是一致的。

此外,在《慎大览·下贤》,吕不韦集团宣扬了"下贤""礼贤"的观念,并认为这是"至公"之义的内涵。《下贤》曰:"帝也者,天下之适也;王也者,天下之往也。"帝王之义,即所谓为天下之贤士所归往。而天下之贤士如何可能归往于人主？《下贤》认为其关键在于人主自身的品德：礼之下之则归之，骄之倨之则不从。从政治心理的角度来看，这就要求人主对于一国或天下至尊的权位抱有一种至公的心态，既不能以权势欺凌他人，更不能将尊位霸占为私有，否则不是《吕氏春秋》所说的得道之士。帝尧北面而问善绻，周公旦朝于瓮牖之人，齐桓公见小臣稷，郑相子产往见壶丘子林，魏文侯见段干木，在《下贤》看来，这些都是人主以"至公"之心礼贤下士的实际例子。

二、形名学说与言谓理论

1."名实"与"名辩"略说

天生百物，有形有名。[1] 形名，本是在宇宙生成论的视域下给予事物相应规定的两个概念：凡物皆有形，而"形"是百物的共同属性及其生成的前提（参看楚竹书《凡物流形》篇）[2]；"名"亦随"形"而有，凡物皆可依形而称名之。自春秋后期开始，形名学即浸染在政治哲学和伦理学的语境中，它以名实问题为核心，而以正名说著称。孔子非常重视"正名"，从内容来看，此说包括两个方面：一是"名言"在政事中的正当性和严谨性，以及言行之间的相应性，这可以参看《论语·子路》篇；二是从分位伦理来说，指君臣父子均应当做到名实相符，这可以参看《论语·颜渊》所载孔子所谓"君君、臣臣、父父、子子"之说及郭店楚竹书《六德》篇。当然，孔子正名说的提出，可能还与邓析运用名言作正反之说有关。邓析是先秦史上企图把握言说之奥秘而作是非不定之辞的尝试者和开拓者。战国中期偏晚，名辩思潮大起。传统的形名学在辩说风潮的影响下不断得到深化，沾染上了浓厚的名辩色彩。名实所指，从政治世界、生活世界进一

① 郭店楚简《语丛一》第 12、14 号简曰："有天有命，有地有形，有物有容，有尽有厚。"第 2、13 号简曰："有天有命，有物有名。有物有容，有称有名。"
② 曹锦炎释文注释：《凡物流形》，马承源主编：《上海博物馆藏战国楚竹书（七）》，第 221—272 页，上海，上海古籍出版社，2008。按，曹锦炎的释文注释有重大失误，"一"和"察"二字没有释读出来。参看丁四新《"察一"（"察道"）的工夫与功用——论楚竹书〈凡物流形〉第二部分文本的哲学思想》，《武汉大学学报（人文科学版）》2013 年第 1 期，第 19—24 页。

步伸展到对自然事物的辩说上。所谓"名"，《管子·心术上》曰："名者，圣人之所以纪万物也。"晋鲁胜《墨辩叙》云："名者，所以别同异、明是非，道义之门，政化之准绳也。"①从内容来看，战国中晚期的名家与传统形名学具有深刻的关系。司马谈《论六家要旨》云"然其正名实，不可不察也"，又曰"若夫控名择实，参伍不失，此不可不察也"，可以见之。而《庄子·天道》篇有一段谈论所谓大道之序的文字，值得研究者注意，今引述如下：

> 是故古之明大道者，先明天而道德次之，道德已明而仁义次之，仁义已明而分守次之，分守已明而形名次之，形名已明而因任次之，因任已明而原省次之，原省已明而是非次之，是非已明而赏罚次之，赏罚已明而愚知处宜，贵贱履位，仁贤不肖袭情。必分其能，必由其名。以此事上，以此畜下，以此治物，以此修身，知谋不用，必归其天。此之谓大平，治之至也。故书曰："有形有名。"形名者，古人有之，而非所以先也。古之语大道者，五变而形名可举，九变而赏罚可言也。骤而语形名，不知其本也；骤而语赏罚，不知其始也。倒道而言，迕道而说者，人之所治也，安能治人！骤而语形名赏罚，此有知治之具，非知治之道。可用于天下，不足以用天下。此之谓辩士，一曲之人也。礼法数度，形名比详，古人有之。此下之所以事上，非上之所以畜下也。

所谓"大道之序"，指天、道德、仁义、分守、形名、因任、原省、是非、赏罚九者在政治活动中的重要性及其先后次序。这是庄子后学所做的排列，其实"分守"以下在战国晚期都可以笼统归入形名学的范围。此所谓形名学，从《天道》篇的批判来看，不仅在当时其影响非常深入和广泛，而且与名辩思潮交织在一起。或者说，此"形名"概念与"名辩"概念大体同义。

---

① 《晋书》卷九四《鲁胜传》。

2. 正名:《先识览·正名》论述名实治乱

《吕氏春秋》的形名学说是以名实问题为核心,而重视正名学说,并与名辩思潮相交涉的。《先识览·正名》直接论述了正名问题,是篇曰:

> 名正则治,名丧则乱。使名丧者,淫说也。说淫,则可不可而然不然,是不是而非不非。故君子之说也,足以言贤者之实、不肖者之充而已矣,足以喻治之所悖、乱之所由起而已矣,足以知物之情、人之所获以生而已矣。凡乱者,刑(形)名不当也。人主虽不肖,犹若用贤,犹若听善,犹若为可者。其患在乎所谓贤从不肖也,所谓善而(而字衍文)从邪辟[也],所谓可从悖逆也,是刑(形)名异充而声实异谓也。夫贤不肖、善邪辟(僻)、可悖逆,国不乱,身不危,奚待也?

"名正则治,名丧则乱",在作者看来,"名"关系到天下、国家的兴衰治乱,非常重要。无疑,《正名篇》的正名说属于政治哲学的范围。"名"是构成言说的基本单位;"名"之"正""丧",与政之"治""乱"具有深刻的关系:正则得,丧则淫。名实合,形名当,此之谓"名正""名得"。名实不合,形名不当,此之谓"名淫""名丧"。《正名》曰:"使名丧者,淫说也。""淫",即过度、浮华不实之意。首先,《正名》的作者意识到,"名"是通过"说"得以存在的,"说"既可以使名存也可以使名亡,"说"高于"名"和重于"名"。"淫说"之所以使"名"丧失不存,是因为"说淫"会混淆是非、然可的界限,从而彻底遮断"名""实"之间的本真联系,导致"实"不在"兹"而使其丧失不存。从另外一端来看,"名丧"的实质即是"实丧"。在《正名篇》的作者看来,"君子之说"反是,"说"的根本目的是为了让"实"显露出来,使贤或不肖之名实相符相合,进而知治乱所由之本和物情人生。

所谓"乱",其根本在于"形名不当";反之,"名实相合",《正名》称之为"治"。当然,《正名》所谓"形名"或"名实"着重是从贤、不肖的治世材质而言的。贤者在下位、不肖者在上位,即所谓"形名不当",即所谓

"乱"。因此,"治之要"在于人主能让贤者居于上位、不肖者处于下位,听从善者之言,而赞成可肯之意见。"治之患"在于"所谓贤从不肖也,所谓善从邪辟[也],所谓可从悖逆也",《正名》将其称为"形名异充而声实异谓"。"充",填充,塞也。《广雅·释诂三》曰:"充,塞也。"形名不能相掩而声实异说,这就会导致国乱身危的巨大祸害,后果非常严重。齐愍王因不能治名实而惑于游士之说,故致国破身亡;桓公却以齐霸,因为"管仲之辩(辨)名实审也"。

总之,《先识览·正名》是针对战国末期"淫说"流行的现状而发的,"淫说"的流行导致了名乱名丧;而形名不当,进而会导致政治祸乱。应当说,这种形名说既比较朴素,又较为正统,它从属于政治目的。而《荀子·正名篇》则与此差别较大,荀子所谓"正名"是以"作名"为基础的;在荀子看来,"所为有名,与所缘以同异,与制名之枢要"这三个方面都必须纳入正名者的详细考察范围之内,故带有较为强烈的名学特征。大体说来,在战国时期,形名学从属于政治学,而名学则属于辩学(以逻辑学为核心)的范围。

3.《审应览》诸篇的形名说与名辩说

《审应览》诸篇大体上也都属于形名学的范围,但其着重点在于讲述人主应当如何言谓,以应对游士或臣下辩说之是非,进而达到审于治乱的政治目的。也因此,这些篇目都沾染上了较为浓厚的名辩色彩。从内容来看,《审应览》诸篇包括三个思想要点:

其一,人主出言发令和应对辩说,都应当"审声容""慎言"和"听于无声,视于无形"。《审应览》曰:

> 人主出声应容,不可不审。凡主有识(职),言不欲先,人唱我和,人先我随;以其出为之入,以其言为之名,取其实以责其名,则说者不敢妄言,而人主之所执其要矣。

"审声容"属于"审形名"的分命题。所谓"声",指人主应"容"而发出的言议或命令;所谓"容",即形容,在文中特指他人所表现出来的言说内容。而人主"审声容"有术:人主先要"言不欲先,人唱我和,人先我随",然后因其所言而"取其实以责其名",如此则"说者不敢妄言"。这种以后责先的"审声容"之法,具有道家色彩。进一步,"我"之所以能够做到"审声容"而不惑于他人之辨说,则必由于"我"能够内在地做到"反诸己",于己有真知真得。《审应篇》曰:"凡听必反诸己,审则令无不听矣,国久则固,固则难亡。今虞夏殷周无存者,皆不知反诸己也。"将"审声容"之所以可能的条件追溯到认识主体自身的自反活动(自我修养)中,这确实是一个颇具深度的见解。

在"人先己后"的"审声容"实践及反己自修的主体重构中,人主认识到自身"慎言"的必要性,在一定意义上来说,这本是题中应有之义。《审应览·重言》开篇即曰"人主之言,不可不慎",倡导"慎言""重言"之旨。"重""慎"同义。人主"慎言"之所以必要,在于其发言出令必定会产生相应的政治效力,导致或治或乱的后果,这就是为什么殷高宗"即位谅暗,三年不言",楚庄王即位三年"不飞不鸣"的原因。同时,人主之言有且当有极高的权威性(所谓"天子无戏言"是也),而不能以苟且的言辞损害或减弱这种权威性,其实这是由人主的特殊身份及其至高无上的政治地位决定的。

不仅如此,《重言》还认为审察声容、形名,应当从审言、审形进入"听于无声,视于无形"的境界。"听于无声,视于无形",这其实即是进入了圣人体道的境界。而如果达到了圣人体道的境界,那么可以不即声形而审形名、治乱。《重言》认为,人主应当效法詹何、田子方和老聃这些体道圣人而审察形名。

其二,《审应览·精谕》《离谓》和《淫辞》三篇就"言谓""言意"或"言心"关系展开了论述,具有语言哲学的意味,从而深化了《吕氏春秋》的形名学说。首先,《精谕》认为:"圣人相谕(喻,晓也)不待言,有先言言者也。"这是说,圣人知事知物不必借助于言语,因为世间有先于言语而言说者。孔子见温伯雪子,不言而出;子贡问其故,孔子答曰:"若夫人者,目击而道存矣,不可以容声矣。故未见其人而知其志,见其人而心与志皆见,天符同也。"①孔子,圣人;温伯雪子,亦圣人也。孔子知喻温伯雪子,见其目动而知"道"存于其身,其间不容声说矣。"目击"属于形容,而非声言,孔子借助于此一目动而立马知晓温伯雪子有道存于其身,此所谓圣人之相知相晓"不待言"者也。这是一个方面。

另一方面"有先言言者"一句还存在"谓"(或"意""心")与"言"的关系问题。《精谕》曰:

> 白公问于孔子曰:"人可与微言乎?"孔子不应。白公曰:"若以石投水,奚若?"孔子曰:"没,人能取之。"白公曰:"若以水投水,奚若?"孔子曰:"淄渑之合者,易牙尝而知之。"白公曰:"然则人[固]不可与微言乎?"孔子曰:"胡为不可? 唯知言之谓者为可耳。"白公弗得也。知谓则不以言[言]矣。言者,谓之属也。求鱼者濡,争兽者趋,非乐之也。故至言去言,至为无为。浅智者之所争则末矣,此白公之所以死于法室。

"白公",即公子胜,楚平王之孙。"微言",高诱《注》:"阴谋密事也。"白公胜欲阴谋造反,问孔子"人可与微言乎",孔子不应;再三问之,孔子回答说:唯知言之谓者为可与微言也! 高诱《注》:"知言,知仁言义。言忠信仁义大行于民,民欣而戴之,则可用也。"高《注》特就白公胜与孔子之异趣而训释之,前者欲以阴谋权诈之术夺取楚国王位,而后者则言治国应当将仁义之微言推行于民,如此乃可。白公得孔子之可"与微言"之言,却不得孔子之所谓微言,故身死于法室(即刑室)。所谓"谓",指言说的旨趣。《列子·说符篇》亦载此段文字,张湛《注》云:"谓者,所以发言之旨趣。"谓者乃言说之主,"言者,谓之属也",而言必有所谓。在此,"谓"是本,"言"是末,寻"言"以得"谓",得"谓"而可去"言":"至言去言","知谓则不以言言矣"。

此外,言谓还会出现"形名不相当",即出现言者所言与暗中所行完

---

① 《吕氏春秋·审应览·精谕》。亦见《庄子·田子方》。

全相背离的情况。在此，所谓言说其实就是为了目的的实现而用来欺骗他人的手段。在这种情况下，言之所言与言者之意谓在根本上是分裂的：言者在此，而谓者在彼，非神圣之人，其孰能察此？所以《精谕》最后说道："言不足以断小事，唯知言之谓者可为。"这就是说，仅凭言辞，即使是小事也不足以裁断，而唯有知言之谓者才可以裁断之啊。

"谓"既然是言辞的旨趣，那么言谓关系其实也即是言意或言心的关系。《审应览·离谓》《淫辞》两篇对此有较为深刻的论述。《离谓》曰：

> （1）言者，以谕意也。言意相离，凶也。乱国之俗，甚多流言而不顾其实，务以相毁，务以相誉，毁誉成党，众口熏天，贤不肖不分。以此治国，贤主犹惑之也，又况乎不肖者乎？惑者之患，不自以为惑，故惑。惑之中有晓焉，冥冥之中有昭焉。亡国之主不自以为惑，故与桀纣幽厉皆（偕）也。然有亡国者，无二道矣。

> （2）夫辞者，意之表也。鉴其表而弃其意，悖。故古之人得其意则舍其言矣。听言者以言观意也，听言而意不可知，其与桥（矫）言无择。

"辞"即"言"，"意"即《精谕》所云"言之谓"也。据第一段文本，可知"言"是工具，"意"是目的：言以谕意，而"意"为"言"之归趣。二者应为相合不离的关系，否则"言意相离，凶也"。而使"言意相离"的原因有二：一者，"甚多流言而不顾其实"，导致"毁誉成党，众口熏天，贤不肖不分"的恶果；其二，人主惑焉而"不自以为惑"，无以觉其非。其实，在政治语境中，"言意相离"与国之昏乱是互为因果的。第二段文本以"辞""意"为表里，即以"意"为"辞"之本旨，而"辞"是用来表达"意"的，二者为本末或目的与手段的关系。如此，人们就应当像古人"得其意则舍其言"，而不应当像邓析那样只"鉴其表而弃其意"，舍本逐末，以手段取代目的——这只能造成言辞悖乱的后果。在听言的时候，应当将言意二者结合起来，"以言观意"；听言而不知其意，则与矫伪之言无异。

更为难得的是，《离谓》对于言辞之是非、可否设置了一个判断的标准,认为:"理也者,是非之宗也。"这即是说,言辞本身的是非判断依据不在其自身,而在于是否合乎道理("理")。进一步,有人明知不合乎道理却故意以辞胜人,播弄是非,欺惑愚众,这种属于所谓"诈伪"现象("辨而不当理则伪,知而不当理则诈")。对于"诈伪之民",《离谓》主张诛杀之,以免除其危害社会安全。例如,邓析巧言利口,是非无度,可不可无辨,"所欲胜因胜,所欲罪因罪",导致了"郑国大乱,民口谪哗"的严重后果,所以子产患而杀之。

"意"包括言之意和心之意两个方面,其中前者源于后者;也正因为如此,言意关系可以转化为言心关系来讨论。《审应览·淫辞》曰:

> 非辞无以相期,从辞则乱。乱辞之中又有辞焉,心之谓也。言不欺心则近之矣。凡言者,以谕心也。言心相离,而上无以参之,则下多所言非所行也,所行非所言也。言行相诡,不祥莫大焉。

这段话讲了两个问题。第一,言心的分离。作者由此要求人们做到"言不欺心"。一般说来,"言辞"是人们实现社会交流和沟通的工具,"非辞无以相期";但是,如果一味顺从言辞而玩弄之,那么就会产生惑乱之辞("乱辞")。值得注意的是,"乱辞"并不一定表明言说者本身也因此惑乱不堪,而实际上,"乱辞之中又有辞焉,心之谓也"。"乱辞"也是言说者用来达到自己意图的一种掩饰或曲折手段,这样就产生了所谓言以欺心的问题。第二,"言心相离"进一步导致"言行相诡"的后果,而作者显然认为言心和言行都应当保持相一的关系。本来在正常情况下,言以谕心;然而在诈伪的情况下,言辞不但不足以谕心,而且适得其反,它们恰恰是用来掩盖言说者真实意图的工具,于是产生了所谓"言心相离"。进一步,"言心相离"如果没有得到很好的控制,那么人们就会进一步产生"言行相诡"的情况,由此整个社会陷入一片混乱。

其三,《审应览·不屈》《具备》两篇进一步宣扬了"凡说与治之务,莫若诚"的观点。《不屈》认为"察士"("辩者")虽然精于言辞之辩,应物无穷,然而"以为得道则未也"。辞察的目的不在于以辩胜人,而在于"达理明义":"察而以达理明义,则察为福矣;察而以饰非惑愚,则察为祸矣"。若惠子、匡章等察士之辩,"以贼天下为实,以治之为名",可以已矣。既然如此,那么人们的言意和言行就应当做到表里相一、内外实诚的地步。"诚"是治国、平天下之道。

《审应览·具备》同样重视"诚"道的治功作用。所谓"具备",即具备工具之意。"具",器具,在文中用来比喻治国治民所必备之术。《具备》先认为立功名必有其具,犹如繁弱良弓必有弦之具,然后乃有羿、逢蒙执而中的之功;"不得其具,贤虽过汤武,则劳而无功也"。《具备》又说:"凡立功名,虽贤,必有其具然后可成。"由具体实指之"具"到抽象实在之"具",《具备篇》通过宓子贱治理亶父的故事将其指明为"诚"道。宓子贱治理亶父三年,其功至于夜渔者得小鱼而舍之,于是巫马旗与孔子就此展开了一段对话。《具备》曰:

> 巫马旗归告孔子曰:"宓子之德至矣。使民暗行,若有严刑于旁,敢问宓子何以至于此?"孔子曰:"丘尝与之言曰:'诚乎此者,刑(形)乎彼。'宓子必行此术于亶父也。"夫宓子之得行此术也,鲁君后得之也。鲁君后得之者,宓子先有其备也。先有其备,岂遽必哉?此鲁君之贤也。

"诚乎此者,形乎彼",这段话将化成亶父的功劳,归之于宓子贱能行诚术的结果。由此可知,"诚"的原则对于为政之关系,在作者看来至关重要。

不仅如此,《具备》还提出了"凡说与治之务,莫若诚"的观点。《具备》曰:

> 三月婴儿,轩冕在前,弗知欲也,斧钺在后,弗知恶也;慈母之爱谕焉,诚也。故诚有(又)诚乃合于精,精有(又)精乃通于天。乃通于天,水(水字衍文)木石之性皆可动也,又况于有血气者乎?故凡说与治之务,莫若诚。听言哀者,不若见其哭也;听言怒者,不若见其斗也。说与治不诚,其动人心不神。

三月婴儿与慈母相知以诚,而诚道之功于此可见。通过诚之又诚的修养,可以达到"精一"的地步;通过精之又精的修养,可以达到自然("天")之境。"通于天",其功可以感动木石,又何况有血气之物呢? 如此看来,诚道对于言说和为政至关重要,"凡说与治之务,莫若诚"。而"说"与"治"如若没有达到"诚"的地步,那么其感动人心就不会达到神化的境界。

总之,《吕氏春秋》的形名学说及言谓理论是从"为治"的前提出发来展开论述的,而言谓理论又是从此角度对形名学说的推演。《先识览·正名》将批判的矛头对准了"淫说",因为"使名丧者,淫说也"。战国后期,诸子好辩,欺惑愚众,而名乱于世,是非可否相颠倒之说盛行,造成了不知如何为治的混乱局面。《审应览》诸篇同样将批判的矛头对准了"辩说"。《审应览》首篇及《重言》着重论述了审形名、察是非的指导观念和方法,而《精谕》《离谓》和《淫辞》三篇则集中在对言谓、言意、言心三组关系的论述上,其实"言谓""言意"和"言心"这三者是紧密关联在一起的,且在思想上后者比前者更为深入。对于言辞之所谓(旨意)的理解,其实也即是对于言说者之内在心意的探讨。由于在言说的过程中,言与谓、言与意、言与心各自之前者与后者并不总是一致的,甚至出现言以欺心的现象,因此如何从思想及政治上保证它们之间的一致性,这就成为一个亟待解决的大问题。《离谓》等三篇以本末及目的与手段来处理它们的关系,认为:"言"为末为手段,而"谓""意""心"为本为目的。这种理解在方式上与《庄子·外物》对于言意的论述("言者所以在意,得意而忘言")较为相近。另外,还可以看到,《离谓》三篇呼唤人主对于言辞的负面作用,尤其对察士的辩说必须保持高度警惕,且诈伪之民应当受到惩处,甚至诛杀之。与《离谓》三篇批判言辞欺心的负面现象相对,《不屈》《具备》二篇则从正面肯定了言说与为政应当建立在诚道的基础上。《具备》认为,如果以诚言说和为政,那么就会感人至深至神。简言之,《吕览》的形名学说与言谓理论具有内在的紧密关系,并且在论述上具有逐步深入的特点。当然,在总体上它们都是为政治服务的,或者以政治目的论为基调。

三、主术:正名审分与主因臣为

1. 正名审分与宁静藏智

从形名学出发,《吕氏春秋·审分览》就"主术"作了更进一步的论述。《审分览》开篇即曰:"凡人主必审分,然后治可以至。"在内容上,"审分"是"主术"的第一点。所谓"审分",即"审名分"之义。它包含两个层次,其一,"审分"要求臣主各"有地",所职不同。主之所职,乃督责臣下,"乘物""察理";臣之所职,乃各尽其官守,竭其智能。如果"臣主同地",则"臣有所匿其邪矣,主无所避其累矣"。因此《审分览》反对"人主好治人官之事"。其二,"审分"要求人主对于臣下"正名审分"。后一层意思是主要的。《审分览》曰:

> 有道之主,其所以使群臣者亦有辔,其辔何如?正名审分,是治之辔已。故按其实而审其名,以求其情;听其言而察其类,无使放悖。夫名多不当其实,而事多不当其用者,故人主不可以不审名分也。不审名分,是恶壅而愈塞也。壅塞之任,不在臣下,在于人主。……百官,众有司也;万物,群牛马也。不正其名,不分其职,而数用刑罚,乱莫大焉。……故名不正则人主忧劳勤苦,而官职烦乱,悖逆矣,国之亡也,名之伤也,从此生矣。白之顾益黑,求之愈不得者,其此义邪?故至治之务在于正名,名正则人主不忧劳矣,不忧劳则不伤其耳目之主。

"正名审分",是人主所以使群臣之"辔"。"名",指官名;"分",指职分。审查名分,即"按其实而审其名""听其言而察其类",务使名实、事用相当。实际上,名实、事用在政治活动中往往失当,故人主"审名分"是十分必要的。"审名分"既是人主的政治责任,也是其政治智慧。通过正名分职将百官条理开来,并使之各尽智能,从而治理好国家和人民,这种政治智慧(或称"术")与"数用刑罚"的治理观念相对,而《审分篇》显然反对后者,认为它"乱莫大焉"。进一步,《审分》认为"正名分职"具有使人主解除"忧劳勤苦"的作用,合于人主保身之旨,所以说:"至治之务在于正名,名正则人主不忧劳矣,不忧劳则不伤其耳目之主。"

在境界上,"正名分职"通过人主之忘智去能而使自己达到"无有"之境。什么是"无有"之境?《审分览》曰:"不制于物,无肯为使,清静以公,神通乎六合,德耀乎海外,意观乎无穷,誉流乎无止。此之谓定性于大湫,命之曰无有。"又曰:"若此,则能顺其天,意气得游乎寂寞之宇矣,形性得安乎自然之所矣,全乎万物而不宰,泽被天下而莫知其所自始。"所谓"无有"之境,即定性命于虚空之境和"形性得安乎自然"之境。在"无有"之境中,人主能够完全忘却己智己能,正名分职,清静公正,而"神通乎六合"。

"正名分职"如何可能?《君守》即从人主之政治主体性的构成上来宣扬宁静藏智之旨。是篇曰:

> 得道者必静,静者无知,知乃无知,可以言君道也。故曰:中欲不出谓之扃,外欲不入谓之闭。既扃而又闭,天之用密。有准不以平,有绳不以正。天之大静,既静而又宁,可以为天下正。身以盛心,心以盛智,智乎深藏,而实莫得窥乎。

"静"为君道的核心观念。这一概念指君主消解己智,而达于"知乃无知"的境地。而为了达到"知乃无知"之境,就必须以闭密之术修心。"中欲不出谓之扃,外欲不入谓之闭","扃"指内闭心智,"闭"指防遏外诱,前者当然是主要的。在《君守》的作者看来,深藏心智而使臣下莫得窥探,这是一种很重要的工夫。在这里,作者显然将人主的心智、思虑一方面看作人主干扰百官尽职的根源,因此说"大圣无事而千官尽能",又说"故善为君者无识,其次无事";另一方面看作人主受制于人臣的把柄,因此《君守》曰:"凡奸邪险陂之人,必有因也。何因哉?因主之为。人主好以己为,则守职者舍职而阿主之为矣。阿主之为,有过则主无以责之,则人主日侵而人臣日得。""因术"本为君道,而如果为臣所用,则必将置君主自身于忧危之地。

2. 主因臣为与因势执一

《审分览·任数》进一步论述了主道因术之旨。所谓"任数","数"者术也。人主治官,官员为治,君臣的职分应当区分开来。如果人主不能任术,那么就会自矜耳目智巧之能;然而在《任数》看来,耳目心智"其所以知识甚阙,其所以闻见甚浅",而固不足以恃。《任数》曰:

> 故至智弃智,至仁忘仁,至德不德,无言无思,静以待时,时至而应,心暇者胜。凡应之理,清净公素而正始卒焉。此治纪,无唱有和,无先有随。古之王者,其所为少,其所因多。因者,君术也;为者,臣道也。为则扰矣,因则静矣。因冬为寒,因夏为暑,君奚事哉?故曰:君道无知无为,而贤于有知有为,则得之矣。

治乱存亡之道存乎人主。这个"道"即是因应之道。应物的根本原理为"清净公正而正始卒",而因循之术可具体表现为"无唱有和,无先有随"。总之,"因者,君术也;为者,臣道也";君道"无知无为",而臣道"有知有为"。

这种君道无为的思想,还体现在人主的形神修养上。《审分览·勿躬》说朝廷的具体政治事务都应当由各种部门的职官去劳作和完成,人主不应当代替他们去做这些具体事情。君主的责任是依据自己高高在上的权势,务必使诸官"尽其巧,毕其能",如此才是一个合格的君主,甚至达到"圣王"的人格。从内在的方面来看,人主应当"养神""修德",而"矜服性命之情"。《勿躬》曰:"养其神,修其德而化矣,岂必劳形愁弊耳目哉?……故善为君者,矜服性命之情,而百官已治矣,黔首已亲矣,名号已章矣。"又曰:"凡君也者,处平静,任德化,以听其要,若此则形性弥赢,而耳目愈精;百官慎职,而莫敢愉綖;人事其事,以充其名,名实相保,之谓知道。"可知君主个人的形神修养即是其为政的一个重要组成部分。而为何君主个人自身的形神修养即是其为政的一个重要组成部分呢?这首先与古代君主制本身直接相关,在此体制下,人君形神是其能否持续主政的前提和保障;其次与主体对"道"的认识有关,养神修德而实现自我的反省和行为的约束,在《勿躬》看来这是人君做到因循无为的前提。

《审分览·知度》的思路与《勿躬》大体相同。其要旨,一在于"治天下之要存乎除奸,除奸之要存乎治官,治官之要存乎治道,治道之要存乎知性命";一在于"有道之主因而不为,责而不诏,去想去意,静虚以待,不伐之言,不夺之事,督名审实,官复自司,以不知为道,以奈何为实。"简言之,人主治道之要"存乎知性命"和"因而不为"。

"势位",也是法术之学所着重考虑的问题。《慎大览·贵因》曾一般性地提出了"贵因"之说,并以之为"因时变法"观念的论证基础。而《审分览·慎势》不同,提出了"因势"和"慎势"的观念,乃是从人主治理国家和管理臣下的角度来说的。可以肯定,作为人主,必须拥数("数"者术也)居势,而不能失数无势。所谓"因势",《慎势》曰:

> 水用舟,陆用车,涂用辑,沙用鸠,山用樏,因其势也者。因势者其令行;位尊者,其教受;威立者,其奸止。此畜人之道也。故以万乘令乎千乘易,以千乘令乎一家易,以一家令乎一人易。尝识及此,虽尧舜不能。诸侯不欲臣于人,而不得已,其势不便,则奚以易臣?权轻重,审大小,多建封,所以便其势也。王也者,势＜王＞也;王也者,势无敌也,势有敌则王者废矣。有知小之愈于大、少之贤于多者,则知无敌矣。知无敌则似类嫌疑之道远矣。

"势"是一种客观存在,水、陆、涂、沙、山各有其势;而"水用舟,陆用车,涂用辑,沙用鸠,山用樏",皆"因其势也"。由此及彼,人主为政亦必因其势。这个"势",既有人主自身在政治关系中本来即有的居高临下、生杀予夺之"势"(权势),也有其对治事物或对治官员的外在之"势"。当然,前者更为重要。在通常情况下,位尊则势重,势位是发号施令、建立权威的基础。万乘有万乘之势,千乘有千乘之势,一家有一家之势,一人有一人之势。前后二者之间具有统帅与服从的关系,具有前者势重、后者势轻的特征。不同的政治实体之间,其势力的轻重、大小是不同的;当然,在一定条件下它们也可能发生转化。正因为如此,所以人主不但要因势,而且要慎势。值得注意的是,《慎势》仍然局限在强烈的封建制意识中,一者主张封建便势,二者推崇封建制的"王"观念(如说:"王也者,王也;王也者,势无敌也。"),这在意识形态上已经落后于历史发展的方向,与秦国实施已久的君主中央集权制(包括郡县制)明显不同。

最后,"主术"还包括"执一"的内容,人主对于自身所处之权势应当进行深刻的反省。《审分览·不二》认为众议危国,因此主张一议,所谓"一则治,异则乱;一则安,异则危"。不过,这个"一"不是人主个人的独断,而是一种统一。《不二》曰:"夫能齐万不同,愚智工拙皆尽力竭能,如出乎一穴者,其唯圣人矣乎。"这种"齐一"之术十分高明,乃圣人为治必备的素质。《审分览·执一》与《不二》互补,它说:"王者执一而为万物正。"又说:"天子必执一,所以抟之也。""一"是天子必须把握的统一性原则,所以抟聚不同者,"一则治,两则乱"。当然,从逻辑上来看,"一"在文中首先是一种抽象性的原则,但是也可实指。从为治来看,"执一"以"为身"为本。所谓身治则家治,家治则国治,国治则天下治。当然,这里也可能吸收了《礼记·大学》的相关思想。

总之,《吕氏春秋》的内容丰富,思想复杂,但它在兼收诸家学说的同时亦有自家的主张和判断,它在本质上是一部政治哲学著作,它试图编造一套宏大、复杂的理论来满足天下统一后的新王朝的政治需要和指导其政治活动。而书的博杂,缺乏贯通全书的思想线索,这不能完全归因于作者思想能力的缺失,而很可能与是书成于战国末季、历史前进的道路尚未完全清晰地展开,颇有关系。不管怎样,《吕氏春秋》从天道观、历史哲学、生命哲学和政治哲学等几个方面对于战国晚期的思想作了梳理、总结、回应和一定程度的提高。在这部书中,有些篇章的思想实际上是非常深刻的,值得后人借鉴和再研究。

第三章　汉初的思想斗争与黄老思潮

汉初哲学发展的动力首先来源于时势的巨大变化，来源于对秦亡的反思，以及维护新王朝统治的需要。其次来源于长期战争之后的人心思安的时代要求。七雄攻战、亡秦战争和楚汉相争，导致民生极其凋敝，国库极度空虚，无论是新王朝的统治阶级还是普遍百姓都极其渴望迎来安定和谐的政治局面和社会局面。最后，儒、道等家为了各自的利益及在帝国意识形态建设中的位置而展开了激烈的思想斗争和权力争夺。这些因素构成了汉初哲学和思想发展的基本动力。在这些动力之下，我们看到汉初重视黄老，形成了所谓黄老思潮；进入武帝时期，儒家因顺应时代的需要，《五经》被立为官学，上升为汉帝国的意识形态，在经过一系列的制度化措施之后产生了深远的影响。

第一节　汉初的思想斗争

汉初的思想斗争与彼时的历史现实紧密关联在一起，主要表现在三个方面，即改朝换代的历史合法性与德运之争、新法家与黄老的思想斗争和儒家与黄老的思想斗争。

一、改朝换代的合法性与德运之争

为了论证改朝换代的历史合法性,汉人普遍运用德运说来作论证,在王朝受命上展开了一番激烈的思想斗争。除了像贾谊那样运用实践理性来作论证外,汉朝更多地运用德运说来论证获得天下的合理性,因为在古人的信仰中,天命才是改朝换代(革命)的终极根据。汉代有两种德运说,一种是从所不胜的德运说,另一种是从所相生的德运说。前一种是由邹衍发明的,这种德运说认为木德、金德、火德、水德、土德从所不胜,终始若环,而天命即通过此五德的循环来主宰历史的演变。德运说使得天命的流行具有确定性、客观性和历史性,与战国中晚期天下趋于一统的历史大势相应和。在攻灭六国之前,德运说已经传入秦国。在统一天下之后,秦始皇选择了水德说来论证秦革周命的历史必然性和合法性。后一种德运说是由刘向发明的,相对于邹衍的旧德运说它是一种新的德运说。这种新德运说,从西汉成帝时期起,一直流行于整个东汉时期。

汉得何德?这在汉代有三种答案,一种为水德,一种为土德,还有一种为火德。到底汉朝是得水德,得土德,还是得火德?从汉初到西汉后期,这是一个一直处于争议中的大问题。这个问题涉及论证汉朝受命的历史合理性,同时涉及新王朝应当根据何种"客观的历史精神"("德")及相应的制度来治理天下的问题。

首先,刘邦、张苍等人认为汉"亦得水德"。《史记·历书》曰:"汉兴,高祖曰'北畤待我而起',亦自以为获水德之瑞。虽明习历及张苍等,咸以为然。是时天下初定,方纲纪大基,高后女主,皆未遑,故袭秦正朔服色。"何谓"北畤待我而起"?《史记·封禅书》曰:"(高祖)二年,东击项籍而还入关,问:'故秦时上帝祠何帝也?'对曰:'四帝,有白、青、黄、赤帝之祠。'高祖曰:'吾闻天有五帝,而有四,何也?'莫知其说。于是高祖曰:'吾知之矣,乃待我而具五也。'乃立黑帝祠,命曰北畤。"秦始皇只祠白、青、黄、赤四帝,而没有祠黑帝;祠黑帝与北畤对应,故刘邦说"北畤待我而起"。在刘邦看来，支配历史运转的客观性彼时仍然为水德，而秦朝之所以遽尔灭亡可能与没有立北畤、祠黑帝有关。只有立北畤、祠黑帝才能与水德相应，才能显扬得水德的天命。

其次，在文帝时期，"汉得何德"成为了一个有争议的问题。根据《史记》中《孝文本纪》《历书》《封禅书》《张丞相列传》的记载，这一争议主要在鲁人公孙臣、丞相张苍和文帝三人之间展开。文帝十二年（前168），鲁人公孙臣上书，说"始秦得水德，今汉受之，推终始传，则汉当土德"①，承认秦朝的历史合法性，进而根据五德终始之传推断汉应得土德。张苍继续坚持刘邦的做法，不承认秦朝的历史正统性，同样通过推五德终始之传而认为汉得水德，并以"河决金堤"为符验②。这一回合，张苍赢了。不过，文帝十五年（前165），"黄龙现成纪"，文帝即据此认为汉得土德，公孙臣的说法是对的。于是文帝复召公孙臣，"以为博士，申明土德事"③。不仅如此，文帝还召命公孙臣"草土德之历制度，更元年"④，而"张苍自黜"⑤，"张丞相由此自绌，谢病称老"⑥。文帝十七年（前163），改元。但不幸的是，在改元的当年新垣平"作乱"，文帝随即废止了土德之说。新垣平主张汉得土德说。总之，在太初元年（前104）之前，西汉一直实行水德。直到太初元年，武帝改历，德运从土德。⑦"色上黄""官名更印章以五字"都是土德之运在制度上的反映。此后，西汉一直实行土德。

梳理文帝时期"汉得何德"的争议，可知文帝居于整个事件的核心，是其中的主导因素。在此，有必要追问，为何文帝执意要以土德为朝运？这是一个值得思考的问题。在即位之初，文帝就准备接受贾谊的意见，

①②《史记·封禅书》。
③《史记·孝文本纪》。
④《史记·张丞相列传》。
⑤《史记·历书》。
⑥《史记·张丞相列传》。
⑦《史记·封禅书》曰："夏，汉改历，以正月为岁首，而色上黄，官名更印章以五字，为太初元年。"《史记·历书》曰："（武帝曰）朕唯未能循明也，绌绩日分，率应水德之胜。"《集解》引徐广曰："盖以为应土德，土生水。"

更改德运,将水德说改为土德说。贾谊前后所持汉朝受命的德运有两种,一个为水德,一个为土德。在文帝元年(前179)之前,贾谊持水德说,这在《新书》的《六术》《道德说》中有直接的反映。《六术》《道德说》两篇存在大量由数字"六"构成的复合词,如《六术》曰"六理""六法""六行""六艺""六亲""六节",《道德说》曰"六理""六德""六美",《六术》并说"六者非独为《六艺》本也,他事亦皆以六为度",足见贾谊在提议改制之前是主张汉得水德说的。不过,文帝二年(前178),贾谊提出了一揽子改革计划,其中一项即将汉德从水德改为土德。《史记·屈原贾生列传》曰:"贾生以为汉兴至孝文二十余年,天下和洽,而固当改正朔,易服色,法制度,定官名,兴礼乐,乃悉草具其事仪法,色尚黄,数用五,为官名,悉更秦之法。"但他的建议遭到了朝中老臣、重臣的坚决反对,文帝只得作罢。据司马迁的评论,反对贾谊改德运的正是张苍。① 而文帝本人对于贾生的建议是非常欢迎的,《汉书·礼乐志》即言"天子说(悦)焉"。而这正是笔者要追问的问题,即为何汉文帝非常欣赏、欢迎贾生的建议呢? 推测开来,这是因为贾生大力抨击了朝廷的乱象和大臣不忠不实的怪象,而鼓励人君有为,"定制度,兴礼乐,然后诸侯轨道,百姓素朴,狱讼衰息"②,其目的在于尊君和强化中央集权,同时抑制臣下,使诸侯就范。而土德说符合尊君和中央集权的要求,因为在五行图式中土居中央,其色黄,其数五。而且改制本身即是皇权和中央权力的直接体现。正因为如此,所以后来公孙臣一旦提出汉得土德说,已经大权在握的文帝就有点迫不及待地想重新采用此说了。后来武帝真正施行土德说,正是为了改制,进而通过改制加强皇权和中央政府的权威。

再其次,关于"汉得何德"的问题,刘向基于新的德运理论认为得火德,这在理论上与邹衍、张苍的德运说大异。刘向的德运说是建立在五

---

① 《史记·张丞相列传》曰,"(张苍)绌贾生、公孙臣等言正朔服色事而不遵"。陆德明曾在《经典释文叙录》中认为贾谊是张苍的学生,是《左氏春秋》学的传人。但这种可能性似乎不大,《史》《汉》并无相关线索。

② 《汉书·礼乐志》。

行相生(火生土,土生金,金生水,水生木,木生火)的基础上的。五行相生的新德运说见于《汉书》的《高帝纪》《律历志》《五行志》《王莽传》和《叙传》,据《律历志》,它大体是这样的:

> 太昊帝伏羲得木德,炎帝神农得火德,黄帝轩辕氏得土德,少昊帝金天氏得金德,颛顼帝高阳氏得水德,帝喾高辛氏得木德,唐帝陶唐氏得火德,虞帝有虞氏得土德,伯禹夏后氏得金德,成汤得水德,周得木德,汉得火德。

从上述文字我们看到,五德相生说代替了五德从所不胜说,天命的转移和历史的运会,从后者战胜前者的关系转变为前者衍生后者的关系,思考历史哲学的着眼点发生了根本变化。刘向(包括刘歆)推崇上古圣王,肯定王朝是圣王所受天命的实现,因此从圣王所受天命的同一性来看,朝代的变更不应该看作一种被克服和被战胜的关系,而应该看作一种衍生和相生的关系。而且,刘向新德运说的解释效力远较邹衍旧德运说的解释效力为大,可以真正地"通古今之变"。旧德运说只能应用于圣王对于暴王的革命(比如汤武革命),但不能应用于禅让制。反之,刘向的新德运说不但可以应用于帝王禅让的解释,而且可以应用于圣王对于暴王革命的解释。在此,刘向其实将德运说儒家化了。孔子曰:"唐、虞禅,夏后、殷、周继,其义一也。"①孟子曰:"先圣后圣,其揆一也。"②刘向的新德运说应当是继承了孔孟的观点,进一步将其落实在历史哲学上的结果。

从上述引文中我们还看到,刘向不承认秦朝的历史合理性,不承认它得到了天命的许可,不承认它是天命的历史实现。《汉书·律历志下》曰:"汉高祖皇帝,著《纪》,伐秦继周。木生火,故为火德。天下号曰'汉'。""伐秦继周"在此有褒善贬恶的价值判断。而在刘向的德运说中,不但天命本身是纯善的,是王朝存在之历史合理性的价值源头,而且天

---

① 《孟子·万章上》。
② 《孟子·离娄下》。

命之历史开展（德运）也是纯善的。这与邹衍的德运说迥然不同，邹衍的德运说无所谓善恶，乃一气化流行的天命，而人间的善朝恶代是由圣王和暴君所致，在天命处终究并无相应的善恶源头。与此相关，刘向认为汉承尧运，同得火德。《汉书·高帝纪》曰："由是推之，汉承尧运，德祚已盛，断蛇著符，旗帜上赤，协于火德，自然之应，得天统矣。"《汉书·叙传》曰："唐据火德，而汉绍之，始起沛泽，则神母夜号，以章赤帝之符。"刘向对于汉得火德的论证，以刘邦神化自己的斩蛇故事为依据，"赤帝子"为符应。刘向提出的新德运说还与古文经学，特别是《左传》学有关，这可以参看班彪的《王命论》和贾逵的《左氏传大义长于二传条奏》。[1]

刘向的火德说，实际上没有被西汉王朝所采纳，但它在刘歆的《三统历》中直接得到了体现（参看《汉书·律历志》），并通过刘歆及《三统历》在西汉晚期产生了广泛的社会影响，乃至王莽居摄、大搞篡汉活动，即利用刘向的新德运说大造舆论，认为汉受火德而莽新受土德。[2] 这是刘向的新德运说在历史上第一次被一个王朝所肯定和实际采纳。光武帝刘秀也接受了刘向的这套理论，即位第二年春正月即宣布汉得火德，《后汉书·光武帝纪》曰："壬子，起高庙，建社稷于洛阳，立郊兆于城南，始正火德，色尚赤。"后来，班固、贾逵等经学大师都同意刘向的火德说。

最后，略谈一下三统说。三统说跟德运说一样，既是一种历史哲学也是一种政治哲学。三统说有两种，一种为黑、白、赤三统，一种为天、地、人三统，不过后者是在前者的基础上推衍出来的。三统说同样被用来论证改朝换代的合理性及其历史精神，并通过改制来显扬此德命，将此历史精神制度化。黑、白、赤的三统说首先是由董仲舒提出来的。《春秋繁露·三代改制质文篇》曰："王者必受命而后王，王者必改正朔，易服色，制礼乐，一统于天下，所以明易姓非继人，通以己受之于天也。"三统

---

[1] 班彪在《王命论》中说："刘氏承尧之祚，氏族之世，著乎《春秋》。"贾逵的《左氏传大义长于二传条奏》曰："又五经家皆无以证图谶明刘氏为尧后者，而左氏独有明文。"
[2] 参看《汉书·王莽传中》。该传曰："武功丹石出于汉氏平帝末年，火德销尽，土德当代，皇天眷然，去汉与新，以丹石始命于皇帝。"

循环,以显示异性更王的天意。按照董仲舒的叙述,天意又进一步体现在改正朔、易服色和制礼作乐等制度上。在三统说的基础上,汉人又很快形成了所谓三教说。所谓三教,指"夏人之王教以忠""殷人之王教以敬"和"周人之王教以文"。忠、敬、文三教即夏、殷、周三代的历史精神,"忠法人,敬法地,文法天"①。在此基础上,刘向又提出天、地、人的新三统说。新三统说可能萌芽于武帝时期,而成熟于成帝时期。司马迁曾利用三教说批评了"秦政不改,反酷刑法"之谬②,刘向、刘歆则将其发展为新三统说。据《汉书·律历志》的记载,刘向并将新三统说运用于历法中,他的儿子刘歆即据此理论制定了所谓三统历。

　　总之,汉朝的德运及得何德的争论可以据《汉书·郊祀志赞》作一概括,班固曰:"汉兴之初,庶事草创,唯一叔孙生略定朝廷之仪。若乃正朔、服色、郊望之事,数世犹未章焉。至于孝文,始以夏郊,而张苍据水德,公孙臣、贾谊更以为土德,卒不能明。孝武之世,文章为盛,太初改制,而倪宽、司马迁等犹从臣、谊之言,服色数度,遂顺黄德。彼以五德之传,从所不胜,秦在水德,故谓汉据土而克之。刘向父子以为帝出于《震》,故包羲氏始受木德,其后以母传子,终而复始,自神农、黄帝下历唐、虞三代而汉得火焉。故高祖始起,神母夜号,著赤帝之符,旗章遂赤,自得天统矣。""汉得何德"的问题在西汉历史上一直存在争议,在整个西汉,政治精英和知识精英一直都在思考汉朝的历史合理性,即得何德的问题。大致说来,以武帝太初元年为界可分为前后两期,前期从高祖到武帝太初元年朝廷承认得水德,后期从武帝太初元年到西汉末朝廷承认得土德。后者不但是对贾谊、公孙臣说的继承和肯定,而且是皇权上升和中央集权强化的结果。与邹衍的德运说相对,刘向大概在成帝时期发

---

① 《白虎通·三教》。

② 《史记·高祖本纪》"太史公曰":"夏之政忠。忠之敝,小人以野,故殷人承之以敬。敬之敝,小人以鬼,故周人承之以文。文之敝,小人以僿,故救僿莫若以忠。三王之道若循环,终而复始。周秦之间,可谓文敝矣。秦政不改,反酷刑法,岂不缪乎?故汉兴,承敝易变,使人不倦,得天统矣。"

明了一个崭新的德运说。刘向以五行相生说为原理,设定天命及其流行(德运)是纯善的,由此将阴阳家气化的德运说转变为儒家道德的德运说。刘向具体认为汉承尧运,俱受火德。刘向的德运说虽然没有被朝廷采纳,但在当时造成了重大的社会影响,乃至于王莽篡汉都需要利用这一理论。而刘秀几乎一俟上位即全盘接受了刘向的理论,宣布汉受火德于天下,色尚赤。

二、刑名法术与黄老的思想斗争

在战国时期,黎民百姓长期遭受战争所带来的痛苦。在秦攻灭六国、完成统一之后,这种痛苦并没有多少减轻,旋即遭受到秦朝的奴役。新的痛苦和奴役来自两个因素,一个是严酷的法刑统治,另一个是沉重的赋税和徭役,轻用民力、滥用民力的现象随处可见(如修筑长城、骊山和阿房宫等)。在经过亡秦战争和楚汉战争之后,汉朝的皇帝、大臣和诸侯国的君臣在汉初达成了共识,即在"除秦苛政"的同时"施德惠",推行"与民休息"的政策。为什么要施行"与民休息"的政策,具体如何实施,以及实施的效果如何? 司马迁、班固在《史记》《汉书》中作了清晰的论述:

> 太史公曰:孝惠皇帝、高后之时,黎民得离战国之苦,君臣俱欲休息乎无为,故惠帝垂拱,高后女主称制,政不出房户,天下晏然。刑罚罕用,罪人是希。民务稼穑,衣食滋殖。[1]

> 赞曰:孝文皇帝即位二十三年,宫室、苑囿、车骑、服御无所增益。有不便,辄弛以利民。尝欲作露台,召匠计之,直百金。上曰:"百金,中人十家之产也。吾奉先帝宫室,常恐羞之,何以台为!"身衣弋绨,所幸慎夫人衣不曳地,帷帐无文绣,以示敦朴,为天下先。治霸陵,皆瓦器,不得以金、银、铜、锡为饰,因其山,不起坟。南越尉佗自立为帝,召贵佗兄弟,以德怀之,佗遂称臣。与匈奴结和亲,后

---

[1]《史记·吕太后本纪》。

而背约入盗,令边备守,不发兵深入,恐烦百姓。吴王诈病不朝,赐以几杖。群臣袁盎等谏说虽切,常假借纳用焉。张武等受赂金钱,觉,更加赏赐,以愧其心。专务以德化民,是以海内殷富,兴于礼义,断狱数百,几致刑措。呜呼,仁哉![1]

赞曰:孔子称"斯民,三代之所以直道而行也",信哉! 周、秦之敝,罔密文峻,而奸轨不胜。汉兴,扫除烦苛,与民休息。至于孝文,加之以恭俭,孝景遵业,五六十载之间,至于移风易俗,黎民醇厚。周云成康,汉言文景,美矣![2]

正是在这样的背景下,汉初推行"清静无为"的政策,朝廷内外随即形成了一股喜好和推崇黄老的风气。不过,"清静无为"的政策虽然与汉初的社会现实相适应,但是它同时意味着皇权的下放和松弛。很显然,朝中大臣和诸侯王国是十分欢迎这一政策并坚定地维护这一政策的,因为通过皇帝和中央王朝推行"清静无为"的政策,他们的权力得到了最大限度的扩张,他们的利益得到了最大限度的满足。这样,皇帝就不得不起用某些新锐力量展开同既得利益集团(诸侯王,在政治上日趋保守的大臣)的权力斗争。贾谊的治安策、晁错的削藩建议以及后来主父偃的推恩策,都是在此一背景下提出来的。在一定意义上来说,这是主张中央集权的申商(申韩)一派同主张清静无为的黄老一派之间的政治斗争。

汉初黄老的成分比较复杂。从高祖到景帝,皇帝在总体上属于黄老派,不过这主要是针对黎民百姓来说的,所谓"与民休息"的含意正在于此;而对于诸侯王,皇帝一般仍然采取防范和抑制的策略。在最初二十多年,刘邦、吕后通过分封同姓诸侯王、铲除异姓诸侯王的办法来维护皇帝的权威和汉朝的统治。随后,同姓诸侯王坐大,同样存在挑战皇朝统治的问题。与皇帝采取"与民休息"政策的目的有所不同,同姓诸侯王有意借助黄老以对抗中央政府的统治,而尽可能地扩张自身的势力。汉初大臣一般跟随刘

---

① 《汉书·文帝纪》。
② 《汉书·景帝纪》。

邦打天下，他们既是黄老的拥护者，又是既得利益者，常常被封为侯王。随着时间的推移，这帮朝中大臣、老臣逐渐蜕变成了保守势力，他们常常以黄老"清静无为"之旨为借口，阻挠和反对皇帝削弱分封制的任何改革。从文帝到武帝，皇权（中央王朝）与王权（诸侯国）之间展开了激烈的权力斗争，反映在思想上就是刑名法术之学与黄老学之间的斗争。

在这场政治斗争中，贾谊、晁错和主父偃非常重要。贾谊首先提出了"众建诸侯而少其力"的治安策。他最早注意到了诸侯王国在势力坐大的情况有可能对抗中央王朝，进而搞分裂活动甚至叛乱的问题，为此他提出了"众建诸侯而少其力"的治安策略。《汉书·贾谊传》曰："欲天下之治安，莫若众建诸侯而少其力。力少则易使以义，国小则亡邪心。令海内之势如身之使臂，臂之使指，莫不制从，诸侯之君不敢有异心，辐凑并进而归命天子，虽在细民，且知其安，故天下咸知陛下之明。"主父偃的推恩策即直接从贾谊"众建诸侯而少其力"策略中化出。其次，晁错提出了削藩建议。随着异姓诸侯王势力被不断铲除，而同姓诸侯王的势力在急剧膨胀，在文帝后期已经威胁到中央王朝的统治。在此种形势下，景帝采纳了晁错削藩的建议。为什么要削藩，以及如何削藩？《汉书·荆燕吴传》曰："今削之亦反，不削亦反。削之，其反亟，祸小；不削之，其反迟，祸大。"《史记·袁盎晁错列传》曰："（晁错）迁为御史大夫，请诸侯之罪过，削其地，收其枝郡。"削藩就是为了"削地以尊京师"，就是为了巩固中央集权。通过削藩、平定吴楚七国之乱和严格限制诸侯的权力，同姓诸侯王受到了致命打击，解除了对中央朝廷的威胁。最后，主父偃提出了非常高明的推恩策。元朔二年（前127），武帝进一步采纳了主父偃的建议，颁布了"推恩令"。① "推恩"的好处在于"不行黜陟，而藩国自

---

① 《史记·平津侯主父列传》曰："（偃说上曰）古者诸侯不过百里，强弱之形易制。今诸侯或连城数十，地方千里，缓则骄奢易为淫乱，急则阻其强而合纵以逆京师。今以法割削之，则逆节萌起，前日晁错是也。今诸侯子弟或十数，而适嗣代立，余虽骨肉，无尺寸地封，则仁孝之道不宣。愿陛下令诸侯得推恩分子弟，以地侯之。彼人人喜得所愿，上以德施，实分其国，不削而稍弱矣。"

析"①,"析"即"崩解"。相比较而言,晁错的削藩策是骤法和刻削之法,严厉而刚硬,且"为之不以渐"②,急于求成。可以说,晁错被斩和七国反叛,都与"削藩"策过于酷虐、顿骤有关。而主父偃推恩策的颁行("推恩令"),即很自然地瓦解了封建诸侯的势力,而诸侯从此衰弱,再无力量抵抗朝廷了。总之,文帝、景帝和武帝一直在想方设法强化中央集权,扩大郡县制的范围,同时努力打击、抑制和瓦解地方诸侯王特别是同姓诸侯王的势力,防止重走封建制、最终导致天下大乱的老路。对此,司马迁和班固的评论很精到,《史记·汉兴以来诸侯王年表》曰:

> 汉定百年之间,亲属益疏,诸侯或骄奢,忕邪臣计谋为淫乱,大者叛逆,小者不轨于法,以危其命,殒身亡国。天子观于上古,然后加惠,使诸侯得推恩分子弟国邑,故齐分为七,赵分为六,梁分为五,淮南分三,及天子支庶子为王,王子支庶为侯,百有余焉。吴楚时,前后诸侯或以适削地,是以燕、代无北边郡,吴、淮南、长沙无南边郡,齐、赵、梁、楚支郡名山陂海咸纳于汉。诸侯稍微,大国不过十余城,小侯不过数十里,上足以奉贡职,下足以供养祭祀,以蕃辅京师。而汉郡八九十,形错诸侯间,犬牙相临,秉其院塞地利,强本干,弱枝叶之势,尊卑明而万事各得其所矣。

《汉书·诸侯王表》曰:

> 故文帝采贾生之议分齐、赵,景帝用晁错之计削吴、楚。武帝施主父之册,下推恩之令,使诸侯王得分户邑以封子弟,不行黜陟,而藩国自析。自此以来,齐分为七,赵分为六,梁分为五,淮南分为三。皇子始立者,大国不过十余城。长沙、燕、代虽有旧名,皆亡南北边矣。景遭七国之难,抑损诸侯,减黜其官。武有衡山、淮南之谋,作左官之律,设附益之法,诸侯惟得衣食税租,不与政事。

---

① 《汉书·诸侯王表》。
② 《史记·景帝本纪》。

西汉中央王朝对地方诸侯的斗争在思想上属于中央集权主义对地方封建主义的斗争,贾谊、晁错、主父偃三人都站在维护中央集权的立场上。史书交代贾谊、晁错和主父偃的思想来源是清楚的。据《史记·屈原贾生列传》,贾谊为河南守吴公(后为廷尉)的门生,吴公"故与李斯同邑而常学事焉"。这即是说,吴公、贾生出自李斯一系。据《史记·袁盎晁错列传》,晁错"学申商刑名于轵张恢先所",并以"术数"(刑名法术之学)游说景帝。又,《史记·太史公自序》说"贾生、晁错明申商",《汉书·司马迁传》说"贾谊、晁错明申韩",可知在反对封建势力的斗争中,贾、晁二人都是从刑名法术之学的角度提出对策的。而主父偃的推恩策则属于阳儒的纵横术,《史记·平津侯主父列传》说主父偃"学长短纵横之术,晚乃学《易》《春秋》、百家言"。纵横术产生于战国中期,从表面看是或合纵以抗横,或连横以击纵,但从深处来看则是通过精心谋虑来采取最巧妙、最有利的办法,达到克敌制胜的目的。从本质上来看,晁错的削藩建议和主父偃的推恩策相为表里,都是贾谊"众建诸侯而少其力"的推衍,在骨子里都属于刑名法术之学。当然,推恩策考虑到了"同姓封建"之义,考虑到了亲属(皇亲国戚)之义,而使得这一计策显得颇为周到、合理,易于被诸侯接受,从而易于实行罢了。总之,在中央反对地方分裂主义的斗争中,贾谊、晁错和主父偃都站在了申商、申韩的立场上,以维护中央集权和皇帝的统治。

与贾谊、晁错、主父偃的新法家立场相对,各诸侯王一般选择黄老道家的立场,他们借助道家"清静无为"的主旨以反对皇帝对中央集权和郡县制度的推进,其目的在于维护封建制和作为诸侯的权利。换一句话说,"无为"在较大程度上已经演变成了维护封建制度和诸侯王利益的意识形态工具。淮南王刘安在此是一个很好的例子。景帝时期,淮南王刘安召集门客编写了一部叫《淮南子》的书,这部书后来献给了武帝。在开始,武帝非常喜欢这部书,《汉书·淮南王传》曰"上爱秘之",但是日久天长,其中的用意终究暴露了出来。这部书虽然杂糅诸家思想,但其中有三点政治意图是很明确的。其一,《淮南子》反复强调"无为"之旨,认为

"无为"是"圣人""人主"的本质内涵。《淮南子·原道》曰："无为为之而合于道，无为言之而通乎德。"又曰："是故达于道者，反于清静；究于物者，终于无为。"《淮南子·诠言》曰："无为者，道之体也；执后者，道之容也。"刘安以"无为"为道家宗旨，而他为何要强调这一宗旨呢？很显然，它是针对"天子"（皇帝）来说的，告诉天子应当以"无为"来治理天下：不要企图强化中央集权，而应任由封建诸侯的发展，至少应当保证诸侯国的现状和诸侯王的既得利益。《淮南子·主术》曰："人主之术，处无为之事，而行不言之教。"此处的"人主"从下文看是指"天子"，而刘安的用心（他为何要撰写《淮南子》并献给汉武帝）于此暴露出来。其二，《淮南子》的论述都是建立在诸侯制或封建制的基础上的，这即是说，刘安不但认为诸侯制度（封建制度）是合理的，而且是非常理想的。《淮南子·览冥》曰："逮至当今之时，天子在上位，持以道德，辅以仁义，近者献其智，远者怀其德，拱揖指麾而四海宾服，春秋冬夏皆献其贡职，天下混而为一，子孙相代，此五帝之所以迎天德也。"其中的"天子"是建立在封建制上的"天子"，天下之大宗。《淮南子·修务》曰："且古之立帝王者，非以奉养其欲也；圣人践位者，非以逸乐其身也。……绝国殊俗、僻远幽间之处，不能被德承泽，故立诸侯以教诲之。"这是借上古帝王、圣人的理想进一步肯定建立诸侯的必要。其三，《淮南子》屡次批评历史上那些维护中央集权、强调"天下统一"的学派，尤其是申商、申韩和纵横家。《淮南子·览冥》曰："今若夫申、韩、商鞅之为治也，挬拔其根，芜弃其本，而不穷究其所由生，何以至此也：凿五刑，为刻削，乃背道德之本，而争于锥刀之末，斩艾百姓，殚尽太半，而忻忻然常自以为治，是犹抱薪而救火，凿窦而出水。"《淮南子·泰族》曰："张仪、苏秦家无常居，身无定君，约从（纵）衡之事，为倾覆之谋，浊乱天下，挠滑诸侯，使百姓不遑启居，或从或横，或合众弱，或辅富强，此异行而归于丑者也。"很显然，刘安的批评是有针对性的，这一点联系中央集权与诸侯封建制的矛盾和斗争即可能看得很清楚。可惜，刘安自始至终站在封建诸侯的立场上说话，不能明了历史发展的大势，不知道中央集权制、郡县制乃历史发展的必然，而仍然在那里作无谓的聒噪,一厢情愿地暗中呼吁皇帝维护过时的封建制度。这样,等待他的命运就可想而知,而刘安后来果然走上了谋逆和对抗中央政府的道路。事败,他只能被迫自尽。

三、儒家与黄老道家的思想斗争

秦以法刑为治,德政严重缺失。汉兴,以秦亡为鉴,"仁义礼乐"的观念重新得到重视,从一开始起即成为帝国意识形态的一个组成部分。除此之外,儒家在汉初的生展还有两大现实基础,一个是政治、社会、家庭秩序的恢复和重建,由此产生了"家族"(宗统)与"国家(天下)"(君统)、"孝"与"忠"的双重对立。另一个现实基础是封国制与郡县制的对立。封建制的施行存在着制度性的危险,即它虽然承认了一个共主,存在一个所谓的中央,但是这个中央是非集权、非专制性质的,它内在地包含着瓦解帝国政权的分离因素。因此帝国的统治者(特别是皇帝)与诸侯王之间的斗争是不可避免的,即使对同姓诸侯王来说也是如此。而帝国内部君统与宗统、统一势力与分裂势力的斗争,乃汉代儒学开展的现实基础。而且,汉儒利用这两重现实基础同其他诸家,特别是黄老道家展开了意识形态的争夺,结果大获全胜,一跃而居于意识形态的核心,并全面制度化。

汉初,黄老道家居于国家意识形态的主导地位。黄老在汉初的推展主要有两个现实基础,一个是秦朝过于严酷的法刑统治,而皇帝过于有为,这导致汉人对于"皇帝"内涵的反思;另一个是亡秦之战和楚汉战争对社会造成的严重破坏,迫使统治集团不得不采取"与民休息"的政策。在此背景下,黄老道家"清静无为"的思想必然会受到统治集团的高度重视,从而顺利占据意识形态的中心。从汉初至武帝初期,黄老的盛况从信奉它的达官贵人及宣扬它的学者即完全可以看出来,史书明言有惠帝、高后、文帝、景帝、窦太后,有曹参、陈平、郑庄、汲黯,有盖公、田叔、黄子、王生和司马谈等人。① 文帝时期,黄老学的重要经典——帛书《经法》《十六经》《称》《道原》远播长沙国。② 景帝时期,《老子》"改子为经",正式立为官学。③ 而抄写于武帝年间的汉简《老子》,据笔者的判断,很可能是景帝立经本的复抄本。④

据史书的记载,儒家跟黄老道家的斗争主要发生在景帝和武帝时期。儒家大抵兴起于文帝时期。《史记·儒林列传》曰:"孝惠、吕后时,公卿皆武力有功之臣。孝文时颇征用,然孝文帝本好刑名之言。及至孝景,不任儒者,而窦太后又好黄老之术,故诸博士具官待问,未有进者。"虽然文景二帝在政治层面上依然倚重黄老刑名之学,但是在教化层面上很重视儒家经典的传习,《六艺》正是借助于教化而进入高层,影响社会,从而培养新的官僚集团和社会风气的。至景帝时期,通经之儒得到皇帝和朝廷更多的尊重。而就在此时,儒家和黄老道家争夺意识形态的斗争进入激烈状态。从景帝到武帝初即位,有三个著名例子很能说明这一情况。

第一例为辕固生与黄生论汤武放杀。辕固生,齐人,治《诗》,景帝时为博士。黄生,亦称黄子,黄老学的领袖,是司马迁的父亲司马谈的老师。《史记·儒林列传》曰:

① 司马迁首先是一个史家,其次是一个较为信奉黄老道家的学者。《汉书·司马迁传》班固《赞》曰:"其是非颇缪于圣人,论大道而先黄老而后六经,序游侠则退处士而进奸雄,述货殖则崇势利而羞贱贫,此其所蔽也。"

② 唐兰认为,帛书《经法》《十六经》《称》《道原》四篇就是《汉书·艺文志》所说的《黄帝四经》(参看唐兰:《马王堆出土老子乙本卷前古佚书研究——兼论其与汉初儒法斗争的关系》,《考古学报》1975年第1期。)许多从事早期道家研究的学者赞成这一意见,但也有部分学者不同意这一论断。

③ 《法苑珠林》卷五五《破邪篇第六十二》引《吴书》曰:"(阚泽对孙权说)至汉景帝以《黄子》《老子》义体尤深,改子为经,始立道学,敕令朝野悉讽诵之。"参看释道世《法苑珠林》第4册,周叔迦、苏晋仁校注,第1651页,北京,中华书局,2003。按,这段话又见于唐释道宣撰《广弘明集》卷一《归正篇》引《吴书》。《法苑珠林》和《广弘明集》分别成书于唐乾封三年(668)和唐麟德元年(664)。

④ 这个本子自题《老子上经》《老子下经》的篇名,笔者推断,它很可能是景帝立经本的复抄本。丁四新:《早期〈老子〉文本的演变、成型与定型——以出土简帛本为依据》,《中州学刊》2014年第10期;《老子的分章观念及其检讨》,《学术月刊》第48卷第9期(2016年9月)。

清河王太傅辕固生者,齐人也。以治诗,孝景时为博士。与黄生争论景帝前。黄生曰:"汤武非受命,乃弑也。"辕固生曰:"不然。夫桀纣虐乱,天下之心皆归汤武,汤武与天下之心而诛桀纣,桀纣之民不为之使而归汤武,汤武不得已而立,非受命为何?"黄生曰:"冠虽敝,必加于首;履虽新,必关于足。何者,上下之分也。今桀纣虽失道,然君上也;汤武虽圣,臣下也。夫主有失行,臣下不能正言匡过以尊天子,反因过而诛之,代立践南面,非弑而何也?"辕固生曰:"必若所云,是高帝代秦即天子之位,非邪?"于是景帝曰:"食肉不食马肝,不为不知味;言学者无言汤武受命,不为愚。"遂罢。是后学者莫敢明受命放杀者。①

这场辩论发生在御前,有可能是景帝故意安排的。黄生代表道家出场,辕固生代表儒家出场。黄生是驳难方,辕固生是辩护方。"汤武受命"是儒家旧义,黄生批驳这一观点,认为"汤武非受命,乃弑也",而辕固生则辩护了这一观点,认为汤武是"诛"而非"弑",改朝换代因此具有受命的合法性。争论的焦点在于:黄生根本否认臣下具有受命造反、推翻君上统治的权利,而辕固生则认为臣下在一定的条件或前提下可以宣称受命,进而推翻其君上的统治。辕固生所认可的革命条件或前提有两个,一个是君主施行残暴之政,另一个是天下归心于汤武之类的臣下。从历史哲学来看,双方的辩论均有其合理性,都有一定的现实意义。不过,进入景帝时期,论证汉朝合法性的理论需求大为降低,而论证君臣之位不易和国家统一的理论需要则在强劲上升。从景帝到武帝,汉朝完成了意识形态之基本目标的转换。我们看到,当辕固生举出"高帝代秦"的例子来论证"革命"的时候,景帝立马叫停了整个辩论,云:"言学者无言汤武受命,不为愚。"自此,汉代学者很知趣,再也无人敢在朝堂上辩论所谓"受命放杀"的问题。

第二例为辕固生在朝堂非议《老子》书。出场的主要人物除辕固生外还有窦太后和景帝,窦太后喜好黄老。《史记·儒林列传》曰:

---

① 亦载《汉书·儒林传》。

窦太后好《老子》书,召辕固生问《老子》书。固曰:"此是家人言耳!"太后怒曰:"安得司空城旦书乎?"乃使固入圈刺豕。景帝知太后怒而固直言无罪,乃假固利兵,下圈刺豕,正中其心,一刺,豕应手而倒。太后默然,无以复罪,罢之。居顷之,景帝以固为廉直,拜为清河王太傅。久之,病免。①

《老子》是当时朝野上下俱颂的经典。窦太后喜好《老子》书,召辕固生询问此书妙义,她甚至希望在此过程中听到一些夸奖《老子》的赞美之辞。但是辕固生好儒,生性耿直,他直率地说道:"此是家人言耳!""家人"即"庶人""平民"之义。窦太后乃至尊之身,而辕固生却借贬损《老子》而羞辱她,犯下了大不敬之罪,这惹得窦太后勃然大怒。当时,若非景帝出手相救,辕固生差点丢了自家性命。

第三例为发生在武帝和太皇窦太后之间关于尊儒还是尊道的政治和思想斗争。关于事情的经过,史书是这样说的:

(1)建元元年冬十月,诏丞相、御史、列侯、中二千石、二千石、诸侯相举贤良、方正、直言、极谏之士。丞相绾奏:"所举贤良,或治申、商、韩非、苏秦、张仪之言,乱国政,请皆罢。"奏可。②

(2)太皇窦太后好《老子》言,不说儒术,得赵绾、王臧之过以让上,上因废明堂事,尽下赵绾、王臧吏,后皆自杀。③

(3)及窦太后崩,武安侯田蚡为丞相,绌黄老、刑名、百家之言,延文学儒者数百人,而公孙弘以《春秋》白衣为天子三公,封以平津侯。天下之学士靡然乡(向)风矣。④

建元元年(前140),武帝一俟登基即干了三件大事,一件重用赵绾、王臧等文学儒士为公卿,再一件议立明堂,第三件批准丞相卫绾举贤良,但不用刑名、纵横之士的奏疏。这些改革措施惹得太皇窦太后大为不

---

① 亦见《汉书·儒林传》。
②《汉书·武帝纪》。亦见《史记·武帝本纪》《史记·封禅书》。
③④《史记·儒林列传》。亦见《汉书·儒林传》。

悦。次年，窦太后搜集了赵绾、王臧的罪过，武帝于是只好将赵、王等人下吏治罪，并废止立明堂之事。建元六年（前135），武帝"置《五经》博士"。同年，窦太后驾崩。元光元年（前134），武帝随即"罢黜百家"，起用田蚡为丞相，"绌黄老、刑名、百家之言，延文学儒者数百人"①。以上即武帝"罢黜百家，表章《六经》"②的整个过程。而儒家最终战胜了道家，成功登上了意识形态的宝座。而为何汉武帝要独尊儒术？这个问题主要与帝国的形势及其意识形态的重构相关，儒家提出了一套由"大一统""天人感应""三纲五常"等构成、鼓励人君大有作为，并以"阴阳五行"为论证和思维形式的思想体系。

"罢黜百家，表章《六经》"主要是从学官教授、意识形态的建构和仕进之途来说的。它不意味着百家之学从此被禁止，也不意味着修习百家之士从此不能在帝国做官，甚至做大官。事实上，杂学诸家、长于纵横术的主父偃曾一年四迁，官至中大夫，信奉黄老之学的汲黯官至主爵都尉。汉宣帝曾说汉家制度"本以霸王道杂之"③，反映出即使儒家的正统地位得到了确立，然而汉朝仍然杂用百家之长。

总之，汉初是帝国意识形态的生长和架构期。围绕王朝受命的合法性和政体、意识形态的建构问题，统治集团内部展开了激烈的政治斗争和思想斗争。黄老、刑名和儒家等都参与了这些问题的讨论，并积极参与意识形态的建设和争夺。通过"罢黜百家，表章《六经》"，儒家取得了最后的胜利。儒家何以能够取得这场斗争的最终胜利？这是因为在景

---

① 董仲舒《天人三策》（写于元光元年）的第三策末尾曰："《春秋》大一统者，天地之常经，古今之通谊也。今师异道，人异论，百家殊方，指意不同，是以上亡以持一统；法制数变，下不知所守。臣愚以为诸不在《六艺》之科、孔子之术者，皆绝其道，勿使并进。邪辟之说灭息，然后统纪可一而法度可明，民知所从矣。"

② 《汉书·武帝纪赞》。

③ 《汉书·元帝纪》曰："（孝元皇帝为太子时）见宣帝所用多文法吏，以刑名绳下，大臣杨恽、盖宽饶等坐刺讥辞语为罪而诛，尝侍燕从容言：'陛下持刑太深，宜用儒生。'宣帝作色曰：'汉家自有制度，本以霸王道杂之，奈何纯任德教，用周政乎！且俗儒不达时宜，好是古非今，使人眩于名实，不知所守，何足委任？'乃叹曰：'乱我家者，太子也！'由是疏太子而爱淮阳王，曰：'淮阳王明察好法，宜为吾子。'"

武之间,儒学以《六艺》经学为基础,在吸纳阴阳、名家和法家思想之后作了重新的构造,从而使得其理论自身变得更为厚实、博大和深刻,更加符合日趋强盛之帝国的意识形态的需要。甚至在西汉后期,刘向将阴阳家的德运说改变成为儒家的德运说。反观刑名,则拘守在权术上;反观黄老,则拘守在治术上;反观阴阳,则拘守在德运和自然时节上。三者各得一偏,适不足以担当汉朝意识形态的重任。

第二节　陆贾、贾谊的哲学思想

陆贾、贾谊是汉初的两位重要思想家,都有一定的哲学思想。陆贾是建汉的功臣之一,在学派性质上大体属于儒家;而贾谊主要生活在文帝时期,其思想成分较为驳杂,从政治主张来看他近于法家,属于主要综合了儒家仁义礼乐思想的新法家。

一、陆贾的哲学思想

1. 陆贾的生平和著作

陆贾(？—前170)是楚人,《史记》《汉书》皆有传,司马迁称其为“辩士”[1],主要生活在秦末至文帝时期。相传陆贾从学于浮丘伯,浮丘伯为荀卿弟子。陆贾不但是汉朝的开国功臣,而且是重要使臣,他最早提出了汉朝的治道理论。成功出使南越,间接参与灭吕,总结秦亡的教训,提出了一套治理天下的理论,这是陆贾的主要历史功绩。

据《汉书·艺文志》的记载,陆贾著有《楚汉春秋》九篇、《陆贾》二十三篇和《陆贾赋》三篇。《楚汉春秋》《陆贾赋》二书俱亡,《陆贾》残缺,今存《新语》十二篇。《新语》之名见于《史记》《汉书》本传,十二篇分别为《道基》《术事》《辅政》《无为》《辨惑》《慎微》和《资质》《至德》《怀虑》《本行》《名诫》《思务》。前六篇为卷上,后六篇为卷下。

---

[1]《史记·郦生陆贾列传》。

《新语》是陆贾最为重要的著作,它是应刘邦之问而专门写作的。《史记·郦生陆贾列传》曰:

> 陆生时时前说,称《诗》《书》。高帝骂之曰:"乃公居马上而得之,安事《诗》《书》?"陆生曰:"居马上得之,宁可以马上治之乎?且汤武逆取而以顺守之,文武并用,长久之术也。昔者吴王夫差、智伯极武而亡;秦任刑法不变,卒灭赵氏。乡(向)使秦已并天下,行仁义,法先圣,陛下安得而有之?"高帝不怿而有惭色,乃谓陆生曰:"试为我著秦所以失天下,吾所以得之者何,及古成败之国。"陆生乃粗述存亡之征,凡著十二篇。每奏一篇,高帝未尝不称善,左右呼万岁,号其书曰《新语》。

这本书为什么叫《新语》?"新语"乃相对于"旧语"而言。云梦睡虎地秦简有一篇叫《语书》的文献,是南郡守腾在秦王政二十年(前227)对县、道"啬夫"一级官员发布的告示。《语书》申明法律令的权威和作用,云:"凡法律令者,以教导民,去其淫僻,除其恶俗,而使之之于为善也。"很明显,秦人重法,以法律为教化和维护社会稳定的工具。《语书》乃"秦任刑法不变"的实例,而陆贾的主张正与此相反,陆贾主张施行"行仁义,法先圣""文武并用"的统治。因为这种新的统治观念,《新语》十二篇故被称为"新语"。班固很推崇《新语》一书,他认为陆贾不仅仅是一位"辩士",在《汉书·高祖纪》中他将陆贾作《新语》与萧何次律令、韩信申军法、张苍定章程、叔孙通制礼仪相提并论,在《叙传》中他又将《新语》与董生、刘向、扬雄的著作相提并论,足见班固非常重视陆贾及其思想,在评价上超过了司马迁。①

---

① 对于陆贾的评价,为什么司马迁低于班固呢?这有两个原因,其一,二人距离陆贾的时间有远近不同。司马迁距陆贾的时间还是太近,看不清《新语》的思想影响。而班固距离陆贾有足够的时间距离,看清《新语》不但代表秦汉之际政治哲学的转折,而且是西汉儒学和经学的发端。其二,二家的学派立场不尽相同。司马迁先道德后仁义,而班固则有强烈的儒家和经学家的立场。班固将他的立场很鲜明地带入了《汉书》的写作中。

2. 陆贾论宇宙、人事世界的生成：天生地养与圣人成之

陆贾的哲学思想主要体现在《新语》中。《新语》"粗述存亡之征"，回答了刘邦"试为我著秦所以失天下，吾所以得之者何，及古成败之国"①的问题。而这个问题是《新语》的主旨所在。陆贾的哲学包括宇宙生成论、政治哲学和人格修养论，其中政治哲学是重点。

陆贾论宇宙、人事世界的生成主要包括"天生地养"和"圣人成之"两点，这两点都曾出现在《荀子·富国》篇中。《道基》曰："传曰：天生万物，以地养之，圣人成之。功德参合，而道术生焉。"关于"天生地养"，《道基》进一步说道：

> 故曰：张日月，列星辰，序四时，调阴阳，布气治性，次置五行，春生夏长，秋收冬藏，阳生雷电，阴成霜雪，养育群生，一茂一亡，润之以风雨，曝之以日光，温之以节气，降之以殒霜，位之以众星，制之以斗衡，苞之以六合，罗之以纪纲，改之以灾变，告之以祯祥，动之以生杀，悟之以文章。……盖天地相承，气感相应而成者也。

上述关于宇宙结构和万事万物的生成都是继承先秦知识的结果，陆贾本人并没有提供任何新的东西。不过，对于陆贾而言，"天地"是道、德、仁、义的根源。《道基》曰："原情立本，以绪人伦，宗诸天地。"《怀虑》曰："故事不生于法度，道不本于天地，可言而不可行也，可听而不可传也，可小瓿而不可大用也。"在"宗诸天地""本于天地"的基础上，陆贾进一步提出了"天道"的概念，并用这一概念肯定儒家的五伦六位和《五经》《六艺》之道。

"圣人成之"是《道基》的一个思想重点。圣人如何成之？从主观来说，因为圣人有圣性。从客观来说，因为"在天者可见，在地者可量，在物者可纪，在人者可相"（《道基》）。据此，对于外部世界，陆贾显然持可知论。所谓"圣人成之"，包括器物和王道的制作两个方面，后者无疑更为重要。关于器物的制作，《道基》说神农"尝百草之事""教人食五谷"，黄

①《史记·郦生陆贾列传》。

121

帝"筑作宫室",后稷"辟土殖谷""种桑麻",禹"决江疏河",奚仲"驾马服牛,浮舟杖楫",皋陶"立狱制罪,县(悬)赏设罚"。关于王道的制作,陆贾主要推功于伏羲、文王和孔子三人,称他们三人为"三圣"——先圣、中圣和后圣。《道基》曰:

(1) 于是先圣乃仰观天文,俯察地理,图画乾坤,以定人道,民始开悟,知有父子之亲,君臣之义,夫妇之别,长幼之序。于是百官立,王道乃生。

(2) 民知畏法,而无礼义;于是中圣乃设辟雍庠序之教,以正上下之仪,明父子之礼,君臣之义,使强不凌弱,众不暴寡,弃贪鄙之心,兴清洁之行。

(3) 礼义不行,纲纪不立,后世衰废,于是后圣乃定《五经》,明《六艺》,承天统地,穷事察微,原情立本,以绪人伦,宗诸天地,纂修篇章,垂诸来世,被诸鸟兽,以匡衰乱,天人合策,原道悉备,智者达其心,百工穷其巧,乃调之以管弦丝竹之音,设钟鼓歌舞之乐,以节奢侈,正风俗,通文雅。

"三圣"的提法最先出自陆贾,班固等人后来作了继承。《汉书·艺文志》曰:"人更三圣,世历三古。"其中的"三圣"即指伏羲先圣、文王中圣和孔子后圣。三圣不仅是某些重要器物的发明者,而且是王道的建立者。正是在建立和发明王道的意义上,他们三人才被陆贾尊称为"三圣"。

从另一个角度来看,陆贾的宇宙生成论其实是为"圣人成之"服务的,"功德参合,而道术生焉"。"道术"是对人事世界的规范,而"道术之生"即是王道的建立和推明。换一句话说,"圣人成之"的意义不仅在于使万物"莫不效力为用,尽情为器",而且在于"所以能统物通变,治情性,显仁义也"(《道基》),后者是陆贾思想的重点。进一步,《新语》特别注重"道德""仁义"的观念,这两个概念是陆贾政治哲学的重心。

3. 陆贾的政治哲学:握道据德与席仁杖义

陆贾的政治哲学以"道德""仁义"为基本概念,以"握道据德"和"席仁杖义"为基本命题。《新语·道基》曰:"是以君子握道而治,据德而行,席仁而坐,杖义而强,虚无寂寞,通动无量。"陆贾在此高度概括了自己的思想。

"道德",或作"道""德"。首先,陆贾是从儒家的意义来使用"道""德"概念的。《新语·术事》曰:"校修《五经》之本末,道德之真伪。"《辨惑》曰:"故孔子遭君暗臣乱,众邪在位,政道隔于三家,仁义闭于公门,故作公陵之歌,伤无权力于世,大化绝而不通,道德施而不用,故曰:'无如之何者,吾末如之何也已矣。'"《思务》曰:"是以墨子之门多勇士,仲尼之门多道德,文王之朝多贤良,秦王之庭多不详。"这三段文字都具体说明了《新语》的"道德"属于儒家概念。《道基》还说:"仁者,道之纪;义者,圣之学。"这更是以"仁"直接规定"道"的内涵了。此前,"道德"在《荀子》一书中出现了 12 次,在汉儒著作中出现的次数也较多,这说明从战国晚期到汉代,"道德"成了儒家的通用概念。王利器《新语校注》说:"此儒家之道德说也,与老氏之言,区以别矣。"[①]这是正确的。其次,陆贾以"道德""仁义"作为自己思想的基本概念,这可能是继承了《礼记·曲礼》相关说法的结果。《曲礼上》曰:"道德仁义,非礼不成;教训正俗,非礼不备。"贾谊《新书·礼篇》即引用了这几句话。再其次,关于"道"的含义,《新语·慎微》曰:"夫大道履之而行,则无不能,故谓之道。"又曰:"故设道者易见晓,所以通凡人之心,而达不能之行。道者、人之所行也。夫大道履之而行,则无不能,故谓之道。""道"有行道、履行和通达之义,陆贾重视道的实践性和道的规范性,道为原理义。不仅如此,陆贾还将"道"作为一种抽象的实体来理解,《慎微》曰:"故隐之则为道,布之则为文。"这里的"文"相当于战国晚期的"理"概念,"道"与"文"("理")为隐显、表里的关系。从外延看,"道"包括"天道"("地道")和"人道"。"天道"是制定"人道"的依据,而"人道"是陆贾道论的重心,且它是由圣人定制的。"人道"

---

① 陆贾:《新语校注》卷上,第 39 页,王利器校注,北京,中华书局,1986。

包括王道、五常之道、礼义之道和《五经》《六艺》之道等等。"人道"的概念加强了陆贾道论的儒家属性,而"道"落实在人道层面上即为"仁义"。《道基》曰"仁者道之纪,义者圣之学",即点明了这一点。最后看《新语》的"德"概念。陆贾使用这一概念,大体上袭用先秦儒家旧义,且主要是从"德治"的角度来说的。在先秦,"德"既可以表示政治合法性之所在,又可以表示人格成就之道德主体性。这两种含义虽然在《新语》中兼而有之,但陆贾主要是从前一义来使用这一概念的。不过,基于以秦亡为鉴,陆贾的"德"概念往往与"威""刑""虐"相对,而具有德惠、仁恩的含义。《道基》曰:"德盛者威广,力盛者骄众。齐桓公尚德以霸,秦二世尚刑而亡。"再曰:"故虐行则怨积,德布则功兴,百姓以德附。"又曰:"民畏其威而从其化,怀其德而归其境。"都是明证。

"仁义"是陆贾政治哲学最为重要的概念,《新语·道基》的后半部分即以这一概念为中心线索。《道基》曰:

(1)故圣人怀仁仗义,分明纤微,忖度天地,危而不倾,佚而不乱者,仁义之所治也。行之于亲近而疏远悦,修之于闺门之内而名誉驰于外。故仁无隐而不著,无幽而不彰者。虞舜蒸蒸于父母,光耀于天地;伯夷、叔齐饿于首阳,功美垂于万代;太公自布衣升三公之位,累世享千乘之爵;知伯仗威任力,兼三晋而亡。

(2)是以君子握道而治,据德而行,席仁而坐,杖义而强,虚无寂寞,通动无量。

(3)夫谋事不并仁义者后必败,殖不固本而立高基者后必崩。故圣人防乱以经艺,工正曲以准绳。德盛者威广,力盛者骄众。齐桓公尚德以霸,秦二世尚刑而亡。

(4)故虐行则怨积,德布则功兴。百姓以德附,骨肉以仁亲,夫妇以义合,朋友以义信,君臣以义序,百官以义承;曾、闵以仁成大孝,伯姬以义建至贞;守国者以仁坚固,佐君者以义不倾;君以仁治,臣以义平;乡党以仁恂恂,朝廷以义便便;美女以贞显其行,烈士以义彰其名；阳气以仁生，阴节以义降；《鹿鸣》以仁求其群，《关雎》以义鸣其雄。《春秋》以仁义贬绝，《诗》以仁义存亡；《乾》《坤》以仁和合，八卦以义相承；《书》以仁叙九族，君臣以义制忠；礼以仁尽节，乐以义升降。

（5）仁者道之纪，义者圣之学。学之者明，失之者昏，背之者亡。陈力就列，以义建功，师旅行阵，德仁为固，仗义而强，调气养性，仁者寿长，美才次德，义者行方。君子以义相褒，小人以利相欺，愚者以力相乱，贤者以义相治。《穀梁传》曰："仁者以治亲，义者以利尊。万世不乱，仁义之所治也。"

归纳《新语》相关文字，可以得出如下观点：第一，虽然陆贾使用了战国以来通行的"道德"一词来作为其哲学的最高概念，但是其具体内涵落实在"仁义"上。"仁义"是陆贾政治哲学的基本概念，《道基》曰"仁者，道之纪；义者，圣之学"，《本行》曰"治以道德为上，行以仁义为本"，皆可见此意。第二，在德政与刑政、德政与虐政相对的基础上，陆贾以"仁义"观念深化了儒家的德政说（或德治说），或者说将德政说集中在"仁义"观念上来作阐发，提出了"怀仁仗义""席仁杖义"的命题，和"以仁义为巢，以圣贤为杖""杖圣者帝，杖贤者王，杖仁者霸，杖义者强，杖谗者灭，杖贼者亡"的说法，这些命题和说法充分说明了"仁义"是陆贾政治哲学的核心观念，而以"仁义"为基础的"圣贤"人格则是人君最足以依仗的辅政之人。从《道基》来看，陆贾甚至描述了一个仁义流行的世界，如说"阳气以仁生，阴节以义降；《鹿鸣》以仁求其群，《关雎》以义鸣其雄"等。第三，陆贾提出仁义之政并大力宣扬这一政治哲学观念，与他对于秦亡的反思是密不可分的。他认为，"杖威任力"和"杖法任刑"正是导致秦朝迅速灭亡的原因。

就如何培养圣贤、成为王佐的问题，陆贾主张"慎微"。"慎微"，即谨慎微小之事。《新语·慎微》曰："夫建大功于天下者必先修于闺门之内，垂大名于万世者必先行之于纤微之事。"又曰："修之于内，著之于外；行之于小,显之于大。"此即所谓"慎微"。"慎微"的目的,一在于治性立身,二在于"建大功于天下",其中前者是基础。陆贾所说"慎微"是从儒家修身立场来说的。《慎微》曰:"是以君子居乱世,则合道德,采微善,绝纤恶,修父子之礼,以及君臣之序,乃天地之通道,圣人之所不失也。"陆贾反对那种"求神仙"、绝弃人伦的所谓长生的修身之法。《慎微》曰:"故谓颜渊曰:'用之则行,舍之则藏,惟我与尔有是夫。'言颜渊道施于世而莫之用。由人不能怀仁行义,分别纤微,忖度天地,乃苦身劳形,入深山,求神仙,弃二亲,捐骨肉,绝五谷,废《诗》《书》,背天地之宝,求不死之道,非所以通世防非者也。"从战国晚期至汉代,"神仙"观念颇为流行,陆贾的批评有的放矢,他坚持维护人伦的、入世的修身立场,属于儒家性格。

4. 无为与风化

"无为"是陆贾政治哲学的一个重要原则,《新语》即有《无为篇》。陆贾为什么要提出"无为"的政治哲学?这当然出自秦亡之鉴,是汉初现实的直接要求,与朝廷所倡导的"与民休息"的大政方针高度一致。与此同时,主张"无为而治"的黄老在历史的转折关头获得了绝大多数政治精英的青睐。在此种形势下,陆贾提出"无为"的政治观念并不令人感到意外;值得注意的是,陆贾将"无为"看作儒家圣人舜和周公平治天下的法宝,而非追崇黄老的结果。

什么是"无为"?从《无为》来看,陆贾的"无为"概念包括两个思想要点,其一,"无为"即"道莫大于无为"和"无为者乃有为也"。《无为》曰:

(1)道莫大于无为,行莫大于谨敬。何以言之?昔舜治天下也,弹五弦之琴,歌《南风》之诗,寂若无治国之意,漠若无忧天下之心,然而天下大治。周公制作礼乐,郊天地,望山川,师旅不设,刑格法悬,而四海之内,奉供来臻,越裳之君,重译来朝。故无为者乃有为也。

(2)秦始皇设刑罚,为车裂之诛,以敛奸邪,筑长城于戎境,以备胡、越,征大吞小,威震天下,将帅横行,以服外国,蒙恬讨乱于外,李斯治法于内,事逾烦天下逾乱,法逾滋而天下逾炽,兵马益设而敌人逾多。秦非不欲治也,然失之者,乃举措太众、刑罚太极故也。

在这里,"无为"既是手段又是原则。从手段来看,是行政措施和法刑使用的减少。从原则来看,"无为"是对"有为"的规范,其目的是为了真正的有为,所以陆贾说"故无为者乃有为也"。不过,对于什么是"无为",什么是"有为",陆贾作了特别定义。所谓"有为",陆贾指秦人的法刑之治,即所谓"举措太众,刑罚太极"之治。所谓"无为",乃舜歌《南风》、周公制作礼乐之意。这种"无为",是礼乐教化之无为,是圣人之治达到极致之境的无为。

其二,陆贾强调"无为"的"风化"义。"风化"有正负、善恶之分,《无为》曰:"故尧、舜之民可比屋而封,桀、纣之民可比屋而诛,何者?化使其然也。"在陆贾看来,使民除恶向善、天下除乱向治的根源在于王者的风化,而风化之本在于王者以身作则。《无为》即曰:"夫王者之都,南面之君,乃百姓之所取法则者也,举措动作,不可以失法度。……故上之化下,犹风之靡草也。王者尚武于朝,则农夫缮甲兵于田。故君子之御下也,民奢应之以俭,骄淫者统之以理;未有上仁而下贼,让行而争路者也。故孔子曰:'移风易俗。'岂家令人视之哉?亦取之于身而已矣。"

进一步,从学派来看,陆贾的"无为"属于儒家性质。他所说"无为",以舜歌《南风》、周公制作礼乐以及圣王修身作则、风化下民为意,这显然属于儒家性质,与黄老的"无为"迥然不同。舜歌《南风》,即《论语·卫灵公》"恭己正南面而已矣"之意。儒家的圣王要作政治和道德的楷模,陆贾认为这体现在"无为"上。黄老的"无为"则通过"术"(政治手段和技术,例如刑名)"法""刑德"来施行,它不考虑圣王的模范作用,不考虑风化和王教,显然与儒家的"无为"概念差异较大。《无为》曰:"民不罚而畏,不赏而劝,渐渍于道德,而被服于中和之所致也。"这也是一种"无为",是儒家"中和"原则的现实化和风俗化。这样看来,陆贾在《至德》篇所描绘的至德之境,应当主要从儒家的"无为"概念来看待,尽管篇中文字沾染了一些道家色彩。换一句话说,即使陆贾的"无为"概念带有一定的道家色彩或黄老背景,但是其主要内涵仍然属于儒家。

总之,陆贾的政治哲学是以"道德""仁义"和"无为"三个概念为中心建构起来的,其中"仁义"概念最为重要。无论从思想脉络、性质还是从文献渊源来看,陆贾无疑属于儒家,他上承孟荀,下启贾董,在汉初儒学史和哲学史上占有一席之地。

二、贾谊的哲学思想

1. 贾谊的生平和著作

贾谊(前200—前168),又称贾生,洛阳人,汉代杰出的思想家、政论家和文学家,《史记》《汉书》皆有传。贾谊的后半生(十八岁以后)可以分为四个时段,第一个为河南守吴公门生时期,时间在公元前183年至公元前180年之间,贾谊年十八至二十一。据《史记·屈原贾生列传》和《汉书·贾谊传》,贾生"年十八,以能诵诗属书闻于郡中",吴公"召置门下"。吴公是李斯的学生,文帝"闻河南守吴公治平天下第一"。第二个为文帝博士时期,时间在文帝元年至二年(前179—前178)之间,贾谊年二十二至二十三。受廷尉吴公的推荐,贾谊被文帝"召为博士","超迁,一岁中至太中大夫"。在此间,贾生积极有为,他提议改革制度,"悉更秦之法",但皆未及实行。接着,文帝"议以为贾生任公卿之位",由此引发了朝廷的权力斗争,"绛、灌、东阳侯、冯敬之属尽害之"。文帝遂疏远贾生,贬为长沙王太傅。第三个为长沙王太傅时期,时间在文帝三年至六年(前177—前174)之间,贾谊年二十四至二十七。在谪居长沙期间,贾生"意不自得",常自伤悼。第四个为梁怀王太傅时期,时间在文帝七年至十二年(前173—前168)之间,贾谊年二十八至三十三。在此间,贾生的主要任务是培育和教导梁怀王,不过他一直在撰写疏策,上书文帝,为朝廷出谋划策。不幸的是,梁怀王堕马而亡,贾生因此"自伤为傅无状,哭泣岁余,亦死"。贾谊是汉初最杰出的知识分子和谋臣之一,他的不幸命运在后世引起了广泛的同情。

据《汉书·艺文志》的记载,贾谊的著作有《贾谊》五十八篇、《五曹官制》五篇(班固自注:"汉制,似贾谊所条。")和《贾谊赋》七篇。又,《汉书·儒林传》说贾谊为《左氏传训诂》。《贾谊》五十八篇(已残),即今本《新书》五十六篇,《隋书·经籍志》录为《贾子》十卷。[①] 除《吊屈原赋》《鹏鸟赋》收入《贾谊赋》之外,《史记》《汉书》所说贾谊文章都录入《新书》一书。

贾谊的哲学思想体现在《新书》的部分篇章中及《鹏鸟赋》《吊屈原赋》二文中。他的哲学思想表现在道德说、宇宙观(包括人生观)和政治哲学三个方面。

2. 贾谊早年的"德生六理"说与道术说

《新书·道德说》《六术》是贾谊的早期著作,写作于文帝元年(前179)之前。[②]《道德说》和《六术》都非常重视数字"六"的结构和意义,这很可能受到了汉得水德说的影响。在德运说中,水之数为六。不过,在文帝二年(前178),贾谊提出了汉得土德说。[③] 土之数为五,故《六术》《道德说》两篇不太可能作于文帝二年之后。《道术》以杂糅道儒的办法来构造其思想,论说简单,很可能是贾谊早期的著作。

《道德说》提出了"德有六理"的观点,并作了较为细致的论说。该篇说:"德有六理,何谓六理?曰道、德、性、神、明、命。此六者,德之理也。诸生者,皆生于德之所生,而能象人德者,独玉也。写德体,六理尽见于玉也,各有状,是故以玉效德之六理。泽者,鉴也,谓之道;腒如窃膏,谓之德;湛而润,厚而胶,谓之性;康若泫流,谓之神;光辉谓之明;砮乎坚哉,谓之命。此之谓六理。"所谓"六理",指道、德、性、神、明、命六者。这六理本是一套宇宙生成论的概念,在贾谊之前已经存在,故贾生得以用

---

① 关于《新书》的真伪问题,前人大有争议。余嘉锡、阎振益认为《新书》是贾谊作的真书,而不是所谓伪书。参看贾谊《新书校注》之《前言》和《附录三》,阎振益、钟夏校注,北京,中华书局,2000。

② 多位学者已作出了相关论断和论证,参看闫利春《贾谊道论研究》,第77—78页,北京,中国社会科学出版社,2017。

③ 参看《史记·屈原贾生列传》《汉书·贾谊传赞》。

它们来阐明"德"的内涵,他并用玉之六理来阐明所谓六理。在"德有六理"的基础上,贾谊又提出了"德有六美"的说法。《道德说》曰:"德有六美,何谓六美?有道,有仁,有义,有忠,有信,有密,此六者德之美也。道者,德之本也,仁者德之出也,义者德之理也,忠者德之厚也,信者德之固也,密者德之高也。"所谓"六美",指道、仁、义、忠、信、密六者。"六美",又谓之"六德"。贾谊指出具体的道德性(德目)及其关系。在"德有六理"和"德有六美"的基础上,贾谊提出了"德"为世界(宇宙)本体的观点。《道德说》曰:

> 六理、六美,德之所以生阴阳、天地、人与万物也,固为所生者法也。故曰道此之谓道,德此之谓德,行此之谓行,所谓行此者德也。是故著此竹帛谓之书。《书》者此之著者也,《诗》者此之志者也,《易》者此之占者也,《春秋》者此之纪者也,《礼》者此之体者也,《乐》者此之乐者也。祭祀鬼神为此福者也,博学辩议为此辞者也。

"六理、六美,德之所以生阴阳、天地、人与万物也,固为所生者法也",这是《道德说》的核心观点。很显然,贾谊将"德"从六理、六美中抽绎出来,而予以本体化,认为它是阴阳、天地、万物的始源。不过,为何贾谊如此重视"德"概念?笔者认为,这很可能与他在彼时十分推崇阴阳家的德运观大有干系。邹衍的德运说改变了传统的天命观,认为宇宙之间循环运行着一种决定历史和朝代命运的客观力量,而这个客观力量即"德"。这种"德"对应具体的历史,以土德、木德、金德、火德和水德之运分别主宰之。秦汉对应水德,其数六,故文物制度应与之相匹。事实上,贾谊《新书·道德说》《六术》两篇即受到水德说的深刻影响。尽管贾谊没有否定"道"作为终极始源的地位,但是他无疑将阐释的重心放在"德"概念上,他不但将六理、六美(六德)直接放在"德"概念上来解释,而且将《六艺》系附于此一系统之下,即可以为明证。顺便指出,根据文本和思想脉络,《道德说》的篇名是不够准确的,应该叫《德说》或《德有六理》)。

在德本说下,《道德说》的"六理"和"六美"都有其自身的思想脉络。

其一，"六理"的脉络是这样的：道→德→性→神、明→命→形→天地万物。其中，道无而德有，道清而德浊，德是道的凝缩；道中含神，"道冰（凝缩）而为德，神载于德"；"德"生六理，通六美。"道德"是造物者。道德之"神"抟聚而为一气，集聚在一起而尚未生物，如是之谓之"性"。"神""明"是"性"的功用，是从"性"上发来的："道、德、神、气发于性"即谓之"神"（两个"神"字的含意不一样，前一"神"为道德内含的本体之神，后一"神"则从生物之神奇功能而言），神、气发于性外而有光辉，即谓之"明"。"命"即"命分"，是物所得之道、德、性、神、明及形体之位分、数度各有"极量指奏"。自此以下，形体和万物生焉。其二，"六美"（或"六德"）的脉络是这样的：道→德→仁、义、忠、信、密。在此，为了迎合数字"六"，贾谊将道、仁、义、忠、信、密关联在一起，构造了所谓"六美"或"六德"的说法。从思想史来看，这种构造是比较独特和比较勉强的。关于道德，《道德说》曰："物所道（导）始谓之道，所得以生谓之德。德之有也，以道为本，故曰：道者，德之本也。德生物，又养物，则物安利矣。"所谓"道"，是万物所由以导始者，是"德"的本原。所谓"德"，是万物所得以生、所得以养者，它内在于物之中。并且，"物"的现存性根源于"德"，失德即意味着万物丧失其存在的本源。进一步，贾谊认为道、德生出仁、义、忠、信、密，或者说仁、义、忠、信、密生于道、德。

《新书·六术》很可能写作于《道德说》之后，因为从逻辑上来看，后者是前者的基础。在《六术》中，贾谊不仅认为"德有六理"，而且认为六理生六法，六法生六行，六行生六术或六艺。《六术》曰："六理无不生也，已生而六理存乎所生之内。是以阴阳、天地、人［物］尽以六理为内度，内度成业，故谓之六法。""六法"以"六理"为根据，是六理内化为在阴阳、天地、人物中的法度。《六术》曰："六法藏内，变流而外遂，外遂六术，故谓之六行。是以阴阳各有六月之节，而天地有六合之事，人有仁、义、礼、智、信之行。行和则乐兴，乐兴则六，此之谓六行。""六行"指仁、义、礼、智、信、乐。同样，"乐"在此与仁、义、礼、智、信五者不合，但贾谊照样根据数"六"的要求而强行凑合。"六术"即"六艺"，"六艺"是"六术"的提高,"术"是从方法言,"艺"是从大道言,其实一也,均指《诗》《书》《易》《春秋》《礼》《乐》。《六术》曰:"是故内本六法,外体六行,以与《诗》《书》《易》《春秋》《礼》《乐》六者之术以为大义,谓之《六艺》。令人缘之以自修,修成则得六行矣。六行不正,反合六法。艺之所以六者,法六法而体六行故也,故曰六则备矣。""《六艺》"是《六术》阐释的一个重点。而贾谊很可能是最早定义"《六艺》",甚至提出"六艺"概念的学者。

值得注意的是,《六术》下文特别论述了数"六"的普遍性。其文曰:"六者非独为《六艺》本也,他事亦皆以六为度。"接着,贾谊又举出声律之道、人之戚属和数度之道皆"以六为法",乃至说"事之以六为法者,不可胜数也"。从表面来看,这是贾谊通过数"六"的普遍存在性来论证他的想法,而实际上不过是他所信奉的汉得水德说在当下历史的呈现罢了。水德之运正是贾谊构造六理、六法、六行和六术(六艺)思想系统的基本依据。

与《道德说》《六术》不同,《新书·道术》从人"接物"的角度来论述所谓"道"。很显然,此"道"不是从宇宙生成论而是从人如何接物(认识事物和把握事物)的角度来说的。而此"物"指政治事件及与此相关的人物,它们都不属于自然事物。贾谊认为此"道"包含"虚"和"术",前者("虚")为本而后者("术")为末。《道术》曰:"曰:'数闻道之名矣,而未知其实也。请问道者何谓也?'对曰:'道者,所从接物也。其本者谓之虚,其末者谓之术。虚者,言其精微也,平素而无设施也。术也者,所从制物也,动静之数也。凡此皆道也。'"随后,《道术》具体阐释了"虚之接物"和"术之接物"。《道术》曰:

> 曰:"请问虚之接物,何如?"对曰:"镜仪而居,无执不臧,美恶毕至,各得其当。衡虚无私,平静而处,轻重毕悬,各得其所。明主者,南面而正,清虚而静,令名自宣,命物自定,如鉴之应,如衡之称,有瞿和之,有端随之,物鞠其极,而以当施之。此虚之接物也。"

又曰:

曰："请问术之接物,何如?"对曰:"人主仁而境内和矣,故其士
民莫弗亲也;人主义而境内理矣,故其士民莫弗顺也;人主有礼而境
内肃矣,故其士民莫弗敬也;人主有信而境内贞矣,故其士民莫弗信
也;人主公而境内服矣,故其士民莫弗戴也;人主法而境内轨矣,故
其士民莫弗辅也。举贤则民化善,使能则官职治,英俊在位则主尊,
羽翼胜任则民显,操德而固则威立,教顺而必则令行。周听则不蔽,
稽验则不惶,明好恶则民心化,密事端则人主神。术者,接物之队
(坠,遂)。凡权重者必谨于事,令行者必谨于言,则过败鲜矣。此术
之接物之道也。"

所谓"虚",指最高统治者(人主)要做到"清虚而静",这包括在认识
上做到形名自定和在道德判断上做到公正无私两个方面。或者说,这是
以如镜如衡来要求人主之"心"。所谓"术",指人主具体的统治法则和方
法,"术者,接物之队(遂)","凡权重者必谨于事,令行者必谨于言,则过
败鲜矣"。具体说来,仁、义、礼、信、公、法,举贤使能、操德教顺、周听稽
验、明好恶、密事端等都可以成为"术",成为御臣使民的方法和手段。总
之,"虚"和"术"都属于所谓"君人南面之术","虚"为本而"术"为末。很
显然,《道术》的"道"具有黄老性质,与《道德说》《六术》的学派性质是不
同的。《道德说》和《六术》两篇则杂合阴阳家和儒家,尽管水德说深刻地
影响了这两篇的论证及具体文本的构造,但是它们在内容上是以儒家为
主体,在目的上是以儒家为指向的。

3. 贾谊的人生哲学

贾谊的人生哲学主要体现在《吊屈原赋》和《鵩鸟赋》两文中,这两篇
赋都写于贾谊贬谪长沙期间。前一篇写于文帝三年(前177),往行长沙、
"及渡湘水"的途中,后一篇则写于文帝五年(前175),他为长沙王太傅的
第三年。

在遭贬之初,贾谊的心情是非常复杂的,一方面意气还盛,另一方面
"又以适(谪)去,意不自得",两者相激,在他心中搅起了无尽的怨愤("国

其莫我知，独埋郁兮其谁语？"）。这种怨愤之情，贾谊借《吊屈原赋》作了表达和宣泄。对于自己遭贬的不幸命运，贾谊一方面认为这是他遭到权臣排挤和打击所致，控诉统治集团内部是一个"鸾凤伏窜兮，鸱枭翱翔"和"贤圣逆曳兮，方正倒植"，颠倒尧桀的丑恶世界；另一方面他认为这是时势使然——罔极、不祥之时势所致（"遭世罔极兮，乃陨厥身；呜呼哀哉，逢时不祥"）。这两种原因互为表里，对贾谊彼时的人生哲学与人生态度产生了深刻影响。"时势"是古代人生哲学中的一个重要术语，它具有历史的客观性、主宰性和机遇性，它是命运之所以主宰人生的基本元素。既然时势如此，而"国其莫我知"，那么贾谊无疑感到万分"埋郁"（苦闷、难受），而他也只能在这种"埋郁"感中力图找到安顿自家身心的哲学。一方面，他试图"自缩""自珍"，"所贵圣人之神德兮，远浊世而自藏"，但是另一方面他又说："彼寻常之汙渎兮，岂能容吞舟之鱼！横江湖之鳣鲟兮，固将制于蚁蝼。"满是一派孤高、愤恨的决绝之辞。这表明，贾谊彼时的人生哲学尚停留在功利的层次，并未真正找到安顿自家身心的哲学。

在谪居长沙的第三年，贾谊的人生哲学起了很大变化。变化的标志是他写了《鵩鸟赋》，超越了对死亡的恐惧，摆脱了功利对于个体生命的倒悬（即司马迁所说"同死生，轻去就"的境界），达到了"与道翱翔"的境界。鵩鸟，猫头鹰之属，古人认为它的出现预示着死亡的来临。一日，"鵩集予舍"，贾生感奋之，于是写下了这篇著名的《鵩鸟赋》。其辞见下：

> 万物变化兮，固无休息。斡流而迁兮，或推而还。形气转续兮，变化而嬗。沕穆无穷兮，胡可胜言！祸兮福所倚，福兮祸所伏；忧喜聚门兮，吉凶同域。彼吴强大兮，夫差以败；越栖会稽兮，句践霸世。斯游遂成兮，卒被五刑；傅说胥靡兮，乃相武丁。夫祸之与福兮，何异纠缠。命不可说兮，孰知其极？水激则旱兮，矢激则远。万物回薄兮，振荡相转。云蒸雨降兮，错缪相纷。大专槃物兮，坱轧无垠。天不可与虑兮，道不可与谋。迟数有命兮，恶识其时？

　　且夫天地为炉兮，造化为工；阴阳为炭兮，万物为铜。合散消息
兮，安有常则？千变万化兮，未始有极。忽然为人兮，何足控抟？化
为异物兮，又何足患？小知自私兮，贱彼贵我；通人大观兮，物无不
可。贪夫徇财兮，烈士徇名；夸者死权兮，品庶冯生。述迫之徒兮，
或趋西东；大人不曲兮，亿变齐同。拘士系俗兮，攌如囚拘；至人遗
物兮，独与道俱。众人或或兮，好恶积意；真人淡漠兮，独与道息。
释知遗形兮，超然自丧；寥廓忽荒兮，与道翱翔。乘流则逝兮，得坻
则止；纵躯委命兮，不私与己。其生若浮兮，其死若休；澹乎若深渊
之静，泛乎若不系之舟。不以生故自宝兮，养空而浮；德人无累兮，
知命不忧。细故憇兮，何足以疑！①

　　从上述引文来看，贾谊此时受到了老庄特别是庄子思想的深刻影
响。贾谊以"变化""无常""时命"这三个关键词描述了形下世界，他认为
万事万物处于永无止息的变化之中，"形气转续兮，变化而嬗"，"变化"是
形下事物的本质特征，形下事物随着"形气"的变化而变化。不仅如此，
人间的祸福、忧喜、吉凶亦复如是，祸福相倚、忧喜聚门、吉凶同域，"转
变"乃不变的人生定律。其中最大的转变乃生死之变。进一步，贾谊认
为万事万物不仅是变化的，而且是无常的，"合散消息兮，安有常则？千
变万化兮，未始有极。""无常"是形下事物的第二个特征，没有常则、没有
永恒性是事物之所以变化无穷的根本原因。最后，贾谊接受传统观念的
影响，肯定了"时命"的存在，认为"时命"是存在于万物变化背后的真正
主宰。不过，"时命"是什么——孰知时命，恶识时命？追问下去，自古至
今都是难题，故时命难知、难识的论调在历史上颇为流行。

　　而既然时命难知、难识，变化无常，那么对于人生及其命运的把握，
贾谊就只能放在自我的提升和超越上。他在此采取了庄子路线，先齐同
物我、人物、彼是、是非、可不可、美丑、好恶、忧喜、贵贱、生死的差别，"通人
大观兮，物无不可""大人不曲兮，亿变齐同"，而达到"至人遗物兮，独与道

————————————
① 参看《史记·屈原贾生列传》。

俱""真人淡漠兮,独与道息……寥廓忽荒兮,与道翱翔"和"德人无累兮,知命不忧"的生命境界。这种生命境界即是庄子所说的逍遥无待之境。

目前看来,《鹏鸟赋》是汉代第一篇庄学著作,它大量引用《庄子》言辞,以庄子的思想来解决人生困境,可以说贾谊是汉代第一位真正欣赏了《庄子》的士人。可惜,他过早离开了贬谪之地——长沙,这使得他的环境和心境发生了巨变。在对帝国事务的关心和与权贵的斗争中,贾谊很快又抛弃和忘却了庄子哲学。

4. 贾谊的政治哲学

贾谊的政治哲学主要包括三个方面:(1) 贾谊提出了汉得土德的新说,以论证汉朝的合法性,强化中央集权的意识形态;(2) 他重视仁义,提出了"仁义不施而攻守之势异也"的观点;(3) 为了削弱同姓诸侯的力量,他提出了一套"众建诸侯而少其力"的申商之术。

其一,贾谊是汉代提出汉得土德说的第一人。在文帝二年之前,贾谊本来信奉汉得水德说,但是在文帝二年他向文帝提出了土德说,以其论证汉朝的历史合法性,《史记》中《屈原贾生列传》《张丞相列传》和《汉书》中的《贾谊传》《礼乐志》《郊祀志下》都记载了此事。《史记·屈原贾生列传》曰:"贾生以为汉兴至孝文二十余年,天下和洽,而固当改正朔,易服色,法制度,定官名,兴礼乐,乃悉草具其事仪法,色尚黄,数用五,为官名,悉更秦之法。孝文帝初即位,谦让未遑也。""色尚黄,数用五",这正是土德说的反映。《汉书·郊祀志下》即曰"公孙臣、贾谊更以为土德"。不过,贾谊的提议遭到了张苍的反对。《史记·张丞相列传》曰:"(太史公曰)张苍文学律历,为汉名相,而绌贾生、公孙臣等言正朔服色事而不遵"。实际上,土德的施行在武帝太初改元(前104)之后。

而为何贾谊要提出汉得土德说呢?据《汉书·礼乐志》,贾谊认为:"汉承秦之败俗,废礼义,捐廉耻,今其甚者杀父兄,盗者取庙器,而大臣特以簿书不报,期会为故,至于风俗流溢,恬而不怪,以为是适然耳。夫移风易俗,使天下回心而乡道,类非俗吏之所能为也。夫立君臣,等上下,使纲纪有序,六亲和睦,此非天之所为,人之所设也。人之所设,不为不立,不修则坏。汉兴至今二十余年,宜定制度,兴礼乐,然后诸侯轨道,百姓素朴,狱讼衰息。"贾谊提出一揽子改革计划,目的在于强化以皇帝为首的中央集权和建立相应的新统治秩序,而这个新统治秩序主要包括三点:废除秦人败俗,建立伦理纲常,和加强中央集权。以汉得土德的名义宣布改制,这是德运说的本有之义,其命维新,包含着圣王改制之义;同时,土居五行中央,故宣布汉得土德,即包含了加强中央集权和弱化诸侯之义。此外,汉得土德说即承认了秦朝的历史合法性。能不能承认暴秦在历史中的独立位置,成为德运之一环,这一直在考验汉人的历史智慧及其正统观念。《汉书·郊祀志下》曰:"孝武之世,文章为盛,太初改制,而倪宽、司马迁等犹从臣、谊之言,服色数度,遂顺黄德。彼以五德之传,从所不胜,秦在水德,故谓汉据土而克之。"武帝太初元年之后,汉人终于暂时放下了深重的历史责难,容忍了秦朝在历史中的存在,承认其在五德之运中独得水德。不过,在知识精英和道德精英中,暴秦是否具有足够的历史合法性,乃是学者、经学家和统治集团彼此影响和互相争论的一大问题。刘向、刘歆、班固就对土德之说不以为然,刘向改造了德运说,以相生为序,认为汉得火德,班固则认为贾谊之说"其术固以疏矣"[1]。事实上,刘秀当上皇帝后很快就宣布汉为火德,而废除了土德说。

其二,贾谊重视仁义之道,重视礼乐之教,不过都是从维护帝国统治的角度出发的。在《过秦论》中,他评论了秦人在统一六国之后仍施行残暴的法刑统治,而不知道根据时势的不同而改变其统治策略,他说秦朝灭亡的原因正在于"仁义不施而攻守之势异也"。时势不同则统治原理应当不同,"时势"是政治哲学需要考虑的一个重大问题。《新书·大政》说:"故自古至于今,与民为雠者,有迟有速,而民必胜之。"同篇又说:"故有不能治民之吏,而无不可治之民。""人民"对于王朝的统治来说极为重要,是第一要紧的事情。而皇帝如何治理天下、统治人民,维护中央政权和社会的稳定?贾谊即提出了"仁义"原则来作回答。"礼乐"是"仁义"

---

[1]《汉书·贾谊传赞》。

的外化,贾谊即希望通过土德说为"兴礼乐"的政改(改制)提供合法性。从《新书》来看,贾谊颇为重视礼学,而其目的在于重构"固国家,定社稷,使君无失其民"①的人间秩序。需要指出,贾谊仁义守成的观点其实出自陆贾,这并非他的首创。从这一点来看,《过秦论》富于文采,但缺乏思想创新,笔者认为,它可能是贾谊的早期作品。

其三,贾谊的思想围绕"治术"展开,在一定意义上来说具有形名法术之学的特征。一方面,贾谊认识到"民"是"君主"(天子、皇帝)统治的基础,因此他主张以仁义安民;另一方面,他认为诸侯是皇权斗争的主要对象,诸侯的存在及其势力的膨胀在较大程度上威胁到了中央政权的地位,甚至威胁到帝国的统一和天下的安定。如何维护皇帝和中央政府的权威,同时抑制、削弱诸侯的势力?这是汉初政治的一大问题。贾谊很清醒,他的解决方案是走刑名法术之学加儒学的道路。《史记·太史公自序》曰,"自曹参荐盖公言黄老,而贾生、晁错明申、商,公孙弘以儒显"。自出仕以后,贾谊的确以申、商之术为特色。《史记·屈原贾生列传》说:"诸律令所更定,及列侯悉就国,其说皆自贾生发之。"《新书·瑰玮》说:"今驱民而归之农,皆著于本。"《新书·蕃强》说:"欲天下之治安,天子之无忧,莫如众建诸侯而少其力。"《新书·匈奴》说:"臣为陛下建三表,设五饵,以此与单于争其民,则下匈奴犹振槁也。"这些主张,都属于申、商之术。现在看来,贾谊仁以临民、礼以尊君的思想在很大程度上也属于统治术,带有阳儒阴法或者以法驭儒的色彩。它们之所以被贾谊定义为"牧民之道",其落脚点不在于追求民众本身的利益和幸福,而在于统治方法及其效果——天下(人民)是否安宁上。贾谊在《过秦论》中说:"是以牧民之道,务在安之而已矣。下虽有逆行之臣,必无响应之助。"很明显,"牧民之道"乃是贾谊的着脚点!而他的著名命题"仁义不施而攻守之势异也"同样带有"法术"的特征,因为仁义之施与不施乃是有条件的,是以"攻守之势"为前提的,与孟子的仁政说毕竟有别,差之毫厘,谬之以

---

① 《新书·时变》《新书·礼》。

千里。总之，贾谊的政治哲学在其出仕以后大体上以形名法术之学为主导，而辅之以儒家的仁义思想。二者的关系，贾谊在《制不定篇》中说得非常清楚，他说："仁义恩厚，此人主之芒刃也；权势法制，此人主之斤斧也。势已定、权已足矣，乃以仁义恩厚因而泽之。"这就是贾谊政治哲学的基调！另外，贾谊出自"治平天下第一"的吴公门下，而吴公又出自李斯门下，这从一个侧面同样说明了贾谊属于新法家，融合了儒家仁义思想的新法家。

　　总之，贾谊的学术多端，这跟他年少"颇通诸子百家之书"相关。大致说来，在为文帝博士之前，"因循说解"是其属书作文的基本特征。他提出"德有六理"说，乃是水德说的应用；他提出"虚本术末"的道论，这属于黄老学说的应用；他提出"仁义不施而攻守之势异也"的著名命题，这是汉初士人的共识，不过他作了精练的概括。此外，《鵩鸟赋》深得庄子哲学之旨。贾谊自始至终是皇权和中央集权制度的积极支持者和拥护者，在为文帝博士以后，他的思想大体上围绕帝国的统治而从"治术"和"疏策"两个方面展开。他提出改制的设想、汉为土德说，后来又提出"众建诸侯而少其力"的策略和一系列的"牧民之道"，都是围绕帝国而展开的所谓"治术"。由于他的思想纳入了大量的儒家、阴阳家和道家因素，因而贾谊扩展了申、商之学的内涵。换一句话说，贾谊可以判定为一位汉初的新法家。

第三节　黄老思潮及其思想要旨

一、汉初的黄老思潮

1. 汉初黄老思潮的兴起与兴盛

　　黄老思潮是汉初最为重要的思潮，思潮的兴起既有时代因素，也有人为因素。经过连绵不绝的战争之后，汉初，天下极度疲困，仓廪空虚。《史记·平准书》曰："自天子不能具钧驷，而将相或乘牛车，齐民无藏盖。"而天子"更令民铸钱"的补救措施在当时却适得其反,引发了恶性通货膨胀,《平准书》曰:"物踊腾粜,米至石万钱,马一匹则百金。"国家处于崩溃的边缘。在这种形势下,以刘邦为首的统治集团遂不得不采取"与民休息"的政策。而这种"与民休息"政策需要某种哲学提供意识形态的支撑,于是宣扬"清静无为"的黄老学很快得到了整个统治集团的赏识和认可,黄老学因此应运而起,迅速扩张,形成了所谓黄老思潮。

顾名思义,"黄老"是黄学与老学的复合。"老"指老子其人其书,其学源于春秋末期的老子。而"黄"指黄帝,黄学大概源自田齐窃国之后。一种说法认为田齐出自黄帝一系,故田齐在窃取姜齐政权之后便有意推崇黄帝,提倡黄学。黄老合流大概在战国中期,在战国晚期黄老学产生了较为广泛的影响。确切说来,"黄老"是由汉人正式提出来的一个概念,汉人并由此上溯,用这一概念来区别和定义那些接近所谓黄老的先秦诸子。例如,在《史记·老子韩非列传》中司马迁说申不害、韩非之学皆"本于黄老",在《孟子荀卿列传》中说慎到、田骈、接子、环渊"皆学黄老、道德之术"。先秦文献没有出现"黄老"一词。从目前文献看,"黄老"最先见于《史记》,全书共出现了16次,另外"黄帝、老子"连言出现了6次。不过,据《史记》的叙述,"黄老"概念在司马迁之前已经出现,最早可能在高帝时期。《史记·曹相国世家》曰:

> 孝惠帝元年,除诸侯相国法,更以参为齐丞相。参之相齐,齐七十城。天下初定,悼惠王富于春秋,参尽召长老诸生,问所以安集百姓,如齐故诸儒以百数,言人人殊,参未知所定。闻胶西有盖公,善治黄老言,使人厚币请之。既见盖公,盖公为言治道贵清静而民自定,推此类具言之。参于是避正堂,舍盖公焉。其治要用黄老术,故相齐九年,齐国安集,大称贤相。

黄老在汉初形成思潮,曹参起了关键作用。"黄老"正式受到高层政治精英的重视始自曹参。曹参任齐相国、齐丞相九年,在这段时间里曹参师事盖公，并"荐盖公言黄老"①。汉初黄老思潮即开始于此时。惠帝二年（前193），萧何死，曹参代萧何为汉相国，他遂将黄老的"清静无为"带入汉朝的政治中。曹参如何实践和推行黄老？《史记·曹相国列传》有较为详细的记述，一曰："参代何为汉相国，举事无所变更，一遵萧何约束。"二曰："惠帝怪相国不治事……（参曰）且高帝与萧何定天下，法令既明，今陛下垂拱，参等守职，遵而勿失，不亦可乎？"最后，太史公评论道："参为汉相国，清静极言合道。然百姓离秦之酷后，参与休息无为，故天下俱称其美矣。"经过曹参的示范和推广，黄老遂在帝国内部迅速蔓延开来，形成了风气和思潮。曹参推行黄老政治的历史功绩，司马迁在《吕太后本纪》中说："孝惠皇帝、高后之时，黎民得离战国之苦，君臣俱欲休息乎无为，故惠帝垂拱，高后女主称制，政不出房户，天下晏然。刑罚罕用，罪人是希。民务稼穑，衣食滋殖。"

据《史记》《汉书》所记，盖公、曹参一系当是汉代黄老学的正宗。《史记·乐毅列传》"太史公曰"："乐臣公学黄帝、老子，其本师号曰河上丈人，不知其所出。河上丈人教安期生，安期生教毛翕公，毛翕公教乐瑕公，乐瑕公教乐臣公，乐臣公教盖公。盖公教于齐高密、胶西，为曹相国师。"曹参的老师为盖公，盖公的老师为乐臣公。乐臣公，《汉书·田叔传》作"乐钜公"。乐臣公大概为乐毅的族孙辈，"赵且为秦所灭，亡之齐高密"，晚年他以高密为中心教授黄老，"显闻于齐，称贤师"②，盖公和田叔是他的两个著名学生。

与曹参同时，另一位喜好黄老或道家的高官是陈平。曹参卒，陈平为左丞相。《史记·陈丞相世家》"太史公曰"："陈丞相平少时，本好黄帝、老子之术"。不过，陈、曹二人对待道家的态度不同，曹参诚信黄老，亲自实践黄老"清静无为"的宗旨，而陈平则往往以阴谋术看待之，他后来反省道："我多阴谋，是道家之所禁。"陈平擅长阴谋之事，《史记·陈丞

---

① 《史记·太史公自序》。《隋书·经籍志》曰："自黄帝以下，圣哲之士所言道者，传之其人，世无师说。汉时，曹参始荐盖公能言黄老，文帝宗之。自是相传，道学众矣。"

② 《史记·乐毅列传》。

相世家》多有记载。善于伪装,是陈平的一大本领,例如,吕媭曾多次向吕后谗言陈平为相"非治事,日饮醇酒,戏妇女",而他在听闻了吕媭的谗言之后便加倍饮酒、调戏妇女,"日益甚",这样做无非为了将自己伪装起来,更好地糊弄吕太后。又如,吕太后立诸吕为王,陈平都假装听从,点头称赞。但是等到吕太后一死,陈平立即与太尉周勃合谋,发动政变,诛杀诸吕,立代王刘恒为帝(刘恒谥号孝文皇帝)。

汉初黄老思潮的鼎盛时期是文景时期。文帝、景帝和窦太后是黄老学最为重要的支持者。《史记·礼书》曰:"孝文即位,有司议欲定仪礼,孝文好道家之学,以为繁礼饰貌,无益于治,躬化谓何耳,故罢去之。"景帝更推进一步,"以《黄子》《老子》义体尤深,改子为经,始立道学,敕令朝野悉讽诵之"①。一者立《黄子》《老子》为"经",由博士官所职,二者"敕令朝野悉讽诵之",这两项措施、政令正式将黄老学推上了国家意识形态的宝座。在背后这可能有窦太后的支持。《史记·外戚世家》曰:"窦太后好黄帝、老子言,帝及太子诸窦不得不读《黄帝》《老子》,尊其术。"窦太后不但自己喜好读《黄》《老》,而且是黄老最为坚定的支持者和保卫者。武帝好儒术,即位之初即起用儒士治国,窦太后则借故予以坚决反击。《史记·魏其武安侯列传》曰:"太后好黄老之言,而魏其、武安、赵绾、王臧等务隆推儒术,贬道家言,是以窦太后滋不说魏其等。及建元二年,御史大夫赵绾请无奏事东宫。窦太后大怒,乃罢逐赵绾、王臧等,而免丞相、太尉……魏其、武安由此以侯家居。"此事亦见《史记·封禅书》《史记·儒林列传》。

在景武之间,在知识界,黄生(黄子)、司马炎、司马迁及《汉书·艺文志》所说传《老》经生傅氏、徐氏、邻氏都是黄老的支持者和传播者。黄生,即司马谈的老师"黄子",司马谈"习道论于黄子"②。黄生曾还与辕固生在景帝面前辩论"汤武放杀"的问题③。黄生估计是景帝时期职掌《老子》的博士。黄生之后,《老子》有傅、徐、邻三家之传。景帝"始立道学,

---

① 《法苑珠林》卷五五《破邪篇第六十二》引《吴书》。
② 《史记·太史公自序》。
③ 《史记·儒林列传》。

敕令朝野悉讽诵之",就是通过他们来执行的。

2."罢黜百家,表章《六经》"与黄老思潮的衰落

武帝即位之初即重用儒士,尽管招致窦太后的大力报复,但是当时窦太后年事已高,在朝廷中的黄老势力已处于强弩之末。建元六年(前135),武帝"置《五经》博士",同年窦太后驾崩,武帝即于次年(元光元年)"罢黜百家",起用田蚡为丞相,"绌黄老、刑名、百家之言,延文学儒者数百人"[1]。这一过程,班固概括为"罢黜百家,表章《六经》"[2]。由此,儒家登上了国家意识形态的宝座,而黄老则被罢黜下来。从此,黄老思潮衰落下来。赞成黄老的太史公司马谈遭到汉武帝的无情抛弃和羞辱,就是一个明显的例子。元封元年(前110),天子东巡封禅,司马谈"留滞周南,不得与从事",为此他在郁闷中死去。[3]

需要指出,"罢黜百家"并不是禁绝百家之学。实际上,黄老在民间和官场还相当有市场,汲黯就是一个著名例子。《史记·汲郑列传》曰:"黯学黄老之言,治官理民,好清静,择丞史而任之。其治,责大指而已,不苛小。黯多病,卧闺阁内不出。岁余,东海大治。称之。上闻,召以为主爵都尉,列于九卿。治务在无为而已,弘大体,不拘文法。"汲黯学黄老,善治,武帝"召以为主爵都尉",贵列九卿之位。

大概从西汉后期开始,黄老学在性质上发生转变,从政治哲学、君人南面之术逐渐转变为主要讲论以养生为中心的性命之学。这一转变,联系东汉来看就更为明显。

二、何谓黄老道家与帛书《经法》《十六经》《称》《道原》的主要思想

1. 何谓黄老道家及其要旨

"道家",是汉人提出的概念,或称"道论""道德""黄老"。据司马迁

---

[1]《史记·儒林列传》。
[2]《汉书·武帝纪赞》。
[3]《史记·太史公自序》。

和班固的论述,汉人大概有四种意义上的"道家",即言道德之意、言道德之用、黄老刑名和独任清虚四种道家,而"黄老"只是其中的一种。什么是黄老道家?《史》《汉》及汉人作了很多论述,其中王充作了定义式的概括。《论衡·自然》曰:

> 贤之纯者,黄老是也。黄者,黄帝也;老者,老子也。黄老之操,身中恬淡,其治无为,正身共(恭)己而阴阳自和,无心于为而物自化,无意于生而物自成。

王充所定义的黄老道家在思想内涵上包括"身中恬淡"和"其治无为"两个方面,前者从主观修养来说,后者从治术来说。"身中恬淡"是体,"其治无为"是用。对于王充来说,二者既有紧密的联系又有明确的分别。而汉初的黄老哲学却没有明确作出这种区分,一般是从治术的角度来看待"清静""无为"的。如《史记·曹相国世家》曰"盖公为言治道贵清静而民自定",《汲郑列传》曰"黯学黄老之言,治官理民好清静,责丞史而任之……治务在无为而已",东汉的应劭以"其治尚清净无为"①来描述文帝之治。王充将黄老"清静无为"的宗旨从治术分别为"身中恬淡"和"其治无为"两个方面,其实这是黄老思潮在其历史运动中发生裂变和深化的反映。而变化的根源其实已经包含在汉初黄老思想的体系中了。

关于"道家",司马谈在《论六家要旨》中说:

> 道家无为,又曰无不为。其实易行,其辞难知。其术以虚无为本,以因循为用。无成势,无常形,故能究万物之情。不为物先,不为物后,故能为万物主。有法无法,因时为业;有度无度,因物与合。故曰:"圣人不朽,时变是守。"虚者道之常也,因者君之纲也。群臣并至,使各自明也。其实中其声者谓之端,实不中其声者谓之窾。窾言不听,奸乃不生,贤不肖自分,白黑乃形。在所欲用耳,何事不成? 乃合大道,混混冥冥。光耀天下,复反无名。凡人所生者神也,

---

① 《风俗通义·孝文帝》。

所讬（托）者形也。神大（太）用则竭，形大（太）劳则敝，形神离则死。死者不可复生，离者不可复反，故圣人重之。由是观之，神者生之本也，形者生之具也。不先定其神形，而曰"我有以治天下"，何由哉？

《论六家要旨》是一篇重要的学术史著作。在阴阳、儒、墨、名、法和道德六家中，司马谈最推崇"道家"。《论六家要旨》即曰："道家使人精神专一，动合无形，赡足万物。其为术也，因阴阳之大顺，采儒墨之善，撮名法之要，与时迁移，应物变化，立俗施事，无所不宜，指约而易操，事少而功多。"在司马谈看来，"道家"的要旨包括三点，分别为道家的宗旨、方法论和形神问题。宗旨为"道家无为，又曰无不为"，方法论为"其术以虚无为本，以因循为用"。当然，它的方法论是围绕统治术展开的。"虚无"是从"认识心"而言，是对于"成心""成见"的消解；而"因循"是从客观立场来说的，是对于时势和外在事物的尊重。"虚"和"因"都是为了让人君更好地把握治理之"道"和统治之"道"，《论六家要旨》曰："虚者，道之常也；因者，君之纲也。"由此，道家进一步展开为御臣之术的形名学。道家所说的形神问题主要是就人主的生命及其健康状态来说的，"神者生之本也，形者生之具也"。形神问题为何如此重要？因为身体是人主治理天下的前提，只有"先定其形神"才能谈上"治天下"的问题。总之，司马谈所归纳的道家要旨都是从政治哲学来说的。不过，他所说的"道家"其实主要指汉初的黄老道家，他所概括的道家要旨正是指黄老道家的思想要点。

随着政治上的失宠，从意识形态的宝座上跌落下来，黄老学从西汉中期即开始了自身主题的变化，尽管这一变化是缓慢的。而重视养生和批判名教的黄老学，正是从汉初黄老学的一个重要主题——形神问题开始酝酿，并借助庄学推展开来的。

2. 帛书《经法》《十六经》《称》《道原》四篇的主要思想

马王堆汉墓帛书有《老子》甲本及其卷后古佚书，有《老子》乙本及其卷前古佚书。前者抄写于高帝时期，后者抄写于文帝时期。前者均无篇题,后者均有篇题。《老子》乙本卷前古佚书包括《经法》《十六经》《称》《道原》四篇,当今学者或称《黄帝四经》。其中,《经法》包括《道法》《国次》《君正》《六分》《四度》《论》《亡论》《论约》《名理》九篇,《十六经》包括《立命》《观》《五正》《果童》《正乱》《姓争》《雌雄节》《兵容》《成法》《三禁》《本伐》《前道》《行守》《顺道》十四篇半。这四篇帛书,唐兰最先判断为《汉书·艺文志》所说《黄帝四经》,并认为它们写作于公元前 400 年前后。[①] 此后,以唐说为基础,学界对于《经法》四篇与《汉志》所说《黄帝四经》的关系及其写作时代展开了讨论,大体上可以分为两派,一派学者赞成并进一步论证了唐兰的观点,另一派学者则否定唐兰的意见。笔者认为,将帛书《经法》四篇的写作时代放在战国晚期比较恰当,因为一者,《经法》四篇的思想成分从来源看比较复杂,它们以法家、阴阳家、形名学、墨家等多家思想的出现为前提;二者,据《史记·乐毅列传》所说,黄老比较可靠的传承线索起源于战国晚期的乐瑕公和乐臣公;三者,唐兰的论证有缺陷,他用以证明《经法》四篇早出的传世文献一般在战国晚期以后。至于《经法》四篇是否为《汉志》所说《黄帝四经》,这是另外一个问题,容许再讨论。

帛书《经法》四篇流行于汉初,受到人们的高度重视。这不但可以用帛书抄本本身来作证明,而且可以通过西汉文献的引用来证明之。例一,《十六经·观》曰:“圣人不巧,时反是守。”司马谈《论六家要旨》曰:“故曰:‘圣人不朽,时变是守。’”例二,《十六经·观》《兵容》曰:“当断不断,反受其乱。”《史记·齐悼惠王世家》曰:“(勃既将兵,使围相府。召平曰:)嗟乎!道家之言‘当断不断,反受其乱’,乃是也。遂自杀。”《史记·春申君列传》“太史公曰”:“语曰:‘当断不断,反受其乱。’春申君失朱英之谓邪?”例三,《史记·陈丞相世家》曰:“(陈平曰)我多阴谋,是道家之所禁。”道家禁止阴谋的说法,恰好在帛书《十六经》中有直接的反映。

---

① 唐兰:《马王堆出土〈老子〉乙本卷前古佚书的研究——兼论其与汉初儒法斗争的关系》,马王堆汉墓帛书整理小组编:《马王堆汉墓帛书〈经法〉》,第 150、154 页,北京,文物出版社,1976。唐文原载《考古学报》1975 年第 1 期。

《行守》曰：“阴谋不祥。”《顺道》曰：“不阴谋。”确实，帛书《经法》四篇流行于汉初，在当时发生了巨大的政治指导作用，它们是汉初黄老思潮的重要文本依据。

帛书《经法》《十六经》《称》《道原》四篇的思想是什么？今天看来，这是理解汉初黄老思想需要回答的问题。

首先，“道”是帛书《经法》四篇的最高概念。什么是“道”？在《经法》四篇中，“道”既是天地万物得以生成的终极本根，又是人君、圣人应当遵循的基本政治原理，它是生成自然世界和人事世界的总根源和总根据。帛书《道原》是一篇专论“道”的文章，具有总括性质。这篇帛书从体用两个方面对“道”作了论述，其体“虚无”“恒一”和“无形无名”，其用“万物得之以生，百事得之以成”。《道原》曰：“一者其号也，虚其舍也，无为其素也，和其用也。”在帛书中，“一”“虚”“无为”和“和”，是“道”的四大特性。这四大特性在《经法》《十六经》和《称》三篇中都有直接的反映。不过，《十六经·成法》有一段话值得注意，曰：“黄帝曰：请问天下犹有一乎？力黑曰：然。昔者皇天使冯（凤）下道一言而止。”这是将“道”放在神性的“皇天”之下，与老庄的说法颇不相同。[1] 这种说法应当来自黄学。

帛书认为，人主治理国家或圣人治理天下，都应当以“一”“虚”“无为”“和”为基本原则。从逻辑上来说，“虚静”乃“道之舍”，最为重要；“舍”者，居所也。“无为”乃“道之素”，其次重要；“素”者，素朴。“无为”是“为”的依据和原理，而“无不为”乃“无为”通过“为”推至其极的政治效果。“和”乃“道之用”，其重要性又居其次。从政治来说，“和”指君民、君臣和臣民之统治与被统治的和谐，是人与其自身、他人以及人与自然世界的和谐。“和”既是原理又是目的，良善的政治关系和效果以“和”为构成性原则。“和”是判断国家和天下之“治”“乱”的准则，和则治，不和则乱。在一定意义上来说，帛书《经法》四篇更重视“乱”，或者说正是通过

---

[1] 通行本《老子》第四章曰：“吾不知谁之子？象帝之先。”《庄子·大宗师》曰：“神鬼神帝，生天生地。”

对"乱"的重视来看重所谓"治"的。"乱"在帛书中出现了 40 多次,而"治"字的出现频率虽然高达 18 次,但是其中的大多数作动词用。在黄老看来,防止乱象和治理混乱,这本身即是通向"治"与"和"的政治目的。最后看"一","一"乃数之始;从"数"的哲学观念看,"一"即表示"道";但在黄老的思想体系中,"一"毕竟是一种认识和把握"道"的方法论原则。通过与"多"的相对,"一"("少")可以进一步上升为黄老学的方法论原则,《道原》即曰:"得道之本,握少以知多;得事之要,操正以正奇。"《十六经·成法》一曰"循名复一",二曰"握一以知多",三曰"抱凡守一"。"守一""握一"和"复一"就是人君得道的方法论。而通过对"虚静""无为""和""一"四个概念的阐释和推广,帛书《道原》及其他三篇帛书建立了颇为复杂的黄老学思想体系。

其次,帛书通过"虚静"开显了"形名"(或"名理")在政治中的意义,或者说在"虚静"的关照下,形名之学(名理)被黄老涵摄进来,进而丰富和深化了自己的思想。《经法·名理》曰:"故唯执道者能虚静公正,乃见〔正道〕,乃得名理之诚。"《经法·道法》曰:"见知之道,唯虚无有;虚无有,秋毫成之,必有形名;形名立,则黑白之分已。""形名"或写作"刑名",是人君颇为重要的南面之术,是君对臣、上对下的统治(管理)手段和政治技术。形名之道在帛书《经法》《十六经》《称》三篇中占有重要地位。与此相应,帛书很重视"因"的概念。"因"字在《经法》四篇中出现了 28 次(包括两处阙文)。如《经法·君正》曰:"因天之生也以养生,谓之文;因天之杀也以伐死,谓之武;〔文〕武并行,则天下从矣。"《经法·四度》曰:"〔故因阳伐死,因阴〕建生。"又曰:"因天时,伐天毁,谓之武。"《十六经·观》曰:"今始判为两,分为阴阳,离为四〔时,刚柔相成,万物乃生,德虐之行〕,因以为常。"又曰:"弗因则不成,〔弗〕养则不生。"与此相对,"无为"一词在帛书中仅出现了 3 次,而"自然"一词连 1 次都没有出现过。这种现象恰与《论六家要旨》所说"虚者道之常也,因者君之纲也"相应,证明了汉初黄老之学具有自己的思想侧重点,突出了"因"这一概念。"因"即"因循""顺因",是黄老学极其重要的一种方法论,它连接着"人君"与"天道":人君只有通过"因"的方法,"天道"才能如实地进入他的心中及其政治实践中。

又其次,帛书从气论的角度论述了宇宙生成论,重视"天地""阴阳"等概念。"天地""阴阳"一方面是万物生成的来源和客观法则("天道"),另一方面又是人君、圣人治理天下的当然依据。《十六经·观》曰:"黄帝曰:群群(混混)〔沌沌,窈窈冥冥〕,为一囷。无晦无明,未有阴阳。阴阳未定,吾未有以名。今始判为两,分为阴阳,离为四〔时〕,〔刚柔相成,万物乃生。德虐之行〕,因以为常。""两"即两仪,有对待之义,在帛书中可以具体指"天地"。《十六经》在此叙述了整个自然世界的生成,认为自然世界起源于一团混沌,最后生成万物。其具体过程是这样的:混沌→两(天地)→阴阳→四时→刚柔→万物。而"万物"包括"人"和"物"。"人"虽出于自然生成,但是一进入人为即产生了治乱问题,或者说治乱来源于人为。因此解决人事世界的治乱问题乃是诸子思想的出发点,而黄老道家特从政治或者从治道的角度面对这一问题。毫无疑问,黄老道家的宇宙生成论受到了阴阳家的深刻影响。所谓"阴阳",指阴阳之气。"阴阳"在四时八节十二度的消息、赢缩运动,及其德虐(德刑)循环的天政,这是阴阳家关注的重点,而帛书《经法》《十六经》《称》三篇即充分吸收和利用了这一理论(阴阳刑德论)。

在黄老思想中,"天地"是根源性原则,而"天道"则是客观法则。"天地"的根源性通过"天道"的客观性而赋予万物,并由此主宰万物。在此认识的基础上,黄老还特别强调"人事"应当遵从"天道""天地"的原则,或者说"人事"的合理性源于"天地""天道"。黄老帛书一般以"恒常"概念概括客观法则的本质特性,且人为这一概念贯通于天人两界。《经法·道法》曰:"天地有恒常,万民有恒事,贵贱有恒位,畜臣有恒道,使民有恒度。天地之恒常,四时、晦明、生杀、柔刚。万民之恒事,男农、女工。贵贱之恒位,贤不肖不相放(并)。畜臣之恒道,任能毋过其所长。使民之恒度,去私而立公。""恒"即是"道"的本质特性;对于黄老来说,把握了"恒"即是把握了"道"。《十六经·果童》曰:"夫天有〔恒〕干,地有恒常。

合〔此干〕常,是以有晦有明,有阴有阳。夫地有山有泽,有黑有白,有美有恶。地俗(育)德以静,而天正名以作。静作相养,德虐相成。两若有名,相与则成。阴阳备物,化变乃生。""干",即躯体之义。《果童》不但认为"天有恒干,地有恒常",而且晦明、阴阳、静作、德虐都是"合此干常"的结果。从形上到形下,黄老的世界是"天地"生成和"天道"流行的世界。总之,黄老以"天地"为根源原则,以"天道"为客观规律,而以"阴阳"为运动(流行)原理。通过消息运动,阴阳原理继而表现为主宰万物生死的德虐原则。阳德阴虐本是阴阳家的思想,而黄老作了继承,并大量运用于帛书《经法》四篇中。

进一步,"天地""天道""阴阳""德虐"的原则如何被人君认识和把握呢?帛书认为要"顺",要"因",要"文武并行"。《经法·论》曰:"顺四〔时之度〕而民不〔有〕疾。"《十六经·观》曰:"夫并(秉)时以养民功,先德后刑,顺于天。"《十六经·姓争》曰:"顺天者昌,逆天者亡。"这是讲"顺"。《经法·四度》曰:"〔故因阳伐死,因阴〕建生。"《十六经·观》曰:"弗因则不成,〔弗〕养则不生。"《十六经·兵容》曰:"因天时,与之皆断;当断不断,反受其乱。"这是讲"因"。《经法·君正》曰:"因天之生也以养生,谓之文;因天之杀也以伐死,谓之武;〔文〕武并行,则天下从矣。"《经法·四度》曰:"文武并立(莅),命之曰上同。"这是讲"文武"。不过,"文武"之说并不见于帛书《十六经》《称》《道原》三篇,这是值得注意的。此外,"时"是黄老帛书的重要概念。《道法·君正》曰:"〔省〕苛事,节赋敛,毋夺民时,治之安。"《十六经·兵容》曰:"圣人之功,时为之庸(用)。"《十六经·观》曰:"圣人不巧,时反是守。"把握"时"(包括四时之度和时机两个方面),对于黄老道家说颇为重要。

最后,帛书《经法》《十六经》《称》三篇提出了许多重要命题和观念,值得重视。例如,《经法·道法》说"道生法",《经法·明理》说"道者,神明之原",《十六经·五正》《姓争》说"夫作争者凶,不争〔者〕亦无成功",《十六经·行守》说"阴谋不祥"、《顺道》说"不阴谋"等。鉴于这些命题容易为人所注意,及学界有较多的论述,本文就不再在此展开论述了。

　　需要再加注意的是，一者，帛书《经法》四篇没有出现"自然"一词。这与《老》《庄》颇不相同。帛书为什么没有出现"自然"一词？这是一个值得探讨的问题。这个问题可能与黄老特别强调以人君、圣人之治，即从上到下的统治有关。而且，在《老子》中，"自然"是从"民""百姓"的角度来说的；而黄老更加关注人君对于宇宙原理的把握及对臣下的操控和统治。二者，帛书《经法》四篇没有出现"精神"一词，没有谈及形神问题。从司马谈的《论六家要旨》来看，在道家主题上出现了缺位。形神应当是黄老道家关注的一个重要问题，尤其是在古代医药、医疗水平很差的情况下。反思之，很可能帛书《经法》四篇并非汉初黄老基本著作的全部，还有一些重要论著应当在《老子》和这四篇帛书之外。

第四章　董仲舒的天人感应哲学

董仲舒生当文景之世和武帝继位改革时期,面临秦汉历史剧变之后过渡期的政治社会文化问题,综合吸收和转换先秦、汉初及同时代人的思想资源和实践经验,建构了体大思精的新儒学思想体系,为他所处时代的汉王朝政治社会改革和文化规范发展立法。董仲舒新儒学思想体系之确立,正是中国古代之学术思想和政治路线转向之时。"董仲舒之主张行,而子学时代终,董仲舒之学说立,而经学时代始。"[1]冯友兰认为自孔子至淮南王为子学时代,自董仲舒至康有为则经学时代,其分界即为董仲舒新儒学之建立,可见董仲舒新儒学思想体系地位之重要。

第一节　早期公羊学与董仲舒的发展

一、早期公羊学

《春秋公羊传》儒家十三经之一,主要挖掘六经之一《春秋》的微言大义、诠释《春秋》的思想内涵为主的儒家六经之传。而《春秋》被认为是孔子晚年所作。孔子以春秋时代鲁国的史书为立足点,以编年体的形式简

---

[1] 参阅冯友兰《中国哲学史》(上册),第 25、79 页,上海,华东师范大学出版社,2000。

略记载从鲁隐公元年(前722)至鲁哀公十四年(前481)共242年间的周王朝及诸侯国的大事,记载非常简略,但每一个字的使用都有特殊寓意,富含"一字褒贬"手法,寄托了孔子对历史人物事件的看法和政治社会理想,而孔子另外口授弟子《春秋》大义,孔子弟子记下的对《春秋》本经的孔子口传诠释称"传",经不同的孔子弟子传承并由历代后学不断丰富、深化,形成不同的《春秋》之传。到汉代,经典复出,《春秋》之传流传到汉代,据班固《汉书·艺文志》记载有《左氏传》《公羊传》《穀梁传》《邹氏传》《夹氏传》等五种,《公羊传》《穀梁传》汉初由口传而著于竹帛,立为官学,《左传》由张苍献出,经刘歆提倡而在东汉开始成为显学,后两传东汉时失传。而《公羊传》因为景帝时所立《春秋》学博士董仲舒的诠释、公孙弘的闻达和汉武帝的提倡,成为汉代政治话语的主要经典依据。

据《春秋公羊传注疏》徐彦序所引东汉初年戴宏《春秋说序》,《公羊传》由孔子口授子夏,子夏口授公羊高,然后在公羊家族父子相传(公羊高—公羊平—公羊地—公羊敢—公羊寿),汉景帝初年,公羊寿与其弟子胡毋子都一道,将这一传承脉系的《春秋》之传著于竹帛,以传经家族公羊氏之名命名为《春秋公羊传》,形成完整的文字著作。

在《春秋公羊传》这一传承系统诠释孔子《春秋》微言大义的思想体系,称为"公羊学",《春秋公羊传》是口授时代公羊学的集大成之作。据《春秋公羊传》明确记载,至少有子公羊子、子沈子、子司马子、子女子、子北宫子、鲁子、高子等阐发《春秋》微言大义,这七子加上子夏、公羊氏五代专人和胡毋子都,是口传时代公羊学的主要代表人物。

西汉初期统治者对《公羊传》和公羊学推崇备至。景帝初年《公羊传》甫一写定,景帝就立公羊寿的两位得意弟子胡毋子都和董仲舒为博士。董仲舒"天人三策"以公羊传为主要经典依据,提出"更化改制""太学养士""五常教化""不与民争利""表章《六经》"等建议,为汉武帝采纳推行。董仲舒在汉武帝即位后成为帝师角色,也经常接受武帝问对,开创以公羊学微言大义断案的"春秋决议"儒家法律传统。"仲舒在家,朝廷如有大议,使使者及廷尉张汤就其家而问之,其对皆有明法。"(《汉书·董仲舒传》)胡毋子都的弟子公孙弘因学习《公羊传》而布衣征为博士,擢升丞相,封平津侯。武帝诏太子受《公羊传》:"武帝尊公羊家,诏太子受《公羊春秋》,由是《公羊》大兴,太子既通,复私问《穀梁》而善之,有诏诏太子受《公羊》,不得受《公羊穀梁》。"(《汉书·儒林传》)董仲舒的弟子吕步舒曾依经义治狱:"上思仲舒前言,使仲舒弟子吕步舒持斧钺治淮南狱,以《春秋》谊颛断于外,不请。既还奏事,上皆是之。"(《汉书·五行志》)汉昭帝时,董仲舒再传弟子眭孟曾冒死以《春秋》大义诠释灾异,要求昭帝退位禅让皇位。

二、董仲舒著述及其对公羊学的发展

董仲舒的著述,主要依据孔子言论和儒家经典,而以《春秋》义法阐发和春秋决狱为多。《史记·儒林列传》:"故汉兴至于五世之间,唯董仲舒名为明于春秋,其传公羊氏也。"[①]《汉书·五行志》:"昔殷道弛,文王演《周易》;周道弊,孔子作《春秋》。则乾坤之阴阳,效《洪范》之咎征,天人之道,粲然著矣。汉兴,承秦灭学之后,景武之世,董仲舒治公羊春秋,始推阴阳,为儒者宗。"[②]明其有汉以来《春秋》公羊学家之魁首,且以阴阳五行学说为主要论述模式,其建立新儒学体系为后世立法的功绩,在班固看来可比肩于文王演《周易》、孔子作《春秋》。《史记·太史公自序》大段引述董仲舒言论,阐发孔子作《春秋》的原因及其《春秋》大旨[③]。《汉书·董仲舒传》载有"天人三策"全文,并记:"仲舒在家,朝廷如有大议,使使者及廷尉张就其家而问之,其对皆有明法。自武帝初立,魏其、武安侯为相而隆儒矣。及仲舒对册,推明孔氏,抑黜百家。立学校之官,州郡举茂材孝廉,皆自仲舒发之。……仲舒所著,皆明经术之意,及上疏条教,凡百二十三篇。而说《春秋》事得失,《闻举》《玉杯》《蕃露》《清明》《竹林》之

①《史记》,第3127—3128页。
②《汉书》,第1317页。
③《史记》,第3296—3297页。

属,复数十篇,十余万言,皆传于后世。掇其切当世施朝廷者著于篇。"①
汉初儒学复兴运动中,董仲舒上疏或应对都以孔子言论和儒家经典为根
据,天人三策中的建议被武帝定为国策,从而实现"推明孔氏、抑黜百
家"。《春秋》义法阐发是他著述的主流。《汉书·艺文志》在《六艺略》
"春秋"下列有"《公羊董仲舒治狱》十六篇"②在《诸字略》"儒家"下列有
"《董仲舒》百二十三篇"③。而《汉书》还散录董仲舒著述文字,如《五行
志》载其"庙殿火灾对"及论灾异七十七事④,《食货志》载乞种麦、限田
章⑤,《匈奴传》赞御匈奴⑥。《后汉书·应劭传》:"故胶西相董仲舒老病
致仕,朝廷每有政议,数遣廷尉张汤亲至陋巷,问其得失,于是作《春秋决
狱》二百三十二事,动以经对,言之详矣。"⑦以春秋义法用于决狱,是董仲
舒"通经致用"的重要政治实践。《隋书·经籍志》在经部春秋类中载:
"《春秋繁露》十七卷(汉胶西相董仲舒撰),《春秋决事》十卷(董仲舒
撰)。"⑧这是现在看到的董仲舒行世著作集《春秋繁露》十七卷最早的正
史记载。而《春秋繁露》最早出现的记录是南朝梁阮孝绪之《七录》和刘
昭《〈后汉书·礼仪志〉注补》,流传至今的《春秋繁露》大体可视为董仲舒
著作大部分亡佚之后流散作品辑佚之合集,成书于南北朝。《四部丛刊》
所收之《古文苑》,辑有董仲舒另外流传下来的诗文四篇:《士不遇赋》《诣
丞相公孙弘记室书》《郊祀对》《雨雹对》。《全上古三代秦汉三国六朝文》
之《全汉文》卷二十三辑录不少董仲舒文章,北京师范大学图书馆馆藏
《玉函山房辑佚书》辑录董仲舒的《春秋决事》,《汉学堂丛书》辑录了《董
仲舒公羊治狱》。

---

① 《汉书》,第 2525—2526 页。
② 同上书,第 1714 页。
③ 同上书,第 1727 页。
④ 同上书,第 1315—1523 页。
⑤ 同上书,第 1139 页。
⑥ 同上书,第 3831—3832 页。
⑦ 《后汉书》,第 1612 页。
⑧ 《隋书》,第 930 页。

　　《春秋繁露》作为董仲舒的代表性著作,以发明春秋公羊微言大义、君王之道、天道性命、阴阳五行、礼法制度等思想为主。关于该书是否为伪作,南宋时曾多有怀疑,后经清代学者楼大防、胡仲方考证和校雠,确信基本是董仲舒所作。《四库全书总目提要》据此认为:"今观其文,虽未必全出于仲舒,然中多根极理要之言,非后人所能托也。"①是书计十七卷,篇目八十三,其中阙第三十九、四十、五十四等三篇。美国学者桂卓思根据各篇内容不同,把七十九篇之内容重新分类(细分到各段落),共分解经篇(1—6、7—17、23—37)、黄老篇(18—22)、阴阳篇(41、43—57、79—82)、五行篇(38、42、58—64)、礼制篇(65—76)等五部分。② 解经篇以儒家立场围绕《春秋》及公羊传为主要解读对象,阐发孔子寓于《春秋》的微言大义,构筑儒家价值体系。其中第二十三篇《三代改制质文》,吸收转化了邹衍的五德终始说。黄老篇关注君主统治术,融合了道家、墨家、名家及法家的观点,认为"老子的无为而治原则、申不害的名实理论、韩非的公平赏罚观、墨子的尚贤主张及管子的内修技巧都是实施统治的必要手段。"③阴阳篇认为统治者和人间秩序与阴阳四时之间存在着宇宙论的关联性,主张阴阳互补,阳尊阴卑,天人感应,从而推导出德主刑辅。五行篇多借鉴《尚书·洪范》《礼记·王制》《吕氏春秋·月令》的内容,与阴阳思想相配合,就如《汉书·五行志》解释灾异思想,试图建立统治者行为与天意之间的作用机制,来教育和规范统治者的政治行为和修养德行。礼制篇探讨并发展《春秋》所载的各种礼制,如郊祭、觐见、庙祭、雩祭等祭祀礼仪,说明这些礼制的社会政治涵义、具体程序以及背后的天人关系。

---

① 苏舆撰,钟哲点校:《春秋繁露义证》,第504页,北京,中华书局,1992。
② 桂思卓:《从编年史到经典——董仲舒的春秋阐释学》,第86页,北京,中国政法大学出版社,2010。
③ 同上书,第97—98页。

第二节　宇宙论及"天人相与"的思想体系

董仲舒承接《易经》的思想,吸纳先秦阴阳、五行诸家的学说,进一步拓展与建构儒家的宇宙论,使孔孟原创儒学从心性开出的价值信念获得存在论的支撑。

一、董仲舒对古代阴阳、五行观念的吸收和发展

宇宙论在董仲舒之前早已有之。冯达文认为,中国古典宇宙论,是以阴阳四时五行说为框架,描述天地万物,乃至人类社会演化的过程与规则,借揭示宇宙的终极本源及其化生过程,来为人类现时的生存与交往方式提供正当性说明或做出反省的一种哲学理论。[1] 古代最原始的宇宙论,是"天生烝民"(《诗经·大雅·烝民》)、"惟天地,万物之母"(《尚书·泰誓》)关于"天(上帝)""天地"创生万物的思想。而第一个建立其宇宙论体系的,据冯达文研究,是老子。[2]"道生一、一生二、二生三、三生万物,万物负阴而抱阳,冲气以为和。"(《老子·四十二章》)"天下万物生于有,有生于无。"(《老子·四十章》)"一生二"可能是浑然一体之道分化为阴阳二气,"二生三"可能是阴阳和合而生"和气",万物都是阴、阳、和三气交合变化产生的。最早引入阴阳概念的是西周末年之伯阳父,把地震的原因归结为"阳伏而不能出,阴迫而不能蒸。"(《国语·周语》)最早出现五行观念的是《尚书·洪范》。而把阴阳、五行、四时等观念结合在一起的,有《太一生水》《管子》(《四时》《五行》《内业》)和《礼记·月令》等文献,其宇宙论思想以阴阳为基础,由阴阳引出四时(少阳、太阳、少阴、太阴),再由四时摄合五行,又以五行统摄万物,并开始为现实政治的运作与社会日常生活的秩序提供正当性依据。自《易传》出,儒家吸收宇宙论思想真正有属于自己的系统的宇宙论。"《易》有太极、是生两仪、两仪

---

[1][2] 冯达文:《中国古典哲学略论》,第53页,广州,广东人民出版社,2009。

生四象,四象生八卦,八卦定吉凶,吉凶生大业。""一阴一阳之谓道。"(《易传·系辞上》)易传以阴阳二气交变而生化万物的宇宙论中,还没有五行观念,并缺乏严密的演绎和逻辑,秦汉之际《吕氏春秋》与《淮南子》也有类似观念,直到西汉董仲舒出,才建构了儒家成熟的宇宙论。

董仲舒的宇宙论吸收前人成果,将阴阳、四时、五行同时纳入参合交变的宇宙万物生化过程:

> 天地之气,合而为一,分为阴阳,判为四时,列为五行。行者行也,其行不同,固谓之五行。五行者,五官也,比相生而间相胜也。①

天地之气,即为阴阳二气,阳盛阴息则为夏,主长,阴盛阳衰则为冬,主藏,阴阳交会则为春秋,主生与收。春夏秋冬与东南西北方位对应,而五行与主理东南中西北五方对应:

> 五行之随,各如其序,五行之官,各致其能。是故木居东方而主春气,火居南方而主夏气,金居西方而主秋气,水居北方而主冬气。是故木主生而金主杀,火主暑而水主寒。使人必以其序,官人必比其能,天之数也。土居中央为之天润。土者,天股肱也。其德茂美,不可名以一时之事,故五行而四时者,土兼之也。②

阴阳四时五行与宇宙万物的各种暖寒、生杀、善恶、美丑、祸福等紧密相关,其作用机制乃为同类相互感应。"百物去其所与异,而从其所与同。故气同则会,声比则应,其验皦然也。""美事招美类,恶事招恶类,类之相应而起也。"③不仅自然无情之物,人事也不例外。"天有阴阳,人亦有阴阳。天地之阴气应之而起;人之阴气起,天地之阴气亦宜应之而起,其道一也。""帝王之将兴也,其美祥亦先见,其将亡也,妖孽亦先见,物故以类相召也,故以龙致雨,以扇逐暑,军之所处,以棘楚,美恶皆有从来以

---

① 《春秋繁露·五行相生》。
② 《春秋繁露·五行之义》。
③ 《春秋繁露·同类相动》。

为命,莫知其处所。"①"类"的感通性和应动性,遍布宇宙天人每个方面,因而有天人感应、美祥妖孽。

二、董仲舒的宇宙论建构

董仲舒宇宙论建构的最高概念是"天","天"是万物化生的本源与依据,无所不为,无所不能:

> 臣闻天者群物之祖也,故遍覆包涵而无所殊,建日月风雨以和之,经阴阳寒暑以成之。②

> 天地者,万物之本,先祖之所出也。广大无极,其德昭明,历年众多,永永无疆。③

因此,天是董仲舒哲学中万事万物最高阶的根据:"天者,百神之大君也。事天下备,虽百神尤无益也。"④但董仲舒的天,不是西方宗教中的创物主或别的神学体系,而是把"天"的化生功能与规则即"天之道"视作阴阳、四时、五行的交变规则时,仅仅是思辨而又形象地抽象出事物发展变化的形而上学根据,以最高概念"天"来总括之,而以"天地之气"—"阴阳"—"四时"—"五行"—"万物"这样一个过程方便地说明宇宙生化历程。

阴阳、四时和五行,是董仲舒宇宙论建构的核心概念。董仲舒认为,"天道之大者,在阴阳"⑤,"天地之常,一阴一阳"⑥,认为阴阳是宇宙生化的起始与基源。阴阳交变而有"四时":"阳气始出东北而南行,就其位也;西转而北入,藏其休也。阴气始出东南而北行,亦就其位也;西转而南入,屏其伏也。是故阳以南方为位,以北方为休;阴以北方为位,以南

---

① 《春秋繁露·同类相动》。
② 《汉书·董仲舒传》。
③ 《春秋繁露·观德》。
④ 《春秋繁露·郊语》。
⑤ 《汉书·董仲舒传》。
⑥ 《春秋繁露·阴阳义》。

方为休。阳至其位而大暑热,阴至其位而大寒冻。"①"时"是古代农业社会最重要的生产观念,也是儒家哲学中的核心概念,孟子称孔子为"时之圣者","中庸"的核心义即为"时中",董仲舒把"四时"与阴阳交替和五行、方位生成对应结合起来,宇宙时空与运动动力有了完整自洽的说明,生成的是当时的中国知识系统中特有的意义世界和秩序观念:

> 天有五行:一曰木,二曰火,三曰土,四曰金,五曰水。木,五行之始也;水,五行之终也;土,五行之中也。此其天次之序也。②

> 木居东方而主春气,火居南方而主夏气,金居西方而主秋气,水居北方而主冬气。是故木主生而金主杀,火主暑而水主寒。使人必以其序,官人必以其能,天之数也。③

董仲舒的这一宇宙秩序,运动的作用机制是五行阴阳合力作用于四时和以类相动的感应机制:

> 如金木水火各奉其所主,以从阴阳,相与一力而并功,其实非独阴阳也。然阴阳因之以起,助其所生。故少阳因木而起,助春之生也。太阳因火而起,助夏之养也。少阴因金而起,助秋之成也。太阴因北而起,助冬之藏也。④

> 今平地注水,去燥就湿;均薪施火,去湿就燥。百物去其所与异,而从其所与同。故气同则会,声比则应。其验皦然也。试调琴瑟而错之,鼓其宫则他宫应之,鼓其商则他商应之,五音比而自鸣,非有神,其数然也。美事召美类,恶事召恶类,类之相应而起也。⑤

董仲舒建构的宇宙论中,宇宙万物的发生、发展及其联系与差别,是在时间与空间上的关联与差别造成的,都与阴阳、四时、五行的交合变化

---

① 《春秋繁露·阴阳位》。
②③ 《春秋繁露·五行之义》。
④ 《春秋繁露·天辨在人》。
⑤ 《春秋繁露·同类相动》。

状况密切相关。董仲舒"推物之类,以易见难"①依阴阳、四时、五行的交变状况对事物作"类"的同异判分,在时间与空间上的一种生存处境上的关联再次抽象与划分,转化为"类"的通感性。在"以类相动"原理基础上,董仲舒提出"人副天数"的命题,进而把人的意志和实践与天意对应起来,推衍为"天人感应"的理论。

三、天谴说与天命观

董仲舒天谴说就建立在"天人感应"的天命论之上。他在《天人三策》中提出这一理论:

> 臣谨案《春秋》之中,视前世已行之事,以观天人相与之际,甚可畏也。国家将有失道之败,而天乃先出灾害以谴告之,不知自省,又出怪异以警惧之,尚不知变,而伤败乃至。以此见天心之仁爱人君而欲止其乱也。自非大亡道之世者,天尽欲扶持而全安之,事在强勉而已矣。②

因为天对人事、人事对天互相之间有"类"感应能力,所以天一方面成为人事的镜子和晴雨表,能够反映一个国家及其统治者的政治道德合理性;另一方面,天又成为有意志、行奖惩的天意、天命。国家失道,则以灾异谴告;国家有道,则天降祥瑞表彰。"天下之人同心归之,若归父母,故天瑞应诚而至。"③天降祥瑞被视为王者受命之符,王者据此被认为拥有了政治统治正当性。

有了这样可以解释宇宙万物发生以及作用机制的精细大全的宇宙论,董仲舒建立其人性论和政治哲学便有了根本性的前提,一切人间秩序的建构因此顺理成章。

对于古代尧舜禅让、汤武革命等天命继移方式的解释,董仲舒继承

---

① 《春秋繁露·天地阴阳》。
② 《汉书》,第 2498 页。
③ 同上书,第 2500 页。

了儒家革命论。关于尧舜禅让问题，董仲舒认为天命是"天予之"：

> 尧舜何缘而得擅移天下哉？孝经之语曰："事父孝，故事天明。"事天与父同礼也。今父有以重予子，子不敢擅予他人，人心皆然；则王者亦天之子也，天以天下予尧舜，尧舜受命于天而王天下，犹子安敢擅以所重受于天者予他人也，天有不予尧舜渐夺之故，明为子道，则尧舜之不私传天下而擅移位也，无所疑也。①

董仲舒以"子事父以孝"来比喻尧舜事天以敬，说明尧舜皆受命于天而王天下，是不敢把天下擅自转移给他人，因为天没有把擅移天下的权力交给尧舜。结合后面谈到桀纣不能禁令天下、不能臣天下，而证明桀纣之天命已去，可见董仲舒的天命观接近孟子"天与之、人与之"的天命观。下面这条材料则继承了荀子"天下归之"的天命观，而且强调"众圣辅德，贤能佐职"是受天命而天下归心的重要标志：

> 臣闻尧受命，以天下为忧，而未以位为乐也，故诛逐乱臣，务求贤圣，是以得舜、禹、稷、卨、咎繇。众圣辅德，贤能佐职，教化大行，天下和洽，万民皆安仁乐谊，各得其宜，动作应礼，从容中道。故孔子曰"如有王者，必世而后仁"，此之谓也。尧在位七十载，乃逊于位以禅虞舜。尧崩，天下不归尧子丹朱而归舜。舜知不可辟，乃即天子之位，以禹为相，因尧之辅佐，继其统业，是以垂拱无为而天下治。孔子曰"《韶》尽美矣，又尽善矣"，此之谓也。至于殷纣，逆天暴物，杀戮贤知，残贼百姓。伯夷、太公皆当世贤者，隐处而不为臣。守职之人皆奔走逃亡，入于河海。天下秏乱，万民不安，故天下去殷而从周。文王顺天理物，师用贤圣，是以闳夭、大颠、散宜生等亦聚于朝廷。爱施兆民，天下归之，故太公起海滨而即三公也。②

董仲舒认为汤武通过革命而王天下，和尧舜是一样的圣王："儒者以

---

① 《春秋繁露·尧舜不擅移汤武不专杀》。
② 《汉书·董仲舒传》。

汤武为至圣大贤也,以为全道究义尽美者,故列之尧舜,谓之圣王,如法则之。"(《春秋繁露·尧舜不擅移汤武不专杀》)针对认为"汤武不义"的人,类似于黄生那样持"汤武弑君"观点的黄老学者,董仲舒把历史上推到三皇五帝时代,因为黄帝、神农都曾通过征伐而王天下,汤武伐无道和古圣王一样有义。董仲舒还进一步从天命予夺和圣王征伐的关系去论证汤武革命的正当性:

> 且天之生民,非为王也;而天立王,以为民也。故其德足以安乐民者,天予之,其恶足以贼害民者,天夺之。诗云:"殷士肤敏,裸将于京,侯服于周,天命靡常。"言天之无常予,无常夺也。故封泰山之上,禅梁父之下,易姓而王,德如尧舜者,七十二人,王者,天之所予也,其所伐,皆天之所夺也,今唯以汤武之伐桀纣为不义,则七十二王亦有伐也,推足下之说,将以七十二王为皆不义也。故夏无道而殷伐之,殷无道而周伐之,周无道而秦伐之,秦无道而汉伐之,有道伐无道,此天理也,所从来久矣,宁能至汤武而然耶! 夫非汤武之伐桀纣者,亦将非秦之伐周,汉之伐秦,非徒不知天理,又不明人礼,礼,子为父隐恶,今使伐人者,而信不义,当为国讳之,岂宜如诽谤者,此所谓一言而再过者也。君也者,掌令者也,令行而禁止也,今桀纣令天下而不行,禁天下而不止,安在其能臣天下也! 果不能臣天下,何谓汤武弑?(《春秋繁露·尧舜不擅移汤武不专杀》)

董仲舒最后以秦之伐周、汉之伐秦来反诘汤武不义论者,与辕固生在景帝前以刘邦伐秦反诘黄生的论证方法如出一辙,具有很强的说服力。"故夏无道而殷伐之,殷无道而周伐之,周无道而秦伐之,秦无道而汉伐之,有道伐无道,此天理也。"董仲舒给非汉伐秦者"不知天理、不明人礼"的评价,说明当时汉王朝的政治权力正当性还不够稳固,尚须"为国讳之",汤武革命的定性也正是给汉王朝代秦的政治合法性的定性。

王者受命的符瑞和去命的灾异,要怎样才能体现呢?

> 臣闻天之所大奉使之王者,必有非人力所能致而自至者,此受

命之符也。天下之人同心归之,若归父母,故天瑞应诚而至。《书》曰"白鱼入于王舟,有火复于王屋,流为乌",此盖受命之符也。周公曰"复哉复哉",孔子曰"德不孤,必有邻",皆积善累德之效也。及至后世,淫佚衰微,不能统理群生,诸侯背畔,残贼良民以争壤土,废德教而任刑罚。刑罚不中,则生邪气;邪气积于下,怨恶畜于上。上下不和,则阴阳缪盭而娇孽生矣。此灾异所缘而起也。(《汉书·董仲舒传》)

可见受命和去命都是天人感应的结果。天意授天命于王者,"受命之符"就会出现,不是通过人力勉强得来的。"天下之人同心归之,若归父母,故天瑞应诚而至。"天降下受命之符瑞,是"积善累德之效",是天下民心所向,才能达致的。暴虐之君如桀纣,违背天意,逆天而行,所以灾害并至,乃至夺去天命。

第三节　人性论:善质与三品

一、董仲舒的人性论证成

按照董仲舒的宇宙论,人与宇宙自然的变化规律有着各方面的相似性,董仲舒称之为人副天数:

> 天地之符,阴阳之副,常设于身,身犹天也,数与之相参,故命与之相连也。天以终岁之数,成人之身,故小节三百六十六,副日数也;大节十二分,副月数也;内有五脏,副五行数也;外有四肢,副四时数也;占视占瞑,副昼夜也;占刚占柔,副冬夏也;占哀占乐,副阴阳也;心有计虑,副度数也;行有伦理,副天地也;此皆暗肤着身,与人俱生,比而偶之弇合,于其可数也,副数,不可数者,副类,皆当同而副天一也。(《春秋繁露·人副天数》)

由此可见,根据同类相动的原理,无论副数还是副类,天与人是无所不感、无所不应的。这一天人感应的思想,是以宇宙论儒学的形式表达的中国自古有之的天人合一思想。不过如此表达的天人思想,是天人相

与的积极互动,投射和蕴涵了儒家社会理想:

> 阴阳二物,终岁各壹出,壹其出,远近同度而不同意,阳之出也,常县于前而任事,阴之出也,常县于后而守空处,此见天之亲阳而疏阴,任德而不任刑也。是故仁义制度之数,尽取之天,天为君而覆露之,地为臣而持载之,阳为夫而生之,阴为妇而助之,春为父而生之,夏为子而养之,秋为死而棺之,冬为痛而丧之,王道之三纲,可求于天。天出阳为暖以生之,地出阴为清以成之,不暖不生,不清不成,然而计其多少之分,则暖暑居百而清寒居一,德教之与刑罚犹此也。故圣人多其爱而少其严,厚其德而简其刑,以此配天。(《春秋繁露·基义》)

君臣、父子、夫妇之道,都依据天人感应的原理而以厚德简刑为正义。"王者承天意以从事,故任德不任刑。"[1]王者必须推行德政才能符合天意,那么具体又如何推行德政呢? 这就需要对人性的特点做出说明,作为德政的基础。

董仲舒的人性论,根据亦在宇宙论。"身之名取诸天,天两,有阴阳之施,身亦两,有贪仁之性;天有阴阳禁,身有情欲柙,与天道一也。"(《春秋繁露·深察名号》)人身上同时有仁有贪,有性有情。人并不是天生就性善,有其善之质而非有善之性,要通过后天教化才能为善。"性有似目,目卧幽而瞑,待觉而后见,当其未觉,可谓有见质,而不可谓见。今万民之性,有其质而未能觉,譬如瞑者待觉,教之然后善。"(《春秋繁露·深察名号》)有善之质、可待教而善的中民之性方可名性:

> 圣人之性,不可以名性,斗筲之性,又不可以名性,名性者,中民之性。中民之性,如茧如卵,卵待覆二十日,而后能为雏;茧待缲以涫汤,而后能为丝;性待渐于教训,而后能为善;善,教训之所然也,非质朴之所能至也,故不谓性。(《春秋繁露·实性》)

这样的中民之性,才有后天王者教化的需要和可能。"性者,天质之

---

[1]《汉书》,第 2502 页。

朴也;善者,王教之化也。无其质,则王教不能化;无其王教,则质朴不能善。"(《春秋繁露·实性》)有了宇宙论的前提和人性论的基础,圣人与王者教化民众为善的责任也就明确了:

> 臣闻天者群物之祖也。故遍覆包函而无所殊,建日月风雨以和之,经阴阳寒暑以成之。故圣人法天而立道,亦溥爱而亡私,布德施仁以厚之,设谊立礼以导之。……古者修教训之官,务以德善化民,民已大化之后,天下常亡一人之狱矣。今世废而不修,亡以化民,民以故弃行谊而死财利,是以犯法而罪多,一岁之狱以万千数。以此见古之不可不用也,故《春秋》变古则讥之。天令之谓命,命非圣人不行;质朴之谓性,性非教化不成;人欲之谓情,情非度制不节。是故王者上谨于承天意,以顺命也;下务明教化民,以成性也;正法度之宜,别上下之序,以防欲也;修此三者,而大本举矣。[1]

其中,圣人指古代圣王。古代圣王法天而立道,后之王者要奉天,亦必效法古代圣王之法。

> 《春秋》之道,奉天而法古。是故虽有巧手,弗修规矩,不能正方圆;虽有察耳,不吹六律,不能定五音;虽有知心,不览先王,不能平天下;然则先王之遗道,亦天下之规矩六律已!故圣者法天,贤者法圣,此其大数也;得大数而治,失大数而乱,此治乱之分也;所闻天下无二道,故圣人异治同理也,古今通达,故先贤传其法于后世也。(《春秋繁露·楚庄王》)

这样"天意—圣人—王者—中民"的逻辑也就贯通了,董仲舒因此得以证立王者要奉天法古,奉行天意来约束君王自身行为,养士以儒家仁义之道教化民众,完善制度来规范天下各阶层关系。

董仲舒融合吸收了先秦儒家代表人物孔子、孟子、荀子等的人性论思想。孔子的人性论对性没有严格规定,但强调后天的作用:"性相近

---

[1]《汉书》,第 2515—2516 页。

也,习相远也。"(《论语·阳货》)孟子的性善论,要在扩充先天四端之心,强调反省求其本心。荀子的性恶论,人性先天粗劣,需要圣人化性起伪,强调后天教化。董仲舒各有所取,而根据当时现实政治社会治理需要予以转化,提出性待德教而化善,切合当时实际,也可谓时之圣者。

二、民待教而善

董仲舒还从人性论的角度证明教化的必要性。董仲舒的人性论也是基于其宇宙论发挥的。首先他根据天有阴阳推断人有贪仁之性。"吾以心之名得人之诚,人之诚有贪有仁,仁贪之气两在于身。身之名取诸天,天两,有阴阳之施,身亦两,有贪仁之性;天有阴阳禁,身有情欲栣,与天道一也。"(《春秋繁露·深察名号》)他认为,人的性和质是不能分离的,既然性有仁贪,就不能说性是善或不善。禾米之喻很形象地说明了这个问题:"故性比于禾,善比于米;米出禾中,而禾未可全为米也;善出性中,而性未可全为善也。善与米,人之所继天而成于外,非在天所为之内也。天之所为,有所至而止,止之内谓之天性,止之外谓人事,事在性外,而性不得不成德。"(《春秋繁露·深察名号》)稻禾的天性是能够长出米来的,但禾出米只是一种内在可能性,还需要很多外在条件,如土地、水、阳光、气候,还有人施肥、除草、除害虫侵犯等等,万事俱备,才能长出米来。禾喻性,米喻善,即性可以为善,但不是说性就是善。这犹如亚里士多德所说的潜能和现实,性有善的潜能,善是性的现实化。

董仲舒进一步把性情比作阴阳,认为性之发用是仁善,情之发用是贪恶。又以目之瞑觉为喻,说明性待教而觉。"性有似目,目卧幽而瞑,待觉而后见,当其未觉,可谓有见质,而不可谓见。今万民之性,有其质而未能觉,譬如瞑者待觉,教之然后善。当其未觉,可谓有善质,而未可谓善,与目之瞑而觉,一概之比也。"(《春秋繁露·深察名号》)他从字源学上认为:"民之号,取之瞑也。……性而瞑之未觉,天所为也;效天所为,为之起号,故谓之民。民之为言,固犹瞑也,随其名号,以入其理,则得之矣。"(《春秋繁露·深察名号》)

> 名性不以上，不以下，以其中名之。性如茧、如卵，卵待覆而成雏，茧待缲而为丝，性待教而为善，此之谓真天。天生民性有善质而未能善，于是为之立王以善之，此天意也。民受未能善之性于天，而退受成性之教于王，王承天意以成民之性为任者也；今案其真质而谓民性已善者，是失天意而去王任也。万民之性苟已善，则王者受命尚何任也？（《春秋繁露·深察名号》）

这里董仲舒提倡了重要的观点。首先，"名性不以上，不以下，以其中名之"，"中"指中民之性，因为中民之性非善但有善的潜能，可以通过后天的教化把善现实化，而其他两种不能变："圣人之性，不可以名性，斗筲之性，又不可以名性，名性者，中民之性。中民之性，如茧如卵，卵待覆二十日，而后能为雏；茧待缲以涫汤，而后能为丝；性待渐于教训，而后能为善；善，教训之所然也，非质朴之所能至也，故不谓性。"（《春秋繁露·实性》）其次，"性待教而为善"，从有善潜能的性转化为善的现实的过程，需要教化来促成。这里又用了两个生动的比喻，即茧成雏和卵成雏："性如茧、如卵，卵待覆而成雏，茧待缲而为丝。"

董仲舒把实施教化的天命和责任落实在王者身上。"王承天意以成民之性为任"，这是天命题中应有之义：

> 其设名不正，故弃重任而违大命，非法言也。春秋之辞，内事之待外者，从外言之。今万民之性，待外教然后能善，善当与教，不当与性，与性则多累而不精，自成功而无贤圣，此世长者之所误出也，非春秋为辞之术也。不法之言，无验之说，君子之所外，何以为哉！（《春秋繁露·深察名号》）

从正名和《春秋》立法角度看，"万民之性，待外教然后能善，善当与教，不当与性"都已经是无可置疑了。于是董仲舒可以得出结论："性者，天质之朴也，善者，王教之化也；无其质，则王教不能化，无其王教，则质朴不能善。"（《春秋繁露·实性》）

三、董仲舒对古代人性论的继承和发展

董仲舒人性论的许多概念和观念直接从孔子那里借用。

> 子曰:"性相近也,习相远也。"(《论语·阳货》)
>
> 子曰:"唯上智与下愚不移。"(《论语·阳货》)
>
> 子贡问曰:"何如斯可谓之士矣?"子曰:"行己有耻,使于四方,不辱君命,可谓士矣。"曰:"敢问其次。"曰:"宗族称孝焉,乡党称悌焉。"曰:"敢问其次。"曰:"言必信,行必果,硜硜然小人哉,抑亦可以为次矣。"曰:"今之从政者何如?"子曰:"噫!斗筲之人,何足算也。"(《论语·子路》)

董仲舒所说的"名性不以上,不以下,以其中名之","上"指圣人之性,"下"指斗筲之性,"中"指中民之性,上、下分别是与"上智"和"下愚"对应,两者皆不具有可塑性即为"不移","性待教而善",则与"性相近也,习相远也"对应,习被董仲舒阐释为后天教化,皆有取于孔子的思想。

对孟子的人性论,董仲舒有所不赞同,直接予以有针对性的论辩:

> 或曰:"性有善端,心有善质,尚安非善?"应之曰:"非也。茧有丝,而茧非丝也;卵有雏,而卵非雏也。比类率然,有何疑焉。"天生民有六经,言性者不当异,然其或曰性也善,或曰性未善,则所谓善者,各异意也。性有善端,动之爱父母,善于禽兽,则谓之善,此孟子之善。循三纲五纪,通八端之理,忠信而博爱,敦厚而好礼,乃可谓善,此圣人之善也。是故孔子曰:"善人,吾不得而见之,得见有常者,斯可矣。"由是观之,圣人之所谓善,未易当也,非善于禽兽则谓之善也,使动其端善于禽兽则可谓之善,善奚为弗见也?夫善于禽兽之未得为善也,犹知于草木而不得名知,万民之性善于禽兽而不得名善,知之名乃取之圣。圣人之所命,天下以为正,正朝夕者视北辰,正嫌疑者视圣人,圣人以为无王之世,不教之民,莫能当善,善之难当如此,而谓万民之性皆能当之,过矣。质于禽兽之性,则万民之

性善矣;质于人道之善,则民性弗及也。万民之性善于禽兽者许之,圣人之所谓善者弗许,吾质之命性者,异孟子。孟子下质于禽兽之所为,故曰性已善;吾上质于圣人之所为,故谓性未善,善过性,圣人过善。春秋大元,故谨于正名,名非所始,如之何谓未善已善也。(《春秋繁露·深察名号》)

董仲舒巧妙地辨析了孟子和自己对人性的定义。董仲舒界定孟子之善性,认为那是比较禽兽之性而言,董则比之圣人之善,故不言性善。如果说人性已善,那么人的一切道德努力都是没有意义的,王者也失去了教化天下万民责任的价值,很难想象这个世界还有什么存在的动力和意义。

董仲舒的人性论在这个意义上比较接近荀子的圣人化性起伪说,因为他们都强调后天圣人或王者教化对万民人性变化的重要作用。董仲舒认为按天有阴阳的原理,推导出人有仁贪之性,后又提出身有性情:"身之有性情也,若天之有阴阳也,言人之质而无其情,犹言天之阳而无其阴也,穷论者无时受也。"(《春秋繁露·深察名号》)这里隐含了董仲舒没有明说的思想,即性的现实化则为仁、善,情不节制就会发展出贪、恶。荀子的性恶论认为人性本贪,任其发展就产生恶,故圣人化性起伪,隆礼重法以教化之。董仲舒肯定不会同意天性的潜能就是恶的,但悄悄地用性之质中的情、贪保留了荀子的性恶论的先天贪婪论,用性之待教而善传承了荀子的后天圣王教化论。

第四节 "深察名号"的认识论

董仲舒的认识论,与其"天人感应"的宇宙论和"中民之性"的人性论相一致,主张人的认识先由圣人求取天意,然后由圣王执行天意,率群臣教化天下万民。按照这样的知先行后认识逻辑,从《春秋》慎始之微言大义出发,董仲舒认为名号是天意的表达,是人起心动念的开端,故与孔子一样非常重视"正名",注重名实相符,而又赋予其丰富的政治和伦理内涵,为汉代以来的中国传统政治和道德实践提供了认识论基础。

一、求天意以教化天下

在董仲舒看来,人的认识目的在于求取天意。"天不言,使人察其意;弗为,使人行其中。"(《春秋繁露·深察名号》)人认识与实践正当与否的标准就在于与天意是否相符。根据"天人感应"的原理,"天亦有喜怒之气,哀乐之心,与人相副。以类合之,天人一也"(《春秋繁露·阴阳义》),天意通过四时表现出来,人也可以体会天意,"道莫明省身之天"(《春秋繁露·为人者天》)。而能够体会天意的认识能力者,惟有圣人君子。"君子察物之异,以求天意。"(《春秋繁露·天地之行》)"能说鸟兽之类者,非圣人之欲说也。圣人之欲说,在于说仁义而理之,知其分科条别贯所附,明其义之所审,勿使嫌疑,是乃对圣人之所贵而已矣。不然,傅于众辞,观于众物,说不急之言,而以惑后进者,君子之所甚恶也。"(《春秋繁露·重政》)圣人、君子,都是人类中的先进分子和精神导师,代表人类的认识水平,认识之责任在于"体天之微"(《春秋繁露·精华》),阐明天意中的仁义之条理,使天下之人知所依从进退,成为一个具备道德能力和实践理性的人。

而认识天意和天人互动的途径,是"十端":

> 何谓天之端? 曰:天有十端,十端而止已,天为一端,地为一端,阴为一端,阳为一端,火为一端,金为一端,木为一端,水为一端,土为一端,人为一端,凡十端而毕,天之数也。(《春秋繁露·官制象天》)

"十端"即为"天、地、人"三才和"阴阳""五行",是董仲舒融会贯通当时所具有的认识水平和思维方式而提出的系统认识论基本理论框架。董仲舒通过"阴阳""五行"理论,论证"天人感应"是普遍通行的宇宙和社会规律,而"天数毕于十,王者受十端于天"(《春秋繁露·官制象天》),三才之道的贯通者是"王者":

古之造文者，三画而连其中，谓之王；三画者，天地与人也，而连其中者，通其道也，取天地与人之中以为贯，而参通之，非王者庸能当是。是故王者唯天之施，施其时而成之，法其命而循之诸人，法其数而以起事，治其道而以出法，治其志而归之于仁。(《春秋繁露·王道通三》)

在"王者受十端于天"的认识方式中，王者受命于天，连接和贯通天、地、人三才之道，秉承为仁之天意，顺天之道，施天之时，天道、地道、人道各畅其性、各得其妙，从而使宇宙、自然、人间都呈现出美好的自然状态与和谐的运行秩序。

王者是认识天意的一个关键角色，但不是唯一的认识主体。董仲舒认为"中民之性"是通常的人性状态，待圣人教化才有可能把善之潜质实现出来，与此相应，圣人与教化程度不同的中民，有着不同的认识责任和认识对象：

古之圣人，謞而效天地，谓之号，鸣而施命，谓之名。名之为言鸣与命也，号之为言謞而效也，謞而效天地者为号，鸣而命者为名，名号异声而同本，皆鸣号而达天意者也。天不言，使人发其意；弗为，使人行其中；名则圣人所发天意，不可不深观也。受命之君，天意之所予也。故号为天子者，宣视天为父，事天以孝道也；号为诸侯者，宜谨视所候奉之天子也；号为大夫者，宜厚其忠信，敦其礼义，使善大于匹夫之义，足以化也；士者，事也，民者，瞑也；士不及化，可使守事从上而已。五号自赞，各有分，分中委曲，曲有名，名众于号，号其大全。(《春秋繁露·深察名号》)

圣人的认识责任在于阐明天意，而受天命而立的天子"事天以孝道"，遵照圣人所阐明的天意号令天下。孔子之前，自尧舜至周公，圣人与天子是合一的圣王，自孔子始圣而无位，天子以圣人为师，从圣人处得以明天意所示而近乎圣。诸侯受命于天子，大夫受命于诸侯，士受命于大夫，皆贤人君子当其位，协助王者教化天下万民。大夫"厚其忠信，敦其礼义",充任教化一方的循吏,士是联结官民关系和实施教化事务的具体执行人,各司其一曲之职,天意于是乎贯彻到天下每一个人。

二、正名思想

正名思想一般可追溯到孔子。孔子早年即初步提出正名思想:"齐景公问政于孔子。孔子对曰:君君,臣臣,父父,子子。"(《论语·颜渊》)齐景公三十一年,陈桓收买人心,景公好色怠政,时鲁昭公(二十五年)为季氏三家逐出奔齐,孔子至齐,感叹两国君臣无序,孔子有感而发,提出正名思想,主要是赋予宗法礼制名分以伦理内涵,如君惠、臣礼(忠)、父慈、子孝,也规定从王室朝廷、诸侯国、卿大夫家族,每一个角色都有伦理性的行为规范要求和物质性的礼制配备等级,在当时条件下如此才能成就一个良序社会,否则"礼崩乐坏",天下大乱。孔子对季氏"八佾舞于庭"、祭祀泰山等僭越礼制行为的批评,都是从这个角度去思考的。

后来子路仕卫,恰逢卫国传位出现问题:卫国太子蒯聩因刺杀卫灵公宠爱的南子失败而出逃国外,蒯聩之子辄继位,拒不接纳其父蒯聩回国。孔子为此明确地提出"正名"理论:

> 子路曰:"卫君待子而为政,子将奚先?"子曰:"必也正名乎!"子路曰:"有是哉,子之迂也! 奚其正?"子曰:"野哉,由也! 君子于其所不知,盖阙如也。名不正则言不顺,言不顺则事不成,事不成则礼乐不兴,礼乐不兴则刑罚不中,刑罚不中则民无所措手足,故君子名之必可言也,言之必可行也。君子于其言,无所苟而已矣。"(《论语·子路》)

后期孔子的正名思想,更强调于统治者的名分与国家治理和民众教化的直接关联。如《大学》所言:"为人君止于仁;为人臣,止于敬;为人子,止于孝;为人父,至于慈;与国人交,止于信。"礼崩乐坏,根子就在德与礼的背离,礼代表宗法等级制度(名、文),德是礼的实质(实、质),名实、文质背离,德礼分离,造成礼乐征伐自诸侯出,政在大夫,陪臣执国命的乱世景象。孔子正名思想,把德转化为仁,重新把礼的实在规定为仁,要求仁内礼外表里如一,正是希望拨乱反正,回归周礼文质彬彬的原本。孔子作《春秋》,所深切著明者,不外乎通过一字褒贬为贯通仁义精神之王道正名。

孔子的正名思想,《六艺》经传中秉承孔子微言大义而多有记述,先秦诸子因之而有所阐发,勃发战国时期以名实之争为主要内容的逻辑思想大发展。老庄"无名",墨子"取实予名"、申韩"循名责实"等,皆孔子正名思想的一曲之发。孟子以名征实,把名实关系伦理化和对等化:"父子有亲,君臣有义,夫妇有别,长幼有序,朋友有信"(《孟子·滕文公上》),"君之视臣如手足,则臣视君如腹心;君之视臣如犬马,则臣视君如国人;君之视臣如土芥,则臣视君如寇雠"(《孟子·离娄下》)等,规定了名实对应内容,并把道德义务和政治权利关联起来。荀子严辨名实关系,认为名实关系是历史地发展变化着的,每一个时代都要以约定正当的名实关系,"稽实定数","制名以指实"(《荀子·正名》),否则将有"不喻之患""困废之祸"。

董仲舒继承发展孔子以来诸子百家正名思想,提出"深察名号"的正名思想,认为正名对于人事政治非常重要,是"天人感应"中天意在人间社会的投射,必须非常谨慎。

> 治天下之端,在审辨大;辨大之端,在深察名号。名者,大理之首章也,录其首章之意,以窥其中之事,则是非可知,逆顺自著,其几通于天地矣。是非之正,取之逆顺;逆顺之正,取之名号;名号之正,取之天地;天地为名号之大义也。(《春秋繁露·深察名号》)

《春秋》贵元、慎始,而名号是天地赋予万物的最原初的性质和条理,一旦在原初点上失其顺逆之正,那么"差之毫厘,谬以千里",后面的一切都会跟着大错特错。"春秋大元,故谨于正名,名非所始,如之何谓未善已善也。"(《春秋繁露·深察名号》)因此正名是一切事物发展过程具有重大意义的出发点。

正名的关键在于名实相符。"名生于真,非其真弗以为名。名者,圣人之所以真物也,名之为言真也。故凡百讥有黮黮者,各反其真,则黮黮者还昭昭耳。欲审曲直,莫如引绳;欲审是非,莫如引名。名之审于是非,犹绳之审于曲直也。诘其名实,观其离合,则是非之情,不可以相澜已。"(《春秋繁露·深察名号》)名为实而生,实因名而显,一旦名实相背,则是非曲直都失去了准绳,只会导致黑白颠倒的乱世。反思秦政速败的关键在于名实不相应:"诛名而不察实,为善者不必免而犯恶者未必刑也。是以百官皆饰空言虚辞而不顾实,外有事君之礼,内有背上之心,造伪饰诈,趣利无耻。"(《汉书·董仲舒传》)因此"治国之端在正名"(《春秋繁露·玉英》)。

董仲舒认为,正名的标准是圣人。"圣人之所命,天下以为正,正朝夕者视北辰,正嫌疑者视圣人。"(《春秋繁露·深察名号》)"循三纲五纪,通八端之理,忠信而博爱,敦厚而好礼,乃可谓善,此圣人之善也。"(《春秋繁露·深察名号》)而这样的圣人,董仲舒认为唯有孔子及其删述的"六经"中传承圣人之道的圣王可以当之。因此董仲舒在"天人三策"最后建议:"春秋大一统者,天地之常经,古今之通谊也。今师异道,人异论,百家殊方,指意不同,是以上亡以持一统。法制数变,下不知所守。臣愚以为诸不在《六艺》之科孔子之术者,皆绝其道,勿使并进。邪辟之说灭息,然后统纪可一而法度可明,民知所从矣。"(《汉书·董仲舒传》)通过董仲舒的正名理论论证,西汉政治大一统需求被董仲舒合理地归结到以"《六艺》之科、孔子之术"为正名标准的正当现实政治实践。

三、知行关系

董仲舒哲学中的知行关系,首先是一种知先行后关系。既然人认识的对象是天意,并遵循天意去实践,那么在逻辑上来说知是先于行的。"何谓智?先言而后当。凡人欲舍行为,皆以其智,先规而后为之,其规是者,其所为得其所事,当其行,遂其名,荣其身,故利而无患,福及子孙,德加万民,汤武是也。其规非者,其所为不得其所事,不当其行,不遂其名,辱害及其身,绝世无复,残类灭宗亡国是也。故曰:莫急于智。"(《必仁且智》)知(智)是行(社会道德实践)的先决条件,是社会时间之前先行规定的内容,惟知其如是,始行其如是。因此董仲舒非常重视人的思想认识和初始动机,在《春秋》微言大义的诠释中非常重视最新出现的新事物,或善或恶,均要及时褒贬,防患于未然。在《春秋》决狱实践中,注重动机之善恶决定罪行之轻重,开创"论心定罪"的古代法律传统。

董仲舒的知行关系合一的。"不仁而有勇力材能,则狂而操利兵也;不智而辩慧狷给,则迷而乘良马也。"(《春秋繁露·必仁且智》)仁是德性之智,辩慧狷给是见闻之智,都属于广义上的知之范围。勇力材能是具体技艺,智是实践智慧,都属于行的范围。仁且智,是知与行的完美结合,或者说是知行合一的典范,正是孔子以来儒家提倡的圣王理性人格。"仁而不智,则爱而不别也;智而不仁,则知而不为也。故仁者所爱人类也,智者所以除其害也。"(《春秋繁露·必仁且智》)仁与智是圣王的一体两面,互文见义。仁,是圣人之象征;智,是天子之象征。董仲舒希望圣人与天子纵然不能合一,也要紧密地合作,才能达成天人合一,实现致太平于天下的王道理想。

人认识天意和天意对人类实践的反馈是互动的,因而知行之间也是互动的。因为在董仲舒的天命观中天意主要是有道德意识的赏罚者,因此人的认识对天意不是简单的读取,而是一种互动关系。当人的认识和实践违背了天意,那么天意通过灾祥谴告昭示认识主体,认识主体于是对天意有了新一轮的认识,以调整其社会实践,而天意对此会有新的反应,如此反复,认识也不断得到提升。天子对天意的认识和执行,是王道理想社会实现的关键,董仲舒于是设计了灾祥说和天谴论,一方面用以检验人类执行天意的忠实程度,一方面用以限制凌驾于万民之上的天子权力。

臣谨案《春秋》之中,视前世已行之事,以观天人相与之际,甚可畏也。国家将有失道之败,而天乃先出灾害以谴告之,不知自省,又

出怪异以警惧之，尚不知变，而伤败乃至。以此见天心之仁爱人君而欲止其乱也。（《汉书·董仲舒传》）

天人感应，表现在政治人事上，天意就以灾异来表达，提醒人们自省改正。所以王者统治的善恶都可以在天降祥瑞中见到端倪：

火者夏，成长，本朝也。举贤良，进茂才，官得其能，任得其力，赏有功，封有德，出货财，振困乏，正封疆，使四方。恩及于火，则火顺人，而甘露降；恩及羽虫，则飞鸟大为，黄鹄出见，凤凰翔。如人君惑于谗邪，内离骨肉，外疏忠臣，至杀世子，诛杀不辜，逐忠臣，以妾为妻，弃法令，妇妾为政，赐予不当，则民病血，壅肿，目不明。咎及于火，则大旱，必有火灾，摘巢探鷇，咎及羽虫，则飞鸟不为，冬应不来，枭鸱群鸣，凤凰高翔。（《春秋繁露·五行顺逆》）

正因为王者统治天下的天人感应特征，王者要按照天道四时的特点选择施政的要领和具体措施。“天之道，春暖以生，夏暑以养，秋清以杀，冬寒以藏，暖暑清寒，异气而同功，皆天之所以成岁也。圣人副天之所行以为政，故以庆副暖而当春，以赏副暑而当夏，以罚副清而当秋，以刑副寒而当冬，庆赏罚刑，异事而同功，皆王者之所以成德也。庆赏罚刑，与春夏秋冬，以类相应也，如合符，故曰：‘王者配天，谓其道。’”《春秋繁露·四时之副》庆、赏、罚、刑之政各与春、夏、秋、冬四季相配，以配天道，方可顺天治化，天下太平。

其大略之类，天地之物，有不常之变者，谓之异，小者谓之灾，灾常先至，而异乃随之，灾者，天之谴也，异者，天之威也，谴之而不知，乃畏之以威，诗云：“畏天之威。”殆此谓也。凡灾异之本，尽生于国家之失，国家之失乃始萌芽，而天出灾害以谴告之；谴告之，而不知变，乃见怪异以惊骇之；惊骇之，尚不知畏恐，其殃咎乃至。以此见天意之仁，而不欲陷人也。谨案：灾异以见天意，天意有欲也、有不欲也，所欲、所不欲者，人内以自省，宜有惩于心，外以观其事，宜有验于国，故见天意者之于灾异也，畏之而不恶也，以为天欲振吾过，

救吾失,故以此报我也。春秋之法,上变古易常,应是而有天灾者,谓幸国。(《春秋繁露·必仁且智》)

万一国家政治有问题,"天出灾害以谴告之",通过灾异的方式表征,是天人感应表现出来的国家政治人事失误的萌芽,"不常之变"即奇怪的事变,叫异,小的事变,叫灾,是天对国家当政者的警告。灾异谴告之后还不知自省改过,天会再出有更大更不寻常的怪异来惊骇,如果还不知道改邪归正,"殃咎乃至",王者之天命将会失去,这个国家的人民将要跟着遭殃。所以灾异是天意的表达,是"天欲振吾过,救吾失"而来通风报信。国家当政者应当闻过则喜,立刻内省惩心,检讨人事政治,改过自新,按照天道实行王道德政,这样才不会辜负老天帮助改过救国的仁慈之心。"圣主贤君尚乐受忠臣之谏,而况受天谴也。"(《春秋繁露·必仁且智》)董仲舒很有说服力地证明,天谴是天救危国。王者总是要千方百计任贤使能,恭听忠臣直言谏过,以正德行政事,何况天意都直接来谴告了,故应当赶紧振作起来,满怀对天的敬畏感激,尽快改过自新。天意敦促天子任德不任刑、任贤使能、教化民众,而且通过谴告,提醒王者反求诸己,改过自新,拨乱反正。

于是,董仲舒从认识论角度为君王设置了三重保障,一是君王通晓天意修德作圣,二是圣人为师和忠臣之谏,三是祥瑞肯定和天谴警告。如果这三重保障还不能保障君王奉天意治乱,则该是转移天命的时候了。

总之,董仲舒"深察名号"的认识论,有很多非常重要的实践意义。如论证"德主刑辅"的统治合法性和"五行变救"政治纠偏途径:

> 阳,天之德,阴,天之刑也,阳气暖而阴气寒,阳气予而阴气夺,阳气仁而阴气戾,阳气宽而阴气急,阳气爱而阴气恶,阳气生而阴气杀。是故阳常居实位而行于盛,阴常居空位而行于末,天之好仁而近,恶戾之变而远,大德而小刑之意也,先经而后权,贵阳而贱阴也。(《春秋繁露·阳尊阴卑》)

五行变至,当救之以德,施之天下,则咎除;不救以德,不出三
年,天当雨石。木有变,春凋秋荣,秋木冰,春多雨,此繇役众,赋敛
重,百姓贫穷叛去,道多饥人;救之者,省繇役,薄赋敛,出仓谷,振困
穷矣。火有变,冬温夏寒,此王者不明,善者不赏,恶者不绌,不肖在
位,贤者伏匿,则寒暑失序,而民疾疫;救之者,举贤良,赏有功,封有
德。土有变,大风至,五谷伤,此不信仁贤,不敬父兄,淫泆无度,宫
室荣;救之者,省宫室,去雕文,举孝悌,恤黎元。金有变,毕昴为回
三覆,有武,多兵,多盗寇,此弃义贪财,轻民命,重货赂,百姓趣利,
多奸轨(宄);救之者,举廉洁,立正直,隐武行文,束甲械。水有变,
冬湿多雾,春夏雨雹,此法令缓,刑罚不行;救之者,忧囹圄,案奸宄,
诛有罪,蓂五日。《春秋繁露·五行变救》

以上论述,同样是在"深察名号"的认识论背景中,以"阴阳""五行"
原理及其道德、政治内涵来论证德治原则,并指导现实德治实践。总之,
无论是董仲舒实践哲学许许多多的不同层面,如《六艺》为教、"三纲五
常"乃至"士治政府"等等,还是董仲舒政治哲学基础上继承发展的中国
传统政治哲学范式以及两千年来传统政治统治和伦理道德实践,无不深
植"深察名号"的认识论基础。

第五节　政治哲学

董仲舒的政治哲学,既是汉武帝时代的政治社会反思和正义原则建
构,也因其流播所及,是汉代乃至两千年郡县制中央集权为主流制度的
中国古代社会政治逻辑和思维方式之奠基。

一、董仲舒政治哲学的时代背景与问题意识

汉初政治、社会、文化三方面时代背景均为董仲舒政治哲学提供问
题意识,董仲舒政治哲学所要解决的核心问题有权力来源合法性、政治
正义原则和社会教化问题。

首先是在政治方面,面临的关键问题是权力来源合法性和政治统治原则问题。刘邦起于平民,何以得天下?辕固生"汤武革命"可以用来说明秦政无道,刘邦受天命而诛之,但难解皇权与诸侯争势问题;黄生强调君臣上下之分,臣下有尊天子的绝对义务,但又不能解释刘邦得天下的权力来源合法性。就政治制度而言,汉承秦制,本来有郡县中央集权制度可沿用,但刘邦"惩戒亡秦孤立之败"[1],开国时大封功臣,封异姓王八,封列侯百余,后或谋反或恐其谋反而一一剪除异姓王,但又大封同姓王十人,诸侯王势力不断膨胀,封地占全国三分之二,中央直辖只有"三河、东郡、颍川、南阳,自江陵以西至巴蜀,北自云中至陇西,与京师内史凡十五郡,公主列侯颇邑其中"[2]。诸侯坐大,尾大不掉,"然之后原本以大,末流滥以致溢,小者淫荒越法,大者睽孤横逆,以害身丧国。故文帝采贾生之议分齐、赵,景帝用晁错之计削吴、楚"[3]。于是文帝时有淮南、济北之叛,景帝时有几乎令皇权覆灭的七国之乱。在制度伦理和权力正当性根据两者之间找到一个维护汉王朝统治秩序两全之策,是汉初政治哲学的当务之急。

而另一个问题就是政治统治原则问题。秦法酷烈,而汉承秦制,汉初基本沿袭,虽有黄老清静无为、与民休息之表象,实则汉法与秦法一样由疏而密,李斯自颂"缓刑罚,薄赋敛,以遂主得众之心"[4],而终致秦政"法令诛罚日益深刻"[5]。同理,高祖初入关中约法三章,后"三章之法不足以御奸,于是相国萧何攈摭秦法,取其宜于时者,作律九章"[6],一仍秦法行于汉世,"然孝文帝本好刑名。及至孝景,不任儒者,而窦太后又好黄老之术"[7],黄老本来就是道家帝王南面之术和法家刑名的结合,刀笔

---

[1]《汉书》,第 393 页。
[2] 同上书,第 394 页。
[3] 同上书,第 395 页。
[4]《史记》,第 2561 页。
[5] 同上书,第 2553 页。
[6]《汉书》,第 1096 页。
[7] 同上书,第 3117 页。

之吏充塞政府部门，"外有轻刑之名，内实杀人"①。故汉初有陆贾和贾谊等反思秦政之少仁义，也有晁错等用法家刑法，更有黄老道家综合道法的清静无为。秦开辟的天下一统新制度，在兴勃亡速的反省中，选择任德还是任刑的统治原则，也是当时的政治核心问题之一。

其次是在社会方面的核心问题，主要是社会各阶层的经济利益和权力配置问题。文景之治的繁荣背后，已经产生了导致社会危机的许多因素。商业流通的无节制发展，导致商人发放高利贷和对农民田产的兼并，土地日益集中到大地主手中，农民破产为奴或弃农经商，国家税源和兵源减少，四处流亡而扰乱社会秩序，宗室和官员奢侈乱制，社会风气堕落，这些都危及良序社会建设和经济良性发展。"汉政治之所急，尚不在边寇，尚不在列侯诸王之变乱，而在社会经济不均，所造成种种之病态也。"②可见董仲舒提出的"限民名田，以赡不足，塞并兼之路。盐铁皆归于民。去奴婢，除专杀之威。薄赋敛，省徭役，以宽民力"（《汉书·食货志》）等建议，是对治汉武之朝很中肯的社会经济措施。

针对政府和宗室官吏巧夺民力的情况，董仲舒提出"不与民争利"（《汉书·董仲舒传》）和在政府部门任用循吏的对策。"身宠而载高位，家温而食厚禄，因乘富贵之资力，以与民争利于下，民安能如之哉！是故众其奴婢，多其牛羊，广其田宅，博其产业，畜其积委，务此而亡已，以迫蹴民，民日削月浸，浸以大穷。富者奢侈羡溢，贫者穷急愁苦；穷急愁苦而不上救，则民不乐生；民不乐生，尚不避死，安能避罪！此刑罚之所以蕃而奸邪不可胜者也。故受禄之家，食禄而已，不与民争业，然后利可均布，而民可家足。"③因为"尔好谊，则民乡仁而俗善；尔好利，则民好邪而俗败"④。所以，"若居君子之位，当君子之行"，要"皇皇求仁义常恐不能化民"。这就要求有一大批能够用仁义进行社会教化的贤能之士进入官吏阶层，成为以仁义化民成俗的循吏。而当时的官吏多来自贵族富豪子

---

①《汉书》，第1099页。
②参阅钱穆《秦汉史》，第197页，北京，生活·读书·新知三联书店，2004。
③④《汉书》，第2520—2521页。

弟,"夫长吏多出于郎中、中郎,吏二千石子弟选郎吏,又以富訾,未必贤也"①。故董仲舒提出选举官吏的办法,"毋以日月为功,实试贤能为上,量材而授官,录德而定位,则廉耻殊路,贤不肖异处矣"②。以选贤任德的方式选举官吏,实际上是改变了社会各阶层权力配置方式,从原来的局限于贵族富豪子弟转移到全社会公开选拔。

第三是与政治、社会两方面相呼应,在文化方面的核心问题主要在于倡导何种社会主流文化和社会教化的问题。

西汉初期也存在着百家争鸣、莫衷一是的情况,而统治思想的主流黄老道家已经不能适应当时现实发展的需要。司马谈《论六家旨要》阴阳、儒、墨、名、法、道德六家津津乐道,也是战国诸子百家争鸣之遗风,但其特别表彰道家,而贬损其余,则是当时流风所趋。其中的道家,其实是流行于初汉、窦太后所好的黄老道家,被认为是综合各派优势克服各家缺点的最有价值的学说。

然而在政治统治原则和社会经济出现问题和危机的时候,在政治哲学层面的文化反思就会发生。春秋末年孔子作《春秋》以"克己复礼为仁",战国时孟子"距杨墨,放淫辞"③以推广仁政,庄子后学之《天下》弘扬"道术",荀子之《非十二子》《显学》"隆礼重法",韩非子之《显学》反"儒墨",而李斯提议"焚书坑儒",这些都是在特定时期文化反思的成果。秦灭汉兴,反思秦政,陆贾以为"谋事不立仁义者后必败"④,贾谊以为"仁义不施,则攻守之势异也"⑤。司马谈以为"法家不别亲疏,不殊贵贱,一断于法,则亲亲尊尊之恩绝矣。可以行一时之计,而不可长用也"⑥。而董仲舒天人三策提出"大一统"建议,汉武帝采纳之而"推明孔氏,表章六经"。这一建议并没有禁止其他学派的存在,而是通过官方提倡而引导社会崇尚仁

①《汉书》,第2512页。
②同上书,第2513页。
③朱熹:《四书章句集注》,第272页,北京,中华书局,1983。
④陆贾:《新语校注》,王利器校注,第29页。
⑤贾谊:《新书校注》,阎振益、钟夏校注,第3页。
⑥《史记》,第3291页。

义道德,形成有耻且格的社会风气,而非如李斯"焚书坑儒"以残暴的手段禁毁异己者。"及仲舒对策,推明孔氏,抑黜百家。立学校之官,州郡举茂材孝廉,皆自仲舒发之。"①用儒家整理的历史文化遗产《六经》及孔子言论和儒家著作作为教材,培养任用仁义教化天下的官吏,为政府推行德治措施,移风易俗,走向大同社会,这才是董仲舒建议的要旨。

综上所述,汉初七十年在政治方面有汉王朝政治合法性和大一统郡县制中央集权统治正义原则问题,在社会方面有社会各阶层经济利益和权力配置问题,在文化方面有倡导何种主流文化和社会教化问题。解决这些核心问题需要从不同角度对历史教训和西汉现实进行系统反思,创造性地转化先圣时贤的政治智慧。这就需要对在新形势下先秦以来诸子百家智慧加以创造性转化和创新性发展,儒家对中华优秀传统文化的忠实继承,以及"和而不同"的胸怀和"综罗百家"的综合创新能力。上述要求成为汉代政治的明智选择。

二、政治正当性根据与统治合法性原则

首先,董仲舒从宇宙论前提中,提取"天命"作为汉王朝的政治权力来源合法性的终极根据。天、帝、天命、天志等自古以来都是政治正当性的根据,这是古代政治资源的历史遗产,取此本属自然之举。但董仲舒根据时势所趋对"天命"做了一些改造和转化,解决了当时政治正当性的理论和实践难题,这才是他无可替代的贡献。首先,董仲舒把古代天命说中的革命之义转化为受命,为刘邦以平民受命为天子提供合法性依据,又淡化革命之义,维护汉王朝君主治下大一统局面的不可侵犯。其次,"屈民而申君,屈君而申天"(《春秋繁露·玉杯》),一方面强化君主权威,为维护中央集权、推行强干弱枝政策辩护,又在君王之上设立天命的制约,用天谴、祥瑞、灾异等思想,震慑和警诫君主修德慎行,勤政爱民。

---

① 《史记》,第 2525 页。

第三,提出受命改制说,促使君主推行德治。"故《春秋》受命所先制者,改正朔,易服色,所以应天也。"①而受命改制的内容,是奉天而法古,效法包括为汉立法的素王孔子在内的古代圣王所制定的、以仁义原则为核心构筑的王道。最后,董仲舒改造了邹衍的五德终始说,提出三统说,既为汉王朝政治正当性找到了合适的位置,也在大一统的格局下为多元、多样文化传统保留生存空间,为传承古代文化传统、保持文化传统创造活力提供了历史依据。

其次,董仲舒把古代德治传统转化为政治统治正义原则。在汉承秦制、严刑酷法的初汉,政治改革势在必行,然而到底以秦法和黄老道术混合的刑名法术为政治统治原则,还是通过更化改制,回归中国古代固有的德治传统,即所谓的德法斗争,是汉初直到汉武之世面临的政治重大问题。"今临政而愿治七十余岁矣,不如退而更化;更化则可善治,善治则灾害日去,福禄日来。"②董仲舒诉诸宇宙论和人性论,证立王者奉天而法古,继承发展古代圣王德治传统是受天命奉天意的天职,而万民要通过德政教化才可以为善,王者必须听过道德教化才能实现教化。"天生民性,有善质而未能善,于是为之立王以善之,此天意也。民受未能善治性于天,而退受成性之教于王。王承天意以成民之性为任也。"(《春秋繁露·实性》)而要实现德治教化,必须开太学养士,通过德治教育培养能够推行道德教化的循吏,选举贤能之士充实到政府中。为此,在文化教育制度上,"诸不在《六艺》之科孔子之术者,皆绝其道,勿使并进。邪辟之说灭息,然后统纪可一而法度可明,民知所从矣"③。政府要通过制度来提倡承载王道德治传统的"六艺"和孔子为代表的儒家学说,"道之以德,齐之以礼,有耻且格"(《论语·为政》),引导社会走上"无讼"的太平治世。在经济制度上,"大富则骄,大贫则忧,忧则为盗,骄则为暴,此众人之情也。圣人则于众人之情见乱之所以生,故其制人道而差上下

---

① 《史记》,第 2510 页。
② 同上书,第 2505 页。
③ 同上书,第 2523 页。

也,使富者足以示贵而不至于骄,贫者足以养生而不至于忧,以此为度而调均之,是以财不匮而上下相安,故易治也。"(《春秋繁露·度制》)提议"限民名田"和废除奴隶制,使百姓生活安定,人身自由,安居乐业。

第三,董仲舒把"三纲五常"确立为社会人伦秩序的原则,建构以"亲亲贤贤长长"为出发点、礼法互融的宏观和微观相结合的政治社会。在礼坏乐崩的春秋时代,孔子自觉地"克己复礼为仁",强调"正名"原则,要求"君君,臣臣,父父,子子"(《论语·颜渊》)。《礼记·大传》:"立权度量,考文章,改正朔,易服色,殊徽号,异器械,别衣服,此其所得与民变革者。其不可得变革者则有矣,亲亲也,尊尊也,长长也。男女有别,此其不可得与民变革者也。"韩非子提出君臣、父子、夫妻的服从关系:"臣事君,子事父,妻事夫,三者顺则天下治,三者逆则天下乱,此天下之常道也。"(《韩非子·忠孝》)董仲舒继承孔子"正名"思想,提出"名号"原则。"治天下之端,在审辨大;辨大之端,在深察名号。名者,大理之首章也,录其首章之意,以窥其中之事,则是非可知,逆顺自着,其几通于天地矣。是非之正,取之逆顺;逆顺之正,取之名号;名号之正,取之天地;天地为名号之大义也。"(《春秋繁露·深察名号》)根据"受命于天""阳尊阴卑"的宇宙论前提,人间秩序是尊卑有序的名号体系。"《春秋》列序位,尊卑之陈,累累乎可得而观也……天子受命于天,诸侯受命于天子,子受命于父,臣妾受命于君,妻受命于夫,诸所受命者,其尊皆天也,虽谓受命于天亦可。"(《春秋繁露·顺命》)名号中最根源也是最重要的是君臣、父子、夫妇三个重要关系,可比拟为天地、四时、阴阳。"是故仁义制度之数,尽取之天,天为君而覆露之,地为臣而持载之,阳为夫而生之,阴为妇而助之,春为父而生之,夏为子而养之,秋为死而棺之,冬为痛而丧之,王道之三纲,可求于天。"(《春秋繁露·基义》)董仲舒吸收法家思想,君臣、父子、夫妇等三者尊卑关系称为三纲,又把"仁义礼智信"称为"五常",作为处理社会人伦关系的原则。"夫仁义礼知信五常之道,王者所当修饬也;五者修饬,故受天之佑,而享鬼神之灵,德施行于方外,延及群生也。"①五常有时也被理解为五伦"君臣、父子、夫妇、兄弟、朋友",但其人伦关系原则,仍然是仁义礼智信。三纲五常的根本精神有两个方面,一是明确君为人间秩序的根本,"视大始而欲正本"②,使人君自觉以德约己,正己以正天下。"故为人君者,正心以正朝廷,正朝廷以正百官,正百官以正万民,正万民以正四方。"③另一方面,让天下万民皆守其名号所定的本分,服从有道之世的人伦纲常,共同努力创造太平盛世。虽然董仲舒没有把"三纲"和"五常"连用,但"三纲五常"作为社会秩序普遍原则,已经在董仲舒这里确立。

三、经权观和《春秋》决狱

孔子对损益周礼,即为行"权",如对具体礼节的态度,以仁义的精神实质为经,根据时势通权达变,而不拘泥于刻板的外在形式。譬如,"麻冕,礼也,今也纯,俭,吾从众"(《论语·子罕》),"礼与其奢也,宁俭;丧,与其易也,宁戚"(《论语·八佾》)。而行权是非常高明的境界,孔子不轻易许人:"可与共学,未可与适道。可与适道,未可与立;可与立,未可与权"(《论语·子罕》)孟子认为:"执中无权,犹执一也。所恶执一者,为其贼道也,举一而废百也。"(《孟子·尽心上》)原则性(执中)和灵活性(权)要兼顾。"嫂溺不援,是豺狼也。男女授受不亲,礼也;嫂溺援之以手者,权也。"(《孟子·离娄上》)在具体情境中发生礼与义的冲突时,要适度行权以维护"义"。"夫大人者,言不必信,行不必果,惟义所在"(《孟子·离娄上》)。把握了义的根本行权,才可谓贤者。"夫道二,常之谓经,变之谓权,怀其常道而挟其变权,乃得为贤。"(《孟子·尽心下》)

董仲舒继承发展了孔孟经权思想,贯穿整个新儒学体系,尤其体现在政治哲学之中。在董仲舒看来,王道之经是天命和先王之法,是不可

---

① 《史记》,第 2505 页。
② 同上书,第 2502 页。
③ 同上书,第 2502—2503 页。

更易的，"道之大原出于天，天不变，道亦不变"①。道是千古不易的，出问题的是因为道的缺失或失落。"臣闻乎乐而不乱复而不厌者谓之道；道者万世无弊，弊者道之失也。"② 所以王者没有变道的事实。"王者有改制之名，无改道之实。"③ 同时，董仲舒又认为即乱世之君可以改前朝之迹，恢复天命之道。"圣王之继乱世也，扫除其迹而悉去之，复修教化而崇起之。"④ 不仅可改前朝之恶道，甚至如果本朝无道或有受命之符瑞出现，也要通过禅让转移天命。"先师董仲舒有言：虽有继体守文之君，不害圣人之受命。"⑤ 由此看来，作为大纲大法的道、经、常，是神圣而不可轻易变动的，只有在特殊情况下，但经与其本来的精神相冲突的时候，在某些适当的范围内可以行权。"夫权虽反经，亦必在可以然之域。不在可以然之域故虽死亡，终弗为也。……故诸侯在不可以然之域者，谓之大德，大德无逾闲者，谓正经；诸侯在可以然之域者，谓之小德，小德出入可也；权谲也，尚归之以奉钜经耳。"（《春秋繁露·玉英》）权在表面上背离了经，但实际上权考虑到经所考虑不到的特殊情况，通过适当调整做法，在更高的层次上奉行了经的精神。所以董仲舒说："《春秋》之道，固有常有变，变用于变，常用于常，各止其科，非相妨也。"（《春秋繁露·竹林》）

尽管经权常变都可以合法运用，但经为本，权为末。"阳为德，阴为刑，刑反德而顺于德，亦权之类。虽曰权，皆在权（当为'经'）成……是故天以阴为权，以阳为经。……经用于盛，权用于末。以此见天之显经隐权，前德而后刑也。"（《春秋繁露·阳尊阴卑》）所以凡事首先要遵照经的要求去做，只有不得已的时候才去行权。"先经而后权，贵阳而贱阴也。"（《春秋繁露·王道通三》）"明乎经变之事，然后知轻重之分，可与适权矣"（《春秋繁露·玉英》）洞明通经达权的深刻道理，才能在关键时刻迅速判断事物的性质，寻求解决问题的适当办法。董仲舒立足当时问题意识吸收转化各种思想资源阐发春秋微言大义，应对汉武帝的政治问题解决方案，以

———

① ② ③《汉书》，第 2518—2519 页。
④ 同上书，第 2504 页。
⑤ 同上书，第 3154 页。

及他与后学用春秋大义决狱的方法,无不贯穿了这些经权之辨的智慧。

《春秋》决狱是董仲舒经权观在政治哲学中的卓越运用。董仲舒用《春秋》微言大义决狱,将经权思想运用到政治分析和法律判决,成为西汉政治、法律实践的一大特色。董仲舒开启以《春秋》"微言大义"作为判断罪之有无、罪之轻重的依据,"原心定罪"成为西汉的一种政事和法律案件的处理原则。

《春秋》决狱的一个重要特点就是原心定罪。董仲舒总结了很多《春秋》褒贬义例,可以作为法律案件处理的依据,就如英美的判例法。

> 《春秋》之听狱也,必本其事而原其志。志邪者,不待成;首恶者,罪特重;本直者,其论轻。是故逢丑父当斩,而辕涛涂不宜执,鲁季子追庆父,而吴季子释阖庐,此四者,罪同异论,其本殊也。俱欺三军,或死或不死;俱弑君,或诛或不诛;听讼折狱,可无审耶! 故折狱而是也,理益明,教益行;折狱而非也,暗理迷众,与教相妨。教,政之本也,狱,政之末也,其事异域,其用一也,不可不以相顺,故君子重之也。(《春秋繁露·精华》)

"春秋之义,原心定罪。"(《汉书·薛宣传》)《春秋》听狱与决狱同,都是原心定罪。"君亲无将,将而诛。"(《春秋繁露·王道》)如果"志邪",即有谋逆的意图,不等谋逆行为败露,就要诛灭。"首恶"即主犯,因为主犯是罪恶发生的开始和源头,论罪特别加罪于首恶,只诛首恶,是董仲舒反对连坐之法的思想。"闻恶恶止其人,疾始而诛首恶,未闻什伍之相坐。"(《盐铁论·周秦篇》)"本直",即其意图是仁义善良的,这样的反经,论罪轻微,甚至赦免和嘉奖。何休注《春秋》经文"及,我欲之。暨,不得已也",释曰:"举及、暨者,明当随意善恶而原之。欲之者,善重恶深;不得已者,善轻恶浅,所以原心定罪。"(《春秋公羊传注疏·隐公元年》)

《春秋》决狱就在这样的西汉政治法律背景下由董仲舒发明。宋艳萍认为,《春秋》决狱是对"汉承秦制"遗留的严酷法律的自觉抵制,是汉代士人对严刑酷法有效的调节方式,也是对王权的自觉抵制。"礼与刑相结合是汉代经学史及法治史的一大特色,这一思想起源于董仲舒。"①
汉初政坛流行黄老刑名之学,后来汉政也一直带有这一特点,"汉家自有
制度,本以霸、王、道杂之"(《汉书·元帝纪》)。董仲舒顺应这一时代背
景,在创建的新儒学体系有所吸收和通融,《春秋》决狱的用语也带有刑
名之学的印记。"志善而违于法者免,志恶而合于法者诛。故其治狱,时
有出入于律之外者。"(《盐铁论·刑德》)但其《春秋》决狱判断事物性质
的原则不再是黄老刑名的主张,而是置换为儒家仁义精神。

　　董仲舒只诛首恶、反对连坐的思想,也被用到"见知故纵、监临部主
之法"之中,是《春秋》决狱以仁义精神缓解秦法酷急的一个明证。汉武
帝时制定的这一法律规定,见知而故纵是重罪,见知非故纵而不报是轻
罪、不见不知则无罪。而按照秦律,三者都是重罪。"智(知)而弗举论,
是即明避主之明法也……为人臣亦不忠矣。若弗智(知),是即不胜任、
不智也。智(知)而弗敢论,是即不廉也。此皆大罪也。"(《睡虎地秦墓竹
简·语书》)《魏律序》云:"律之初制,无免坐之文。张汤、赵禹始作监临
部主、见知故纵之例。其见知而故不举劾,各与同罪,失不举劾,各以赎
论,其不见不知,不坐也,是以文约而例通。"(《晋书·刑法志》)曹魏后来
据以发展为《免坐律》。尽管司马迁认为《春秋》决狱仍为酷急:"自公孙
弘以春秋之义绳臣下取汉相,张汤用唆文决理为廷尉,于是见知之法生,
而废格沮诽穷治之狱用矣。其明年,淮南、衡山、江都王谋反迹见,而
公卿寻端治之,竟其党与,而坐死者数万人,长吏益惨急而法令明察。"
(《史记·平准书》)但见知故纵、监临部主之法按董仲舒《春秋》决狱思想
缓解了汉承秦法带来的酷烈,其功绩是不可磨灭的。

---

① 宋艳萍:《公羊学与汉代社会》,第 226 页,北京,学苑出版社,2010。

第五章 《淮南子》的哲学思想

《淮南子》,又称作《淮南鸿烈》或《淮南王书》,是西汉初中期淮南王刘安(前179—前122)与其宾客共同编撰、有完整规划的一部综合性论文集,东汉史学家班固《汉书》分内中外三篇,其后学者许慎与高诱有内篇注解。它是汉初黄老学者阐发原道、养生、天文、地理、人事、治世、治国、治身等思想内涵的经典著作。此以现代学者刘文典的《淮南鸿烈集解》①和其他相关研究成果为据,大致阐述其以气为基本介质的宇宙论、以物为普遍征象的自然论、以人为认知主体的性命论和以文为精神创造的道德论。首先在宇宙大视野探讨其气化说,如何变成气本说,并充实道本说;其次,在天然显化物中,原始宗教的自然神怎样落实为现世生活的自然形;再其次,在绝对认知主体上,无知觉的自然存在如何成为有知觉的社会存在,辨识其性命之情;最后在儒家思想滋养与《文子》补证中,确立其道德要旨。从气本原、本体、本能所作的不确定的本性、本质规约,以此天生塑造的自然神、自然物、自然人所得的确定的形象、形式说明,进而由社会人研判其历史、现实与精神凝结的情志及散发的灵感,以

---

① 刘文典:《淮南鸿烈集解》(第二版),冯逸、乔华点校,北京,中华书局,2013。所引的原文资料,皆出于该书,文字化简,仅标篇名。

此人文质感、意志推证社会群体的道德、仁义与政治群体的利益、法度。

第一节 "气"与宇宙论

一、气

在《淮南子》二十一篇中,关于"气"的说法依次有"气力""薄气""血气""天下之气""气志""天气""地气""神气""勇气""阴阳之气""热气""火气""寒气""水气""含气""吐气""阴气""阳气""人气""山气""云气""风气""泽气""障气""林气""木气""石气""暑气""谷气""春气""秋气""杀气""民气""生气""和气""逆气""精气""烦气""志气""蒸气""元气""冲气""天地之气""正气""邪气""音气""气势""望气""气意""虚实之气""同气""虚气""烟气""燥湿之气""形气""异气"等直接或间接表述。其绝大多数用语在《易经》《老子》《论语》《文子》《墨子》《管子》《孟子》《庄子》《吕氏春秋》以及阴阳家残文中都能分别找到相应解释,甚至在同时代大儒董仲舒的《春秋繁露》的有关表达中也有相近认知,其后严遵《老子指归》、扬雄《太玄》和王充《论衡》细化与深化关于"气"的内涵表达。这里取其"元气""生气""和气""形气""志气""正气"的相关内容,作一简述。开篇《原道训》讲:

> 夫形者,生之所也;气者,生之充也;神者,生之制也。一失位,则三者伤矣。是故圣人使人各处其位,守其职,而不得相干也。故夫形者非其所安也而处之则废,气不当其所充而用之则泄,神非其所宜而行之则昧。此三者,不可不慎守也。

据刘文典引王念孙、《文选·养生论》《文子·九守》和王冰注《素问·刺禁论》,此"充"为"元",是"本"之意,讲"气为生之本"或"原"。在《缪称训》篇用黄帝的话说"芒芒昧昧,从天之道,与元同气",在《泰族训》篇将此改作"芒芒昧昧,因天之威,与元同气",同一人在不同篇目表达同样意思,即在芒昧中从天道和因天威是元与气,此气更根本、集中、系统、圆通,可称作宇宙生命事物的要素。再看"充"的会意是"云"与"儿",生活意涵是"填充""充实"等,知其在渺茫中有所认定、在现实中有所区分、在整体中明确个体、在形式中指认实质,因而与"元"动态融通。而且以"形""气""神"为一组,探讨三者的生命内蕴与生活作用,是"气"的融贯、流通,使"形"之"所"得以能、"神"之"制"得以灵、生之体得以行,使圣人明达这种互动关系、大众持守这种具体职分,得安处、充用、宜行,不荒废形体、流失内涵、迷茫精神和伤害自己。就此看,气是灵动的本源和基质,不是西方逻辑内涵规定绝离实际事物的本体与本质。也可从实在的意义讲,其为本原、本体、本能、本形、本性、本因、本事、本意,其原体(即本原与本体的合称)是元气、本能是生即生气、本形是形气、性因是和即和气、本事是正气、本意是志气。下面略补充说明,《天文训》曰:

> 天地未形……故曰太昭。道始生虚霩,虚霩生宇宙,宇宙生气。气有涯垠,清阳者薄靡而为天,重浊者凝滞而为地。清妙之合专易,重浊之凝竭难,故天先成而地后定。天地之袭精为阴阳,阴阳之专精为四时,四时之散精为万物。积阳之热气生火,火气之精者为日;积阴之寒气为水,水气之精者为月。日月之淫为精者为星辰。

学界习惯解法是,"未形"之"太昭"明"道",始推生"虚霩""宇宙""气",由"气"分清浊天地、阴阳两性、四时运作、万物形状,再由阴阳得日月星辰与金木水火土;疑惑处是,太昭如何明道,道如何能生,道与气怎样关联,气如何分化万物,道、气、物、人怎样贯通成一个整体? 这显然是人类认识与实践的经验科学所总结的系列问题求解,但在古代笼统、大体的感悟、验证中,它是自然、描述、想象、渴望和可能的。基于这种笼统考量,气比道更充分、实在、精准地体现了认识过程与内涵及结果,有效贯通形上构思、信守与形下言说、实行,这是汉初学者群体的一个重大观念转向与理论贡献。所以,宇宙万物生产的原始能力在气中而非道中,道是气的理念化、理想化、理性化的设计与界识,气是道的实在性、行动性、感知性的落成与推扩。因而对"形气"类别及其状态的系统化与多样化说明,是它的重点和亮点。

> 故精诚感于内,形气动于天,则景星见,黄龙下,祥凤至,醴泉出,嘉谷生,河不满溢,海不溶波。①
>
> 土地各以其类生,是故山气多男,泽气多女,障气多喑,风气多聋,林气多癃,木气多伛,岸下气多肿,石气多力,险阻气多瘿,暑气多夭,寒气多寿,谷气多痹,丘气多狂,衍气多仁,陵气多贪,轻土多利,重土多迟,清水音小,浊水音大,湍水人轻,迟水人重,中土多圣人。皆象其气,皆应其类。②

其内在的精诚体验与天的认知视域,用大体具象化、跳跃式的美好图景,即"景星""黄龙""祥凤""醴泉""嘉谷""河""海"的图示,证实"形气"的内外、上下、各方、跨时、集群成一体融通之可能,确认"气"的本体地位与流变景象。又从"类"的响应功能与"土地"的经验判析,用具体区域、季节、表征的关键诉求,辨识"气"各种类型和性状,推证"形气"的本来面目与可能内涵。一个是"形气"的总的可能的普遍流行,一个"气"的分的类型的特殊识别,两者统合一起追问究竟"气"的性因如何"和"。虽其和气来自老子的"万物负阴而抱阳,冲气以为和"(通行本《老子》第四十二章)的意蕴,但更多借鉴了《庄子·齐物论》及外杂篇的表述,合乎经验认识的大致过程与内容即:

> 有未始有有始者,天气始下,地气始上,阴阳错合,相与优游竞畅于宇宙之间,被德含和,缤纷茏苁,欲与物接而未成兆朕。有未始有夫未始有有始者,天含和而未降,地怀气而未扬,虚无寂寞,萧条霄霓,无有仿佛,气遂而大通冥冥者也。③
>
> 天地之气,莫大于和。和者,阴阳调,日夜分,而生物。春分而

---

① 《淮南子·泰族训》。
② 《淮南子·地形训》。
③ 《淮南子·俶真训》。

生,秋分而成,生之与成,必得和之精。①

从"有"的角度追问"始"即"有始"与"无"即"未始",由此"始"区分"天气"与"地气"的上下运动,使得阴气与阳气交错结合成和气;"优游竞畅"在"宇宙"的无限时空中包含性德或命、缤纷呈现,跟万物自由对接而不受任何具体形状的局限,这是天地之间虚空通融的气,若有若无又无所不有,有始有终又有过程与内涵,它叫和气。它是形气的性能与动因,规定了后者的本性与本因,即在"和"中解证"气"的特性与归因。也可说,形气的本性是和气的特性,形气的动因是和气的归因。就此,"天地之气"被"和"的性因引导与规范,调节阴阳的交合与日夜的分化而成全万物的创生,在春秋的轮替里生成精致的和气之物。此精气之物在自然变化上为神气而通灵,在社会事业上为意气或者义气而致诚,内敛为精神、气志即:

> 夫孔窍者,精神之户牖也;而气志者,五藏之使候也。耳目淫于声色之乐……则五藏摇动而不定……则血气滔荡而不休矣。血气滔荡而不休,则精神驰骋于外而不守……气志虚静恬愉而省嗜欲……嗜欲者使人之气越,而好憎者使人之心劳,弗疾去,则志气日耗。②

据王念孙校释,第一个"气志"是"血气"之误。由此受"声色"玩乐过度感染的耳目"孔窍",使人"五藏"中"血气"摇荡不休,进而影响到"精神"的内在安宁,且有志于"驰骋"外在的"嗜欲",让人之神气飞扬、精气飞散、血气沸腾和志气磨损,这不是和气的本意,而是人气或俗气的张扬。因为"气"在人本身的用意上是和生而归根守静,即遵循和气的本性与本因、爱惜生气的本体与本命、守护元气的本原与本根,不能"意气"用事而铺张物欲,应"义气"行事、做正人君子,这是正气凛然的做法,也是

---

① 《淮南子·泛论训》。
② 《淮南子·精神训》。

"志气"的本事即：

> 君子行正气，小人行邪气。内便于性，外合于义，循理而动，不系于物者，正气也。重于滋味，淫于声色，发于喜怒，不顾后患者，邪气也。邪与正相伤，欲与性相害，不可两立。①

此"君子"与"小人"的判识是《论语》中孔子的标准看法，即君子以义来断、小人以利来判；正邪的区别是老庄道家甚至包含《管子》《孟子》《荀子》《韩非子》等关于"气"的认知理路，即生是性并内化一切、命是令或名（义）并外推一切。"正气"是其性体内化于本根、命义外推于人事，因循原理运动、牵系杂物沉沦的正当存在；"邪气"是满足口舌的"滋味"，迷惑耳目的"声色"，激发心血的"喜怒"，不考虑生命忧患的虚妄存在。如果以此"邪""欲"伤害"正""性"，那么，人就变成不顾性命义理的恶魔而胡作非为或肆意妄为。因此，"志气"所用、所事在"正"，不在"邪"。

就上述"气"的讨论，可知"道"是场域、原理、规律、通路、方法、方式等，"气"才是实体、主因、本质、根源、命运、归依等，才有元气本原、生气实体、形气样式、和气性因、志气用意与正气做事。不过，这种讨论是在宇宙视域下进行的，因而要对其宇宙视域与内涵及认知体系作进一步考察。

二、气本宇宙论

由前述"气"诸多意涵可知，"宇宙"间充满"生气""形气""和气"，根系"元气"并赋义"志气"、推行"正气"，是在宇宙论境域探寻"气"的基本理路与缤纷景象。反过来，从"气"的生命基元如何当考察"宇宙"的发生基因、构成要素和本质特征呢？首先须弄清楚"宇宙"的可能含义；其次，讨论它是如何发生、由什么组成和决定。

---

① 《淮南子·诠言训》。

1. 宇宙

关于"宇宙"的用词,在《庄子》等中有具体的表述,但对其作明确的解释是《墨经》,《淮南子》沿袭了此义,提出一些不同的说解即:

> 约而能张,幽而能明,弱而能强,柔而能刚,横四维而含阴阳,纮宇宙而章三光。

> 无为为之而合于道,无为言之而通乎德,恬愉无矜而得于和,有万不同而便于性,神托于秋豪之末,而大宇宙之总。(《原道训》)

> 若然者,陶冶万物,与造化者为人,天地之间,宇宙之内,莫能夭遏。(《俶真训》)

> 凤凰之翔至德也,雷霆不作,风雨不兴,川谷不澹,草木不摇,而燕雀佼之,以为不能与之争于宇宙之间。(《览冥训》)

> 故知宇宙之大,则不可劫以死生。(《精神训》)

> 扶桑受谢,日照宇宙,昭昭之光,辉烛四海。(《道应训》)

> 受光于隙照一隅,受光于牖照北壁,受光于户照室中无遗物,况受光于宇宙乎?(《说山训》)

> 夫天之所覆,地之所载,包于六合之内,托于宇宙之间,阴阳之所生,血气之精,含牙戴角,前爪后距,奋翼攫肆,蚑行蛲动之虫,喜而合,怒而斗,见利而就,避害而去,其情一也。(《修务训》)

除前面提及"虚霩生宇宙"与"宇宙之间",此处增"纮宇宙而章三光""大宇宙之总""宇宙之内""宇宙之大""日照宇宙""受光于宇宙"等说法,都未给出"宇宙"的明晰理解,反而是后来的注解以时空来界定其为天地之无边空旷和古今之无限跨越,才明了。从第一句得"宇宙"可"纮",第二句知其"总",第三句限其"内",第五句知其"大",第七句见其"照",第六句受其"光",第八句知其"托",之前明其"生"与"游",此知宇宙整全、广大、受限、被照、有光、能生、任游、可弘、可托。其全在"神"以合道、通德、得和、便性,大得超越生死局限,又限定天地古今之间,受日月星辰普照,由阴阳之气创生,随万物畅游,可伸可缩,可包可托,是人与物的居所,是其生命存在与发展的客观基础。此神是自然神,非宗教塑造的绝对至善与万能的人格神,即是现实的、非理想的。因而其不是先天直观的时空范畴形式,是后天直接的时空存在可能。即宇宙的视域是天地的视域,生命的场域,自然的境域,这种视域、场域和境域由气充实和决定。

在这个意义上,可探讨其由气生成、构成和决定的宇宙论,而不是凭空构造其认知模式、逻辑推测其组成元素和分析其变化趋势。

2. 宇宙的发生论、构成论与决定论

以往对《淮南子》宇宙论的探讨,主要集中在《俶真训》《天文训》《精神训》《诠言训》篇目,都承认其生成论或发生论,分歧在有无构成论或结构论,有气化宇宙论与本体宇宙论之说。我们认为《淮南子》先把老庄的道本气化,然后将气化实体化,再具象而宏观地阐明其气本支撑的宇宙发生论、构成论和决定论。

第一,道本如何气化,即宇宙怎么发生或宇宙生成论如何可能。老子对“道”的认识,有“始”“母”“宗”“根”的判断;庄子把“道”看作“自本自根”,得出“本根”的界定;《管子·水地》出现“水”作为“本原”,贯通万物,统合一切;如上述《淮南子》有“气”为“生之元”的简括,且与“形”“神”在“生”的意义诉求中呈现其本来内涵。可见,“气”这个生命基元是宇宙事物的本原。只有“气”,才能真正生成天地间的万事万物,“道”是不可能独立完成此生命任务,更多是规律范导、原则指示、理念设计与理性把握。何况老庄的本根之根也有根源与根据二义,其根源与秦汉的黄老学者之本原说相同,其根据更多是事实上而非价值上的(此为孔孟荀儒家)。因而,其以黄帝讲“气”与“元”同,很可能是稷下黄老学者假借古代圣王生命实践的根源推阐。由此可说,《淮南子》的“气”超化了老庄的“道”、黄老的“水”而为本原。

第二,气化怎样实体化,即宇宙到底由什么东西构成或宇宙的结构是什么样子的。之前有《周易》神秘化的阴阳符号建构的宇宙图像,到战国中后期有阴阳家与《吕氏春秋》的阴阳五行尤其金木水火土五种要素形成的物质世界;古印度有地火水风的四蕴说,在古希腊有“四根”说、

"种子"说和"原子"说；这些古代哲人从对现实事物的单纯简化上，发觉了宇宙构造的基本元素。同样，《淮南子》的"气"对阴阳五行是一种高度的纯化，其"生之充"是对宇宙生命的无限充实，是生命基元对宇宙事物的自由塑造或自然充润。或者说，"气"作为宇宙的生命本源即元，并非《淮南子》原创，来自前贤黄老学者的设定，但成为宇宙生命基元即组成要素或"充"，是它确认，即使有庄子的天下一气之聚散和《管子》的精气说，也没从"生"的"气"场提出宇宙的"物"的构成。更重要的是，它不仅指出其发生与构成的可能，还论证其怎么被决定，即宇宙万物的形成与构造到底被谁决定的呢？

第三，宇宙被谁定制，即宇宙命运掌握在谁的手中或谁是宇宙的主宰。初看其对"形""气""神"的界识，形是生命存在的处所，气是生命构成的要素，神是生命发展的规制，这似乎意味着《淮南子》尚未走出远古神话的天真设想。实际上，上述对"气"的讨论很清楚地表明，其形是气之形而为形气，其神是气之神而为神气。因而，形是气的外表，神是气的内情，其最终是气自个存在、形塑、建构、发展、循环、圆满。因此，它在此宇宙论中的最大贡献不是本原论、本体论，而是决定论；此决定论不是孟荀的善恶本性决定而由人心或人文趋向善，也不是柏拉图的共相本质决定而由理念或智慧导出理性，它是本原、本体的决定而由本身和本能推得其质性、因果。

所以，《淮南子》的气是定根源的元气、能创造的生气、会建构的形气、可圆融的和气、有意向的志气和成事业的正气，把宇宙生命的本原、本体、本能、本性、本意与本事，作了周密考察与精准把握，提出以气为本的宇宙发生论、构成论和决定论的三合一认知体系。将此体系完整呈现在宇宙而融合本原、本体、本能是"自然"，具体表现在生命根本上受元气与生气所制约的形气化作万物；赋予此体系的人文痕迹与关怀，美善本性、本意、本事普遍的功德是自觉即"性命之情"的自我思虑，具体做法在生活枝节上被和气与志气宰制的正气化育众生。

第二节 "自然"概念

把上述气本宇宙论的"本"略作引申,其本原是"气"本有的根源与要素即宇宙生命的元素,此元素是生成之基元与构成之质素;其本体是它本有的实体与主体即宇宙生命的身体,此身体是灵动之身与实有之体;其本能是它本有的潜能与动能即宇宙生命的能量,此能量是创造之能与规范之力;此三者"本有"的全面绽放,就是"自然"。也就是说,此本有是自有而非他有,是天生而非人为的,这是自然的原初义。基于这种原义,我们考察《淮南子》的"自然"概念内涵。

一、《淮南子》的"自然"叙述及推阐

《淮南子》关于"自然"的表述,一共有 21 处,大致是:

是故天下之事,不可为也,因其自然而推之。

万物固以自然,圣人又何事焉!

所谓无治者,不易自然也;所谓无不治者,因物之相然也。

修道理之数,因天地之自然,则六合不足均也。

两木相摩而然,金火相守而流,员者常转,窾者主浮,自然之势也。(《原道》)

故以智为治者,难以持国,唯通于太和而持自然之应者,为能有之。(《览冥》)

故至人之治也,心与神处,形与性调,静而体德,动而理通,随自然之性而缘不得已之化,洞然无为而天下自和,憺然无为而民自朴,无礼祥而民不夭,不忿争而养足,兼包海内,泽及后世,不知为之谁何。(《本经》)

进退应时,动静循理,不为丑美好憎,不为赏罚喜怒,名各自名,类各自类,事犹自然,莫出于己。

夫舟浮于水,车转于陆,此势之自然也。

是故圣人举事也，岂能拂道理之数，诡自然之性，以曲为直，以屈为伸哉？

不正本而反自然，则人主逾劳，人臣逾逸。（《主术》）

且喜怒哀乐，有感而自然者也。（《齐俗》）

法修自然，己无所与。

唯灭迹于无为，而随天地自然者，唯能胜理而为受名。（《诠言》）

晓自然以为智，知存亡之枢机，祸福之门户，举而用之，陷溺于难者，不可胜计也。（《人间》）

若吾所谓"无为"者，私志不得入公道，嗜欲不得枉正术，循理而举事，因资而立权，自然之势，而曲故不得容者，事成而身弗伐，功立而名弗有，非谓其感而不应，攻而不动者。若夫以火爟井，以淮灌山，此用己而背自然，故谓之有为。

人性各有所修短，若鱼之跃，若鹊之驳，此自然者，不可损益。

各有其自然之势，无禀受于外，故力竭功沮。（《修务》）

天致其高，地致其厚，月照其夜，日照其昼，阴阳化，列星朗，非其道而物自然。

夫物有以自然，而后人事有治也。（《泰族》）

从上可得自然之本无、天地万物自然、自然之性、自然之因、自然之势、自然之应（或感）、自然之智、自然之法、自然之治与自然之反，重在本自然、物自然、性自然、因自然、势自然、应自然、识（或知）自然、法自然、事自然和反（返或归）自然。因而其本在"正"并正于"道"之元"气"、非纯"无"，其物在"相"而定形于实际行状、不是符号数目，其性在"物"而内生于实体、决非外缘征兆，其因在"本"而归因于本根源泉、不是枝节条件，其势在"能"（推或循）而进展万千现象、不是唯一结果，其应在"时"而和合于各种资源与机缘、并非感觉与意念，其识在"势"而明白存亡祸福之机要、莫作是非得失之计较，其法在"智"而要人遵守天地万物本有之律则、决非故意造作之程序,其事在"人"而按己之智识与物之律则来完成生之职责与使命,别怕死之威胁与取缔,其反在"根"而记取本来之面目和憧憬未来之殿堂,担负既来之收益与败落。就此自然之本、之物、之性、之因、之势、之应、之识、之法、之事、之反,明达其正、其相、其体、其原、其能、其感、其智、其治、其功、其道。因而,《淮南子》更注重庄子个体性自然物化的可能机缘与实际过程,渐疏离老子整体性自然超越的初始根系与最终结局;后者是其生命根据与归宿,前者是其生命全程与内蕴,它融会二者用意而推扩《吕氏春秋》的自然要义。

就此自然诸义,《淮南子》诠定的"形物"自然论是对其"元气"宇宙论的完整开显。怎么开显,如何保持完整,下面补证。

二、"形物"自然论对"元气"宇宙论的完整开显

从上述"物"的"自然",可溯源"本"的自然和推引"性、因、势、应、识、法、事、反"之"自然"。即在"物"的开显下,可实际展示"本"之外形,有效导出"性"之特质、"因"之机缘、"势"之动能、"应"之感受、"识"之文言、"法"之国度、"事"之成就、"反"之命运。这从"物"的基本认知中可得一些启示,如:

> 夫无形者,物之大祖也;无音者,声之大宗也。(《原道》)

> 物类相动,本标相应,故阳燧见日则燃而为火,方诸见月则津而为水。(《天文》)

> 制度阴阳,大制有六度:天为绳,地为准,春为规,夏为衡,秋为矩,冬为权。绳者,所以绳万物也。准者,所以准万物也。规者,所以员万物也。衡者,所以平万物也。矩者,所以方万物也。权者,所以权万物也。绳之为度也,直而不争,修而不穷,久而不弊,远而不忘,与天合德,与神合明,所欲则得,所恶则亡,自古及今,不可移匡,厥德孔密,广大以容,是故上帝以为物宗。准之以为度也,平而不险,均而不阿,广大以容,宽裕以和,柔而不刚,锐而不挫,流而不滞,

易而不秽,发通而有纪,周密而不泄,准平而不失,万物皆平,民无险谋,怨恶不生,是故上帝以为物平。(《时则》)

"物之大祖"即其宗源是"无形者",此无形者是其本,本是气,因而物之宗祖是元气。该"物类"运动变化,"本标"应和互动而生成日月水火,其本是类推之根蒂而为气,其末是外推之实形而为物①。此物据气之阴阳二性,设置天、地、春、夏、秋、冬"六度",能够制约即"绳"、校正即"准"、规范、平衡、方寸、权度万物。应怎样做,可确保其完整性与贯通性呢?它提供两种大体方案即:一是约束性的神圣尺度,认可其"直""修""久""远",却不"争""穷""弊""忘",配合天德与神明,欲得恶失,古今遵循这种严密而宽容的判断原则,这是"上帝"永远坚守其判分万物的宗旨;另一是标准式的世俗尺度,赞同其"平""均""广大""宽裕""柔""锐""流""易""发通""周密""准平",不张扬其"险""阿"、狭隘、冲突、"刚""挫""秽"、混乱、"泄""失",使万物回归正常状态自在发展、人民享受健康生活却不用争你死我活,这是生命事物都习惯的生存法则,也是"上帝"日常抚平各种困苦灾害的有效策略。不能把这两种尺度对立,正如不能将人与神、气与物、道与事等对立,只有融会二者优势来推进生命成长、成熟与轮替,才真正保障其完整性绽放与贯通性充实,这是"物"的自然论在"气"的宇宙论引导下作的永久开显与日常收缩。

结合上述"气"的宇宙论与"物"的自然论的常变内涵分析,再对比同时期大儒董仲舒所言"天不变,道亦不变"和"正其义不谋其利,明其道不济其功"的经权理念诉求,恰好证明《淮南子》以物之变推阐气之变、由气之变推导道之变、以天之变道定人之常情,完全不同于董仲舒以天之不变推出道之不变、由道之不变推得理(或伦常)之不变、以人之常理定天之变道。但他们的理论落脚点都在人,不管是现实的宇宙元气与自然形物,还是历史的春秋启元与文化基业,须在人的表现中求得如何究竟成

---

① 此外推,有具体过程可参照,能实际求证,是限定的认知把握;类推,要全面概括其实际情况,为高度抽象,是恒定的原则设计。

全与及时完善,甚至包含世代与同辈累积的美誉与厚利。前者重视人的"性命之情"的生命哲学的自由塑造,后者强调人的善恶本性的生活哲学的规范作业,由此,《淮南子》更在意人的生命本能的情状的正当展现,而董氏更在乎人类的生活本性的规定的正确引导。这里不具体探讨董氏的相关论证之得失,将对《淮南子》的生命哲学的情志作适度阐发。

第三节 以"性命之情"为核心的生命哲学

《淮南子·俶真》篇曰:"诚达于性命之情,而仁义固附矣,趋舍何足以滑心。"作者高度认肯生命信仰与文化机体而塑造人类心灵港湾。《淮南子》是以"性命之情"为核心而构建"自然"的生命哲学。此哲学内涵如何,依靠什么展开,大致有何种特征,我们通过其对"性命之情"的论述与认知主体"人"的审视,剖析其生命哲学的理论实质与特征。

一、确立"性命之情"的核心地位并发挥其关键作用

除上述"性命之情"的表述外,《淮南子》该篇与其他篇目还有如下说法:

> 是故夫得道已定,而不待万物之推移也,非以一时之变化而定吾所以自得也。吾所谓得者,性命之情处其所安也。夫性命者,与形俱出其宗,形备而性命成,性命成而好憎生矣。(《原道》)
>
> 故古之治天下也,必达乎性命之情。其举错未必同也,其合于道一也。(《俶真》)
>
> 故目虽欲之,禁之以度,心虽乐之,节之以礼,趋翔周旋,诎节卑拜,肉凝而不食,酒澄而不饮,外束其形,内总其德,钳阴阳之和,而迫性命之情,故终身为悲人。(《精神》)
>
> 性命之情,淫而相胁,以不得已,则不和,是以贵乐。
>
> 是故神明藏于无形,精神反于至真,则目明而不以视,耳聪而不以听,必条达而不以思虑,委而弗为,和而弗矜,冥性命之情,而智故

不得杂焉。(《本经》)

故知性之情者,不务性之所无以为;知命之情者,不忧命之所无
奈何。故不高宫室者,非爱木也;不大钟鼎者,非爱金也。直行性命
之情,而制度可以为万民仪。(《泰族》)

第一、二小段从"道"的"定"与"一"来考察其"得"与"合",此定于
"元"而充"气"以生"物",由此推出吾人生命来自本原之气禀而展现实体
之性情与命运,进而安顿其心灵家园并缤纷其喜怒情绪;此合于"治"而
明"情"以分"举错(措)",由此自然生命经文化生活熏陶而步入政治轨道
与程序,完成共同的政治使命与事业。一从"自得"的角度推定"性命之
情"安置在本源处见其形体、宗旨和情绪,另一从自治的视角通达此情在
日常言行举措中规划愿景、宰制天下、发展事业;前者归根"自然"而融通
元气与万物,后者须从自得中自觉而模塑自我与群体。因而,性命之情
在自得与自治中间处于核心地位,起人类生活觉解与调治的关键作用。

再看第三、四、五小段,主要是对第一段的"情"之内在体验与超解即
"悲""乐""智"的探讨。"终身为悲人"是有意压迫"性命之情",使它得不
到正当的过程舒展与适宜的细节满足,如眼中的美好事物被有关法度禁
止观看,心中的快乐要求被特定礼节管制,甚至日常言行举止与吃穿住
行的基本自由被严格局限,其形体完全被"清规戒律"的社会教条与制度
束缚住,思想也被指令的道德理念绝对操控着,结果只能是阴与阳失和、
灵与肉分离、命或道与欲孤立、性与情紊乱、物与人受挫,最终成为被刻
意禁锢与伤害的悲哀生活者。可见,悲在其情之迫的实感,"乐"在其
"淫"的虚张。此迫与淫两个极端,一个管得太死,一个放得太开,但悲
从喜或欲来,又乐极生悲,因而要把握度。此度是乐和,即情欲的快乐要
保持中和的生命状态与原则,不可无限膨胀其欲望,也不可完全压缩其
欲求,此乐才可贵,此和才适中。以此照察第五小段,据前后语法与意
思,断句应在"智"末,其明确表达是"冥性命之情而智","不得杂"是统合
第一、二小段而"自得一"(此一为道、为气),以潜藏在"无形"中的"神明"

与回归"至真"的"精神",观解"目明""耳聪""条达""委""和",不用"视""听""思虑""为""矜",这是超越的生命智慧、非经验的生活知识。因而人类"自得"于宇宙"元气"之"道",通过"性命之情"生"悲、乐、智"。

第六小段是在"智"或"知"的基础上讨论"情"与"性""命"的关系,及作为"仪"的可能。只有了解到本性的实际情况,才能根据其实情正当作为而不大胆妄为,即为其所为和当为而不为其所不能为和不应为,而且能为由所为判定、应为由能为决定;也只有明达了本命的实际情形,才不会无故担忧其无可奈何之事与物而安足于本分职守,即根源、过程与结果不是自己所能主宰,却参与其中发掘、变化与安排。只有掌握本性、本命之实情运作,才可造就妥善的制度安排来改进万民的言行思虑,才能规范他们的生活与事业而获得大治与一统。这是"得定"与"合一"的关系论证与功能揭示。

就此说性命之情是万物自得与人类自治的中心环节,是人在社会生活中的悲、乐、智、仪的客观基础、行动前提与认知条件。这个"人"的典范是"真"与"圣"之至,他们与天、天道、道、气、神、理、形、物、命、性、情、欲、事等相连。

二、"人"的主体确立及客观把握

在"气"的宇宙论中"人"的形象与地位不明显,就算到了"物"的自然论中"人"的精神风采与生活风貌也不够突出,但在"性命之情"中尤其是"悲、乐、智、仪"的情绪、慧识与标配中,"人"的主体地位与文化形象越来越显明、重要和完整。也可以说,人虽是宇宙一员和自然物一分子,但决非其本原的存在与变化的主宰,只有在生命情感体验与现实过程中,才是天地间榜样与古今活动主角。也就是说,在文化天地中,人堪称万物之灵与万事模范。因此有必要对《淮南子》中的"天""人""真人""圣人"作些观察,以透显性命之情、自然之物与宇宙之气是如何圆融在一起,全力推进生命过程、内涵、样态与结局的。大致如下:

人生而静，天之性也。感而后动，性之害也。物至而神应，知之动也。知与物接，而好憎生焉。好憎成形，而知诱于外，不能反己，而天理灭矣。故达于道者，不以人易天，外与物化，而内不失其情，至无而供其求，时骋而要其宿。

所谓天者，纯粹朴素，质直皓白，未始有与杂糅者也。所谓人者，偶□智故，曲巧诈伪，所以俯仰于世人而与俗交者也。故牛岐蹄而戴角，马被髦而全足者，天也。络马之口，穿牛之鼻者，人也。循天者，与道游者也。随人者，与俗交者也。……故圣人不以人滑天，不以欲乱情，不谋而当，不言而信，不虑而得，不为而成，精通于灵府，与造化者为人。(《原道》)

古之真人，立于天地之本，中至优游，抱德炀和，而万物杂累焉，孰肯解构人间之事，以物烦其性命乎!

古之圣人，其和愉宁静，性也；其志得道行，命也。是故性遭命而后能行，命得性而后能明。(《俶真》)

人的天性好静，感动是此性的伤害。是怎么伤害的呢? 或者说，首先是如何被感动的? 这通过人与物的交接感应，触动神灵的默契而获得认知的可能；这种认知，表征在各种生活事物上，是爱憎的情感产生，即喜欢什么与厌恶什么而有是非心；由此是非心和爱憎情，就有外形的无限追逐与欲望的不停诱惑，就会迷失本来的自己，就会抹灭天生存在的正当理据而泛滥人为的故意要求，结果便不再沿宇宙的生命大道继续前进，执着眼前各种生活的捷径，这使其从天道、天理、天性中滑落。因此，人要明达这种道理与性命，不要轻易改变天赋的东西，才能在外形上同物自然气化，在内神上保持性命之情，做到无所求才可满足一切要求，融入生命时空才会在根源中润育、在过程中充实、在归宿中圆满。这是以"道""性""天理"来范导人的"情""感""知"。接着，列举出"天"与"人"的本来规定、应当表现和可能作为，即天是质朴浑融的自然存在而人是"曲巧诈伪"的世俗智者、天是牛马之本性如此而人是牛马之装饰者、天是与

"道游"于气中而人是与"俗交"于欲中。就此,"圣"在天与人之间确保本性的发用,不可被生活之"欲"扰乱了性命之"情",无需刻意"谋""言""虑""为"却能"当""信""得""成",在"灵府"中"造化"自身而为文化天地事物的精英。其后以"古之圣人"的性命关系与"行""明",补充了人性的"和"与"静"之根本状态,也明确了人命的"志"与"道"之遭遇及达成,人必须在性命之情中坚持根性作为和发扬其志气原理,才天人合一于物化、形神合一于志气与性情合一于命运。这就意味着圣人是人在性命之情中昂扬的生命典范,也是老子思想塑造"法天道"和"自然"的圣人形象在后学中的回应与落实。

当然,更显眼的是《淮南子》采用庄子《逍遥游》《齐物论》《德充符》《人间世》《应帝王》的"至人""神人""圣人""真人"形象,挺立其生发于"天地之本",中通天下一气而"优游"环宇,其始终保持真德去和合万物与人间事,不会为物欲牵累和俗事烦扰,自在体验性命实情,因应自然普遍超越。也就是说,圣人求"真"才与天之"道、理、性、命"全融贯,求"善"或"美"总与俗之"物、事、情、感"相纠缠,前者为气化而后者成志滞。人类生命当在自然气化中应和性命之情的验证与智解,不要在世俗欲求中强制其情的胡思与妄为。由此可概括《淮南子》的生命哲学内蕴与表征。

三、《淮南子》生命哲学的内蕴与表征

简要地说,《淮南子》生命哲学的内蕴是宇宙自然之气,其表征是万物性命之情。此生命哲学的内蕴看似虚无却有元气无限运作,其表征或许平常却有实情专门研究。《淮南子》的生命哲学要点就在此,可惜太多的解读游离此基本内涵及其表现,注入西学分科体系建构的认知模式来规范其本义与用意。

有学者认为《淮南子·精神》篇主要阐述生命问题,提出前人未论的形、神、气作为生命三大要素及其关系说明等;[①] 也有从生命与自然、社

---

① 参阅牟钟鉴《〈吕氏春秋〉与〈淮南子〉思想研究》,北京,人民出版社,2013。

会、个体、自由等全面考察其生命的本源、机制、结构、过程、价值、本质、存在、修养、境界,承袭老庄之道为终极根源、德作现实根据,是道家生命气化论的理论高峰而开显《吕氏春秋》的宇宙自然大生命。[①] 正如在前面对"气""自然""性命之情""人"解析的,生命的基源看似"道"而实为"气",其机制本为"气"而实成"道",构成似为三元(形气神)而实为一元,过程是气化而内涵"气",价值在自然的贡献即生而非社会的贡献即文,本质是天性赋予而非抽象规定,它存在于宇宙时空或天地古今中,它的修养作为是虚静无为,它的人文境界与形象是圣人、真人、至人和神人。因而在生命本原上莫偏执原道之虚无,要通天德之赋予,认证元气之实体,抑制万物之情欲,发扬人类之理性,推进事务之功效,求解文化之精神,让文化生命哲学理论奠基在宇宙生命哲学认知上。就此,首要考虑是生命根系为何、本体是甚、流程怎样、布局如何、结果无限,求证生命超化的依据何来、机体怎么界定、机制咋建立、机理咋分析、机缘咋把握、机能咋运作、成果咋受用、意愿咋满足。《淮南子》以人的情感观照来贞定其文化生命哲学的内核与外延,不是以天的性命之情来阐明其自然生命哲学内蕴与表征,此受先秦儒家的人文主义影响而有仁道理念指引,反而淡化老庄道家自然主义元素并抛弃其气本的实体观念支撑。这是稷下黄老学者转进到秦汉黄老学派所折衷儒道两家主旨的两可判断,在宇宙论和自然论上以老庄为主来启引其他学说,在人生论与政治论上以孔孟荀为主来涵摄相关理解,其困惑与困境在衔接此四论的性命说摇摆于儒道的天人之间穷究至极绝对。就此强调生命内蕴无限、表征有限,不能用有限表征去框住无限内蕴。

基于此,《淮南子》先是自然造化之物的气本宇宙生命哲学,而非社会塑造之人的道本精神生命哲学,它的内蕴是气而化作物、表征是性命之情而有感应,不是德而自觉仁、形式是礼仪之事而验其功。这意味着,生命是自然人的本根,是社会人的生活基础,是文化人的历史源泉,是理

---

① 参阅李霞《生死智慧——道家生命观研究》,北京,人民出版社,2004。

论人的现实主体。由此生命哲学序列，可论《淮南子》中儒道分歧与趋同及融合。

第四节 对儒家思想的吸收

在《淮南子》一书中，虽然直接以老庄思想要点为基准来研判宇宙论的气之元、生、形、和、正、志，和自然论的物之本根、表象、特性、因缘、趋势、法则、可能等，以及生命哲学的人之初、道、理、情、事、智、术、义等，但儒墨法等各家尤其是儒家的人物观点也吸收不少来补证与圆润其认知体系。甚至可以说，在人生论的个体文化修养与政治论的社会制度建构上，更倚重儒家的"仁义""礼乐""礼义"等观念要素来加持人类生命禀赋与改善群体生活事业。这可从它引用的"六艺"经典与孔子及其弟子们的话语中，特别是"仁义"的价值诉求与精神安顿及现实功能上得到印证。以下从三个方面说明。首先是对"六艺"与《论语》的直接引用、演义及提要，其次是孔子及弟子们的言行语录、形象塑造与道德追求，最后是儒家"仁义"核心观念的具体认知与整体融合。

一、"六艺"与《论语》

《淮南子》中无"独尊儒术""道统""学统"的认识痕迹，仅把《诗》《书》《易》《礼》《乐》《春秋》看作"六艺"、《论语》的言当成孔子的话。或许当时诸多经典塑造不是一下子完成，但传统教材与习惯用语把这类待完善的样本推上历史舞台，成为政客、文人、学者们的可靠资料与阐发依据。这里不罗列相关说法，大略如下：

> 周室衰而王道废，儒墨乃始列道而议，分徒而讼。于是博学以疑圣，华诬以胁众，弦歌鼓舞，缘饰《诗》《书》，以买名誉于天下。（《俶真》）

> 百川异源而皆归于海，百家殊业而皆务于治。王道缺而《诗》作，周室废、礼义坏而《春秋》作。《诗》《春秋》，学之美者也，皆衰世

之造也,儒者循之以教导于世,岂若三代之盛哉!以《诗》《春秋》为古之道而贵之,又有未作《诗》《春秋》之时。夫道其缺也,不若道其全也。诵先王之《诗》《书》,不若闻得其言;闻得其言,不若得其所以言。得其所以言者,言弗能言也。故道可道,非常道也。(《泛论》)

故《易》之失也卦,《书》之失也敷,乐之失也淫,《诗》之失也辟,礼之失也责,《春秋》之失也刺。

天不一时,地不一利,人不一事,是以绪业不得不多端,趋行不得不殊方。五行异气而皆适调,六艺异科而皆同道。温惠柔良者,《诗》之风也;淳庞敦厚者,《书》之教也;清明条达者,《易》之义也;恭俭尊让者,礼之为也;宽裕简易者,乐之化也;刺几辩义者,《春秋》之靡也。故《易》之失鬼,乐之失淫,《诗》之失愚,《书》之失拘,礼之失伎,《春秋》之失訾。六者,圣人兼用而财制之。失本则乱,得本则治。其美在调,其失在权。(《泰族》)

政治背景是春秋战国时期周王室的权势、威望衰微和王道荒废、礼义崩坏,即周朝政治势力没落与分封诸侯政治事业壮大,给儒墨两家的人文学派势力迅速崛起提供了机会与平台,他们博学好问圣王前贤、深思明辨家国大事、成群结队地进行话题论争、喜欢粉饰《诗》《书》文本内容、铺张各自言论观点而声名显赫于天下,这直接暗示了儒家文化群体编撰性地裁剪、整顿与扩充诗书内容。也可以说,汉代使用的先秦经书受儒者的修订而成型,携带了其生活情境与观念诉求,间接熏染了《淮南子》的看法与推证。即使他们是"道议"(爱道听途说)、"分讼"(各自表彰所是)、"疑圣"(怀疑圣贤合理性与有效性)、"胁众"(蛊惑并胁迫大众作价值或立场选择)、"歌舞"(采取不严肃的表现形式即欢快的文艺做法)、"缘饰"(随机应变解释各种典籍)、"买誉"(有名无实地夸大其词而赢得声誉),更多产生这种负面形象与影响,但其开创性("始")的自由讨论、差异性("分")的个体解说、广博式("博")的学习研究、完美性("华")的理想追求、器具式("弦""鼓")的文艺表演、机智型的典籍开发与名言式的社会传播以及担负历史使命(作《春秋》)、服务政治目标("务治")、救治现实苦难与困境(造业、道全),是值得人们赏识与推举的。其不足不妥处需要警惕与增补、改进,也有亮点、优点应认可与发扬、力行,明确以批评的口吻与批判的态度来辨析其得与失、是与非,分析其成与败、因与果,不仅中肯,而且深刻。

它认为,不该"趁火打劫"政治困局而贪图"华而不实"的人间虚名,不要无故美化其传统文本的救世治世功能而完整考察其言论宗旨与背后玄机,不要被浮言乱语所感染和鼓动去"可道"、走捷径而迷失大道方向、"常道"原则,不要看不到《易》《乐》《诗》《书》《礼》《春秋》的理论缺失即神秘图示("卦""鬼")、骄奢淫逸("淫")、怪邪愚昧("僻""愚")、拘谨敷衍("敷""拘")、等级森严("责""忮")、过当非议("刺""訾");同样,也决不能"因噎废食"言论自由而习惯"照本宣科"地解读其典要与古道,也不可因"绪业""多端""趋行""殊方""六艺异科"、人事纷扰,就放弃合群、共治、同道、统本、调制。它是高度认可《诗》《书》《易》《礼》《乐》(文中对此二者未标书名号)、《春秋》的优长,即《诗》培育优良(即"温惠柔良")的社会风气、《书》提供深厚(即"淳庞敦厚")的文化教育、《易》阐释究极(即"清明条达")的事物义理、《礼》规范节制(即"恭俭尊让")的个体言行、《乐》实现宽容(即"宽裕简易")的精神感化、《春秋》铺张公正(即"刺几辩义")的政治原则。圣人是综合了解此六艺的得失后合理采用其要点并有效发挥其优长,掌握古今治道的根本而不迷乱其细枝末节,把现实社会调治到十分美善和谐的程度与状态而虚张绝对至高无上的权势,这在政治理想追求上有老庄道家的谦卑清守风范,在实际运作层面采纳了儒家六艺温良、淳厚、明达、恭敬、宽容、公正的指导原则。

另外,除了六艺典籍的原文引用、概念推演与观点提炼外,《淮南子》中还出现少许与《论语》的文句几乎完全相同的话语,未标书名而以孔子陈述。略选二则,以作疏解。

是故人主之立法,先自为检式仪表,故令行于天下。孔子曰:

"其身正,不令而行;其身不正,虽令不从。"故禁胜于身,则令行于民矣。(《主术》)

故孔子曰:"可以共学矣,而未可以适道也;可与适道,未可以立也;可以立,未可与权。"权者,圣人之所独见也。(《泛论》)

第一句见于《论语·子路》篇,一模一样;第二句在《子罕》篇原文是"可与共学,未可与适道;可与适道,未可与立;可与立,未可与权",其"与"部分被"以"替代,有"矣""而""也"之类语气词和连词。究竟是后世通行本《论语》削减、修改而成,还是《淮南子》有意敷衍其文与义呢? 这里主要依据后人传播孔子本人的流行话语,作些意义上的说明。它依然立足于天下政治的基本判断标准与法令执行效果,要人主自身做示范和榜样,才能正确引导民众信守和遵循,这是儒家修身、齐家、治国、平天下的基本理路,也可能是老子修身、家、乡、邦、天下以观得失的思路;但家与国的内涵不显,直接由自身跨越式地推扩到天下事业,因而更看重人主的"仪表"和"检式",以及由此形成可行的政令。当讲了人主的"政"或"正",便大体谈圣人的"学"之同修与"道"之确立,推得其"独见"之"权",刚好可弥补"六艺"之"失",共人间之美事、善政而定天下之良法、正治。《淮南子》书中孔子言论不少,不一一列举,后面会专门讨论孔子,仅以此二则言论指明其与《论语》的相同相似。可以说,从儒家原始典籍看,《淮南子》在人生实践、政治原则与学术培养上汲取了其思想营养与优长。

二、孔子及其弟子们

如果说儒家基本典籍的长期多方面影响还有点或明或暗、或多或少的两可感觉,那么,其代表人物的言行事迹与观念教化是无法逃避也不容置疑的,特别是孔子及其弟子们的文化活动与思想表现。对孟子有一处提及,即"全性保真,不以物累形,杨子之所立也,而孟子非之"(《泛论》);对荀子未见介绍,即使其重要的观念因素化解在《淮南子》的思想世界里,这是它与汉儒董仲舒推崇孔荀礼法思想建构的一个显著区别。

它和《庄子》一样,关注重点在儒墨及其弟子而不是再传后学。这里以孔子为核心人物,看《淮南子》对其形象如何塑造与观念怎样把握。

> 夫颜回、季路、子夏、冉伯牛,孔子之通学也。然颜渊夭死,季路菹于卫,子夏失明,冉伯牛为厉。此皆迫性拂情而不得其和也。故子夏见曾子,一臞一肥,曾子问其故,曰:"出见富贵之乐而欲之,入见先王之道又说之,两者心战,故臞。先王之道胜,故肥。"推其志,非能贪富贵之位,不便侈靡之乐,直宜迫性闭欲,以义自防也。(《精神》)

> 孔子之通,智过于苌弘,勇服于孟贲,足蹑郊菟,力招城关,能亦多矣。然而勇力不闻,伎巧不知,专行教道,以成素王,事亦鲜矣。春秋二百四十二年,亡国五十二,弑君三十六,采善锄丑,以成王道,论亦博矣。然而围于匡,颜色不变,弦歌不辍,临死亡之地,犯患难之危,据义行理而志不慑,分亦明矣。然为鲁司寇,听狱必为断,作为《春秋》,不道鬼神,不敢专己。夫圣人之智,固已多矣,其所守者有约,故举而必荣。(《主术》)

> 孔子造然革容曰:"善哉,持盈者乎!"子贡在侧曰:"请问持盈。"曰:"益而损之。"曰:"何谓益而损之?"曰:"夫物盛而衰,乐极则悲,日中而移,月盈而亏。是故聪明睿智,守之以愚;多闻博辩,守之以陋;武力毅勇,守之以畏;富贵广大,守之以俭;德施天下,守之以让。此五者,先王所以守天下而弗失也。反此五者,未尝不危也。"故老子曰:"服此道者不欲盈。夫唯不盈,故能弊而不新成。"(《道应》)

> 人或问孔子曰:"颜回何如人也?"曰:"仁人也。丘弗如也。""子贡何如人也?"曰:"辩人也。丘弗如也。""子路何如人也?"曰:"勇人也。丘弗如也。"宾曰:"三人皆贤夫子,而为夫子役,何也?"孔子曰:"丘能仁且忍,辩且讷,勇且怯。以三子之能,易丘一道,丘弗为也。"孔子知所施之也。(《人间》)

> 孔子弟子七十,养徒三千人,皆入孝出悌,言为文章,行为仪表,教之所成也。(《泰族》)

孔子修成、康之道，述周公之训，以教七十子，使服其衣冠，修其篇籍，故儒者之学生焉。（《要略》）

对以上引文按一定顺序排列，先是《要略》把孔子之道、训、教、服、修、学的概述，依次是《主术》中"孔子之通"、平生经历成就与"圣人之智"，再其次是《人间》里孔子评价学生颜回"仁人"、子贡"辩人"、子路"勇人"和自己"一道"兼能，然后是《道应》中孔子给子贡解释"持盈损益"而归结在老子要点里，再后便是《精神训》里只有"颜回、季路、子夏、冉伯牛"四人得"孔子通学"并引入子夏与曾子讲"富贵之乐"与"先王之道"的性义关系，最后是《泰族》归纳孔门七十名徒、三千弟子、基本理念及言行教育。孔子在文化教育事业中颇有成就与贡献，不仅弟子众多，而且仁者、智者、勇者、贤者不少，更突出的是他的基本理念取自"孝悌"、遵循周公遗训、守护成康王道与礼乐制度、修整"六艺"典籍、激扬文字，并提纯仁义精神、诚挚践履而堪称万世仪表。所以说，孔子是一位博通古今的大才，他才能多、事迹少、言论博、职分明、断案公、后必荣。他不同于颜回、子贡、子路三大名徒的地方是有容忍一切的仁爱心、有大智若愚的辩论词、有平凡人不甘胆怯的勇气；他认为"善"在持盈损益之间的适当把握，要用无知的愚人之心来保养"聪明睿智"，要以孤陋寡闻的封闭心来吸取"多闻博辩"，要以畏手畏脚的谨慎心来表现"武力毅勇"，要以勤俭节约的质朴心来维持"富贵广大"，要以谦虚退让的无争心来做到"德施天下"，有此五心即愚人心、封闭心、谨慎心、质朴心、无争心来权度、操持，便得了老子之道的精髓，展示自身圣智心灵的特长与特色。也就是说，孔子是这样修炼自己成为圣贤和典范的。

另外，颜回、子路、子夏、冉伯牛四大弟子得到了孔子的通学，是什么学呢？是孔子的仁学、圣学和先王的道学，或者说是圣王的仁爱忠恕之学，因为孔子说过"仁者爱人"及其"吾道一以贯之"且被曾子解为"忠恕"。不足是颜回死得早，子路死于卫国政变，子夏的眼盲了，冉伯牛的脾气暴躁，他们都"迫性拂情"即压迫拂逆生命本有性情、不得"和"即不能和乐完美呈现自己。于是,曾子评价子夏的表现是辗转在富贵安乐与先王正道之间心惊胆战,即使其生命志向并非贪图富贵名位和谋求安逸享乐,但为了仁义约束自己原初的生命本性与正当的生活欲望是作茧自缚。可见,无论是孔子还是其弟子们,其王道与通学在社会塑造、政治引领与文化教育甚至历史传承上具有直接的指导作用与高远的典范意义,但在现实生活、宇宙生命、自然存在与适宜发展中逼迫了质朴性情、抑制了正常欲求,反而不如老庄道家尊重生命本身、爱惜生活资源、逍遥自在表现、融通一切绽放。也就是说,《淮南子》完全是在老庄自然超越的生命道德意旨下品评孔子儒家仁义规范的生活情趣、文化教育与政治建设的。这可从其核心观念"仁义"定位与阐发上获得明证。

三、仁义观念

前面说过"诚达于性命之情"而"仁义固附",是对老庄的自然生命尤其是庄子的性命之情的高度认肯,以此生发道德仁义内涵并完成应有的功能展示。有一点与庄子不同的是,它并非如《齐物论》标榜的儒墨是非各其所当而互相斥责,竟把仁义内涵与路径看作其共生同求的目标与意义而一起批驳,即:"孔、墨之弟子,皆以仁义之术教导于世,然而不免于儓。身犹不能行也,又况所教乎?是何则?其道外也。"(《俶真》)他们都是人的正常生活中的仁义傀儡,是生命大道的外在障碍,这是一种过激过偏的判法而遮蔽了其应有的作用与贡献。当然,如评析孔子及其弟子们一样,有得有失,仁义观念也如此。这在文本里是矛盾纠结的,也是旗帜鲜明的,大体如下:

> 是故以道为竿,以德为纶,礼乐为钩,仁义为饵,投之于江,浮之于海,万物纷纷,孰非其有!
>
> 今夫积惠重厚,累爱袭恩,以声华呕符妪掩万民百姓,使知之欣欣然,人乐其性者,仁也。举大功,立显名,体君臣,正上下,明亲疏,等贵贱,存危国,继绝世,决挐治烦,兴毁宗,立无后者,义也。(《俶真》)

是故仁义礼乐者,可以救败,而非通治之至也。夫仁者所以救争也,义者所以救失也,礼者所以救淫也,乐者所以救忧也。神明定于天下而心反其初,心反其初而民性善,民性善而天地阴阳从而包之,则财足而人澹矣,贪鄙忿争不得生焉。由此观之,则仁义不用矣。(《本经》)

制君臣之义,父子之亲,夫妇之辨,长幼之序,朋友之际,此之谓五。乃裂地而州之,分职而治之,筑城而居之,割宅而异之,分财而衣食之,立大学而教诲之,夙兴夜寐而劳力。此治之纲纪也。

故仁义者,治之本也。今不知事修其本,而务治其末,是释其根而灌其枝也。且法之生也,以辅仁义,今重法而弃义,是贵其冠履而忘其头足也。故仁义者,为厚基者也,不益其厚而张其广者毁,不广其基而增其高者覆。赵政不增其德而累其高,故灭;智伯不行仁义而务广地,故亡其国。(《泰族》)

它对“道”“德”“仁义”“礼乐”与“万物”的关系论证,用了一个十分形象却又特别生活化的生命隐喻,即道是钓鱼竿、德是钓鱼线、礼乐是钓鱼钩、仁义是钓鱼饵、宽广无边的江海是钓鱼场所、宇宙万物是鱼,人的这般钓鱼工具制作与捕捞对象作为的结果是所得非所有、所有非所钓、所钓非所生,其实是生活欲望的铺设与引导,非生命存在的要求与目标,可惜人在社会生活中执迷于文化规范,遗忘了生命自然。因而,这种打着道德旗号的“仁”“义”“礼”“乐”,更多是人文诉求而非自然要求,即仁是“救争”(群体纷争)而以恩惠的慈爱之名来安抚百姓、知足眼前生活成就并安乐现实生命表征,义是“救失”(个体缺失)而以功名利禄、等级安排、关系网络、祖宗事业、子孙希望等来振作孤寡、冲出危难、传承善意、体会使命,礼是“救淫”(过当言行)而以损益后的周礼来范导人的视听言动,乐是“救忧”(忧心忡忡)而以“生死有命、富贵在天”的乐天心态与“六艺”的文化表演来开解。仁义礼乐确实能够救治个体生命与社会生活的欲求弊病,保持一种有爱、有义、有利、有节、有用、有心、有知、有善的文化

状态,但还不是真正融通一切生命事物的道德至治,不能使宇宙生命的
"神明"(自由光照或自然本能)安定在天下人心中,让人拥有一颗原初的
真心而成为真人并有真知,以其真知明察民众的善性与善行,由此获得
天地阴阳的辅助与成全,如果这样会使生活财富自能满足、人的生命澹
泊宁静、不再有"贪鄙忿争"即贪婪、小气、愤恨、争夺了,那么,就不需要
"仁义"的刻意引导与作为了。现实社会的人们显然不能这样,而且已习
惯了仁义礼乐的生活,怎能不戕害自然生命的本性、压制其本能和修饰
其样貌并改造其内涵呢? 正是在这种自我迫害中获得自我肯定与信仰,
相信仁义礼乐能救争、救失、救淫、救忧、救自己和社会、救祖宗和子孙、
救万物和宇宙,这是人类生活狂妄至极的自信,需要宇宙生命自然警醒!
这依然是在老庄道家宇宙论的视野、自然论的机体与生命哲学的标尺
中,审查孔子儒家的人生论缺失、政治论弊端与文化哲学局限,试图以前
者统系后者来推引生命作为与生活前景。

　　一旦回到现实的人生、政治与文化层面,又不得不将仁义的救世、治
世、经世、用世和传世的法宝拿出来。所以,《淮南子》公开承认"仁义"是
"治之本"、五伦即君臣父子夫妇长幼朋友是"治之纲纪"。并且,划分具
体区域、职责、城池、家园、财物、学校、人力等来履行其蓝图规划、功能设
计、原则制定、程序运作、教材编排、成员管制等;就此,有"州"即行政单
位的成立,有"职"即行政事务的对治,有"城"即政治中心的修筑,有"宅"
即生活家园的差异,有"财"即生活财物的满足,有"学"即文化思想的教
导,有"力"即身体力行的劳作。因此,不能动摇这种人生根基与政治根
本,也不能抛弃这种社会纲纪与文化教育,否则,我们今天便不知修治何
种事务是好,反而舍本逐末去繁茂枝叶以庇护花果却毁掉根系。这是极
其危险的做法,已有前车之鉴如赵政即秦始皇与智伯不用仁义之德、行,
却贪求王国强大、领土宽广,结果身死国灭。这也是"重法"不能"弃义"
而必须以"仁义"为辅、以道德为主,这暗示当以老庄道家为本主、孔子儒
家为辅主、商韩法家为末用的政治思想布局。但就这些段落单独看,老
庄的道德主旨并不直接显明,似乎把孔子儒家的仁义与五伦抬得很高而

作为根本和纲纪,实际上结合它的"钓鱼"说法与"性情"解释,放在不同的认识领域与价值诉求中,它们是有主次本末的。

　　总的看,在人生、政治与学术、文化的群体合作共建美好社会事业中,儒家思想是相当重要和基础的,它是有效衔接老庄道家思想源泉的合适管线与直接启引辅助法家理论建设的核心原则。虽然儒家文献与观念存在某种局限与弊端,但也有其独特表达与价值,值得修正与发扬;只要把握得当、引领得力,就会取得如意的生命成效、满足实际的生活需求。

第六章　诸子分派观念的演进与司马迁的哲学思想

　　从先秦至两汉,诸子"分派"观念的演进经历了一个长期的过程。西汉司马谈的《论六家要旨》对先秦以来的诸子学作了一种宏观上的把握,首次在学派的意义上将诸子学说划分为六家。班固《艺文志》的"九流十家"说则进一步丰富了诸子学的内容。诸子"分派"的观念不仅具有学术史的意义,而且总是与"思想"高度关联在一起,不同的分派观念体现出不同的学术立场和思想追求。西汉司马迁的《史记》不仅是一部史学巨著,也体现出鲜明的思想倾向,构成汉代哲学史的一个重要组成部分。

第一节　先秦至汉初的诸子分派观念

一、《孟子》《韩非子》《荀子》《庄子》中指称诸子学派的概念

　　"诸子"一词源于西汉刘向、刘歆父子《七略》中的《诸子略》。诸子分派的观念实际上起源较早。战国时期的文献中,已经出现了一些用以指称学派名称的概念,如《孟子》《荀子》中的"儒者""辩者""墨者",《韩非子》《荀子》《庄子》中的"儒墨",《韩非子》中的"轻物重生之士"等。这些称呼已带有明显的学派标识的性质。孟子概括当时有影响的学说时指

出:"天下之言,不归杨,则归墨。"①这里的"杨""墨"就是用以区别"儒者"学说的思想团体。孟子还以孔子学说的光大者自任,强调"能言距杨墨者,圣人之徒也"②。这里的"圣人之徒"也是儒者进行自我认同的带有学派性质的用语。

此外,先秦文献中还出现了"家""百家"的说法。《庄子·则阳》:"季真之'莫为',接子之'或使',二家之议,孰正于其情? 孰偏于其理?"《韩非子·定法》:"问者曰:'申不害、公孙鞅,此二家之言孰急于国?'"这里"二家"的"家"是指持有某种学说之人,一人即可称为一家。至于"百家"的说法则更为多见:

> 其数散于天下而设于中国者,百家之学时或称而道之。③
> 百家之说不及后王,则不听也。④
> 今诸侯异政,百家异说,则必或是或非,或治或乱。⑤
> 复慎、墨、季、惠,百家之说诚不详。⑥

与上述"二家"的"家"一样,这里的"百家"的"家"也是指持某一特定学说者。"百家"是对战国时代存在的诸种思想学说的一种统称。这种意义上的"百家"与后来司马谈的"六家"、班固的"九流十家"那种严格意义上的学派划分还是有明显区别的。

二、先秦至汉初诸子的学派评判观念

《韩非子》《荀子》《庄子》《尸子》《吕氏春秋》《淮南子》对诸子的评判是后来对诸子进行分派的滥觞。

《韩非子·显学》主要针对当时的儒墨两家学说作了梳理、总结和评判。《显学》的学派评判观念主要表现在以下几个方面:

---

①②《孟子·滕文公下》,朱熹:《四书章句集注》,第88页,济南,齐鲁书社,1992。
③《庄子·天下》,陈鼓应:《庄子今注今译》(下),第855页,北京,中华书局,1983。
④《荀子·儒效》,王先谦:《荀子集解》(上),第174页,北京,中华书局,2013。
⑤《荀子·解蔽》,王先谦:《荀子集解》(下),第456页。
⑥同上书,第544页。

首先，《显学》对儒墨两家的源流作了说明：

世之显学，儒、墨也。儒之所至，孔丘也。墨之所至，墨翟也。自孔子之死也，有子张之儒，有子思之儒，有颜氏之儒，有孟氏之儒，有漆雕氏之儒，有仲良氏之儒，有孙氏之儒，有乐正氏之儒。自墨子之死也，有相里氏之墨，有相夫氏之墨，有邓陵氏之墨。故孔、墨之后，儒分为八，墨离为三，取舍相反不同，而皆自谓真孔、墨，孔、墨不可复生，将谁使定后世之学乎？孔子、墨子俱道尧、舜，而取舍不同，皆自谓真尧、舜；尧舜不复生，将谁使定儒、墨之诚乎？[1]

《韩非子》称儒墨为"世之显学"，将儒墨的代表人物分别归于孔子和墨子，指出孔子之后"儒分为八"，墨子之后"墨离为三"，说明了儒墨学说在孔墨之后的衍变情况。《显学》还强调这些儒墨后学的特点是"取舍相反不同，而皆自谓真孔、墨"，指出了儒墨后学同源而异说的思想特点。可以说，《显学》首次对战国时期儒墨学派的源流进行了梳理和总结。

其次，《显学》还结合儒墨学说的特点对其进行了抨击。

《显学》认为，从葬制上看，墨者提倡薄葬可谓"俭"，儒者主张厚葬可谓"孝"。统治者既取墨者之"俭"而"礼之"，又取儒者之"孝"而"礼之"，这种"兼礼之"的态度造成了"孝戾侈俭俱在儒、墨"的混乱局面。同样，也出现了人主对儒者雕漆开之"廉"和墨者宋荣子之"宽""兼而礼之"的情形。从思想特点上看，对于雕漆开之"廉"和宋荣子之"宽"而言，又可以分别用"恕"和"暴"来批评对方的学说。韩非认为这些儒墨学说都是一些"杂反之辞"，他强调"杂反之学不两立而治"，人主若"兼听杂学缪行同异之辞"，就会导致社会动乱。可见，韩非是立足于确立统一的法度思想以维护人主统治的角度来抨击儒墨学说的。他抨击儒墨是为了标榜自己的学说，所谓"明吾法度""必吾赏罚"，强调人主应"不道仁义"而当"务法"。当然，在抨击儒墨学说的同时，《显学》也指出了这两个学派的

---

[1]《韩非子·显学》，王先慎：《韩非子集解》，第 456—457 页，北京，中华书局，1998。

一些鲜明特点。

再次,《显学》还提及了儒墨之外的其他一些学派,如杨朱学派:"今有人于此,义不入危城,不处军旅,不以天下大利易其胫一毛,世主必从而礼之,贵其智而高其行,以为轻物重生之士也。"韩非认为如果人主礼遇那些"轻物重生之士",就难以寻求到为其拼死效命的人。显然,站在维护人主统治的立场,《显学》对以"轻物重生"为特点的杨朱学派亦持否定态度。

《荀子》对诸子思想也多有评判。《荀子》的学派评判观念主要表现在《天论》《解蔽》和《非十二子》中。

《天论》认为慎子、老子、墨子、宋子的学说各得一偏,所谓"慎子有见于后,无见于先;老子有见于诎,无见于信;墨子有见于齐,无见于畸;宋子有见于少,无见于多"①。《天论》进而指出了这种一偏之学所导致的后果:"有后而无先,则群众无门;有诎而无信,则贵贱不分;有齐而无畸,则政令不施;有少而无多,则群众不化。"②《解蔽》指出了墨子、宋钘、慎到、申不害、惠施、庄子六人学说的片面性:"墨子蔽于用而不知文,宋子蔽于欲而不知得,慎子蔽于法而不知贤,申子蔽于势而不知知,惠子蔽于辞而不知实,庄子蔽于天而不知人。"③《解蔽》认为以上六子的学说"皆道之一隅",持这些学说的人是"曲知之人"。《天论》和《解蔽》对各家学派的思想并非一概全盘否定,而是强调其"蔽于一曲""暗于大理"的特点,其对各家学说的评判,主要是立足于其学说对社会产生的作用而言的。

《非十二子》则以两人为一组,对十二个人的学说进行了批判,即它嚣、魏牟;陈仲、史鰌;墨翟、宋钘;慎到、田骈;惠施、邓析;子思、孟轲。

《非十二子》对前十子学说的批判,以社会治理的需要为出发点。这十子的学说有一个共同的特点,那就是"持之有故,其言之成理,足以欺惑愚众"。在荀子看来,这十子的学说对他所推崇的"隆礼重法"的"一天

---

① 《荀子·天论》,王先谦:《荀子集解》(下),第 377 页。
② 同上书,第 377—378 页。
③ 同上书,第 463—464 页。

下"的社会治理目标构成损害,荀子正是在这种意义上对上述十人的学说进行批判的。荀子对子思、孟轲的批判则从儒学内部着眼,认为其学说歪曲了仲尼、子弓之义。在荀子看来,这十二子的学说皆是"使天下混然不知是非治乱之所存者",构成"天下之害","仁人"的任务就是要"法仲尼子弓之义,以务息十二子之说"。

就对儒者的批判而言,除子思、孟轲外,《非十二子》还批评了子张氏之儒、子夏氏之儒和子游氏之儒,称其为"贱儒"。《非十二子》指出子张氏之儒"弟陀其冠,神禫其辞,禹行而舜趋",子夏氏之儒"正其衣冠,齐其颜色,嗛然而终日不言",子游氏之儒"偷儒惮事,无廉耻而耆饮食,必曰君子固不用力"。荀子对子张氏之儒、子夏氏之儒、子游氏之儒的批评,是要确立起儒者"佚而不惰,劳而不慢,宗原应变,曲得其宜"的君子风貌。荀子对子张氏、子夏氏、子游氏这三派儒者的描述和批评,有助于我们了解先秦孔门儒者的分化情形及其不同特点。

《庄子·天下》是一篇重要的学术评论文章。《天下》篇的学术评判观念主要表现在两个方面,一是从总体上对先秦学术的来源和分殊作了说明,二是对几个重要代表人物的学说作了评述。

关于先秦学术的来源,《天下》认为先秦学术来源于"古之所谓道术"。这种"古之所谓道术"的特质又被《天下》称为"一"或"内圣外王之道"。《天下》对这种"内圣外王之道"极为推崇,在《天下》的作者看来,这种"内圣外王之道"可谓"配神明,醇天地,育万物,和天下,泽及百姓,明于本数,系于末度,六通四辟,小大精粗,其运无乎不在"。

《天下》还认为"古之道术"亦散殊和体现于"百家之学"中。其中,《天下》特别提到了五个学派,这五个学派分别是墨翟、禽滑厘(还包括相里勤弟子及南方墨者);宋钘、尹文;彭蒙、田骈、慎到;关尹、老聃;庄周。在《天下》看来,这五种学说的特点亦是其学说的长处所在,它们皆是"古之道术有在于是者"。

对于前三个学派,《天下》在肯定其学说合理性的同时,也指出了其学说之失。如对于墨翟、禽滑厘一派,《天下》认为墨子学说"不与先王同,毁古之礼乐",强调"墨翟、禽滑厘之意则是,其行则非也",批评他们的学说"为之大过,已之大循",即应做的事情做得太过分了,应当制止的事情又节制得太过分了,认为这种学说是"乱之上也,治之下也"。对宋钘、尹文一派,认为"其为人太多,其自为甚少"。对彭蒙、田骈、慎到一派,指出"其所谓道非道,而所言之韪不免于非"。对于关尹、老聃的学说,《天下》站在道家学术立场上对之给予了很高的评价,称老聃为"古之博大真人"。对于庄周之学,《天下》认为庄周"独与天地精神往来而不敖倪于万物,不谴是非,以与世俗处","上与造物者游,而下与外死生无终始者为友"。《天下》对于庄周的学说同样给予了极高的评价。

此外,《天下》还提到了惠施为代表的名辩学派(还包括桓团、公孙龙)。《天下》对惠施学派整体上持批评和否定态度,认为惠施的学说"其道舛驳,其言也不中",指出惠施那种"逐万物而不反"的名辩活动如同"穷响以声""形与影竞走"一样可笑,强调桓团、公孙龙等辩者们的学说"饰人之心,易人之意,能胜人之口,不能服人之心"。《天下》对惠施学派的态度与《齐物论》中对名家的批评是一致的。

《天下》对学派的评判观念客观上揭示了战国时期学术发展由一统到分殊的所谓"百家往而不反"的过程。《天下》的作者着眼于整全之"道"的立场,认为"古之道术"分殊的后果是"天下多得一察焉以自好",由此而造就了众多"不能相通"的"一曲之士"。针对这种"不见天地之纯""道术将为天下裂"的学术分散局面,《天下》的作者强烈呼吁"内圣外王之道"的复归,这正是《天下》对各种学派进行评判的目的所在。

今本《尸子·广泽》①也提到了先秦六人的学说,并将其学说的特点概括为:

> 墨子贵兼,孔子贵公,皇子贵衷,田子贵均,列子贵虚,料子贵别

---

① 《史记·孟子荀卿列传》:"楚有尸子"。《汉书·艺文志》:"《尸子》,二十篇,名佼,鲁人,秦相商君师之。"以下所引《尸子》据清汪继培辑佚本,见黄曙辉点校《尸子》,上海,华东师范大学出版社,2009。

圉。其学之相非也，数世矣而已，皆弇于私也。①

文中提到了墨子、孔子、皇子、田子、列子、料子六人的学说，分别用一字来概括这六人学说的特点。《尸子》列举这六人学说特点的目的在于强调"名"和"实"的一致，强调以"实"统"名"的重要性，所谓"若使兼、公、虚、均、衷、平易、别圉一实也，则无相非也"②。《尸子》实际上是在名实一统的视角下强调上述六人学说具有某种一致性。与《庄子·天下》描述的那种"道术将为天下裂"的学术分散情形不同，《尸子》更加强调各家学说的"合"。

《吕氏春秋·审分览·不二》中关于诸子思想特点的概括与《尸子》有相似之处：

> 听群众人议以治国，国危无日矣。何以知其然也？老耽贵柔，孔子贵仁，墨翟贵廉，关尹贵清，子列子贵虚，陈骈贵齐，阳生贵己，孙膑贵势，王廖贵先，儿良贵后。此十人者，皆天下之豪士也。有金鼓所以一耳。必同法令所以一心也。智者不得巧，愚者不得拙，所以一众也。勇者不得先，惧者不得后，所以一力也。故一则治，异则乱；一则安，异则危。夫能齐万不同，愚智工拙皆尽力竭能，如出乎一穴者，其唯圣人矣乎！③

《吕氏春秋》提到了十个人的学说，与《尸子》相类，《吕氏春秋》也有明确追求思想齐一的倾向。其列举十种观点不同的学说，正是出于"一则治，异则乱；一则安，异则危"的思想一统的需要，以此来强调"齐万不同"的重要，《吕氏春秋》对诸子学说的评判带有鲜明的大一统的政治目的。

此外，汉初的《淮南子·要略》对先秦的太公兵谋、儒者之学、墨者之

---

① ② 黄曙辉点校：《尸子》，第 28 页。
③ 《吕氏春秋·审分览·不二》，参看许维遹《吕氏春秋集释》，第 467—468 页，北京，中华书局，2009。

学、管晏学说、纵横修短之学、刑名之学和商鞅之学也作了评论。①

《要略》首先就这些学派产生的客观情势和时代背景作了说明。《要略》认为"太公之谋"产生于"为天下去残除贼而成王道"的社会政治需要;以孔子为代表的儒者之学出于股肱王室、移风易俗的需要;墨子之学是因革"孔子之术""背周道而行夏政"的需要;管子之学是"存亡继绝,崇天子之位,广文、武之业"的需要;晏子之学是谏导王者为政的产物;刑名之学是为解决礼法上面临的"新故相反,前后相缪,百官背乱"的局面而产生的;商鞅之学是适应秦孝公吞并诸侯的政治方略而产生的。《要略》对上述学派产生背景的说明,在很大程度上凸显了这些学派思想的时代性。

《要略》在阐述上述学派产生的客观情势和时代背景的同时,对上述学派的创始者和学派的思想特质也多有说明。如指出孔子为儒者之学的创始者,并以"修成康之道,述周公之训""修其篇籍"为特点,明确指明了孔子学说和周公思想的关系;对于墨子学派,《要略》指出墨子曾师承于儒门而行夏禹之政,对儒墨之间的渊源关系首次作了说明,还指出墨子学说以"节财""薄葬""闲服"为特点;对于刑名之学和法家之学,《要略》也明确指出了其分别为申不害和商鞅所创。

综观《要略》对上述学派的评论,其更强调这些学派皆是因应不同情势和时代背景的产物。《要略》这样做的目的,是为了标榜刘安及其门客所撰《淮南子》一书在社会治理的参考价值上的全面性、权威性。用刘安自己的话说就是,"若刘氏之书,观天地之象,通古今之事,权事而立制,度形而施宜,原道之心,合三王之风,以储与扈冶。玄眇之中,精摇靡览,弃其畛挈,斟其淑静,以统天下,理万物,应变化,通殊类,非循一迹之路,守一隅之指,拘系牵连之物,而不与世推移也。故置之寻常而不塞,布之天下而不窕"②。

从以上诸子"分派"观念的演进来看,在"分派"方式上主要是以人物

---

① 《淮南子·要略》,参看何宁《淮南子集释》(下),第 1457—1462 页。
② 同上书,第 1462—1463 页。

为线索来进行的。在人物的思想归属上，不同著作也存在差异，如《庄子·天下》中宋钘和尹文列为一组，有别于墨子，荀子的《非十二子》中则将宋钘和墨子列为一类。这种差异，很大程度上是由持论者的立论需求和着眼点的不同造成的。同时，"分派"观念的演进也透露出学术发展由"分"到"合"的一种趋势。尽管先秦至汉初已有较为丰富的诸子分派观念，但并没有出现严格的学派意义上的"家"的概念，这为司马谈和班固进一步整理、归类和评价先秦诸子的学说奠定了基础。

第二节　司马谈《论六家要旨》与班固《汉志》九流十家之说

一、司马谈《论六家要旨》的诸子学思想

司马谈（？—前110），汉左冯翊夏阳（今陕西韩城）人，司马迁之父，曾任太史令之职。据《史记·太史公自序》记载，司马谈"学天官于唐都，受易于杨何，习道论于黄子"，"掌天官"，"仕于建元元封之间"（前140—前110）。司马谈的诸子学思想集中体现在《史记》中的《论六家要旨》中[①]。

在《论六家要旨》中，司马谈从宏观上对先秦以来的诸子学说作了分类和评述，改变了先秦至汉初主要从人物出发对诸子学进行分类的方法，在学派划分上首次提出了"六家"的概念，即阴阳家、儒家、墨家、法家、名家、道德（道家），这些学派名称为后世所沿用。从司马谈所说的六家学派的内容来看，先秦已有与之相对应的人物或著作，但以学派意义上的"家"来称之，却自司马谈始。"六家"概念的提出，具有重要的学术史意义。

司马谈对六家要旨的阐述，是围绕六家学说的治世功用来进行的。他引用《易传》之语，认为六家学说在治世功用上可谓"天下一致而百虑，同归而殊涂"，他强调各家学说的目标都是"务为治"，只不过其用以治世的路径有所不同，这在于人们是否对此有所省察罢了。司马谈从治世的功用上来阐述诸子学，这种审视诸子学的视角和《淮南子·要略》对诸子

[①]《史记·太史公自序》，《史记》第 10 册，第 3288—3293 页，北京，中华书局，1982。

学产生背景的说明有某种相似之处。这应是汉初思想界总结秦亡教训、寻求合理的社会治理学说的一种延续和反映。

对于阴阳、儒、墨、法、名五家,司马谈一一指出了其学说的优点和不足,作出了一分为二的评价。司马谈认为阴阳家"大祥而众忌讳,使人拘而多所畏",即太过详细而忌讳众多,使人拘泥于其中而多所畏惧,但也肯定了其作为"天道之大经"所具有的"序四时之大顺"的功用,并将其列于首位。司马谈将探究天道的阴阳家列为六家之首,一方面源于他对司马氏家族"世典周史"的家族背景的推崇,另一方面也体现出司马谈在叙述六家要旨时由天道而人道的逻辑线索。对于儒家,司马谈认为其具有"博而寡要,劳而少功"的缺点,强调"其事难尽从",但也称道其"序君臣父子之礼,列夫妇长幼之别"的合理性,认为这一点可以说是"虽百家弗能易"。对于墨家,司马谈肯定了其"强本节用"学说的价值,认为这一点"虽百家弗能废",但也认为墨家"俭而难遵","其事不可徧(遍)循"。对于法家,司马谈认为其"严而少恩"的特点会导致"亲亲尊尊之恩绝",但也认为其在"正君臣上下之分"的意义上可谓"虽百家弗能改"。对于名家,司马谈认为其学说之长在于"正名实",即正定名实关系使名实相符,这样可以使人"控名责实"即因名而循实,但也认为其"苛察缴绕"即对"名"的考察过于苛细繁琐,从而陷入"专决于名而失人情"的境地,即片面依靠"名"来裁决事情而与人的实际生活情形相疏离。司马谈对以上诸家的评价没有像《荀子·非十二子》和《韩非子·显学》那样对各家学说持全盘否定的态度,这表达了司马谈对诸子思想兼取并蓄的倾向。

与对阴阳、儒、墨、名、法的态度不同,司马谈对"道家"则持完全肯定的态度。司马谈所说的"道家"或"道德"家是指战国以来形成的黄老道家。司马谈对黄老道家的偏爱应与他"习道论于黄子"的黄老学思想背景有关。司马谈认为,在具体运用中,由于黄老道家吸收了多家学派的长处,能"因阴阳之大顺,采儒墨之善,撮名法之要",故可"与时迁移,应物变化,立俗施事,无所不宜";又因"道家无为,又曰无不为","以虚无为本,以因循为用",故能在效果上"指约而易操,事少而功多"。这样就与

"主劳而臣逸"的儒家治术形成了鲜明的对比。在论述了道家学说的特点后,司马谈还紧接其后就形神关系作出了说明。认为"神者生之本也,形者生之具也",即"神"是个体生命存在的根本,"形"是个体生命存在的凭借和资具,反对大用其"神"和大耗其"形"的行为,强调个体生命应抓住"神"这个"生之本",先正定其"神",并保持形神的相合,也只有如此,对君王而言才可以为治于天下。司马谈在表达其形神观的同时,也透露出了由身而国、身国同治的理念。司马谈的这种思想承接《管子》"身者,治之本也"①的思想而来,带有明显的黄老学思想特征。

尽管司马谈在《论六家要旨》中表现出明显的黄老学倾向,但从《太史公自序》中我们也可以看出他的思想还具有一定程度的儒学特征。如司马谈曾引用《孝经》中关于"孝"的说法来激励司马迁修史:"余死,汝必为太史;为太史,无忘吾所欲论著矣。且夫孝始于事亲,中于事君,终于立身。扬名于后世,以显父母,此孝之大者。"②司马谈还激励司马迁以孔子作《春秋》为典范来完成不朽的史著:"幽厉之后,王道缺,礼乐衰,孔子修旧起废,论《诗》《书》,作《春秋》,则学者至今则之。自获麟以来四百有余岁,而诸侯相兼,史记放绝。今汉兴,海内一统,明主贤君忠臣死义之士,余为太史而弗论载,废天下之史文,余甚惧焉,汝其念哉!"③不仅如此,司马谈还把承继六经学说蕴含的王道理想的希望寄托于司马迁的史著:"'自周公卒五百岁而有孔子。孔子卒后至于今五百岁,有能绍明世,正《易传》,继《春秋》,本《诗》《书》《礼》《乐》之际?'意在斯乎!"④司马迁所记载的上述言论不仅透露出了出身于史官世家的司马谈对于史官精神的高度自觉,也反映出司马谈思想带有的儒学色彩。

《论六家要旨》对先秦以来诸子学的把握,不同于先秦那种主要以人物为评述对象的做法,而是抓住这些学派的核心概念对其加以区分,并就这些学派的长短作了精要的说明,这种对诸子学的划分方法在宏观性

①《管子·权修》,参看姜涛《管子新注》,第18页,济南,齐鲁书社,2009。
②③《史记·太史公自序》,《史记》第10册,第3295页。
④同上书,第3296页。

和综合性上更进了一步。司马谈的思想带有明显的黄老学倾向,同时又表现出一定的儒学色彩,这应是司马谈时代官方的社会治理思想由崇尚黄老学逐渐向独尊儒学转变的一种反映。司马迁将其父《论六家要旨》录入《史记》,说明司马迁对诸子学的态度更多地承袭了其父司马谈的观点,同时也表达了他对武帝"罢黜百家、独尊儒术"的文化政策的一种委婉批评。

二、班固《汉志》的"九流十家"之说

西汉成帝时,在全国范围内进行了一次大规模的图书搜集和整理活动。成帝诏令光禄大夫刘向负责校理经传、诸子、诗赋。刘向死后,哀帝命刘向之子侍中奉车都尉刘歆"卒父业"。刘歆"于是总群书而奏其《七略》",即《辑略》《六艺略》《诸子略》《诗赋略》《兵书略》《术数略》《方技略》。东汉史学家班固据刘歆《七略》加以损益,"增删其要",撰《艺文志》。班固取刘歆之说,将诸子学说划分为九流十家。这十家分别是儒家、道家、阴阳家、法家、名家、墨家、纵横家、杂家、农家、小说家。《艺文志》认为小说家乃"街谈巷语,道听涂说者之所造也",因而"诸子十家,其可观者九家而已",去除小说家,实有九家。从"九流十家"这种说法的产生来看,刘歆的"九流十家"实际上是一个图书分类的目录,是出于图书分类的需要。相较司马谈的六家,"十家"的说法多了纵横、杂、农、小说四家。

《艺文志》的《诸子略》共录有一百八十九家,四千三百二十四篇(有些家数和篇目数与实际著录情况不符),约占全志的三分之一。《诸子略》先收录每一家的著作种类数和篇数,然后对每一家学说集中进行评述。《艺文志》对十家的评述如下。[①]

在诸子学的来源上,《艺文志》提出了诸子之学出于王官的观点。《艺文志》将各家学说的思想源头归于古代的王官之学,即儒家出于司徒之官,道家出于史官,法家出于理官,名家出于礼官,墨家出于"清庙之守"即管理社庙事务和祭祀的官守,纵横家出于执掌朝聘宾客和使命往

---

① 以上各段,参看《汉书·艺文志》,《汉书》第 6 册,第 1728—1746 页,北京,中华书局,1962。

来的"行人之官",杂家出于"议官",农家出于农稷之官,小说家出于征集街谈巷议、民间细碎之言的"稗官"。《艺文志》之前,在诸子学说的来源上,《庄子·天下》认为各家学说源于"古之道术",《淮南子·要略》认为诸子学说皆应一时之需而产生。《艺文志》认为诸子学说源出于王官,并非仅仅给出了结论,而是结合王官的职守特点进行推理论证得出的,应当说,《艺文志》的"诸子出于王官说"在一定程度上看到了诸子思想和王官之学的关系,有其合理性,但这种把各家学说的起源和王官职位一一对应的做法则显得过于牵强。

在对待各家的态度上,《艺文志》肯定了各家学说的长处,也指出了其中的九家学说可能带来的弊端。对于儒家,《艺文志》认为其"游文于六经之中,留意于仁义之际",认为其"于道为最高",指出儒家学说经过"唐虞之隆""殷周之盛"已得见其明效。但《艺文志》认为儒家学说也会由于儒者中的"惑者""辟者"对儒学的错误理解而出现"《五经》乖析,儒学寖衰"的情形,《艺文志》称此为"辟儒之患"。对于道家,《艺文志》肯定了其"秉要执本,清虚以自守,卑弱以自持"的学说特点,并将其视为"君人南面之术",强调其与"尧之克攘,易之嗛嗛"的观念相合,但也指出道家中的放谩之人会"独任清虚以为治",走向否定礼学和仁义的极端。对于阴阳家,《艺文志》肯定了其"敬授民时"的功能,同时也指出其中的"拘者"牵系、拘泥于各种禁忌和小术,舍弃人事力作而专敬鬼神的缺点。对于法家,《艺文志》肯定了其"信赏必罚,以辅礼制"的治世之长,也指出了其中的刻薄寡恩之人"专任刑法而欲以致治至"的不良后果。对于名家,《艺文志》肯定了其序正人伦名位的优点,也指出了其中的"警者"即善于攻讦他人者过于毁破、歪曲和离析常理正言,会引起人们认识上的混乱。对于墨家,《艺文志》肯定了其学说中"贵俭""兼爱""上(尚)贤""右鬼""上(尚)同"思想的合理性,但也认为墨家中的曲蔽之人会有"不知别亲疏"的"非礼"之害。对于纵横家,《艺文志》肯定了其因事行权制宜,"受命而不受辞"的特点,认为若其中的奸邪之人行此学说,则会导致崇尚奸诈而弃绝诚信的结果。对于杂家,《艺文志》指出了其兼取儒墨、统合名法的思想特点,认为其学说知治国之大体,贯综了百家的王治之学,同时也指出若"荡者"行此学说,则会造成漫衍杂乱而失去中心目标。对于农家,《艺文志》肯定了其对于"劝耕桑""足衣食"的意义,同时也指出若鄙陋者行此学说,则会带来"欲使君臣并耕,悖上下之序"的不良后果。至于小说家,《艺文志》强调其不可完全废绝,"如或一言可采",亦应不论言者之贵贱而加以采纳。《艺文志》对各家学说既肯定其优点,又指出其可能的弊端,这种综论各家长短的做法应是承《论六家要旨》而来。

需要指出的是,从《艺文志》对诸家学说之不足的说明来看,《艺文志》并不认为九家学说的不足是由其学说本身的原因造成的,而是认为这种不足是持此学说的人所带来的。文中的"辟儒""放者""拘者""刻者""警者""蔽者""邪人""荡者",都是对相应的各家学说缺乏正确理解的人。因而从整体上看,《艺文志》对九家学说实际上是持一种肯定的态度。

《艺文志》对诸子学的评价带有明显的尊儒倾向和儒学色彩。这主要表现在以下几个方面:

首先,从《艺文志》的编纂上看,《艺文志》将《六艺略》居首,《诸子略》中又以儒家为首,其对六经和儒家的尊崇可见一斑。

其次,从对九家学说的评价上看,《艺文志》不仅认为儒家"于道最为高",在综论各家长短时也带有鲜明的尊儒倾向。如评价道家之长时认为其"合于尧之克攘,易之嗛嗛",论及道家之短时认为其"绝去礼学,兼弃仁义"。这种对儒家心目中的圣王尧和作为六经之一的《易》的推崇,以及对礼学仁义的维护,表明了《艺文志》对道家学说的评价是以儒学为参照进行的。评价阴阳家之短时以"舍人事而任鬼神"论之,这与《论语》中孔子"未能事人,焉能事鬼"的思想相合。论及法家之弊时认为其可能会导致"无教化,去仁爱"的情形,并引《易》言之。评价法家时认为其正名位的作用和孔子正名思想具有一致性。论墨家学说时,将其"上(尚)同"思想归于"以孝视天下"的结果,批评了墨家中的"蔽者"破坏儒家礼制"而不知别亲疏"的情形。论纵横家时,引用孔子言论说明其存在的合理性,其所肯定的纵横家"当权事制宜"的特点与儒家的权变思想相通,在批评纵横家中的"邪人"时也是就其绝弃诚信而言的。论农家之短时指出其"无所事圣王,欲使君臣并耕,悖上下之序",这也是从维护儒家的纲常名分出发的。至于不可观的小说家,《艺文志》也引孔子的话来说明其不无可取之处。不难发现,《艺文志》论各家长短时很大程度上是以儒学为尺度进行的,并多引《易》和孔子的言论加以说明。而且,其对儒家中的"辟儒"、道家中的"放者"、阴阳家中的"拘者"、法家中的"刻者"的说明,也透露出对儒家"中和"思想和"中庸"观念的推崇。

再其次,《艺文志》主张以六经之学统摄诸子学说。《艺文志》认为诸子学说"合其要归,亦六经之支与流裔",这实际上是将作为诸子源流的王官之学等同于六经之学,这与其强调九家之说"各引一端,崇其所善"的观点是一致的。正是由于九家学说于六经之学"各引一端",故而"其言虽殊,辟犹水火,相灭亦相生也",它们之间是"相反而皆相成"的关系。基于这种学术史立场,《艺文志》最后强调应当以六经之学来统摄诸子学说,所谓"若能修《六艺》之术,而观此九家之言,舍短取长,则可以通万方之略矣"。

班固的《艺文志》在诸子学分类上的特色,不仅在于它收录了各家经籍目录,附以著者和卷数并作出简注,而且还对诸家的源流和思想特色作出了评价,这就使得诸子学在内涵和形式上比以往更加丰富。从《庄子·天下》"道术将为天下裂"的感叹,到司马谈各家"务为治"的诸子学视角,再到《艺文志》"舍短取长""通万方之略"的诸子学追求,透露出战国至两汉由学术争鸣而到学术融合的学术思想发展的大势。

第三节 司马迁"究天人之际,通古今之变"的观念

司马迁,字子长,司马谈之子,生卒年约在汉景帝中元五年(前145)

至昭帝之初(前86左右)①,西汉江左冯翔夏阳(今陕西韩城)人,西汉著名的史学家、文学家、思想家。据《史记·太史公自序》记载,司马迁"年十岁则诵古文。二十而南游江、淮,上会稽,探禹穴,窥九疑,浮于沅、湘;北涉汶、泗,讲业齐、鲁之都,观孔子之遗风,乡射邹、峄;厄困鄱、薛、彭城,过梁、楚以归"②。早年的好学和壮年的出游经历为其日后著作《史记》奠定了基础。司马迁曾入仕为郎中,并奉汉武帝之命西征巴蜀以南地区。天汉三年(前98),司马迁因受李陵案的牵连而受腐刑,其时《史记》仍"草创未就",这更加激励了他发愤修史的愿望。经过艰苦卓绝的努力,司马迁终于实现其父遗愿,完成了被称为"史家之绝唱,无韵之离骚"③的《史记》。《史记》原名《太史公书》,据班固《司马迁传》记载:"迁既死后,其书稍出。宣帝时,迁外孙平通侯杨恽祖述其书,遂宣布焉。"《史记》共一百三十篇,包括《本纪》十二篇,《表》十篇,《书》八篇,《世家》三十篇,《列传》七十篇,共五十二万余字,是我国第一部纪传体通史。

在《报任安书》中,司马迁对自己著作《史记》的方法和目的作了如下概括,"网罗天下放失旧闻,考之行事,稽其成败兴坏之理","亦欲以究天人之际,通古今之变,成一家之言"④。"究天人之际,通古今之变,成一家之言",是司马迁《史记》宗旨的鲜明写照。《史记》正是在"究天人之际"的宏阔视野下,以原始察终的历史意识,通达以天道层面的天文星象之变、历史层面的王朝更迭、制度层面的礼乐损益等为主要内容的"古今之变",晓示出其中的盛衰兴亡之理,成就起极具史学价值和思想价值的"一家之言"。

一、司马迁的史学观

第一,在史著体例上司马迁综合采用了五体叙事结构。《史记》的著

① 关于司马迁的生卒年,此处据王国维《太史公行年考》,见《观堂集林》(二),第482—504页,北京,中华书局,1959。
②《史记·太史公自序》,《史记》第10册,第3293页。
③ 见鲁迅《汉文学史纲要》,第53页,上海,上海古籍出版社,2005。
④《汉书·司马迁传》,《汉书》第9册,第2735页,北京,中华书局,1962。

作体例由纪、表、书、家、列传五体构成。《本纪》用以记载国君之言、王迹之事,《表》用以表明历史发展的线索和阶段性,《书》用以记录国家大体和朝章国典,《世家》记载诸侯列国史和传代家世,《列传》记录功臣贤人之言行。《史记》的这种五体结构作为一个有机整体,涵盖了政治、经济、文化、民族、天文、地理等多方面的历史素材,在时间上记载了从黄帝到汉武帝近三千年的历史,在空间上涉及了今天我国版图之外的西亚和越南。《史记》的这种著作体例使其所记录的内容广博,远远超过了之前已有的《尚书》《春秋》《左传》《国语》《战国策》《楚汉春秋》等史书。《史记》采用的五体叙事结构开创了史书纪传体的先河,对此,宋人郑樵给予了很高的评价:"本纪纪年,世家传代,表以正历,书以类事,传以著人。使百代以下,史官不能易其法,学者不能舍其书。"①

第二,在史料简择和整理上《史记》广采众说,做到了"网罗天下放失旧闻","厥协《六经》异传,整齐百家杂语"②。秦火使先秦文化典籍受到了严重破坏,这一情形在汉代得到了纠正,"汉兴,改秦之败,大收典籍,广开献书之路"③。汉惠帝四年已废除挟书律,司马迁时,"天下遗文古事靡不毕集太史公",他已经能够"䌷史记石室金匮之书"④。据统计,《史记》中载有司马迁所见之书有一百零六种。⑤ 这些都为《史记》的写作提供了条件。司马迁所称"《六经》异传"的范围较广,如在《史记·十二诸侯年表》中,司马迁就将《虞氏春秋》《铎氏微》《吕氏春秋》,乃至孟子、荀子、韩非子、张苍、董仲舒等人著作中的一些思想视为《春秋》的传。在《史记》中,司马迁采用的"《六经》异传"主要有《诗经》《尚书》《春秋》《左传》《国语》《大戴礼记》《论语》《战国策》等。司马迁所说的"百家杂语"主要是指以诸子为内容的先秦各种典籍和思想学说。就史料的处理而言,

---

① 郑樵:《通志总叙》,《通志二十略》(上),第 1 页,北京,中华书局,1995。
②《史记·太史公自序》,《史记》第 10 册,第 3319—3320 页。
③《汉书·艺文志》,《汉书》第 6 册,第 1701 页。
④《史记·太史公自序》,《史记》第 10 册,第 3296 页。
⑤ 见张大可《史记研究》,第 241 页,北京,商务印书馆,2011。

"厥协《六经》异传，整齐百家杂语"，就是要对各种不同说法作考辨、订正、选择和综合，最后形成一个齐一的史料线索。通过"网罗天下放失旧闻"，"绌史记石室金匮之书"，"厥协《六经》异传，整齐百家杂语"，《史记》真正做到了"贯穿经传，驰骋古今，上下数千载间"[①]，保证了其作为史书的严肃性，体现出了很高的学术价值。这在汉初文化复兴的历史潮流中具有深远的思想文化意义。

第三，《史记》还创立了史论的形式。《史记》的史论以"太史公曰"的形式出现。《史记》中的"太史公曰"置于篇前、篇后和行文之中，约有三万余言。从内容上看，"太史公曰"的内容既有评论褒贬，又有补充和考证，还有直抒胸臆和讲叙游历，其评论部分往往有画龙点睛之效。这种史论形式使得《史记》一书不仅仅实录史实，而且还透露出作者鲜明的思想倾向和卓越的史识。《史记》的这种史论形式在中国史学思想的发展中具有重要意义，为后来的史学家班固、陈寿、范晔等人所继承。

第四，《史记》还以《春秋》为作史之典范。从《太史公自序》中可以看到，司马谈就曾以孔子作《春秋》来激励司马迁修史以填补《春秋》之后四百余年的史著空缺，要司马迁以孔子著《春秋》的历史使命自任，以《春秋》为作史的典范。先秦时期的孟子曾认为孔子通过作《春秋》而寓王道理想于其中："世衰道微，邪说暴行有作，臣弑其君者有之，子弑其父者有之。孔子惧，作《春秋》。《春秋》，天子之事也。"[②]又说："孔子成《春秋》而乱臣贼子惧。"[③]这实际上肯定了《春秋》具有的"微言大义"。司马迁在与上大夫壶遂的对话中，曾高度评价《春秋》具有的明达王道的作用：

> 上大夫壶遂曰："昔孔子何为而作《春秋》哉?"太史公曰："余闻董生曰:'周道衰废，孔子为鲁司寇，诸侯害之，大夫壅之。孔子知言

① 《汉书·司马迁传》，《汉书》第 9 册，第 2737 页。
② 《孟子·滕文公下》，朱熹：《四书章句集注》，第 87 页。
③ 同上书，第 88 页。

之不用,道之不行也,是非二百四十二年之中,以为天下仪表,贬天子,退诸侯,讨大夫,以达王事而已矣。'子曰:'我欲载之空言,不如见之于行事之深切著明也。'夫《春秋》,上明三王之道,下辨人事之纪,别嫌疑,明是非,定犹豫,善善恶恶,贤贤贱不肖,存亡国,继绝世,补敝起废,王道之大者也。"①

司马迁强调《春秋》有明辨三王之道和纲纪人事之功,其对于是非善恶持有鲜明的态度,正所谓"春秋辩是非","春秋以道义",《春秋》实为"王道之大者"。事实上司马迁也正是以"继《春秋》"作为修史的原则。

司马迁"继《春秋》"的修史原则主要体现在以下两个方面。

首先,在写作手法上,《史记》往往寓论断于叙事之中,这与"春秋笔法"相合。《史记》的这种写作手法,一个显著的例子是《刘敬叔孙通传》中对叔孙通的描写。在《刘敬叔孙通传》中,秦二世诏问关于陈涉义军的对策,有三十多人建议"发兵击之",秦二世因之恼怒,叔孙通不顾事实,以谄言取悦二世,获得赏赐并被拜为博士。在后来的叙述中,司马迁借助于"诸生""鲁生"之口以及叔孙通频繁择主而事的经历,将一个毫无是非原则、阿谀势利的小人刻画得淋漓尽致。在叔孙通助刘邦制定朝仪礼节受宠的过程中,司马迁通过事件前后叔孙通及其弟子言论的对比,给予一群唯利是图的小人以辛辣的讽刺。这种寓论断于叙事的写作手法在《史记》中还有很多,对此,顾炎武评价说:"古人作史,有不带论断而于叙事之中即见其指者,惟太史公能之。"②司马迁寓论断于叙事的写作手法与所谓"春秋笔法"是一致的。司马迁在《匈奴列传》中认为"孔氏著《春秋》,隐桓之间则章,至定哀之际则微"。这种对《春秋》写作风格的理解也影响到了司马迁,如在《汲郑列传》中他对武帝的委婉批评就与其所理解的《春秋》所具有的"微"的写作风格相符合。

其次,司马迁还视"《春秋》之义"为"通古今之变中"的治世之大本。

①《史记·太史公自序》,《史记》第 10 册,第 3297 页。
② 黄汝成:《日知录集释》(下),第 1429 页,上海,上海古籍出版社,2006。

司马迁认为造成春秋之乱的根本原因在于"失其本",他将这个"本"归于具有"拨乱世反之正"的《春秋》之义。司马迁强调"有国者""为人臣者""为人君父者"皆不能不知《春秋》,因为在司马迁看来《春秋》乃"礼义之大宗",守《春秋》之"大义"方能避免"君不君""臣不臣""父不父""子不子"四种"天下之大过"。这实际上是高度肯定了《春秋》所彰明的礼义思想对于社会治理的重要性,将其看作历史兴亡盛衰中的不易之理。

第五,《史记》还体现了大一统的史学观念。汉代的一统结束了秦末以来的长期战乱局面,在这个封建中央集权得以确立并日益巩固的时代,汉初的思想界在对秦亡的反思过程中对大一统给予了高度肯定和颂扬。同样,大一统的观念在《史记》中也得到了鲜明的体现。首先,《史记》的著作体例体现了大一统观念。据《太史公自序》中司马迁对《史记》体例的解释,《史记》将记录"王迹所兴"的十二本纪列于首位,之后是作为帝王治下的具体社会结构之展现的八书,三十世家作为"辅拂股肱之臣",如同"二十八宿环北辰"和"三十辐共一毂"那样,拱卫作为核心的以述录帝王事迹为内容的本纪,七十列传记录"扶义俶傥""立功名于天下"的优秀人物,继于三十世家之下。《史记》的这种体例形成了一种以本纪为中心,统摄世家和列传的等级结构。这种等级结构不过是以帝王为中心的社会政治格局在史著中的浓缩和体现,是大一统观念在史学领域的反映。其次,从《史记》的起始时间来看,也隐约透露出大一统的观念。《史记》记载的历史"上起黄帝","至太初而迄",从黄帝统一各氏族部落到武帝的一统,这种叙事上的时间安排实际隐含着作者的一种价值判断,即大一统是历史发展所昭示出的趋势和归宿。再其次,从《史记》的叙述来看,包括五帝三王在内的中华子孙皆以黄帝为始祖,这种"天下一家"的观念实际上从氏族和种姓的角度论证了大一统的必然性和合理性。

第六,在历史观上,《史记》对历史人物和历史事件的评价体现出道德尺度和历史尺度的统一。道德尺度就是在评价历史人物和历史事件时立足于德性视角对其"是否应该"作出评判,历史尺度则立足于历史人物和历史事件在社会发展中的作用对之加以审视。事实上,早在《论语》中,孔子对管仲的评价就坚持了历史尺度和道德尺度的统一。

一方面,孔子认为管仲僭越礼制而"不知礼",这是从德性尺度对管仲行为的批评。另一方面,当子贡认为管仲并非"仁者"时,孔子又高度肯定了管仲的事功,这是从历史尺度对管仲推动社会发展的作用的肯定。这说明孔子在评价历史人物时已经做到了道德尺度和历史尺度的统一。与孔子评价管仲时运用的两种尺度相同,司马迁在《史记》中评价历史人物和历史事件时也坚持了这两种尺度的统一。对于秦的一统,司马迁评价道:"秦取天下多暴,然世异变,成功大。"[1]"取天下多暴"是从道德尺度对秦发动劫掠战争的否定,"世异变,成功大",则是从历史尺度对秦结束战乱完成统一的历史进步作用的肯定。对于项羽的评价,司马迁既肯定了其在"秦失其政"的历史背景下"将五诸侯灭秦"所起到的历史作用,同时又批评他"放逐义帝而自立""欲以力征经营天下"的行为,认为"子羽多暴",前者是历史尺度,后者是道德尺度,在对项羽的评价上,司马迁仍然坚持了历史和道德两个尺度的统一。司马迁在审视和评价历史人物时能够坚持历史尺度和道德尺度的统一,体现了其作为史学家的卓越史识。

第七,司马迁还肯定了人的欲望的合理性。首先,司马迁立足于史籍记载来说明和肯定人天生就有追逐欲望的本性:

> 太史公曰:夫神农以前,吾不知已。至若诗书所述虞夏以来,耳目欲极声色之好,口欲穷刍豢之味,身安逸乐,而心夸矜势能之荣。使俗之渐民久矣,虽户说以眇论,终不能化。故善者因之,其次利道之,其次教诲之,其次整齐之,最下者与之争。[2]

司马迁指出有史闻以来,人的耳、目、口、身、心总是不可避免地会去追逐感性生存欲望,基于人的此种本性,最高明的王者是因顺之而加以治理,

---

[1]《史记·六国年表》,《史记》第 2 册,第 686 页。
[2]《史记·货殖列传》,《史记》第 10 册,第 3253 页。

渐次而下者是分别通过引导、节制、齐整人的欲望来进行治理，最次者是与民争利。司马迁在论证人的求欲本性的时候不是"载之空言"，而是从史籍所载这一具有说服力的角度出发的。这种对人的求欲本性的肯定，无论在结论还是在论证方式上，都与董仲舒"正其谊不谋其利，明其道不计其功"的观点形成了鲜明对比，体现着司马迁求真务实的历史观念和思想解放的锋芒。其次，司马迁还从现实中人们的不同行业和分工出发，论证了人的求利本性。司马迁认为，不同行业的人的活动有一个共同的目的指向，即皆为求得财用和富贵的满足，由此而得出了逐富是人之"不学而俱欲"的本性的结论。再其次，司马迁强调在社会生产中应当充分因顺人之求欲逐富的本性。司马迁主张"人各任其能，竭其力，以得所欲"，认为在社会财富生产的各个环节上，如果能"各劝其业，乐其事"，则会收到"若水之趋下，日夜无休时，不召而自来，不求而民出之"的效果。对此，司马迁感叹道："岂非道之所符，自然之验邪？"在这里，道家"道"和"自然"的概念通过人的求利逐富的活动得到了新的解释。最后，司马迁认为基于人的生存欲望的逐富行为构成礼义得以确立的重要前提。

> 故曰："仓廪实而知礼节，衣食足而知荣辱。"礼生于有而废于无。故君子富，好行其德；小人富，以适其力。渊深而鱼生之，山深而兽往之，人富而仁义附焉。[1]

司马迁引述了管仲之语，肯定并继承了他的观点，强调"礼生于有而废于无"。这里的"有"是指礼得以产生的物质条件，这个物质条件正是通过人之逐富的行为才得以具备的。战国时期的荀子曾就"礼"和"欲"的关系作出说明，认为礼义出于"养人之欲"即合理调节人的欲望的需要。如果说荀子看到了礼义产生的必要性，那么司马迁则更加强调建立在人的逐富欲望基础上的物质条件对于礼义的确立所具有的前提作用。"礼生于有而废于无"，"人富而仁义附焉"，是司马迁从古今之变的社会发展大

---

[1]《史记·货殖列传》，《史记》第 10 册，第 3255 页。

势出发得出的具有史家远见的结论,其意义在于将儒学独尊之后形成的汉代主流价值观奠基于社会发展的物质层面之上,这无疑具有重要的历史进步意义。

二、司马迁的天人观

司马迁所著《史记》的重要宗旨是"究天人之际"。"究天人之际",就是要探究天道和人事之间的际会之处,属于天人关系的范围。司马迁"究天人之际"的实质,是将人事的兴亡盛衰置于宏大而深微的天道之下予以观照。在我国古代,源出于巫的史官有观象以明天道的职责①,《史记》"究天人之际"的宗旨实际上是司马氏"世典周史"的史官职守的一种反映。

司马迁的《史记》并非在一种意义上使用"天"的概念。《天官书》中的"天运""天变""天数",《太史公自序》中以"春生夏长""秋收冬藏"为内容的"天道",皆是天象或天文历法意义上的"天"。此外,《史记》中还有带有神秘意志和主宰意味的"天命""天统""天授"等。因而对司马迁的天人观应当具体分析。

在天人观上,司马迁认为"天变"即天文星象的异变与社会领域中"政事"的变化存在着对应关系:

> 秦始皇之时,十五年彗星四见,久者八十日,长或竟天。其后秦遂以兵灭六王,并中国,外攘四夷,死人如乱麻,因以张楚并起,三十年之间兵相骀藉,不可胜数。自蚩尤以来,未尝若斯也。
>
> 项羽救巨鹿,枉矢西流,山东遂合从诸侯,西坑秦人,诛屠咸阳。
>
> 汉之兴,五星聚于东井。平城之围,月晕参、毕七重。诸吕作乱,日蚀,昼晦。吴楚七国叛逆,彗星数丈,天狗过梁野;及兵起,遂伏尸流血其下。元光、元狩,蚩尤之旗再见,长则半天。其后京师师

---

① 源于巫的史官经过不断分化,在春秋时期已有专门负责明天道的史官,这一点在《国语》《左传》《周礼》等书中皆可看到。

四出,诛夷狄者数十年,而伐胡尤甚。越之亡,荧惑守斗;朝鲜之拔,星茀于河戍;兵征大宛,星茀招摇:此其荦荦大者。若至委曲小变,不可胜道。由是观之,未有不先形见而应随之者也。①

司马迁以秦朝至汉代的天象异变为例,将天象异变与秦汉间的重大历史事件对应起来,以此来说明"天变"与国事之间的感应关系,认为"未有不先形见而应随之者也",这体现出古代星占学的痕迹。

在具体察究天象和政事的这种对应关系时,司马迁强调要把握"三五"之"天数"和"三五"之"天运"。关于"三五"之"天数",司马迁说:

> 夫常星之变希见,而三光之占亟用。日月晕适,云风,此天之客气,其发见亦有大运。然其与政事俯仰,最近(天)人之符。此五者,天之感动。为天数者,必通三五。终始古今,深观时变,察其精粗,则天官备矣。②

司马迁认为"常星"即经星的变异情形很少碰到,通过日月星"三光"来占察时变则是经常的情形。这里的"三光"就是指"三五"之"天数"的"三"而言。日月晕之灾变和"云风"作为"天"的"客气",与政事之间密切相关,最能表现天人之间的符应。"三光"加上"日月晕适"和"云风"这五者皆是上天应感而动的表现,深究"天数"的人要精通包括"三光"在内的上述五者,方能"深观时变,察其精粗"。这是说的"三五"之"天数"。关于天象运转所具有的"三五"之"天运",司马迁说:

> 夫天运,三十岁一小变,百年中变,五百载大变;三大变一纪,三纪而大备:此其大数也。为国者必贵三五。上下各千岁,然后天人之际续备。③

在司马迁看来,"天运"的基本周期是"三十岁一小变","五百载大变",

---

① 《史记·天官书》,《史记》第 4 册,第 1348—1349 页。
② 同上书,第 1351 页。
③ 同上书,第 1344 页。

"三大变一纪,三纪而大备"。对于"为国者"而言,重要的是要把握好三十年的"小变"和五百年的"大变",及时应天变而奉天承运。这是讲的天象变化具有的"三五"之运。

尽管司马迁承认"天变"可以引起政事的变化,但他并不主张人在"天变"面前无能无力,而是认为人可以适切地对"天变"加以回应。就具体的天象变化而言,司马迁强调应做到"日变修德,月变省刑,星变结和",这多少带有一点灾异谴告说的意味。从整体上看,人主对于"天变"的正确态度是"太上修德,其次修政,其次修救,其次修禳"。由此可见,即使面对"天变",司马迁仍然强调人主的德行、德政在政治活动中的优先地位。

在天人关系上,司马迁还认为对于社会领域中的一些人和事而言,存在着带有神秘意味的"天命"和"天授",如司马迁认为刘姓汉家从诸吕手中夺回宗庙社稷,是"天命"所归,"天授"使然。这当中当然透露着他对刘姓汉王室合法性的一种肯定,但这种意义上的"天"显然是带有强烈的神秘主宰意味在内的。

司马迁有时还对天道和人事之间的神秘感通关系表现出困惑,如一方面司马迁认为黄帝的子孙皆立为天子是"天之报有德也"。这种意义上的"天"有赏善罚恶的意味。另一方面,司马迁又通过伯夷、叔齐"积仁洁行"而饿死,颜回早夭,盗跖作恶而寿终,以及近世作恶多端之人和慎言行而发愤之人的不同结果的对比,表达了其对"天道"意旨的捉摸不定的不解。这固然折射着司马迁对自己遭遇的一种感慨,也是其在"究天人之际"的过程中对天人之间复杂感通关系的一种思考。关于个人品行和其所逢遭遇之间的关系,汉末《太平经》的"承负"说进一步对之作了回答。

在天人关系上,司马迁还辨识并肯定了在社会活动中,人为之力对于一些人事活动的结果起到的决定性作用。对于项羽之死,司马迁历数其过,认为项羽失败的原因在其自身,强调项羽死前将其失败归于"天"的做法是荒谬的。在晁错削藩问题上,司马迁批评他不用渐法而操之过急,从而得出了安危之机在于人谋的结论。司马迁认识到,造成项羽和晁错之败的原因不是"天"而是人,这不仅是对"天人之际"中"天"和人在具体人事活动中不同作用的一种区分,也体现了一个史学家应有的理性精神。

第七章　西汉周易哲学与谶纬思潮

易学是汉代哲学的重要组成部分。随着经学运动的持续开展,《周易》在《五经》中的地位大幅提升,大约在西汉成帝时期,它已居于《五经》之首,《汉书·艺文志》即有明证。宣成时期,阴阳灾异说兴起,刘向继之以五行灾异说;而易学亦在此期发生巨变,孟京的卦气说和阴阳灾异说等随之流行开来。在西汉晚期,谶纬思潮流行;《易纬》继孟京易学而来,反映了西汉末期的易学思想。

第一节　西汉易学的传承与《周易》经学地位的变迁

一、西汉易学的传承与传习者

1. 西汉易学的传承脉络

秦始皇三十四年(前 213),始皇下令焚书、禁书,《易》独为卜筮之书而传者不绝。《汉书·儒林传》曰:“及秦禁学,《易》为筮卜之书,独不禁,故传受者不绝也。”在此,需要区别卜筮《易》和经学《易》,后者是否在禁止之列,亦需再加研究。

自孔子迄于汉初,传《易》者连绵不绝,这在《史记·仲尼弟子列传》《史记·儒林列传》和《汉书·儒林传》中有明文记载。据《史记·儒林传》，鲁人商瞿受《易》于孔子，"六世至齐人田何""而汉兴"。何传于王子仲同，同传于菑川杨何，杨何为武帝时《易经》博士。田何为汉代传《易》的祖师，在高帝时；杨何为西汉首位《易经》博士，在武帝时。二人不容混淆。

据《汉书·儒林传》，西汉易学的传承脉络很清晰。田何有弟子王同子仲、周王孙、丁宽和齐服生，王同有弟子杨何，丁宽有弟子田王孙。建元五年（前136），武帝立《五经》博士，杨何为《易经》博士，后田王孙立为博士。田王孙有弟子施雠、孟喜和梁丘贺，宣帝时三家先后立为博士，"由是《易》有施、孟、梁丘之学"①。施家有张（禹）、彭（宣）之学，孟喜有翟（牧）、孟、白（光）之学，梁丘有士孙（张）、邓（彭祖）、衡（咸）之学。② 京房受《易》于梁人焦延寿，延寿自云尝从孟喜问《易》；"会喜死，房以为延寿《易》即孟氏学，翟牧、白生不肯，皆曰非也"③。元帝时，京房立为博士，授殷嘉、姚平和乘弘，"由是《易》有京氏之学"④。西汉末，又有费（直）氏《易》和高（相）氏《易》，高氏"自言出于丁将军"，"高、费皆未尝立于学官"⑤。费氏《易》为古文经，郑玄注本和王弼注本即据费氏经。

总之，西汉易学的传承正如《汉书·艺文志》所云："汉兴，田何传之。讫于宣、元，有施、孟、梁丘、京氏列于学官，而民间有费、高二家之说，刘向以中《古文易经》校施、孟、梁丘经，或脱去'无咎''悔亡'，唯费氏经与古文同。"

据《汉书·儒林传》，西汉易学的传承线索大致如下：

---

① 《汉书·儒林传》。
② 施雠有弟子张禹、鲁伯，前者授《易》彭宣、戴崇（子平），后者授毛莫如（少路）、邴丹（曼容）。孟喜有弟子白光（少子）、翟牧（子兄）及蜀人赵宾，赵宾"云受孟喜，喜为名之"。梁丘贺有弟子梁丘临及五鹿充宗（君孟），琅邪王吉好梁丘《易》，使子骏从梁丘临受《易》，充宗授士孙张（仲方）、邓彭祖（子夏）、衡咸（长宾）。
③④⑤ 《汉书·儒林传》。

```
┌─────────────────────────────────────────────────────────────┐
│  田子庄何 ──→ 王同子仲  周王孙  丁 宽  齐服生                 │
│                  ↓               ↓                            │
│                杨 何        田王孙 ──→ 施 雠  孟 喜  梁丘贺    │
│                  ↓                              ↓             │
│                京 房  司马谈              焦延寿 ──→ 京 房     │
│                                                    费 直      │
│                                                    高 相      │
└─────────────────────────────────────────────────────────────┘
```

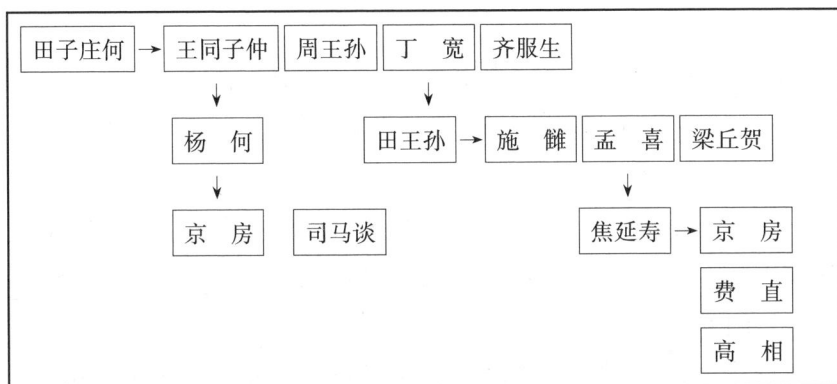

据《汉书·儒林传》,丁宽先于杜陵从田何受《易》,后东归,至雒阳又从周王孙受古义。景帝时,丁宽为梁孝王将军,故号曰丁将军。

施雠先后两次从田王孙受《易》,后一次在田王孙为博士时,且与孟喜、梁丘贺为同学。孟喜的父亲号曰孟卿,善为《礼》《春秋》,是后苍、疏广的老师。田王孙死,博士职位出现空缺,施雠、梁丘贺与孟喜三人展开争夺。在梁丘贺的撺掇和推荐下,施雠最先拜为博士。甘露年间,施雠参加了石渠阁会议。

梁丘贺先从太中大夫京房(为淄川杨何弟子)、后从田王孙受《易》。宣帝时,"贺以筮有应,由是近幸"①。梁丘贺为少府,命令儿子梁丘临及门人张禹等人从施雠问《易》。甘露年间,梁丘临"奉使问诸儒于石渠"②。

元帝时立为博士的另一位京房为焦延寿的弟子,初以明灾异得幸,后"为石显所谮诛"③。

费氏有弟子王璜平中,高相有弟子高康和毌将永。高康为王莽所杀。

2.《史》《汉》所载其他传习者

据《史记》《汉书·儒林传》,西汉习《易》、传《易》的著名人物还有即

---

①②③《汉书·儒林传》。

墨成、孟但、周霸、莒衡胡、主父偃，"皆以《易》至大官"①。他们很可能都是田何的再传弟子。《汉书·儒林传》说韩婴有韩氏《易》，宣帝时其后裔涿郡韩生传之，"以《易》征"；盖宽饶本为孟喜弟子，"见涿韩生说《易》而好之"，于是改从韩生受《易》。

《史记·司马相如列传》记司马相如在《子虚赋》中说他自己"述《易》道"，《日者列传》云司马季主"通《易经》"，《太史公自序》云司马谈"受《易》于杨何"。

《汉书·楚元王传》云刘向长子刘伋"以《易》教授"，"歆及向始皆治《易》"。《景十三王传》云广川王刘去"年十四五，事师受《易》"。《东方朔传》云"（朔自赞曰）臣尝受《易》，请射之"。《杨胡朱梅云传》云朱云年四十，"乃变节从博士白子友受《易》"；元帝时，他与五鹿充宗论难，"连拄五鹿君"，"由是为博士"。《魏相丙吉传》云魏相"少学《易》"，又云"相明《易经》，有师法"。《冯奉世传》云冯逡"通《易》"。《谷永杜邺传》云谷永"于经书，泛为疏达"，又云"其于天官、《京氏易》最密，故善言灾异"。《何武王嘉师丹传》云何武"诣博士受业，治《易》"。《扬雄传下》云扬雄仿《易》而"作《太玄》"。《王莽传中》云王莽置《六经》祭酒各一人，"长安国由为讲《易》"；又云"讲《易》祭酒戴参为宁始将军"。

其他，像司马迁、董仲舒、褚大、萧望之、夏侯始昌、龚舍等人通《五经》，对于《周易》自然很熟悉，皆有所受。

二、《周易》经学地位的变迁与"《易》为之原"的提出

汉初，在《易》卜之外，作为学问对象的《周易》还只是在少数学者（包括他们的弟子）之间流传和研习。田子庄何及其弟子王同子仲、周王孙、丁宽和齐服生等为汉初易学大师，属于所谓祖师易阶段。② 武帝时期，儒学大兴。《汉书·儒林传》曰："及窦太后崩，武安君田蚡为丞相，黜黄老、

---

① 《史记·平津侯主父列传》云主父偃"晚乃学《易》《春秋》、百家言"。
② 参看《史记·儒林列传》《汉书·儒林传》。

刑名百家之言,延文学、儒者以百数。"建元五年(前136),杨何立为《易经》博士。① 杨何与继立为博士的田王孙二人确立了西汉易学的师法。其后,田王孙一系壮大,宣帝时其门下三大弟子施、孟、梁丘先后立为博士;元帝又增立《京氏易》。施、孟、梁丘三家开启了西汉易学传承的家法时代。元成时期,《周易》在《五经》中的地位得到了显著提高;刘向编纂《别录》,刘歆编纂《七略》,即置《周易》于《五经》之首。据班固自述,《汉书·艺文志》即由刘歆的《七略》删述而来,其大体未变。《艺文志》曰:"今删其要,以备篇籍。"而刘歆的《七略》即源于刘向《别录》。据《汉书·艺文志》,刘向于成帝时奉召校书,具体负责"校经传诸子诗赋";哀帝时,父死子继,刘歆奉召"卒其父业","歆于是总群书而奏其《七略》"。这就是《七略》的来源。

关于《易经》地位的抬升,《汉书》大致涉及三个方面。其一,无论是在《儒林传》还是在《艺文志》中,班固均将《易》置于《五经》之首。其二,《艺文志》提出了《乐》《诗》《礼》《书》和《春秋》五者"相须而备,而《易》为之原"的观点。《艺文志》曰:"《六艺》之文:《乐》以和神,仁之表也;《诗》以正言,义之用也;《礼》以明体,明者著见,故无训也;《书》以广听,知(智)之术也;《春秋》以断事,信之符也。五者,盖五常之道,相须而备,而《易》为之原。故曰'《易》不可见,则乾坤或几乎息矣',言与天地为终始也。至于五学,世有变改,犹五行之更用事焉。"其他五艺各表"道"之一端,而唯有《周易》总为"道原"。其三,在叙说经籍时,班氏《艺文志》常称引《周易》为据。如叙说《书》类经籍时,即称引《系辞上》"河出《图》,雒出《书》,圣人则之"为据;叙说《礼》类经籍时,即称引《序卦》"有夫妇父子君臣上下,礼义有所错"为据;叙说《乐》类经籍时,即称引《豫卦·象传》"先王作乐崇德,殷荐之上帝,以享祖考"为据;叙说《小学》类经籍时,即称引《系辞》"上古结绳以治,后世圣人易之以书契,百官以治,万民以察,盖取诸《夬》"和《夬》卦辞"夬,扬于王庭"为据。

---

① 《汉书·百官公卿表》曰:"武帝建元五年初置《五经》博士,宣帝黄龙元年稍增员十二人。"

如果承认《汉书·艺文志》是由刘歆的《七略》"删要"而来,那么我们可以得出"《易》为之原"的观念早在西汉元成之世就已经提出的结论。在西汉后期,《周易》已居于《五经》之首。而班固在《汉书·扬雄传赞》中说扬雄"以为经莫大于《易》,故作《太玄》",可见《易》居于《五经》之首在扬雄之前已成为共识。

第二节 西汉易学的主要问题及其在思想解释上的转变

一、西汉易学的主要问题

西汉易学主要涉及三个问题,一个是在与刑名黄老之学相争斗的汉初儒学运动中《周易》"立经"的问题,再一个是《周易》的传承从"师法"到"家法"的转变问题,最后一个是《周易》文本性质的变化及其经学思想的演变问题。

1.《周易》的"立经"

第一个问题,即《周易》的"立经",与儒学在汉初的命运密切相关。据《汉书·儒林传》,高祖时,儒学局限于鲁地,且主要表现在日常礼仪的讲习方面。虽然叔孙通"作汉礼仪",但是由于"公卿皆武力功臣"[1],因此儒学受到朝廷重视的程度仍然十分有限。这种情况一直延续到孝惠、吕后时期,基本上都是如此。文帝本好刑名之言,景帝及窦太后喜好黄老之学,虽然儒士的地位在文景时期有所改变,但仍未受到重视。《汉书·儒林传》即曰:"孝文时颇登用,然孝文本好刑名之言。及至孝景,不任儒,窦太后又好黄、老术,故诸博士具官待问,未有进者。"

不过,随着汉帝国实力的不断增强,至武帝时期,强调中央集权、君臣名分及君道有为的儒家思想必然会上升到国家意识形态建设的层面。其中,当然掺杂了儒士为了儒学在新王朝中的地位而奋力抗争的问题。武帝适应了这一历史形势的要求,采取了一系列措施,他一方

---

[1]《汉书·儒林传》。

面立《五经》博士,另一方面重用儒士,例如公孙弘即以治《春秋》为丞相和封侯,杨何、即墨成、孟但、周霸、衡胡和主父偃"皆以《易》至大官"①。据《汉书·儒林传》,武昭时期,杨何、田王孙相继立为《易》博士;宣帝又立施雠、孟喜和梁丘贺三家。施、孟、梁丘三人均为田王孙的高弟。元帝再立京氏《易》。总之,《周易》在汉代重新立为官学,这是其成为所谓"经学"的十分重要的标志。从此,《周易》经学在汉代日益发展和壮大,乃至最终在元成之世居于《五经》之首而成为"大道之原",其意义非同一般。

2.《周易》经学从"师法"到"家法"的转变

第二个问题,即《周易》经学从"师法"到"家法"的转变,这是西汉易学发展的一个重要阶段。立《周易》博士,这是"师法"得以形成的前提。武宣之间,《周易》经学非常重视"师法"传统。《汉书·儒林传》曰:"(宣帝时)博士缺,众人荐喜。上闻喜改师法,遂不用喜。"足见在当时"师法"具有很高的权威性。当然,从一个方面来看,重视"师法"具有保守倾向,但是从另一个方面来看,它是完全必要的:不仅对于《易经》在当时地位的巩固具有重要意义,而且对于《易十翼》的经学化很可能起到了非常重要的作用。从"师法"到"家法"的转变,这是经师们个性化地解释同一经典的开始,而在朝廷的层面则是通过一经立有多位博士,而每一博士又附带若干弟子来实行的。这里,既有《周易》经学自身发展的内在需要,也有"劝以官禄"及"盖禄利之路"使然的原因②。"家法"的形成,实际上与施、孟、梁丘三家立为博士同时展开。皮锡瑞曾指出:"师法、家法所以分者:如《易》有施、孟、梁丘之学,是师法;施家有张、彭之学,孟有翟、孟、白之学,梁丘有士孙、邓、衡之学,是家法。"③从杨何、田王孙到施、孟、梁丘三家,这是易学的师法阶段,但是后三者,即施、孟、梁丘三家同时是易

---

①《汉书·儒林传》。
②《汉书·儒林传赞》。
③ 皮锡瑞:《经学历史》,周予同注释,第 136 页,北京,中华书局,2008。

学家法的开启者。甘露年间（前53—前50），宣帝"诏诸儒讲《五经》同异"①，"《五经》诸儒杂论同异于石渠阁"②，这是一次杂论诸经师法之异同的会议，《周易》一经亦不例外。其目的，不过是为了供"上亲称制临决焉"③，当时还没有强行要求经文及经义的高度统一。《汉书·艺文志》记有"《五经杂议》十八篇"，即是这次皇帝亲临称制的儒林大会的文件集结。

总之，西汉易学以立为博士的施、孟、梁丘和京氏确立了四大"师法"。而"师法"的开展不但为其内部的彼此创说提供了"自我突破"的良好条件，而且为民间易学流派的开展创造了必要的生存空间。与此同时，"家法"的流衍还为西汉易学的解释观念及思想主题的演变在学术和政治上提供了必要的前提。

3.《周易》从"筮书"到"经书"形态的大转变

第三个问题，与第一、二个问题关联密切。自周初以来，《周易》即大抵为官学；不过，至于西汉，它经历了从"筮书"到"经书"形态的大转变。这个大转变可以分为两个阶段。

第一个阶段是从孔子、商瞿到汉初田何，易学经过长期的筮占实践不仅积累了大量的案例，而且在解占的过程中形成了它的解释系统：从战国早期到晚期，今本《易传》的大部分篇籍得以撰作出来。而从《易传》来看，六十四卦文本在实质的意义上已经被当作"经"来看待了。

第二个阶段发生在汉初时期（高帝至景帝），它为武帝将《易》立于学官、成为国家层面的真正"经学"打下了坚实的基础。《尚书·洪范》第七畴曰"稽疑"（《易》以"卜筮"为基本功能），可知在相当漫长的一段时间里《易》（包括《周易》）完全属于"筮书"性质。此后，对于官方而言，这种性

---

① 《汉书·宣帝纪》。
② 《汉书·韦贤传》。
③ 《汉书·宣帝纪》。

质长期没有多少改变。《周礼》云太卜"掌三《易》之法"①,又云"筮人掌三《易》"②。秦始皇下令焚书、禁书,而《周易》不禁不燔,乃因为它被看作"卜筮"之书的缘故。《史记·秦始皇本纪》曰:"所不去者,医药卜筮种树之书。"《汉书·艺文志》曰:"及秦燔书,而《易》为筮卜之事,传者不绝。"至于汉初,情况犹且如此。《汉书·楚元王传》曰:"时独有一叔孙通略定礼仪,天下唯有《易》卜,未有它书。"可见《周易》为筮书,这仍然是汉初的普遍观点。最近几十年出土的天星观楚简、包山楚简和新蔡楚简包含了若干易卦材料,它们都属于实占性质。清华简《筮法》是阐述《易》筮的一般性理论著作,而阜阳汉简《周易》在每一卦辞、爻辞之后再连抄以"卜曰"起头的卜辞,这个本子在使用者手里当然属于筮书性质。

《周易》演变为"经书",非一朝一夕之故。早在春秋后期,贵族们在将三《易》或《周易》作为筮书使用时即将"德义"作为解占的一个指导思想。孔子晚年研习《周易》,继承了这一解释方向。在马王堆帛书《要》篇中,孔子曰:"《易》,我后其祝卜矣!我观其德义耳也。"所谓"德义","德"即德行,"义"即"仁义",是一种伦理原则。这就将《周易》的解占活动,从单纯依赖于祝卜的神灵性预言,转向了对问占者之道德主体性的关切。孔子开启的这一方向,被他自己及其后学贯彻到《易十翼》之中。而《易十翼》在爻位理论、乾坤论和阴阳论上又作出了巨大贡献,成为此后义理解释或所谓哲学解释的基础。

不过,从先秦至汉初的传承情况来看,《周易》一经在学者群体和国家意识形态中的地位比较尴尬。先秦重要诸子典籍引《易》很少,在儒门内部,《孟子》未曾引《易》,《荀子》引《易》亦仅四次。在传承过程中,荀子学派对于《周易》的态度是这样的:"善为《易》者不占。"③这一方面说明荀子学派对于《周易》的解释态度与帛书《要》篇所述孔子态度一致,并反映出"经书《易》"欲与"占筮《易》"相分离的紧张感,另一方面也表明"占筮

①《周礼·春官·太卜》。
②《周礼·春官·筮人》。
③《荀子·大略》。

《易》"在当时还是占据了主导地位。《史》《汉》所述商瞿至田何的传承线索,一般说来,属于所谓"经书《易》"的传统。正是这些早期易学大师艰苦卓绝的开创性解释和不懈的知识传承,为"《周易》经学"在西汉的崛起与兴盛创造了必要的前提。最终,武帝在建元五年(前136)立田何的再传弟子杨何为职掌《周易》的博士,高度肯定和大力褒扬此一经学传承系统,从此《周易》正式从"筮书"转变和上升为"经书"。《汉书·艺文志》将"经书《易》"与"筮书《易》"分列在《六艺略·易类》和《数术略·蓍龟类》两类中,而不相杂厕,这是一个很有力的证明。

二、西汉易学在思想解释上的转变

卜筮之外,《周易》的说解在西汉宣元时期发生了一次重大的思想改变。这是西汉易学的主要问题之一。自战国中期以来,《周易》在解释上一方面受到阴阳观念的深刻影响,这在《易十翼》(特别是《系辞》)和汲冢竹书《易》中都明显地表现出来了[1],另一方面它的可解释性也受到人们的高度关注。关于前者,《系辞上》曰,"一阴一阳之谓道"。《说卦》曰:"立天之道曰阴与阳。"《庄子·天下》曰:"《易》以道阴阳。"《礼记·祭义》曰:"昔者,圣人建阴阳天地之情,立以为《易》。"帛书《衷》曰:"《易》之义谇(萃)阴与阳。"《史记·太史公自序》曰:"《易》著天地阴阳四时五行,故长于变。"又曰:"《易》以道化。"《史记·滑稽列传》曰:"(孔子曰)《易》以神化。""化"即"变化"义,"神"即《系辞》所谓"阴阳不测之谓神","神化"即是说阴阳不测之变化。根据这些文献,完全可以断定,从战国中晚期至汉武帝时期,人们形成了以阴阳化的天道观来阐释《周易》的主导意识。在此主导意识下,西汉初期的易学又具有注重人事及义理的特点。关于后者,首先,它来源于占筮的稽疑本性,而稽疑需要解占,解占需要

---

[1] 《晋书·束皙传》曰:"《易繇阴阳卦》二篇,与《周易》略同,繇辞则异。"杜预《春秋经传集解后序》:"《周易》上下篇与今正同,别有《阴阳说》而无《彖》《象》《文言》《系辞》。"参看阮元校刻《十三经注疏》(清嘉庆刊本)第四册,第4751页,北京,中华书局,2009。

作多元的折衷。其次,它来源于《周易》文本自身极其幽隐、简约,因而需要大加解释的特性。《礼记·经解》曰:"絜(洁)静精微,《易》教也。"司马迁曰:"《易》本隐之以显。"①《汉书·艺文志》曰:"《易》道深矣。"皆可见此意。而《周易》在文本上的可解释性,即为阴阳之道的介入提供了必要的前提。

汉初祖师几乎各作《易传》。《汉书·儒林传》曰:"汉兴,田何以齐田徙杜陵,号杜田生,授东武王同子中、雒阳周王孙、丁宽、齐服生,皆著《易传》数篇。"这在同书《艺文志》中即有明确的证明:"《易传·周氏》二篇。(字王孙也。)《服氏》二篇。《杨氏》二篇。(名何,字叔元,菑川人。)《蔡公》二篇。(卫人,事周王孙。)《韩氏》二篇。(名婴。)《王氏》二篇。(名同。)《丁氏》八篇。(名宽,字子襄,梁人也。)"这些所谓《易传》,依笔者陋见,很可能都是《易十翼》的仿习之作。据此可知,汉初易学其实是以阴阳等观念为基础而构建起来的所谓义理之学。《汉书·儒林传》曰:"(丁宽)作《易说》三万言,训故举大谊(义)而已,今《小章句》是也。"颜师古《注》曰:"故,谓经之旨趣也。"②这是一个很有力的旁证。丁宽《易说》,即《艺文志》所谓《丁氏易传》,它十分简要,不过训释经文旨趣、举明大义而已,与阴阳灾异之说无关。丁氏《易说》又谓之《小章句》,估计是汉《易》章句之学的起源。《艺文志·六艺略·易类》曰:"《章句》,施、孟、梁丘氏各二篇。"此三家《章句》皆本于田王孙,它们虽然略有差异,但是都属于"训故举大谊"之作。

灾异之说起源甚早,至春秋时已遍及诸侯列国。汉世阴阳灾异之说以《春秋》学为本,董仲舒在景帝、武帝时期即借助于《公羊春秋》以大力宣扬此说。至元成时期,阴阳灾异之说泛滥于《五经》。阴阳灾异说被正式纳入《周易》经学的时间相对较晚,《京氏易》立于学官,即为《易》阴阳灾异说得到官方正式肯定的标志。不过,在宣帝时或稍前,《易》阴阳灾

---

① 《史记·司马相如列传》。
② 《汉书》卷八八,第3598页。

异说已有所萌芽或发展。据《艺文志·六艺略》所列"易类"目次,"《古五子》十八篇"大概成书于武帝时期。班固自注曰:"自甲子至壬子,说《易》阴阳。"《初学记·文部》引刘向《别录》曰:"《古五子》书,除复重,定著十八篇,分六十四卦,著之日辰,自甲子至于壬子,凡五子,故号曰《五子》。"①可知《古五子》正为《易》家候阴阳之书。《汉书·儒林传》曰:"喜好自称誉,得《易》家候阴阳灾变书,诈言师田生且死时枕喜膝,独传喜,诸儒以此耀之。同门梁丘贺疏通证明之,曰:'田生绝于施雠手中,时喜归东海,安得此事?'"孟喜所得《易》家候阴阳灾变书,当是民间好《易》者为之,与《古五子》同类。又,同传云:"蜀人赵宾好小数书,后为《易》,饰《易》文,以为'箕子明夷,阴阳气亡箕子。箕子者,万物方荄兹也。'"赵宾说《易》,亦具备阴阳灾异说的特征。但是,在当时的历史条件下,《易》阴阳灾异说很难立即得到朝廷的承认和人君的肯定。不过,自元帝立京氏《易》于学官,以《易》说阴阳灾异即成为当时潮流。《汉书·儒林传》说京房以"明灾异得幸",同书卷七十五《京房传》亦有相同记载。《艺文志·六艺略》"易类"列有《孟氏京房》《灾异孟氏京房》《京氏殷嘉》三书,即反映了京氏易学在元成时期的盛况。《儒林传》还记载了高相《易》"专说阴阳灾异",并"自言出于丁将军"。其实,京、高二家之外,当时言《易》阴阳灾异者还有不少人。《艺文志·六艺略》"易类"还列有阴阳灾异说的著作二部,即《杂灾异》三十五篇和《神输》五篇。其中《杂灾异》既然谓之"杂",则非一家之书可知也。

值得注意的是,西汉后期《易》家候阴阳灾异说,与西汉初期的《易》阴阳天道观和人事说,它们据以解释的哲学观念的本体("阴阳")都是一致的,京房即"以明《易》阴阳得幸于上"②,只不过二者的解释旨趣大相径庭而已。阴阳灾异说借助于神意化的天道观来阐明灾异的政治含意,以期达到谴告人君的目的;而汉初的《易》阴阳说则属于自然哲学,乃客观

---

① 徐坚等:《初学记》(第二版),第499页,北京,中华书局,2004。
② 《汉书·宣元六王传》。

地理解万物的生成及其统一性的问题,同时让人掌握其在伦理世界中所赖以存在的诸般道理。这里,存在神性之天道与自然性之天道的根本对立,而后者的思想成果当然是可以被前者所吸收和利用的。

第三节　马王堆帛书《易传》的哲学思想

帛书《易传》六篇,1973 年 12 月出土于长沙马王堆三号汉墓。这六篇帛书分别为《二三子问》《系辞》《衷》《要》《缪和》和《昭力》①,其中《二三子问》与帛书《六十四卦》经文同幅,后五篇帛书同幅。这批帛书大约抄写于高祖之后至文帝十二年之间(前 194—前 168),当然部分篇目的撰作年代可能早至战国晚期,而帛书《系辞》乃战国中期的著作,因此本章不作论述。帛书《易传》引起了学者们的极大兴趣,给学界带来了观念上的巨大变化,其中孔子与《周易》的关系及孔子生前是否作《易传》这两个问题广受关注。这六篇帛书或为释经体,或为问答体,或为此二体之混合,它们大体上以孔子为老师,为论述的中心。帛书《易传》的哲学主要体现在三个方面,即解《易》原则、阴阳哲学和乾坤说三个方面。此外,帛书《易传》的政治思想也是值得关注的。

一、从帛书《易传》看孔子解《易》的原则

众所周知,今本《系辞》和《说卦》前三章被帛书《易传》所抄录。而为了更明晰地梳理战国末季至汉初易学思想的发展,笔者在下文将尽力征引那些不见于今本《易传》的篇章。

先看帛书《易传》的解释观念。帛书《易传》的解释观念主要体现在《要》篇中,而《要》篇的解释观念也即是孔子的解释观念。无疑,在这六篇帛书中,《要》篇是最为引人关注的篇目之一,其原因在于它解决或矫

---

① 帛书《易传》释文,参看丁四新《楚竹书与汉帛书〈周易〉校注》,第 505—542 页,上海,上海古籍出版社,2011。本书征引帛书《易传》释文一般从宽式,并综合了多位学者的成果。

正了自欧阳修以来的一大问题,即它证实了《史记》"孔子晚而喜《易》"的说法。在笔者看来,《要》篇的重要性更在于显示了孔子在《周易》解释学上的重大贡献。① 在《要》篇中,孔子提出了"以德知《易》"或"以德占《易》"的解释观念。"以德知《易》"的说法,是孔子总结春秋后期以德解占的思想倾向的结果。重视德行在解占过程中的作用,这可以参看《左传·襄公九年》"穆姜薨于东宫"、《昭公十二年》"南蒯枚筮之"等筮例。此前,《周易》的主要用途是为了"稽疑"(即帮助君王作出决断),是君王在作出决断之前需要谋问和商议的五大因素之一,并且在解占的过程中需要遵守"三人占,则从二人之言"(《尚书·洪范》)的规则。

孔子提出的"无德,则不能知《易》"(《要》第 8 行)的解释原则在《要》篇中包含三个要点。《要》篇第 12—18 行曰:

> 夫子老而好《易》,居则在席,行则在橐。子贡曰:"夫子它日教此弟子曰:'德行亡者,神灵之趋;知谋远者,卜筮之繁。'赐以此为然矣。以此言取之,赐敏行之为也。夫子何以老而好之乎?"夫子曰:"君子言以矩方也。前祥而至者,弗祥而巧也。察其要者,不诡其福。《尚书》多阅(阙)矣,《周易》未失也,且有古之遗言焉。予非安其用也,〔而乐其辞也〕□□尤于此乎?"

> 〔子贡曰〕:"如是,则君子已重过矣。赐闻诸夫子曰:'循正而行义,则人不惑矣。'夫子今不安其用而乐其辞,则是用倚于人也,而可乎?"子曰:"狡哉,赐! 吾告汝,《易》之道□□□□□□□此百姓之道□□易也。夫《易》,刚者使知惧,柔者使知图;愚人为而不妄,谗人为而去诈;文王仁,不得其志,以成其虑。纣乃无道,文王作,讳而避咎,然后《易》始兴也。予乐其知之□□□之自□□予何□□三事纣乎?"

> 子贡曰:"夫子亦信其筮乎?"子曰:"吾百占而七十当。虽周梁

---

① 这一点,林忠军等学者已经注意到了。参看林忠军《从帛书〈易传〉看孔子易学解释及其转向》,《北京大学学报(哲学社会科学版)》第 44 卷第 3 期,第 86—90 页。

山之占也,亦必从其多者而已矣。"子曰:"《易》,我后其祝卜矣,我观其德义耳也。幽赞而达乎数,明数而达乎德,有仁〔守〕者而义行之耳。赞而不达于数,则其为之巫;数而不达于德,则其为之史。史巫之筮,向之而未也,好之而非也。后世之士疑丘者,或以《易》乎? 吾求其德而已,吾与史巫同途而殊归者也。君子德行焉求福,故祭祀而寡也;仁义焉求吉,故卜筮而希也。祝巫、卜筮其后乎!"①

孔子玩《易》、解《易》的特点,在这三段对话中充分表现出来了。从第一段对话来看,孔子晚年对于《周易》在态度上有一次重大的转变:从前,因其为卜筮之书而鄙弃之,至晚年却"好《易》",乃至于"居则在席,行则在橐",所以子贡才有"夫子何以老而好之乎"的疑问。由此,在孔子与子贡之间展开了一场对话。孔子晚年重视经典研读和教育。对于《周易》,他的第一个观点是"予非安其用也,而乐其辞也"②。所谓"用",指卜筮之用;所谓"辞",指卦爻辞。孔子晚年好《易》的重点,在于玩味和推阐卦爻辞所包涵的道理,以及吉凶与占者之主体性(主体性的构成以道德性为主)的关系。所谓"夫《易》,刚者使知惧,柔者使知图;愚人为而不妄,渐人为而去诈;文王仁,不得其志,以成其虑",即是孔子非常重视《周易》对于主体德行修养作用的表现。需要指出,所谓"不安其用",并不是说舍弃《易》的占筮功能而不用,而是要在占筮之用的基础上将其提升到"德义"的层次。在解释路径上,孔子是通过"乐其辞"来进入的。在这一点上,孔子似乎与宋儒程伊川有相通之处。伊川在《易传序》中说:"予所传者辞也。"不过,程颐解《易》几乎不言占——这后来招致了朱熹的反复批评③,而孔子则为《周易》建立了"占/巫—数/史—德/君子"三个解释层次和系统,与程子舍占而传辞的做法迥然不同。

① 所引《要》篇文本,多处采用了李学勤的释读。参看李学勤《周易溯源》,第 373—375 页,成都,巴蜀书社,2006。
② 程颐:《伊川易传序》,载《伊川易传》,《四库全书》文渊阁本第 9 册,第 157 页,台北:台湾商务印书馆,1986。
③ 参看黎靖德编《朱子语类》卷六七,第 1649—1654 页,北京,中华书局,1994。

孔子看待《周易》的第二个观点是"我后其祝卜矣,我观其德义耳也"。在春秋后期,卜筮文化十分浓厚和流行,在当时的历史条件下,孔子是不可能直接否定占筮的功能的。他说"吾百占而七十当",这是肯定了占筮具有前知吉凶的作用。不过,孔子并不迷信,而是更加重视对吉凶之占象的主观性解释,正如《要》篇所说"亦必从其多者而已矣",将卦爻象之吉凶的判断放在多重解占主体的解释中来做综合处理和裁断,这与《尚书·洪范》所云"三人占,则从二人之言"一致。毫无疑问,孔子虽然没有舍弃祝卜的具体方法,但是更为重视对于《周易》"德义"的领会。他将时人对于《周易》的运用分为三个高低的层次,即"巫—史—君子"或者说"占—数—德"的层次,将目标指向对《周易》作"德义"的阅读,并进而培养君子的人格。

巫能幽赞神明而断之以吉凶,史能通达兴衰之道("数"者,术也,道也),而君子则"观其德义""达乎德"和"求其德",追求的是道德人格的完成。所谓"德义",即帛书《衷》篇所谓"赞以德而占以义",也即"德行""仁义"之省语。所谓"求其德义",即探求《周易》所包含的德行和仁义内涵。在《要》篇中,孔子将传统的吉凶判断之术(筮占)转变为同时与个人的道德修养密切相关的方法。俱是趋吉避凶,然而孔子与史、巫使用《周易》的目的不同,"吾与史巫同途而殊归"。这即是说,孔子主张吉福源于个人的德行或道德性的修养,所谓"君子德行焉求福……仁义焉求吉"。这样一来,主体的德行或道德性也就成为理解《周易》的基础;反之,《周易》文本不但应当从德行或道德性的角度来做解释,而且玩研《周易》也有助于个人的道德性反省和德行的修养。总之,孔子晚年虽然在一定程度上回归和肯定了《周易》的卜筮之用,但是无疑他是以"德义"为先,以"祝卜"为后的。"我观其德义耳",这个观点是孔子对《周易》解释学作出的重大贡献。

最后,孔子主张以德占《易》。帛书《衷》篇也有相近的说法,一曰"无德而占,则《易》亦不当"(第42行),这与《要》篇"无德,则不能知《易》",及孔子在《论语·子路》中所说"不占而已矣",而将"恒德"看作占筮的基础,是完全一致的;二曰"拟德占之,则《易》可用矣"(第 44 行)。"拟",准拟。后者主要是从考虑占者德行的角度而言的,正如《左传·襄公九年》所载,虽然史官为筮,得《随》卦,并说只要随从而出,可应"无咎"的断占之辞,然而在穆姜(鲁宣公夫人)看来,元、亨、利、贞四德乃是随而"无咎"的前提:有此四德,则随而无咎;无此四德,则虽随而无益(《左传·襄公九年》)。孔子及其后学不因人而废言,将穆姜的精彩解说编入了《乾·文言传》中。但是我们也应当注意到,孔子提出拟德而占、以德解占、以德知《易》和"求其德义"的一系列观点,乃是在思想上的总结和提高,十分鲜明地突出了占问者和解占者的主体性(在孔子当时以"德行"为重)与断占、解占之间的密切关系。应当说,孔子所提出的这一主体性原则对于易学的发展来说是至关重要的,从此《易十翼》及其他易说才可以接连不断地产生出来。

二、《易》之义萃阴与阳

1. "《易》之义萃阴与阳"

阴阳观念起源很早。据《国语·周语上》"虢文公论阴阳分布"一段文本,大概在周宣王(前 827—前 782)时已经产生了"阳气"的概念,它作为谷物所以生长的力量而得到肯定。在《国语·周语上》"伯阳父论地震"(前 780)一段文本中,阴阳之气被说成为"天地之气",从而成为天地间的两种基本力量,并且二气具有确定的运动规则:阳气自下而向上运动,阴气自上而向下运动。在《国语·周语下》"伶州鸠谏铸大钟"(前 522)一段文本中,上述各个要点得到了进一步的反映。今本《老子》第四十二章曰,"万物负阴而抱阳,冲气以为和",十分正式地将阴阳二气看作寓于万物中的普遍性存在,并且以二气的和谐、平衡状态作为万物存在的基础,这种阴阳观念显然超越了伯阳父和伶州鸠之说。由此可以断定,具有广泛的宇宙生成论意义的阴阳概念应当在春秋末期已经产生出来了。但是由于楚简本并无《老子》此章,因此它是在何时写作出来的,也就存在一定的疑问。不管怎样,至迟在战国中期,具有宇宙生化论意义的阴阳概念得到了广泛应用，《庄子》、《管子》、今本《易传》和出土楚竹书等即有许多相关言论。

帛书《易传》六篇亦不例外，它们受到阴阳观念的严重影响，这是毫无疑问的。帛书《衷》篇第1—2行即曰：

> 子曰："《易》之义萃阴与阳，六画而成章。曲句焉柔，正直焉刚。"六刚无柔，是谓大阳，此天〔之义也〕。□□□□□见台而□□□方。六柔无刚，[是谓大阴，]此地之义也。天地相率，气味相取，阴阳流形，刚柔成[体]，万物莫不欲长生而恶死。会三者而始作《易》，和之至也。

萃者，聚也。"《易》之义萃阴与阳"，在《衷》篇的作者看来，《周易》的大义集中在阴阳观念上面。据此，可以说阴阳观念正是理解《周易》文本的基本原理。这一命题的重要性，首先体现在对《周易》卦爻画的理解上。众所周知，卦爻画在《周易》文本中是最为突出和十分关键的构成部件，每一卦均由六画构成。帛书《衷》篇曰："曲句焉柔，正直焉刚。"所谓"曲句""正直"，正是就爻形来说的，爻画之状曲句即为柔爻，正直即为刚爻。"六刚无柔"，这是《乾》卦之象，《衷》篇并曰"是谓大阳"；"六柔无刚"，这是《坤》卦之象，《衷》篇并曰"是谓大阴"。这说明《衷》篇作者将《乾》《坤》二卦看作纯阳极阳、纯阴极阴之卦，由此可以推知，所谓刚柔二爻也可以称名为阳爻和阴爻。《衷》篇下文又曰："观变于阴阳而立卦也，发挥于[刚]柔而[生爻也]。"再曰："是故立天之道曰阴与阳，立地之道曰柔与刚，立人之道曰仁与义。兼三才[而]两之，六画而成卦。分阴分阳，[迭用柔刚，故]《易》六画而为章也。"这两段文字又见于今本《说卦》。它们十分清楚地阐明了易卦六画具有宇宙论的来源，而这种宇宙论的来源又表现为天、地、人三才的结构。简言之，在《衷》篇(乃至帛书《易传》六篇)的作者看来，《周易》六十四卦的两种基本爻画既来源于刚柔、阴阳观念，也是对这两种观念的直接表达。毫无疑问，易卦的刚柔化和阴阳化极大地深化了《周易》文本的哲学内涵，实现了文本性质的根本转化，为此后学者们对《周易》文本作哲学的阐释提供了基本前提。由此也可知，帛本六十四卦的意涵已经完全超越了所谓数字卦的概念。

其次，"《易》之义萃阴与阳"这一命题的深刻内涵，还表现在天地生化之道上。所谓天地生化之道，是以易卦所含具的刚柔和阴阳原理为基础的。《衷》篇云："天地相率，气味相取，阴阳流形，刚柔成［体］，万物莫不欲长生而恶死。""率"，循也。万物的生成及其存在，无非是天地率循、阴阳流形和刚柔成体的结果，属于典型的宇宙生化论，与楚简《凡物流形》"流形成体"的观念相贯通。[①] 反过来看，《乾》"六刚无柔"之"太阳"和《坤》"六柔无刚"之"太阴"，即分别体现了"天之义"和"地之义"。这两个方面均为"《易》之义萃阴与阳"的内涵。

最后，"《易》之义萃阴与阳"这一命题的涵义还表现在一卦之中，而一卦所含之阴阳和刚柔的多少则是有差别的。《乾》《坤》二卦的爻画纯一无杂，故《衷》篇只说"得之阳也""得之阴也"（第3行）。至于《衷》篇云"《泰》者，上下交矣""《否》者，阴阳奸矣，下多阴而否闭也""《大壮》以卑阴也"等（第4—9行），则直接反映了易卦在阴阳分量上的差别。而《衷》篇云《乾》"亢龙"等五爻辞为"刚之失"及《坤》"牝马"等五爻辞为"柔之失"（第16—17行），体现了易爻在刚柔力量上的差失。

2. 刚柔、动静、文武之义

"《易》之义萃阴与阳"这一命题，又包含了刚柔和文武相配、相救之义。这一点有些学者已经注意到了[②]，但论述还不够深入。帛书《衷》篇第16—19行云：

> 子曰："万物之义，不刚则不能动，不动则无功，恒动而弗终则［亡，此刚］之失也。不柔则不静，不静则不安，久静不动则沈，此柔之失也。是故《乾》之'亢龙'，《壮》之'触藩'，《姤》之'离角'，《鼎》之

---

① 参看曹锦炎《〈凡物流形〉释文注释》，马承源主编：《上海博物馆藏战国楚竹书（七）》，第223、226、228页。

② 参看王莹《帛书〈易之义〉键川、阴阳、刚柔、文武思想合论》，《周易研究》2007年第3期，第17—21页。

'折足'，《丰》之'虚盈'，五爻者，刚之失也，动而不能静者也。《坤》之'牝马'，《小畜》之'密云'，《姤》之'[蹢]躅'，《渐》之'孕妇'，《屯》之'泣血'，五爻者，阴之失也，静而不能动者也。是故天之义，刚健动发而不息，其吉保功也；无柔救之，不死必亡。动阳者亡，故火不吉也。地之义，柔弱、沈静、不动，其吉[保安也；无]刚文之，则穷贱遗亡。重阴者沈，故水不吉也。故武之义，保功而恒死；文之义，保安而恒穷。是故柔而不宎，然后文而能胜也；刚而不折，然后武而能安也。《易》曰：'直方大，不[习，吉]。'□□□□□于文武也。"

"刚柔"既是万事万物的两种对立的质性，也是存在于事物之中的两种宇宙力量。阴阳就生化流形而言，刚柔就已生成之事物的质性而言。《周易》的爻画被称为刚爻和柔爻，这是与处于动静、变化之中的事物相应的，而刚柔、动静则呈现为体用关系。从宇宙论来看，《衷》篇认为它们来源于天地。通过天地之象，它们都可以包含在乾坤的内涵之中。就其本然来看，刚柔在事物中是自然地和谐的；但是在人化的世界中，则存在刚失和柔失的两种情况。《衷》篇云："万物之义，不刚则不能动，不动则无功，恒动而弗终则[亡，此刚]之失也。不柔则不静，不静则不安，久静不动则沈，此柔之失也。"这即是说，事物只有保持刚柔和动静的相对平衡，才能够起到相应的功效和维护自身的存在，所谓"不动则无功""不静则不安"是也；但是恒动、恒静就会导致自我的沉沦和灭亡。正因为如此，所以刚柔必须互助互救。《衷》篇云："是故天之义，刚健动发而不息，其吉保功也；无柔救之，不死必亡。动阳者亡，故火不吉也。地之义，柔弱、沈静、不动，其吉[保安也；无]刚文之，则穷贱遗亡。重阴者沈，故水不吉也。"天地、刚柔各有其功，但是它们必须互相配合和救助，才能保持双方的相对平衡和共存。这种刚柔相救之义，符合《系辞》"一阴一阳之谓道"的原理，而孤阴、孤阳，或极阴、极阳，则违反了此一原理。

在刚柔相救之义的基础上，《衷》篇还论述了人道的文武之义。"文""武"是为政和任事的两种品质，与刚柔分别对应。文者性柔，法地之义；

武者性刚,法天之义。文能保安,而武能保功,但是它们都有偏失。只有刚柔相救,"柔而不䑏(软),然后文而能胜也;刚而不折,然后武而能安也"。需要注意,这种文武之义,与帛书《经法·君正》等篇所说的文武之义不同。

此外,在帛书《衷》《昭力》二篇中还可见一些有关文武之义的文本。如《衷》篇曰"武夫昌虑,文人缘序"(第 31 行)"[武夫]有拂,文人有辅"(第 32 行),《昭力》篇曰"文人为令,武夫用图"(第 6 行)。所谓"文人"和"武夫",分别指在政治活动中其气性程度不同(即柔刚程度不同)的两种人。

3. 卦气说与《损》《益》之道

卦气说是西汉易学阴阳说的重要内容之一。所谓卦气说,即以易卦来表示一年四时阴阳消息(具体表现为节气)的变化。成熟形态的卦气说即将二十四节气纳入其中:一方面它特别注重天道在时空中的运行,阐明四时、八节、十二月、二十四气或七十二候在一年的递变循环;另一方面它在结构上变得非常复杂,即将卦爻与律吕、干支、四时十二月二十四气七十二候三百六十五日、四象二十八宿等有组织地搭配起来,形成一个多层而开放的系统。在笔者看来,今本《说卦传》"帝出乎震"章即包含着八卦卦气说,属于卦气说的早期形态。清华楚简《筮法》释文公布后,人们发现其中的《卦位图》所载八卦方位及其与时节的搭配,正与《说卦传》"帝出乎震"章大体一致。① 因此将八卦卦气说溯源至战国中期,便毫无疑义了。

帛书《衷》《二三子问》《要》三篇的卦气说亦属于早期形态,而包含了两种形式。先看《衷》《二三子问》两篇的卦气说。《衷》篇第 31—32 行曰:

> 《易》曰:"履霜,坚冰至。"子曰:"逊从之谓也。岁之义,始于东北,成于西南。君子见始弗逆,顺而保谷。"

---

① 参看李学勤《〈筮法〉释文注释》,载《清华大学藏战国竹简(肆)》,第 111—113 页,上海,中西书局,2013。

针对《坤》六二爻,帛书《二三子问》第 18 行亦曰:

> 孔子曰:"此言天时渐,戒保常也。岁[始于东北,成于]西南;温始[于东北],寒始于[西南]。"

"逊"者,顺也。从《坤》六二"履霜,坚冰至",《衷》篇阐释出"逊从"而《二三子问》篇拈出"渐"之义。所谓"逊从"或"渐",即指从"履霜"到"坚冰至"的时节顺序及寒凉程度而言。而此一顺序所显示的"岁之义",被《衷》《二三子问》二篇说为"始于东北,成于西南",并且《二三子问》篇进一步指明了一年之寒温在空间方位上的变迁。在此,虽然这一解释是针对《坤》六二爻来说的,但是从上述引文来看,二篇帛书的作者似乎熟知一岁之寒温变化与八时、八方相搭配的理论。廖名春认为这是以八卦的卦气说来解释《坤》六二爻辞[1],这个看法是值得肯定的。帛书《要》篇说"有四时之变焉,不可以万物尽称也,故为之以八卦",这也证明了帛书很可能具备了八卦卦气说的思想。而梁韦弦不同意廖说,并作了批评。[2]不过在笔者看来,梁氏的批评未必正确。

再看帛书《要》篇的卦气说。该篇的卦气说以《损》《益》二卦为说。《要》篇第 19—24 行曰:

> 孔子繇《易》,至于《损》《益》二卦,未尝不废书而叹,戒门弟子曰:"二三子! 夫《损》《益》之道,不可不审察也,吉凶之[门]也。《益》之为卦也,春以授夏之时也,万物之所出也,长日之所至也,产之室也,故曰《益》。《损》者,秋以授冬之时也,万物之所老衰也,长[夕]之所至也。故曰产道穷焉,而产道[产]焉。《益》之始也吉,其终也凶。《损》之始[也]凶,其终也吉。《损》《益》之道,足以观天地之变,而君者之事已。是以察于《损》《益》之变者,不可动以忧喜。故明君不时不宿,不日不月,不卜不筮,而知吉与凶,顺于天地之心,

---

① 参看廖名春《周易经传与易学史新论》,第 12—42 页,济南,齐鲁书社,2001。
② 梁韦弦:《关于帛书〈易之义〉解说坤卦卦爻辞之文义的辨析》,《周易研究》2005 年第 3 期,第 40—43 页。

此谓《易》道。故《易》有天道焉，而不可以日、月、星、辰尽称也，故为之以阴阳；有地道焉，不可以水、火、金、土、木尽称也，故律之以柔刚；有人道焉，不可以父子、君臣、夫妇、先后尽称也，故要之以上下；有四时之变焉，不可以万物尽称也，故为之以八卦。故《易》之为书也，一类不足以极之，变以备其情者也，故谓之《易》。有君道焉，五官六府不足尽称之，五政之事不足以产之，而《诗》《书》《礼》《乐》不[读]百篇，难以致之。不问于古法，不可顺以辞令，不可求以志善。能者由一求之，所谓得一而君毕者，此之谓也。《损》《益》之道，足以观得失矣。"

这段引文中的卦气说包括两种形式，其一为八卦的卦气说，其二为《损》《益》二卦的卦气说。《要》篇曰："有四时之变焉，不可以万物尽称也，故为之以八卦。"其中，八卦与四时（春夏秋冬）八节的搭配，很可能采用了《说卦传》"帝出乎震"章的方式。由此可知帛书《要》篇也包含了八卦的卦气说。

关于《损》《益》二卦的卦气说，帛书《要》篇借助孔子之口而认为《损》《益》二卦之道乃"吉凶之门"。而所谓"吉凶之门"，帛书是从"观天地之变"和"观得失"两个角度来说的，前者即明确地展现为卦气说的内容。在《要》篇中，《益》卦代表从春到夏的一节，《损》卦代表从秋到冬的一节，这两卦可以表示一年之天时和物象的变化。毫无疑问，这即是汉人通常所指的卦气说，只不过它将一岁分为二节四时而已。进一步，作者认为"《损》《益》之道，足以观天地之变"，这就将《损》《益》二卦放在宇宙论下来作解释了，而所谓吉凶即就阴阳消息而言。既然如此，那么祭祀和卜筮就都可以不用，所谓"故明君不时不宿，不日不月，不卜不筮，而知吉与凶，顺于天地之心，此谓《易》道"是也。顺便指出，《淮南子·人间》和《说苑·敬慎》都有关于孔子读《易》，至于《损》《益》二卦喟然而叹的记载，但是义理各不相同。

总之，帛书《易传》的卦气说包括八卦的卦气说和《损》《益》二卦的卦气说,这两种卦气说均是其阴阳说的组成部分。需要指出,对于帛书《易传》的卦气说,我们需要以发展的观念来看待。与西汉中后期成熟的卦气说相较,它们尚处于初步阶段。

三、乾坤说与龙德说

1.《乾》《坤》"三说"与"详说"

在今本《周易》系统中,《乾》为纯阳纯刚、《坤》为纯阴纯柔之卦,其象分别为天地,其德为健顺,因此它们在易学上的重要性是不言而喻的,即使在六十四卦系统中也占据着十分重要的地位。在帛书《易传》中亦复如是,《二三子问》《系辞》《衷》三篇都有一些关于此二卦的重要论述,特别是后二篇提出了一些重要的命题。今且不论帛书《系辞》,单就《衷》篇来说,其一,曰:"《乾》者,得[之阳也;《坤》者],得之阴也。"其二,曰:"(子曰)《易》之要,可得而知矣。《乾》《坤》也者,《易》之门户也。《乾》,阳物也;《坤》,阴物也。阴阳合德而刚柔有体,以体天地之化。"(亦见今本《系辞》)其三,《乾》《坤》在《衷》篇既有所谓"三说",亦有所谓"详说"。前两点说明了《乾》《坤》二卦因其为纯阳和纯阴之卦,所以可以作为把握《周易》的关键和门户,它们是理解万事万物生化及其存在的根本原则。

所谓"三说",见于《衷》篇第19—23行:

> (子曰)《乾》六刚能方,汤武之德也。"潜龙勿用"者,匿也。"见龙在田"也者,德也。"君子终日乾乾",用也。"夕惕若,厉,无咎",息也。"或跃在渊",隐[而]能静也。"飞龙[在天]",□而上也。"亢龙有悔",高而争也。"群龙无首",文而圣也。《坤》六柔相从顺,文之至也。"君子先迷,后得主",学人之谓也。"东北丧朋,西南得朋",求贤也。"履霜,坚冰至",豫□□也。"直方大,[不习]",□□□□[也]。"含章可贞",言美情也。"括囊,无咎",语无声也。"黄常,元吉",有而弗发也。"龙战于野",文而能达也。"或从王事,无成有终",学而能发也。《易》曰"何校",刚而折也。"鸣谦"也者,

柔而□[也。《遯》之]"黄牛",文而知胜矣。《涣》之彖辞,武而知安矣。《坤》之至德,柔而反于方。《乾》之至德,刚而能让。此《乾》《坤》之三说也。

所谓"《乾》《坤》之三说",从"《乾》六刚能方"至"'群龙无首',文而圣也",为第一说;从"《坤》六柔相从顺"至"'或从王事,无成有终',学而能发也",为第二说;从"《易》曰'何校'"至"《乾》之至德,刚而能让",为第三说。第一说先总说《乾》卦之义,然后再分说卦辞及六爻、用爻之义。第二说亦先总说《坤》卦之义,然后再分说卦辞和六爻之义。第三说在前二说的基础上又作了合说,指明《坤》之至德"柔而反于方",《乾》之至德"刚而能让"。这即是说,《乾》《坤》之至德不仅具有刚柔对待的特性,即所谓"六刚能方"和"六柔相从顺",而且也是在其相互转化中获得规定的。此外,这段文本还指出《乾》刚为武,《坤》柔为文,而所谓"文而知胜""武而知安"即是说在文柔中已包含了一定程度的武刚力量,在武刚中又包含了一定程度的文柔力量。这既是在讲文柔与武刚具有互摄的关系,也是在辩证地思考相关问题。

所谓"详说",在《衷》篇第23—34行,帛书分别就《乾》《坤》的卦爻辞作了非常深入和细致的解说,特别是作了道德性的解说。这是值得注意的。

2. 龙德说

帛书《易传》的乾坤说还包括一个重要的内容,这就是龙德说。所谓"龙德",指龙本身在华夏文化中的特点及其寓意。《二三子问》第1—4行曰:

> 二三子问曰:"《易》屡称于龙,龙之德何如?"孔子曰:"龙大矣!龙形迁遐,宾于帝,见神圣之德也。高上,齐乎星辰日月而不眺,能阳也;下沦,穷深渊之渊而不昧,能阴也。上则风雨奉之,下沦则有天□□□。穷乎深渊,则鱼蛟先后之,水流之物莫不随从;陵处,则雷神养之,风雨避向,鸟兽弗干。"曰:"龙大矣!龙既能云变,又能蛇

变,又能鱼变。飞鸟征虫①,唯所欲化,而不失本形,神能之至也。唯□□□□□□□□□□□焉,又弗能察也。智者不能察其变,辩者不能察其美,至巧不能象其文,明目弗能察视也。□□焉,化蚑蟯,神贵之容也,天下之贵物也。"曰:"龙大矣![龙]之驯(顺)德也曰利见[大人]□易□□□,爵之曰君子。戒事敬命,精白柔和而不诤贤,爵之曰夫(天)子。或大或小,其方一也,至周□也,而名之曰君子。谦,'黄常'近之矣。尊威、精白、坚强,行之不可桡也,'不习'近之矣。'"

"龙"是中华文化的图腾或象征符号,在古人的想象中,龙既十分神奇而又非常神圣,其文化内涵非常丰富,影响深远。《周易》六十四卦的"龙"字,仅出现在《乾》《坤》二卦中,前者五次,后者一次。仅就这二卦来说,"龙"字的出现频率当然很高,而因此乾坤说就天然地包含了龙德说。《二三子问》非常推崇"龙德",连用三个"龙大矣"来表示感叹!在第一个"龙大矣"的感叹中,龙象展现出"神圣之德",这包括"龙形迁遷,宾于帝"、能阴能阳及具有较大的主宰性三个方面。在第二个"龙大矣"的感叹中,龙象展现出能变化的特性,包括"飞鸟征虫,唯所欲化,而不失本形"的"神能之至"及其超越于智、辩、巧、视之外的"神贵之容"两个方面。在第三个"龙大矣"的感叹中,龙象展现出谦顺与尊威相统一的特性。前者为君子人格,而后者为天子人格的内涵。

除此通说之外,帛书《二三子问》和《衷》二篇还就《乾》《坤》二卦的具体爻辞来阐明所谓龙德。而此所谓龙德,一般从人道而言。《二三子问》第4—7行对《乾》卦初九、上九和《坤》卦上六三爻,第15—18行对九二、九三、九五、用九四爻作了解释。例如,对《坤》上六爻辞,《二三子问》云:"(孔子曰)此言大人之广德而施教于民也。夫文之理,采物毕存者,其唯龙乎!德义广大,瀍(法)物备具者,[其唯]圣人乎!'龙战于野'者,言大

---

① "征虫"及下文"蚑蟯"的释读,参看丁四新《周易溯源与早期易学考论》,第172—181页,北京,中国人民大学出版社,2017。

人之广德而下接民也。'其血玄黄'者，见文也。圣人出濾（法）教以导民，亦犹龙之文也，可谓'玄黄'矣，故曰'龙'。见龙而称莫大焉。"在《坤》上六爻中，龙具有文象、文德，《二三子问》篇由此阐发出"此言大人广德而施教于民"的大义。《衷》篇第 19—20 行和第 24—29 行对《乾》卦七爻作了解释，第 36—37 行对《坤》卦上六爻作了解释。例如，对《乾》卦用九"见群龙无首"的爻辞，《衷》篇阐发出"让善"之德，云："（子曰）让善之谓也。君子群居，莫敢首，善而治，何疾其和也？龙不待光而动，无阶而登，［圣］人与龙相似，何［不］吉之有？"又如，对《坤》上六爻辞"龙战于野，其血玄黄"，《衷》篇阐释出"文信"之德，云："（子曰）圣人信哉！隐文且静，必见之谓也。龙七十变而不能去其文，则文其信欤！"相对于《二三子问》而言，《衷》篇对本爻的阐释强调了"文之信"的一面。总之，帛书《二三子问》和《衷》对于《乾》《坤》二卦含"龙"各爻的解释属于分别为说，与《二三子问》首章（第 1—4 行）之作通说，差别较大。

在今本《乾·文言》中，"龙德"的提法出现了两次，即首章对初九、九二爻的解释。连同对九三至上九爻的解释，《文言传》都是从德位相兼的角度来阐释的，具有浓厚的道德主义色彩，与《二三子问》首章所阐释的"龙德"概念差别较大。《二三子问》的"龙德"概念非常强调神能的一面，以此作为圣人是否能够莅政的主体性依据。

四、帛书《二三子问》等篇的政治哲学

帛书《易传》的政治思想比较丰富，而特别表现在如何立政的问题上。从政治人格而言，帛书《易传》提到了君子、大人和圣人等概念。其中，"君子"一词在《易经》中已出现多次，大抵从位而言；在《易传》中，它从单纯的封建统治者（如"国君"）转变为兼德位而言的术语，带有明显的儒家性格特征。

如何立政，这涉及君主（或为人上者）的个人德行，以及如何处理君民、上下关系等问题。首先，帛书《二三子问》提出了"精白敬官"之说，这是一种重要的德行修养方法，同时是立政的主体性基础。是篇帛书第

32—34 行曰：

> ［《卦》曰：“艮其背，不获其身；行其庭，不见其人，无咎。”孔子］
> 曰：“‘艮其背’者，言［任］事也。‘不获其身’者，精白［敬官］也。敬
> 官任事，身［不］□者，鲜矣！其占曰：能精能白，必为上客。能白能
> 精，必为古世。以精白长众者，难得也。故曰：‘［行］其庭，不见
> 其人。’”

所谓“敬官任事”，“敬官”是“任事”的前提。“敬”的观念源自上古，
随后为儒家所继承。但是，在如何“敬官”的问题上，帛书《二三子问》主
张以“精白”之术。“精白”已在帛书第 4 行出现，它本属于道家的修心工
夫，但被这篇帛书吸收。“精”即精纯，“白”即洁白，二字取譬不同。“精”
字强调纯粹不杂，“白”字强调净洁无垢，当然二者为一体之两面的关系。
如果为人上者能以“精白”之术来修心，那么他就能够明照万物，而不被
各种私欲、智巧所惑乱和干扰。从作用来看，“精白敬官”的修养功夫可
以成就贤人、圣人和明君三种人格，即所谓“能精能白，必为上客”“能白
能精，必为古世”和“以精白长众者，难得也”。需要指出，帛书《衷》篇曰：
“大人之义不实于心，则不见于德；不宣于口，则不泽于面。”这种“实心”
“宣口”的具体修养，显然以“诚之”为根本原则，而与《二三子问》“精白敬
官”的说法不同。

在德行修养上，《二三子问》还强调了“内美”的重要性和优先性（见
第 36 行），本篇及帛书《缪和》对谦德作了强调（见《二三子问》第 25—26
行、《缪和》第 33—41 行）。除此之外，《二三子问》还提出了“慎言”说，也
属于德行修养的内容，比较特殊。就《艮》六五爻辞，《二三子问》第 34—
35 行说：

> 《卦》曰：“艮其辅，言有序。”孔子曰：“慎言也。吉凶之至也，必
> 阶于言语。释善［而言恶］，释利而言害，塞人之美，扬人之过，可谓
> 无德，其凶亦宜矣。君子虑之内，发之口，言［恶］不言，不［言利］，不
> 言害，塞人之恶，扬［人之］美，可谓‘有序’矣。”

为何要"慎言"？帛书云："吉凶之至也，必阶于言语。"而言语之发，往往关涉美恶和利害，由此导致吉凶的后果。关于言语之序（评说他人的道理），《二三子问》认为君子应当"虑之内"，然后"发之口"，要做到不轻言利害，要"塞人之恶，扬人之美"；相反，"释善而言恶，释利而言害，塞人之美，扬人之过"，帛书谓之为"无德"。虽然《二三子问》告诫人们要"慎言"，但是这并非叫人完全闭口不言。

除上述"慎言"说之外，帛书《二三子问》还对"言"与"德"的关系作了更为深入的阐释。就《坤》六四爻辞，第13—15行曰：

> 《易》曰："括囊，无咎无誉。"孔子曰："此言缄小人之口也。小人多言，多过；多事，多患。□□可以衍矣，而不可以言。缄之，其犹括囊也，莫出莫入，故曰：'无咎无誉。'"二三子问曰："独无缄于圣〔人〕之口乎？"孔子曰："圣人之言也，德之首也。圣人之有口也，犹地之有川谷也，财用所由出也；犹山林陵泽也，衣食庶物〔所〕由生也。圣人壹言，万世用之。唯恐其不言也，又何缄焉？"

从"括囊"一语，《二三子问》阐发出"此言缄小人之口"及"独无缄于圣人之口"之义。而为何要"缄小人之口"，而"独无缄于圣人之口"？这关涉到言说的权力与德行的关系。圣人之德至为纯善，且"圣人之言也，德之首也"，因此在作者看来，他具备最大的教化权威和权力。言由口生，圣人之口所包含的生机力量及其言辞所具备的济世作用，帛书作了十分生动形象的譬说："圣人之有口也，犹地之有川谷也，财用所由出也；犹山林陵泽也，衣食庶物所由生也。"帛书甚至说"圣人壹言，万世用之"。唯其因为如此，所以"独无缄于圣〔人〕之口"。

其次，《二三子问》认为大人（或圣人）立政，应当"广德而施教于民"。其一曰"此言大人之广德而施教于民也"，再曰"德义广大，法物备具者，〔其唯〕圣人乎"，三曰"圣人出法教以道民，亦犹龙之文也"。所谓"广德"，谓广播德行、仁义于下；所谓"施教"，谓实施文教于民。所谓"文"，具体指"法物"而言，而"法物"即指各种常设的礼法制度。作为人君，从

"大人"或"圣人"的理想人格而言,不仅应当修身自检,广施仁义,而且应当以各种具体的礼仪、法度来教导下民。

再其次,《二三子问》认为,圣人之立政以"安世"为目的。《二三子问》曰:

> 《易》曰:"康侯用锡马蕃庶,昼日三接。"孔子曰:"此言圣王之安世者也。圣人之[立]政,牛参(骖)弗服,马恒(极)弗驾,不忧乘,牝马□□□□□□□□[禾]粟时至,刍稿不重,故曰'锡马'。圣人之立政也,必尊天而敬众,理顺五行,天地无灾,民[人]不伤,甘露时雨骤降,飘风苦雨不至,民聪相瀹(筋)以寿,故曰'番庶'。圣王各有三公、三卿,'昼日三[接',言圣王之安世]者也。"

这段话从结果上阐述了所谓圣人安世立政的内容。圣王安世,应当以确立或建立理想的政治社会(立政)为目标,不但要做到"尊天而敬众,理顺五行,天地无灾,民[人]不伤",而且应当做到使牛马得到安宁、休息,饲料能获得及时补充和更新。这是一个天地、君民和物我因"圣王"的政治作用而达到极其和谐状态的理想世界。

又再其次,《二三子问》认为,圣王立政应当注意纳贤和重贤,对自己的统治心态保持高度的惕惧。圣人立政,之所以要充分重贤纳能,乃因为贤者的辅弼作用是人君实现其统治的必要保证。根据《鼎》上九爻辞,《二三子问》发挥出"贤以举忌(己)""明君立政,贤辅弼之,将何为而不利"的思想;否则,《二三子问》据《鼎》九四爻辞认为"下不胜任",或者"下不用",就会导致"折足"的后果;进一步,人君会受到"刑渥"的惩罚。同篇第32行说,人君应当"高志求贤,贤者在上,则因尊用之"。对于《丰》卦辞,《二三子问》解释道:"(孔子曰)[此言盛]也,勿忧,用贤弗害也。日中而盛,用贤弗害,其亨亦宜矣。黄帝四辅,尧立三卿,帝王者之处盛也,故曰'宜日中'。"(第35—36行)所谓"宜日中",即指帝王能处于用贤的盛大状态,如"黄帝四辅,尧立三卿"。关于统治者的心态和姿态,《二三子问》认为,为上者的地位愈高,则其对于臣下愈应保持高度惕惧,而不能以上骄下。据《乾》上九爻辞"亢龙有悔",《二三子问》就说:"圣人之立政也,若循木,愈高愈畏下。"

最后,圣人立政,还要注重趋务时机("务时")。只有应时而动,才能取得良好的政治效果。《二三子问》的"务时"观点,其一曰"君子务时,时至而动"及"君子之务时,犹驰驱也"(第7—8行);其二曰"见机而务之,〔则〕有功矣"及"务机者成,存其人,不言吉凶焉"(第15—16行)。这些观点,深刻地认识到了"时机"对于个人命运及事业成功的重要性。因此一旦洞察到时机的来临,君子就应当主动作出反应。由于成功取决于个人努力及当时而动的选择,因此君子要充分发挥其主观能动性,而不应轻言吉凶,以此自我设限,束缚了自己。帛书《缪和》同样重视"时机",曰:"古之君子,时福至则进取,时亡则以让。"(第2行)又曰:"能奔其时,悔之亡也。"(第4行)祸福的来临,均有时机。当时而进取,则得福;坐失时机,则福不可得而求。正因为如此,君子应当奔时求福。另外,若"时尽""时亡",那么《二三子问》《缪和》认为应当持"置身而静"和"以让"的态度;否则,不当时而动,就很容易招致凶险和祸乱。

此外,关于统治方法和手段,帛书《衷》篇有所谓文武之道,而《缪和》篇有所谓赏罚二柄之说。后者似乎受到了形名法术之学的严重影响。

第四节　孟喜、京房的周易哲学

孟喜、京房是西汉易学史上的重要人物,他们的易学思想在西汉易学史上具有代表性。人们习惯于将孟、京连称,如说"孟京之学"。其实,二人并无师承关系,易学差别很大,《汉书·艺文志》即明确作了辨别。当然,这并不是说他们二人在易学上完全没有相同或相近之处。

一、孟喜、京房其人及其著作

1. 孟喜、京房其人与所谓"孟京易学"

孟喜,字长卿,东海兰陵人,为博士田王孙三大弟子之一,主要生活在昭宣时期。其父号孟卿，善治《礼》《春秋》，与弟子后苍、疏广合撰《后氏礼》和《疏氏春秋》。《汉书·儒林传》曰：

> 孟卿以《礼经》多、《春秋》烦杂，乃使喜从田王孙受《易》。喜好自称誉，得《易》家候阴阳灾变书，诈言师田生且死时枕喜膝，独传喜，诸儒以此耀之。同门梁丘贺疏通证明之，曰："田生绝于施雠手中，时喜归东海，安得此事？"又蜀人赵宾好小数书，后为《易》，饰《易》文，以为"箕子明夷，阴阳气亡箕子。箕子者，万物方荄兹也。"宾持论巧慧，《易》家不能难，皆曰"非古法也"。云受孟喜，喜为名之。后宾死，莫能持其说。喜因不肯仞，以此不见信。喜举孝廉为郎，曲台署长，病免，为丞相掾。博士缺，众人荐喜。上闻喜改师法，遂不用喜。

关于孟喜受《易》和为《易》，这段话提供了几点信息：(1) 孟喜之所以受《易》于田王孙，乃从其父之命。(2) 孟喜"好自称誉"，曾一度改易师法，"得《易》家候阴阳灾变书"，并"诈言师田生且死时枕喜膝，独传喜"。又，蜀人赵宾好为小数，巧饰《易》文，"云受孟喜"，而"喜为名之"。(3) 孟喜与梁丘贺、施雠展开了师传正统及博士官的争夺。孟喜有所谓田生"独传喜"的说法，同门梁丘贺立即"疏通证明之"，联合施雠等人予以揭露。田王孙死后，博士官空缺，众人于是推荐孟喜继任；但是皇帝听说他擅自改易师法，"遂不用喜"。所谓"上闻喜改师法"，这话估计出自梁丘贺的奏疏。《汉书·儒林传》说施雠为人"谦让，常称学废，不教授"，而梁丘贺长于算计，派儿子梁丘临及门人张禹等从其问学，"雠自匿不肯见，贺固请，不得已乃授临等。于是贺荐雠：'结发事师数十年，贺不能及。'诏拜雠为博士。"在梁丘贺的策划和推荐下，施雠被拜为博士。对于孟喜来说，这次师门内斗的教训可谓十分惨痛。孟喜后来被宣帝拜为博士，应当是在他改变"好自称誉"的个性及重新谨遵师法之后。据《汉书·儒林传》，孟喜有弟子白光少子、翟牧子兄，"皆为博士"，"由是有翟、孟、白之学"。

西汉有两位京房,皆明《易》。其一为杨何弟子、梁丘贺的老师,其二为焦延寿的弟子,此京房自谓"尝从孟喜问《易》"①。本节所论即指后一位京房。京房(前77—前37),字君明,东郡顿丘(今河南清丰西南)人,本姓李,"推律自定为京氏"②。京氏"以明灾异得幸",元帝时立为博士,后"为石显所谮诛"③。据《汉书·京房传》,京房受《易》于梁人焦延寿。延寿字赣,"赣贫贱,以好学得幸梁王",做过郡史、县令一类官职。正因为焦氏出身贫贱,官阶不高,故京房后来亟需将延寿《易》与孟氏学扯上关系。《汉书·儒林传》曰:"会喜死,房以为延寿《易》即孟氏学。"说的正是此事。但是孟喜的弟子翟牧和白生都不愿肯认此事,"皆曰非也"。这有力地说明了焦京易学,其实与孟氏学没有师承关系,在思想内容上也不是很相近的。《汉书·儒林传》又曰:"至成帝时,刘向校书,考《易》说,以为诸《易》家说皆祖田何、杨叔元、丁将军,大谊略同,唯京氏为异,党(傥)焦延寿独得隐士之说,托之孟氏,不相与同。"刘向说"唯京氏为异",并说"党焦延寿独得隐士之说,托之孟氏",完全说明了孟氏易学与焦京易学是两回事,历史上并不存在一以贯之的所谓"孟京之学"。又据《儒林传》,京房授《易》于东海殷嘉、河东姚平和河南乘弘,三人"皆为郎、博士",由是《易》有京氏之学。

2. 孟喜、京房的易学著作

关于孟氏、京氏易学著作,《汉书·艺文志》曰:"《易经》十二篇,施、孟、梁丘三家。……《孟氏京房》十一篇,《灾异孟氏京房》六十六篇……《京氏段(殷)嘉》十二篇。《章句》施、孟、梁丘氏各二篇。"其中《孟氏京房》十一篇、《灾异孟氏京氏》六十六篇,它们都应当是依托孟氏而实为京氏及其后学的著作。又,《汉书·五行志》大量引用京房《易传》《易占》二书,现存《京氏易传》三卷与《汉书》所引颇不相同。

《隋书·经籍志》载孟氏《周易》八卷,并注曰:"汉曲台长孟喜章句,

---

① 《汉书·儒林传》。
② 《汉书·京房传》。
③ 《汉书·儒林传》。

残缺。梁十卷。"关于京氏《易》,《隋书·经籍志》载录很多,但大抵为后世衍托。《隋志》载"《周易》十卷"(注曰:"汉魏郡太守京房章句。"),新旧《唐书·艺文志》同。唐陆德明《经典释文·序录》曰:"《京房章句》十二卷。"清人马国翰《玉函山房辑佚书》辑录有《周易孟氏章句》二卷、《周易京氏章句》一卷,清人黄奭《汉学堂丛书》和清人孙堂《汉魏二十一家易注》也都有辑录。

二、孟喜的卦气说

孟喜易学的贡献,就现有文献来看主要体现在卦气说上。所谓卦气说,即将《周易》卦爻与节候关联、搭配起来,以表现天道阴阳在时空中的消息和循环。它属于宇宙论化的易学哲学。对于孟氏卦气说,惠栋《易汉学》卷一、卷二有详细的疏解。孟喜卦气说,见于唐僧一行《卦议》,曰:

> 夫阳精道消,静而无迹,不过极其正数,至七而通矣。七者,阳之正也,安在益其小余,令七日而后雷动地中乎? 当据孟氏,自冬至初,中孚用事,一月之策,九六、七八是为三十。而卦以地六,候以天五,五六相乘,消息一变,十有二变而岁复初。坎、震、离、兑,二十四气,次主一爻,其初则二至、二分也。坎以阴包阳,故自北正,微阳动于下,升而未达,极于二月,凝涸之气消,坎运终焉。春分出于震,始据万物之元,为主于内,则群阴化而从之,极于南正,而丰大之变穷,震功究焉。离以阳包阴,故自南正,微阴生于地下,积而未章,至于八月,文明之质衰,离运终焉。仲秋阴形于兑,始循万物之末,为主于内,群阳降而承之,极于北正,而天泽之施穷,兑功究焉。故阳七之静始于坎,阳九之动始于震,阴八之静始于离,阴六之动始于兑。故四象之变,皆兼六爻,而中、节之应备矣。《易》爻当日,十有二中,直(值)全卦之初;十有二节,直(值)全卦之中。齐历又以节在贞,气在悔,非是。[1]

---

[1]《新唐书·历志》三上。

根据上引一行《卦议》的论述，孟喜卦气说包括四正卦说、卦主六日七分说和十二消息卦说等内容。这些内容实际上是汉易卦气说的基本结构。

1. 四正卦说

四正卦为坎、震、离、兑，出自《说卦传》"帝出乎震"一章。现在依据清华简《筮法·至》一节，"四正卦"的概念在战国中期已经出现。① 此四卦依次主冬、春、夏、秋四时，汉人用以表现阴阳二气在一年四时二十四节气的消息运动。僧一行《卦议》曰："坎、震、离、兑，二十四气，次主一爻，其初则二至、二分也。"四正卦每卦六爻，共二十四爻；每一爻主一气，二十四爻主二十四气；而四正卦的初爻分别主冬至、春分、夏至和秋分。（1）《卦议》曰："坎以阴包阳，故自北正，微阳动于下，升而未达，极于二月，凝涸之气消，坎运终焉。"这是讲坎卦六爻的主气问题。在此，为何坎卦"自北正"？因为"坎以阴包阳"，其卦象合于冬至之气，"微阳动于下，升而未达"。具体说来，坎初六主冬至，九二主小寒，六三主大寒，六四主立春，九五主雨水，上六主惊蛰。（2）《卦议》曰："春分出于震，始据万物之元，为主于内，则群阴化而从之，极于南正，而丰大之变穷，震功究焉。"这是讲震卦六爻的主气问题。震卦居东，"始据万物之元，为主于内，则群阴化而从之"，其卦象合于春分之气。具体说来，震初九主春分，六二主清明，六三主谷雨，九四主立夏，六五主小满，上六主芒种。（3）《卦议》曰："离以阳包阴，故自南正，微阴生于地下，积而未章，至于八月，文明之质衰，离运终焉。"这是讲离卦六爻的主气问题。在此，为何离卦"自南正"？因为"离以阳包阴"，其卦象合于夏至之气，"微阴生于地下，积而未章"。具体说来，离初九主夏至，离六二主小暑，离九三主大暑，离九四主立秋，离六五主处暑，离上九主白露。（4）《卦议》曰："仲秋阴形于兑，始循万物之末，为主于内，群阳降而承之，极于北正，而天泽之施穷，兑功究

---

① 竹简《筮法·节》曰："四正之卦见，乃至。"在《筮法·卦位图》中，震坎兑离四卦居于四正之位，艮巽坤乾居于四隅。参看李学勤主编《清华大学藏战国竹简（肆）》，第87、113页。

焉。"这是讲兑卦六爻的主气问题。兑卦居西,"始循万物之末,为主于内,群阳降而承之",其卦象合于秋分之气。具体说来,兑初九主秋分,九二主寒露,六三主霜降,九四主立冬,九五主小雪,上六主大雪。总之,坎、震、离、兑四卦二十四爻,代表阴阳二气在一年冬春夏秋四时二十四气的消息和循环。

2. 卦主六日七分说

唐僧一行《卦议》本是为了阐明"七日来复"的问题。"七日来复",从汉至宋是易学界长期争论的一个较为重要的问题。所谓"七日来复",涉及如何确定一卦在一年三百六十五又四分之一($365\frac{1}{4}$)日中所代表的时间长度。正是在这一问题下,孟喜有所谓卦主六日七分之说。《卦议》曰:"当据孟氏,自冬至初,中孚用事,一月之策,九六、七八是为三十。而卦以地六,候以天五,五六相乘,消息一变,十有二变而岁复初。"《卦议》上文还说京房改造了孟喜的卦气说,云"余皆六日七分"($6\frac{7}{80}$),这是孟喜卦气说包含着卦主六日七分说的直接证据。据《史记·历书》,武帝元封七年(前104)"十一月甲子朔旦冬至已詹",改历为太初元年,定一月为二十九又八十一分之四十三($29\frac{43}{81}$)日,一岁为三百六十五又一千五百三十九分之三百八十五($365\frac{385}{1539}$,约等于三百六十五又四分之一日)日。而如何得出一卦主六日七分呢?《复》卦辞曰:"七日来复。"郑康成《注》曰:"建戌之月,以阳气既尽;建亥之月,纯阴用事;至建子之月,阳气始生。隔此纯阴一卦,卦主六日七分,举其成数言之,而云'七日来复'。"(《正义序》云郑引《易纬》说)[1]孔颖达《正义》曰:"案,《易纬·稽览图》云:'卦气起《中孚》,故离、坎、震、兑各主其一方;其余六十卦,卦有六爻,爻别主一

---

[1] 王应麟辑,丁杰后定,张惠言订正:《周易郑注》卷三,《续修四库全书》第1册"经部易类",第86页,上海,上海古籍出版社,1995;阮元校刻:《十三经注疏(清嘉庆刊本)·周易注疏》(清嘉庆刊本),第14页。

日,凡主三百六十日;余有五日四分日之一者,每日分为八十分,五日分为四百分,四分日之一又分为二十分,是四百二十分,六十卦分之,六七四十二,卦别各得七分,是每卦六日七分也。"[1]按,一日八十分,乃取其约数,实际上《太初历》规定一日八十一分。除《稽览图》外,《易纬·是类谋》亦曰:"冬至日在坎,春分日在震,夏至日在离,秋分日在兑,四正之卦,卦有六爻,爻主一气,余六十卦,卦主六日七分,八十分日之七。岁有十二月,三百六十五日四分日之一,六十而一周。"综合这些资料,可以推知孟喜所谓卦主六日七分是如何计算出来的。六十卦在一岁的排列规律为:(1) 卦起中孚,一岁由中孚起算,对应冬至。(2) 六十卦配三百六十五日又四分之一,每一卦值六日七分。(3) 每五卦一组,依公、辟、侯、大夫、卿为序,共十二组。例如,第一组为中孚(公)、复(辟)、屯(侯)、谦(大夫)、睽(卿)五卦。《魏书·律历志三上》载《正光历·推四正卦术》曰:

(1) 十一月,未济、蹇、颐、中孚、复;十二月,屯、谦、睽、升、临;正月,小过、蒙、益、渐、泰;二月,需、随、晋、解、大壮;三月,讼、豫、蛊、革、夬;四月,旅、师、比、小畜、乾;五月,大有、家人、井、咸、姤;六月,鼎、丰、涣、履、遁;七月,恒、节、同人、损、否;八月,巽、萃、大畜、贲、观;九月,归妹、无妄、明夷、困、剥;十月,艮、既济、噬嗑、大过、坤。

(2) 四正为方伯,中孚为三公,复为天子,屯为诸侯,谦为大夫,睽为九卿,升还从三公,周而复始。

以上就是六十卦、卦主六日七分的卦气说及其具体搭配。此外,在孟喜卦气说中,六十卦亦与七十二候相配。[2] 惠栋在《易汉学》卷一画有《六日七分图》和《卦气七十二候图》两图[3],可以参看。

---

① 王弼注,孔颖达疏:《周易正义》卷三,阮元校刻:《十三经注疏·周易注疏》(清嘉庆刊本),第78 页。
② 具体情况,参看僧一行《开元大衍历经》。惠栋在《易汉学》卷二《孟长卿易下》抄录了此文。
③ 参看影印文渊阁《四库全书》第 52 册,第 304—306 页,台北,台湾商务印书馆,1986。

3. 十二消息卦说

十二辟卦，又称十二消息卦，就是六十卦分为公、辟、侯、大夫、卿五类中的辟卦。所谓"消息"，指阴阳消息。"消"，衰也，退也；"息"，生也，长也。唐僧一行《卦议》曰："十二月卦出于《孟氏章句》，其说《易》本于气，而后以人事明之。"又曰："而卦以地六，候以天五，五六相乘，消息一变，十有二变而岁复初。"一卦约值六日，六者地数，故曰"卦以地六"；一候为五日，五者天数，故曰"候以天五"。"五六相乘"，天地相交；"消息一变"，三十日为一月；"十有二变而岁复初"。这些是孟喜十二消息卦的大致情况。卦、月及阴阳消息之间的关系，可以参看惠栋《易汉学》卷一"十二消息"一节。今列表示意如下：

䷗	复	十一月	子
䷒	临	十二月	丑
䷊	泰	正 月	寅
䷡	大壮	二 月	卯
䷪	夬	三 月	辰
䷀	乾	四 月	巳
䷫	姤	五 月	午
䷠	遁	六 月	未
䷋	否	七 月	申
䷓	观	八 月	酉
䷖	剥	九 月	戌
䷁	坤	十 月	亥

从复至乾，为阳息阴消；从姤至坤，为阴息阳消。十二消息卦的排列顺序，非常符合一岁阴阳消息的情况。汉代十二消息卦所配月令物候等内容，来自《吕氏春秋·十二纪》《礼记·月令》《大戴礼记·夏小正》等书。十二消息卦图，参看朱震《汉上易传·卦图》卷下《〈复〉"七日来复"图》。①

---

① 参看影印文渊阁《四库全书》第52册，第350页。

三、京房的易学思想

京房是西汉象数易学的集大成者。京房的易学思想非常丰富，包括卦气说、八宫卦说、纳甲说与纳支说、五行说和六亲说等内容。

1. 卦气说

京房易学直接来自其师焦延寿。《汉书·京房传》曰：“赣常曰：‘得我道以亡身者，必京生也。’其说长于灾变，分六十四卦，更直（值）日用事，以风雨寒温为候，各有占验。房用之尤精。好钟律，知音声。”焦赣易学“长于灾变”，改变了彼时《周易》经学的风气。这是其易学与孟喜易学不同的地方。孟氏卦气说将天象天道摄入易学，目的在于解经，与焦京不同。焦京易学乃为了“占验”。当然，从“分六十四卦，更直（值）日用事，以风雨寒温为候”来看，焦京易学也包含卦气说；从时间先后来看，焦京易学应当受到了孟喜卦气说的影响。因为，一者，《汉书·儒林传》曰“延寿云尝从孟喜问《易》”；二者，唐僧一行《卦议》表明了孟京卦气说具有一定的联系。当然，从目的来看，一行重在论述孟喜与京房卦气说的差别。《卦议》曰：

> 十二月卦出于《孟氏章句》，其说《易》本于气，而后以人事明之。京氏又以卦爻配期之日，坎、离、震、兑，其用事自分、至之首，皆得八十分日之七十三。颐、晋、井、大畜，皆五日十四分，余皆六日七分，止于占灾眚与吉凶善败之事。至于观阴阳之变，则错乱而不明。自《乾象历》以降，皆因京氏。惟《天保历》依《易通统轨图》。自八十有二节、五卦、初爻，相次用事，及上爻而与中气偕终，非京氏本旨及《七略》所传。按郎颐所传，卦皆六日七分，不以初爻相次用事，齐历谬矣。又京氏减七十三分，为四正之候，其说不经，欲附会《纬》文“七日来复”而已。[①]

京氏与孟氏卦气说的巨大差别，突出地表现在对六十四卦“以卦爻

[①]《新唐书·历志》三上。

配期之日"的不同上,他以坎、离、震、兑四正卦"皆得八十分日之七十三"($\frac{73}{80}$),颐、晋、井、大畜四卦"皆五日十四分"($5\frac{14}{80}$),余五十六卦"皆六日七分"($6\frac{7}{80}$)。[①] 其目的在于"占灾眚与吉凶善败之事"。一行不同意京氏的做法,批评他的卦气说不合天道,云:"至于观阴阳之变,则错乱而不明。"又批评京氏"减七十三分,为四正之候"之说"不经",不过是为了附会《纬书》"七日来复"的解释而已。

从传本《京氏易传》来看,京房卦气说与孟喜卦气说的差别也很大。《京氏易传》卷下曰:

> 立春正月节在寅,坎卦初六,立秋同用。雨水正月中在丑,巽卦初六,处暑同用。惊蛰二月节在子,震卦初九,白露同用。春分二月中在亥,兑卦九四,秋分同用。清明三月节在戌,艮卦六四,寒露同用。谷雨三月中在酉,离卦九四,霜降同用。立夏四月节在申,坎卦六四,立冬同用。小满四月中在未,巽卦六四,小雪同用。芒种五月节在午,震宫九四,大雪同用。夏至五月中在巳,兑宫初九,冬至同用。小暑六月节在辰,艮宫初六,小寒同用。大暑六月中在卯,离宫初九,大寒同用。

现将其中的卦气说列表如下:

立春	正月节	寅	坎卦初六	立秋同用
雨水	正月中	丑	巽卦初六	处暑同用
惊蛰	二月节	子	震卦初九	白露同用
春分	二月中	亥	兑卦九四	秋分同用
清明	三月节	戌	艮卦六四	寒露同用
谷雨	三月中	酉	离卦九四	霜降同用

---

① 王充《论衡·寒温》曰:"《易》京氏布六十四卦于一岁中,六日七分,一卦用事。卦有阴阳,气有升降。阳升则温,阴升则寒。由此言之,寒温随卦而至。"王充的说法比较浑沌,未及细辨。

立夏	四月节	申	坎卦六四	立冬同用
小满	四月中	未	巽卦六四	小雪同用
芒种	五月节	午	震宫九四	大雪同用
夏至	五月中	巳	兑宫初九	冬至同用
小暑	六月节	辰	艮宫初六	小寒同用
大暑	六月中	卯	离宫初九	大寒同用

京房以坎、巽、震、兑、艮、离六子卦之初、四两爻共十二爻作为基础,将十二支、十二月和二十四气纳入其中,建构了表现天象和天道的基本数理体系。这与孟喜卦气说差别显著。不过,上引《京氏易传》的卦气说与僧一行在《卦议》中的论述差别巨大,它是否为京房本人所说,尚存疑问。

2. 八宫卦说

京氏的八宫卦说,涉及六十四卦的排列次序问题,陆德明《经典释文·周易音义》似乎是这么认为的。今本《周易》上经以《乾》《坤》居首,以《习坎》《离》结尾;下经以《咸》《恒》居首,以《既济》《未济》结尾,具体卦次则见《序卦传》。其组织原则,孔颖达概括为"二二相耦,非覆即变"(《周易·序卦正义》),这一组织原则直接体现在《杂卦传》中。马王堆帛本《周易》六十四卦次序与今本迥异,首《乾》而终《益》,它们以每八个别卦为一组,共计八组。每一组的上卦分别为乾、艮、坎、震、坤、兑、离、巽,依此每组卦可以称名为乾宫卦、艮宫卦、坎宫卦、震宫卦、坤宫卦、兑宫卦、离宫卦和巽宫卦;其下卦,则依乾、坤、艮、兑、坎、离、震、巽的次序相重,且凡遇本宫卦则是卦必定移居宫首自重。从上卦看,八经卦呈现出父母卦帅六子卦的关系;从下卦看,乾坤、艮兑、坎离和震巽两两为一组,呈现出相对关系,且六子卦与上卦次序相同,均按从少到长来排列。学者通常认为,帛本六十四卦的组织原理是按照《衷》篇的一段文字来排列的。① 现

---

① 帛书《衷》第15—16行曰:"天地定位,[山泽通气,]火水(水火)相射,雷风相薄,八卦相错。数往者顺,知来者逆,故《易》达数也。"其中"火水",当为"水火"。此段文字,亦见于《说卦》"天地定位"章。

在,我们知道,此卦序及组织原理已见于清华简《别卦》篇(战国中期偏后的竹书)。①

京房八宫卦说,与帛本六十四卦的八宫次序不同。据惠栋《易汉学·京君明易上》②,京氏八宫卦次可以列表如下:

本宫	乾	震	坎	艮	坤	巽	离	兑
一世	姤	豫	节	贲	复	小畜	旅	困
二世	遯	解	屯	大畜	临	家人	鼎	萃
三世	否	恒	既济	损	泰	益	未济	咸
四世	观	升	革	睽	大壮	无妄	蒙	蹇
五世	剥	井	丰	履	夬	噬嗑	涣	谦
游魂	晋	大过	明夷	中孚	需	颐	讼	小过
归魂	大有	随	师	渐	比	蛊	同人	归妹

从图表来看,每一纵列八个卦合为一组,一共八组。它们分别从乾、震、坎、艮、坤、巽、离、兑八个别卦变来,故谓之八宫。从横列八个本宫卦来看,它们均由其经卦自重而来,而这八个经卦的四阳卦和四阴卦又各自其依尊卑次序分列,其次序依据,见于《说卦传》"乾,天也,故称乎父"一章。③ 从纵列来看,例如,乾宫一世一变而为姤卦,二世二变而为遯卦,三世三变而为否卦,四世四变而为观卦,五世五变而为剥卦,然后在剥卦的基础上而为游魂卦——晋卦,再为归魂卦——大有卦。可以看出,乾宫从一世卦到五世卦呈现出阳消阴长之象,从游魂卦到归魂卦呈现出阳气的回归,而与本宫(乾卦)相呼应。与乾宫相对,坤宫从一世卦到五世卦呈现出阴消阳息之象,从游魂卦到鬼魂卦

---

① 参看李学勤主编《清华大学藏战国竹简(肆)》,第 130 页。
② 参看惠栋《易汉学》卷四,载郑万耕点校《周易述》,第 580—581 页,北京,中华书局,2007。另参看林忠军《象数易学发展史》第 1 卷,第 78 页,济南,齐鲁书社,1994。
③ 《说卦传》曰:"乾,天也,故称乎父。坤,地也,故称乎母。震一索而得男,故谓之长男。巽一索而得女,故谓之长女。坎再索而得男,故谓之中男。离再索而得女,故谓之中女。艮三索而得男,故谓之少男。兑三索而得女,故谓之少女。"

呈现出阴气的回归,而与本宫(坤卦)相呼应。其他六宫诸卦可以依此类推。

总之,京氏八宫卦说体现了宇宙间阴阳消息之理:或相率相生,或相互推移,或循环呼应。若阴阳无对待、消息之理,则天地万物无生化流行之运。《丰·彖传》曰:"天地盈虚,与时消息。"《系辞传》曰:"刚柔相摩,八卦相荡。"又曰:"刚柔相推而生变化。"又曰:"精气为物,游魂为变。"这些说法,都是京房创立八宫卦说的理论依据。《京氏易传》卷下曰:"积算随卦起宫,乾、坤、震、巽、坎、离、艮、兑,八卦相荡,二气阳入阴,阴入阳,二气交互不停,故曰生生之谓易。天地之内,无不通也。"又曰:"孔子云《易》有四易:一世二世为地易,三世四世为人易,五世六世为天易,游魂归魂为鬼易。"可证京房建立八宫卦说确实吸收了《易十翼》的有关说法。

3. 五行说

在西汉早中期,五行说已被纳入阴阳灾异说。人们将五行与天干、地支搭配起来,并在四时、五位的时空结构上形成了动态循环的生克休王的理论系统。这些知识,可以参看董仲舒《春秋繁露》的"五行"诸篇和《淮南子·天文》《淮南子·地形》两篇等。京氏易学的五行说,显然将这些知识都吸纳进来了。

其一,在五行生克说的基础上,京氏易学吸纳了五行休王理论。五行休王理论是对五行生克说的综合与提高,在实践上进一步加强了五行在四时中的整体性关联。《淮南子·地形》曰:"木壮,水老火生金囚土死;火壮,木老土生水囚金死;土壮,火老金生木囚水死;金壮,土老水生火囚木死。"这即是说,当令者王,令生者相,生令者休,克令者囚,令克者死。京房则以王、相(生)、休、破、废来表示这五种态势。例如《京氏易传》卷中释《益》即曰:"阴阳二木合金土配象,四时运转,六位交分,休废旺生,吉凶见乎动爻。"卷中释《困》又曰:"五行配六位,生悔吝,四时休王,金木交争,万物之情,在乎几微。"

其二,京房还将五行在一年十二月十二支中的动态关系纳入易说中。京房《易积算法》曰：

> 寅中有生火，亥中有生木，巳中有生金，申中有生水，丑中有死金，戌中有死火，未中有死木，辰中有死水，土兼于中。①

上引京房《易积算法》一段文字中的五行知识，与《淮南子·天文》相符。《淮南子·天文》篇曰：

> （1）甲乙寅卯，木也；丙丁巳午，火也；戊己四季，土也；庚辛申酉，金也；壬癸亥子，水也。水生木，木生火，火生土，土生金，金生水。

> （2）凡日，甲刚乙柔，丙刚丁柔，以至于癸。木生于亥，壮于卯，死于未，三辰皆木也。火生于寅，壮于午，死于戌，三辰皆火也。土生于午，壮于戌，死于寅，三辰皆土也。金生于巳，壮于酉，死于丑，三辰皆金也。水生于申，壮于子，死于辰，三辰皆水也。

五行的时空结构图式，在先秦已大体发明出来。经过战国末至汉初的发展，人们对于五行思维的认识有所提高和深化，由天干地支与五行在时空结构中的静态配属系统（见上述第一条引文），而发展为"木生于亥，壮于卯，死于未""火生于寅，壮于午，死于戌""土生于午，壮于戌，死于寅""金生于巳，壮于酉，死于丑"及"水生于申，壮于子，死于辰"的生、壮、死的过程说（见上述第二条引文），应当说，这是理论上的一大进步。上引京房《易积算法》一段文字即运用了此一理论。京房所谓"寅中有生火，亥中有生木，巳中有生金，申中有生水"与"丑中有死金，戌中有死火，未中有死木，辰中有死水"，均与《淮南子·天文》所说相应。

其三，京房又将五行纳入《周易》卦爻系统，这是比较特殊的。在京氏《易》中，五行与八卦的搭配关系为：乾、兑为金，坤、艮为土，坎为水，离

---

① 《京氏易传》卷下，《易汉学·京君明易下》。

为火，震、巽为木。这种搭配，很可能与《说卦传》有关。① 现在知道，五行与八卦的搭配在战国中期已存在了，具体可参看清华简《筮法》篇。② 这说明京房解经，敢于突破藩篱，从数术《易》中大胆汲取营养。京房解经，运用八卦五行说的例子较多，例如，《京氏易传》卷上释《乾》曰："（乾）属金。"乾卦乾上乾下。释《姤》曰："金木互体。"姤卦乾上巽下。释《遯》曰："金土见象。"遯卦乾上艮下。释《震》曰："（震）属于木德。"震卦震上震下。释《豫》曰："卦配火水木。"豫卦震上坤下，三至五爻互体为坎。释《节》曰："金上见水。"节卦坎上兑下。释《革》曰："上金下火。"革卦兑上离下。推而广之，六十四卦三百八十四爻都可以与五行相配。

《京氏易传》卷下曰："八卦分阴阳、六位五行，光明四通，交易立节。"又曰："吉凶之义，始于五行，终于八卦。"京氏所谓八卦六位，即卦爻与干支、五行的搭配，具体情况见下：③

乾（属金）初九，甲子水；九二，甲寅木；九三，甲辰土；九四，壬午火；九五，壬申金；上九，壬戌土。

坤（属土）初六，乙未土；六二，乙巳火；六三，乙卯木；六四，癸丑土；六五，癸亥水；上六，癸酉金。

震（属木）初九，庚子水；六二，庚寅木；六三，庚辰土；九四，庚午火；六五，庚申金；上六，庚戌土。

巽（属木）初六，辛丑土；九二，辛亥水；九三，辛酉金；六四，辛未土；九五，辛巳火；上九，辛卯木。

坎（属水）初六，戊寅木；九二，戊辰土；六三，戊午火；六四，戊申金；九五，戊戌土；上六，戊子水。

---

① 《说卦传》云"乾为金""坤为地""巽为木""坎为水""离为火"。又，《说卦传》云"艮为山"，谚语曰"积土为山"，则知艮当属土行；"兑为毁折，为附决；其于地也，为刚卤"，有金刚之象，故兑为金行；"震为为苍筤竹，为萑苇，其于稼也为反生"，这也许是震属木行的原因。于八卦五行方位，坎在北方为水，震在东方为木，离在南方为火，兑在西方为金。
② 李学勤释文注释：《筮法》，《清华大学藏战国竹简（肆）》。
③ 参看《易汉学·京君明易上》。惠栋引自《火珠林》。

离(属火)初九,己卯木;六二,己丑土;九三,己亥水;九四,己酉金;六五,己未土;上九,己巳火。

艮(属土)初六,丙辰土;六二,丙午火;九三,丙申金;六四,丙戌土;六五,丙子水;上九,丙寅木。

兑(属金)初九,丁巳火;九二,丁卯木;六三,丁丑土;九四,丁亥水;九五,丁酉金;上六,丁未土。

在卦爻与干支、五行相配的基础上,京氏《易》又纳入了"冲""合"概念。《京氏易传》卷下曰:"建子阳生,建午阴生,二气相冲,吉凶明矣。"相对谓之"冲"。《淮南子·天文》:"岁星之所居,五谷丰昌;其对为冲,岁乃有殃。"《史记·天官书》:"故八风各以其冲对,课多者为胜。"在五行上,"冲"为相克关系。例如《京氏易传》卷中释《无妄》曰:"上金下木,二象相冲。"所谓金克木也。"合"与"冲"相反,在五行思维中,相同、相生或相比等均为"合"。例如《京氏易传》卷中释《咸》曰:"土上见金,母子气合,阴阳相应。"咸卦兑上艮下,兑金而艮土,土生金,故此上下卦呈现出相合关系。

总之,京氏易学中的五行说,是对西汉中期以前有关学说的一次大汇集和大应用。不过,京房与其师焦赣将阴阳五行如此深入、系统地纳入《周易》的解释中,其目的就是所谓占验和预测所谓灾变。《京氏易传》卷下曰:"于六十四卦遇王则吉,废则凶,冲则破,刑则败,死则危,生则荣。"这正是京氏易学以占验为目的的明证。

除上面提到的纳甲、纳支说外,京氏易学还包括世应说、飞伏说、蒙气说和六亲说等内容,这里不再一一叙述。需要指出,京氏众多的解《易》方法未必尽为他本人所创,有许多方法可能来自民间文化或者数术文化。

第五节　谶纬思潮与《易纬》的哲学思想

随着儒家经学及宗教、方术思想在西汉的演变和发展,与政治紧密相关的谶语在社会上不断得到传播,广泛地影响着整个社会的意识倾向和思维方式。与此同时,经书愈说愈烦;在天人感应神学和图谶思潮的影响下,西汉末期产生了以"七纬"为核心的儒家纬学。从哲学来看,在七纬中,《易纬》最重要。

一、谶纬思潮的兴起与流行

1. 谶纬的产生、流行及其区别

"谶",即谶语、谶书。《说文·言部》曰:"谶,验也。有征验之书,《河》《雒》所出书曰谶。""谶",指预言人事吉凶、兴亡而有征验的秘语。它是从古老的符应说中分化出来的,与流传既久的河图、洛书说有一定的关系。同时,谶语的造作和流行,与燕齐方士有关。

先看图谶的产生与流行。"河图",最早见于《尚书·顾命》《论语·子罕》二篇。《墨子·非攻下》曰:"河出绿图。"《周易·系辞上》曰:"河出图,雒出书,圣人则之。"《管子·小匡》曰:"河出图,雒出书。"《礼记·礼运》曰:"河出马图。"这五条先秦文献均认为"河图""雒书"为受命之符,属于瑞应之物。《淮南子·俶真》曰:"洛出丹书,河出绿图,故许由、方回、善卷、披衣得达其道。"《淮南子》此文从《墨子》改造而来,在一定程度上仍保留了河图、雒书作为"符瑞"的特征,不过在彼为"受命"之物,在此为"得道"的象征。此后,"河图""雒书"被图书化,《春秋纬·命历序》曰:"《河图》,帝王之阶,图载江河山川州界之分野。"《河图·挺佐辅》曰:"(黄帝问于天老)天老曰:河出龙图,雒出龟书,纪帝录,列圣人所纪姓号。"在此,已将《河图》《雒书》看作两种图书,虽然它们与帝王受命仍有一定的联系,但是与先秦将其作为"符瑞"之物具有重大不同。实际上,在西汉末期,《河图》《雒书》即被当时谶纬化的经学家直接作为图书来看待,在文本上作了大肆扩充,乃至各家持说有所不同。郑玄注《易》,云《河图》九篇、《雒书》六篇,足见与先秦所谓"河图""雒书"大异。[①]　从另外

[①] 关于"河图""雒书"的起源和流传过程,参看萧汉明《关于河图洛书问题》,载萧汉明《易苑漫步》,第82—84页,上海,上海古籍出版社,2010。

一个角度来看,河图、雒书既是谶语、谶书的导源,其自身也经历了谶书化的过程。而"图""谶"二者常常结合在起,故称"图谶"。"图谶"连言,最早见于《汉书·王莽传上》。

谶语的造作和流行,已见于《史记·秦始皇本纪》。《秦始皇本纪》曰:"燕人卢生使入海还,以鬼神事,因奏录图书,曰:'亡秦者胡也。'始皇乃使将军蒙恬发兵三十万人北击胡,略取河南地。"又曰:"秋,使者从关东夜过华阴平舒道,有人持璧遮使者曰:'为吾遗滈池君。'因言曰:'今年祖龙死。'使者问其故,因忽不见,置其璧去。使者奉璧具以闻。始皇默然良久,曰:'山鬼固不过知一岁事也。'退言曰:'祖龙者,人之先也。'使御府视璧,乃二十八年行渡江所沈璧也。于是始皇卜之,卦得游徙吉。""亡秦者胡也"和"今年祖龙死"二句,都是典型的谶语。而从秦始皇深信谶语及其以"谶语"思维判断吉凶来看,说明谶语在当时已成为一种广泛的社会意识。其后,陈胜、吴广揭竿而起,也利用了谶语。《史记·陈涉世家》曰:"乃丹书帛曰'陈胜王',置人所罾鱼腹中。卒买鱼烹食,得鱼腹中书,固已怪之矣。"在这里,"陈胜王"三字即为谶语。汉武帝好方术,进一步提供了图谶滋生的基础。哀平之际,图谶进入宫廷决策和判断吉凶的层面,皇帝和王莽等大臣好信图谶,以图谶决事,在意识形态上将图谶与经书齐观。当然在这一时期里,谶书也会杂糅一些经书的内容,以增强其权威性。

再看纬书的产生及其特点。"纬"与"经"相对,纬书是在汉代天人感应思潮的背景下产生的。纬书假借"孔子"的名义,以神学的方式来解释儒家经典。纬书最早出现在成帝时期,在总体上晚于谶语、谶书的造作,因此它们很自然地大量吸收了谶语、谶书或图谶的内容。纬书借助图谶,强化了自身的神秘和神异特征,适应了当时社会意识形态发展的需要。其中,那些对于圣人和圣迹的神异化,对于政权来源及其存在之合理性、合法性的论证,以及那些对于人君实施谴告的所谓灾异之说,仍然是纬书最重要的内容。而人们编造或利用纬书的目的,即主要在于此。

(1)纬书对于圣人形貌及其神异性来源描述众多,下面罗列数条以见之:

尧眉八彩，是谓通明。①

尧，火精，故庆都感赤龙而生。②

舜目四童，谓之重明。③

禹，白帝精，以星感修纪，山行见流星，意感栗然，生姒戎文禹。④

禹身长九尺，有只虎鼻河目，骈齿鸟喙，耳三漏，戴成钤，裹玉斗，玉骭履已。⑤

黑帝子汤，长八尺一寸，或曰七尺，连珠庭，臂二肘。⑥

苍帝姬昌，日角鸟鼻，身长八尺二寸，圣智慈理也。⑦

文王四乳……武王望羊。⑧

孔子母徵在，梦感黑帝而生，故曰玄圣。⑨

孔子长十尺，大九围，坐如蹲龙，立如牵牛，就之如昂，望之如斗。⑩

纬书之所以反复描绘圣人的神异性，是因为汉人普遍相信，神异的圣人上可以显扬天心，下可以为世立法和创制。《春秋演孔图》即曰："圣人不空生，必有所制，以显天心。丘为木铎，制天下法。"

（2）纬书对于圣人、圣事之瑞应的描述也很多，下面罗列数条以见之：

舜之将兴，黄云生于堂。⑪

夏民不康，天果命汤。白虎戏朝，白云入房。⑫

周文王为西伯，季秋之月甲子，赤雀衔丹书入丰鄗，止于昌户。乃拜稽首受，取曰：姬昌苍帝子，亡殷者纣也。⑬

太子发以殷存三仁附，即位不称王，渡于孟津中流，受文命，待

①②《春秋·元命苞》。
③《春秋·演孔图》。
④⑤《尚书·帝命验》。
⑥⑦《洛书·灵准听》。
⑧⑨⑩⑪⑫《春秋·演孔图》。
⑬《尚书·中候》。

天谋。白鱼跃入王舟,王俯取,鱼长三尺,赤文有字,题目下名授右。有火自天出于王屋,流为赤乌,五至以谷俱来。①

孔子论经,有乌化为书。孔子奉以告天,赤爵集书上,化为玉,刻曰:孔提命,作应法,为赤制。②

(3) 纬书叙说灾异对于政治的影响也很多,下面转引《后汉书·志十五·五行三》刘昭《注》所引数条纬文以见之:

《春秋·考异邮》曰:"阴气之专精凝合生雹。雹之为言合也。以妾为妻,大尊重,九女之妃阙而不御,坐不离前,无由相去之心,同舆参驷,房衽之内,欢欣之乐,专政夫人,施而不博,阴精凝而见成。"

《易谶》曰:"凡雹者,过由人君恶闻其过,抑贤不扬,内与邪人通,取财利,蔽贤,施之,并当雨不雨,故反雹下也。"

《易纬》曰:"夏雹者,治道烦苛,繇役急促,教令数变,无有常法。不救为兵,强臣逆谋,蝗虫伤谷。救之,举贤良,爵有功,务宽大,无诛罚,则灾除。"③

据《后汉书·孝明帝纪》记载,永平八年(65)冬十月壬寅日发生了日食。日食过后,明帝下罪己诏曰:"朕以无德,奉承大业,而下贻人怨,上动三光。日食之变,其灾尤大,《春秋》图谶所为至谴。永思厥咎,在予一人。群司勉修职事,极言无讳。"④永兴二年(154)二月癸卯日,"京师地震",桓帝诏公、卿、校尉举贤良方正、能直言极谏者各一人,又诏曰:"比者星辰谬越,坤灵震动,灾异之降,必不空发。敕己修政,庶望有补。其舆服制度有逾侈长饰者,皆宜损省。郡县务存俭约,申明旧令,如永平故事。"⑤在《后汉书》中类似例子很多,足见灾异对于汉代政治产生了巨大

---

① 《尚书·中候》。
② 《春秋·演孔图》。
③ 《后汉书·志十五》,第3313—3314页。
④ 《后汉书·明帝纪》,第111页。
⑤ 《后汉书·桓帝纪》,第299页。

影响。

总之,瑞应说和灾异说是纬书的两大政治哲学范畴,它们都是天意象征化的表达。瑞应从正的方面说,成为圣人兴作,乃至受命的象征符号;灾异则从负的方面说,成为谴告和惩戒人君的象征符号。瑞应说和灾异说都起源于先秦,但是直到西汉中期,才进入当时政治思想和意识形态的核心;西汉后期,它们开始大肆泛滥于经学及王朝政治的解释活动之中。而纬书集其大成,以更加宗教化、神异化的方式将瑞应说和灾异说推向了高峰。

最后看"谶"和"纬"的区别。《四库全书提要·经部·易类六》编后案语曰:

> 案儒者多称谶纬,其实谶自谶,纬自纬,非一类也。谶者,诡为隐语,预决吉凶。《史记·秦本纪》称卢生奏图录书之语,是其始也。纬者,经之支流,衍及旁义。《史记·自序》引《易》"失之毫厘,差以千里",《汉书·盖宽饶传》引《易》"五帝官天下,三王家天下",注者均以为《易纬》之文是也。盖秦汉以来,去圣日远,儒者推阐论说,各自成书,与经原不相比附,如伏生《尚书大传》、董仲舒《春秋阴阳》,核其文体,即是纬书,特以显有主名,故不能托诸孔子。其他私相撰述,渐杂以术数之言,既不知作者为谁,因附会以神其说。迨弥传弥失,又益以妖妄之词,遂与谶合而为一。然班固称圣人作经,贤者纬之;杨侃称纬书之类谓之秘经,图谶之类谓之内学,河洛之书谓之灵篇;胡应麟亦谓谶纬二书,虽相表里,而实不同。则纬与谶别,前人固已分析之;后人连类而讥,非其实也。

《四库提要》的作者对"谶""纬"作了清晰的界定和区别。谶自谶,纬自纬。谶者,"诡为隐语,预决吉凶";纬者,经之支流,去经既远,衍为旁义,如大衍神异、圣事和灾异之说者即多为纬书。纬与经对,《六艺》经籍乃按文责义,恪守师法、家法之作。不过,正如《四库全书总目》作者所说,大概在西汉末季纬书"渐杂以术数之言""又益以妖妄之词",这样纬与谶就合而为一了。

"谶纬"连言,始见于《后汉书》。"图谶""谶记""经谶""纬书""图纬"和"谶纬"在《后汉书》中均屡见。其中"图谶"出现的次数最多,而"谶纬"仅出现了四次。东汉子书尚未见"谶纬"连言之例。这些情况说明《四库提要》的作者分别"谶""纬"是必要的。而"谶纬"连言,并将其作为一个整体概念来看待,则确系后人所为。不过,从实质的意义来说,谶纬合流在西汉晚期已经开始,纬书在形成过程中大量吸收了谶语,并运用其思维方式。可以说,解释的谶化,正是纬书区别于《六艺》经传的根本所在。

2. 谶纬思潮的高峰:从王莽居摄到东汉章帝时期

王莽摄政至东汉章帝统治时期,是谶纬思潮流行的高峰阶段,其中又以光武帝时期为最。王莽篡汉及光武称帝,都直接利用了谶纬思潮。王莽摄政,即利用图谶为自己造势,他说:"《河图》《洛书》远自昆仑,出于重壄。古谶著言,肆今享实。此乃皇天上帝所以安我帝室,俾我成就洪烈也。"①平帝四年(4),王莽将"图谶"列入官学。与此同时,对王莽心怀不满的大臣也利用谶书反抗其统治。据《汉书·王莽传下》,卜者王况为大臣李焉作谶书,言"荆楚当兴,李氏为辅"。道士西门君慧为将军王涉作谶,也说:"星孛扫宫室,刘氏当复兴,国师公姓名(刘歆)是也。"而光武帝刘秀之所以敢于起兵,反抗王莽,亦得缘于谶言。李通即先以图谶"刘氏复起,李氏为辅",后以谶记"刘秀发兵捕不道,卯金修德为天子"劝说刘秀起兵。② 刘秀在夺取天下后更加重视图谶,建武中元元年(56)"宣布图谶于天下"③,正式建立了以谶纬学为核心的新国家意识形态。

东汉前三位皇帝(光武帝、明帝和章帝)高度重视谶纬学,史书多有

---

① 《汉书·翟方进传》。

② 《后汉书·光武帝纪》。刘秀之所以敢于称帝,还利用了《河图赤伏符》等谶书。《后汉书·光武帝纪》曰:"行至鄗,光武先在长安时同舍生强华自关中奉《赤伏符》,曰'刘秀发兵捕不道,四夷云集龙斗野,四七之际火为主'。"光武帝夺取天下后,又利用谶纬神化其夺取天下的天命根源,参看《后汉书·志第七·祭祀上》。

③ 《后汉书·光武帝纪》。

记载。这主要体现在三个方面:(1)以图谶"决定嫌疑"①,裁决政事;(2)以谶记"正《五经》异说"②;(3)以是否善言图谶为进用官员的一个重要标准。③ 如此一来,谶纬或图谶的气氛弥漫于整个东汉官场。由此,汉代经学发生了重大变异。大经师贾逵好尚《左氏春秋》,为了得到皇帝的肯定,他即以合于图谶者说之。《后汉书·郑范陈贾张列传》曰:"臣(贾逵)以永平中上言左氏与图谶合者,先帝不遗刍荛,省纳臣言,写其传诂,藏之秘书。"又说:"《五经》家皆无以证图谶明刘氏为尧后者,而《左氏》独有明文。"建初四年(79),汉章帝主持白虎观会议,召集儒林,"讲议《五经》同异",而章帝"亲称制临决"(《后汉书·章帝纪》)。这次会议使得谶纬在官方的最高级会议上开始影响正统经学的解释。总体说来,在东汉时期,经学多杂以图谶,而纬书被当作解经的可靠依据,得到了学者的广泛征引。

3. 东汉学者对谶纬的批判

桓谭、尹敏、王充、张衡和荀悦是东汉时期批判谶纬思潮最突出的五位学者。刘勰在《文心雕龙·正纬》中说:"是以桓谭疾其虚伪,尹敏戏其深瑕,张衡发其僻缪,荀悦明其诡诞。四贤博练,论之精矣。"其实,王充也应居其列。

光武帝一俟登上大位,即命薛汉、尹敏等人"校定图谶",但是尹敏本人对于这一做法是颇有异议的。《后汉书·儒林列传》曰:"帝以敏博通经记,令校图谶,使蠲去崔发所为王莽著录次比。敏对曰:'谶书非圣人所作,其中多近鄙别字,颇类世俗之辞,恐疑误后生。'"图谶文献曾在王莽居摄时期做了第一次官方著录,本次光武帝要求尹敏等人删去王莽等人造作的内容,并重新著录。尹敏本人虽然博通《五经》、谶记,但是他很清楚,"谶书非圣人所作,其中多近鄙别字,颇类世俗之辞",不宜官修钦定、藏之兰台。

---

① 《后汉书·桓谭冯衍列传》。
② 《后汉书·樊宏阴识列传》。
③ 参见《后汉书·方术列传》。

与尹敏同时,桓谭(约前 40—约 32)对光武帝迷信和推崇图谶的行为作了更为激烈的批评。《后汉书·桓谭冯衍列传》曰:

(1) 是时帝方信谶,多以决定嫌疑。……谭复上疏曰:"臣前献瞽言,未蒙诏报,不胜愤懑,冒死复陈。愚夫策谋,有益于政道者,以合人心而得事理也。凡人情忽于见事而贵于异闻,观先王之所记述,咸以仁义正道为本,非有奇怪虚诞之事。盖天道性命,圣人所难言也。自子贡以下,不得而闻,况后世浅儒,能通之乎!今诸巧慧小才伎数之人,增益图书,矫称谶记,以欺惑贪邪,诖误人主,焉可不抑远之哉!臣谭伏闻陛下穷折方士黄白之术,甚为明矣;而乃欲听纳谶记,又何误也!其事虽有时合,譬犹卜数只偶之类。陛下宜垂明听,发圣意,屏群小之曲说,述《五经》之正义,略雷同之俗语,详通人之雅谋。"

(2) 其后有诏会议灵台所处,帝谓谭曰:"吾欲以谶决之,何如?"谭默然良久,曰:"臣不读谶。"帝问其故,谭复极言谶之非经。帝大怒曰:"桓谭非圣无法,将下斩之。"谭叩头流血,良久乃得解。出为六安郡丞;意忽忽不乐,道病卒,时年七十余。

桓谭批评的重点,在于"极言谶之非经",而希望人主"屏群小之曲说,述《五经》之正义",以"仁义正道为本"。这一批评带着教训的口吻,显然激怒了光武帝,因此桓谭的下场可想而知。

桓谭之后,王充(27—约 97)在《论衡·实知篇》中批评了谶记的虚妄。孔子将死,遗谶书,一曰:"不知何一男子,自谓秦始皇,上我之堂,踞我之床,颠倒我衣裳,至沙丘而亡。"二曰:"董仲舒乱我书。"三曰:"亡秦者,胡也。"王充即严肃批驳了这三条谶记,认为"此皆虚也"。另外,王充所谓"案神怪之言,皆在谶记,所表皆效《图》《书》"[1]的看法,比较恰当地概括了谶记的特征。

---

[1]《论衡·实知篇》。

谶记或托之于孔子,而纬书则皆由汉儒依托孔子名义而作。汉末荀悦(148—209)即对此作了批驳。《申鉴·俗嫌》曰:

> 世称纬书,仲尼之作也。臣悦叔父、故司空爽辨之,盖发其伪也。有起于中兴之前,终张之徒之作乎? 或曰:"杂。"曰:"以己杂仲尼乎,以仲尼杂己乎? 若彼者,以仲尼杂己而已。然则可谓八十一首非仲尼之作矣。"或曰:"燔诸?"曰:"仲尼之作则否,有取焉则可,曷其燔? 在上者不受虚言,不听浮术,不采华名,不兴伪事,言必有用,术必有典,名必有实,事必有功。"

荀悦继承荀爽的见解,认为八十一篇纬书"非仲尼之作",不同意世人将纬书看作"仲尼之作"的观点。他认为,纬书不过是"以仲尼杂己而已",这即是说,纬书的编造者不过借用了孔子的某些言论,其大体内容及主旨皆属于编造者自己。既然八十一篇非孔子之作,那么是否应当将它们燔烧掉呢? 在此,荀悦的态度变得比较冷静,他认为,纬书虽非孔子所作,但是毕竟"有取焉",有一定的文献价值,而不必燔烧之。防止纬书发生不良作用的关键,在于为上者是否能够做到不受、不听、不采和不兴;"言必有用,术必有典,明必有实,事必有功",自然就可以防止它们产生不良影响。与荀悦的意愿相左,汉代以后,纬书一再受到当朝统治者的燔烧和禁绝,完整流传到今天的相关文献已经很少了。

与桓谭、王充和荀悦等相较,张衡(78—139)对于图纬的批评和论述最为深入。《后汉书·张衡列传》曰:

> 初,光武善谶,及显宗、肃宗因祖述焉。自中兴之后,儒者争学图纬,兼复附以訞(妖)言。衡以图纬虚妄,非圣人之法,乃上疏曰:"臣闻圣人明审律历以定吉凶,重之以卜筮,杂之以九宫,经天验道,本尽于此。或观星辰逆顺,寒燠所由,或察龟策之占,巫觋之言,其所因者,非一术也。立言于前,有征于后,故智者贵焉,谓之谶书。谶书始出,盖知之者寡。自汉取秦,用兵力战,功成业遂,可谓大事,当此之时,莫或称谶。若夏侯胜、眭孟之徒,以道术立名,其所述著,

无谶一言。刘向父子领校秘书，阅定九流，亦无谶录。成、哀之后，乃始闻之。《尚书》尧使鲧理洪水，九载绩用不成，鲧则殛死，禹乃嗣兴。而《春秋谶》云'共工理水'。凡谶皆云黄帝伐蚩尤，而《诗谶》独以为'蚩尤败，然后尧受命'。《春秋元命包》中有公输班与墨翟，事见战国，非春秋时也。又言'别有益州'。益州之置，在于汉世。其名三辅诸陵，世数可知。至于图中讫于成帝。一卷之书，互异数事，圣人之言，势无若是，殆必虚伪之徒，以要世取资。往者侍中贾逵摘谶互异三十余事，诸言谶者皆不能说。至于王莽篡位，汉世大祸，八十【一】篇何为不戒？则知图谶成于哀平之际也。且《河》《洛》《六艺》，篇录已定，后人皮傅，无所容篡。永元中，清河宋景遂以历纪推言水灾，而伪称洞视玉版。或者至于弃家业，入山林。后皆无效，而复采前世成事，以为证验。至于永建复统，则不能知。此皆欺世罔俗，以昧势位，情伪较然，莫之纠禁。且律历、卦候、九宫、风角，数有征效，世莫肯学，而竞称不占之书。譬犹画工，恶图犬马而好作鬼魅，诚以实事难形，而虚伪不穷也。宜收藏图谶，一禁绝之，则朱紫无所眩，典籍无瑕玷矣。"

针对东汉以来最高统治者对图谶或图纬的不断提倡，而"儒者争学图纬，兼复附以訞（妖）言"的现象，张衡作出了非常深刻的批判。首先，张衡认为"图纬虚妄，非圣人之法"。其次，张衡对于"谶书"作了较好的定义，曰："立言于前，有征于后，故智者贵焉，谓之谶书。"这是他的一大贡献。再其次，张衡以历史主义的视角考察了图谶或图纬现象，并提出了"图谶成于哀平之际"的观点。这一观点得到了大多数学者的认可。复次，张衡指出古人以律历、卜筮断吉凶，与时人"竞称不占之书"（即图谶之书）不同，其原因在于前者为实事而后者流于虚伪，"譬犹画工，恶图犬马而好作鬼魅"，从而将真正的圣道与当时俗学分别开来。最后，基于以上论述，张衡认为"宜收藏图谶，一禁绝之"。这一主张的影响巨大，后世时有禁绝图谶的举措，都可以在张衡这里找到思想根源。

当初，光武帝"宣布图谶于天下"，这既有提高图谶地位的目的，也有垄断图谶、从而防止民间或个人秘造、增改的意图。造作图谶在东汉属于重罪。据《后汉书·光武十王传》，楚王英和阜陵质王延均因谋反而被治罪或贬爵，其中的一个根据就是他们私自"造作图谶"。鉴于图谶十分容易被阴谋家（犯上作乱者）利用，成为改朝换代的工具，魏晋以后，历朝统治者在夺取政权之后随即严禁之。开皇十三年（593），隋文帝下令"私家不得隐藏纬候图谶"①，隋炀帝即位伊始，"乃发使四出，搜天下书籍与谶纬相涉者，皆焚之，为吏所纠者至死。自是无复其学，秘府之内亦多散亡"②。从此，图谶从皇朝意识形态的宝座上跌落了下来。

4. 纬书的流传、篇目与《易纬》的版本来源

西汉成帝时期，李寻曾有"《五经》《六纬》，尊术显士"③的说法。所谓《六纬》，颜师古《注》说为《五经纬》和《乐纬》。④ 光武帝建武初，薛汉、尹敏所校定谶纬，别为八十一篇。⑤ 建武中元元年（56），光武帝"宣布图谶于天下"⑥。司马彪《续汉书·祭祀志》载建武三十二年（56）封泰山刻石文，即载有说明《河图》《洛书》《孝经纬》等的情况。张衡上书顺帝，所说八十一篇指"《河》《雒》《六艺》"。《后汉书·张衡列传》李贤《注》曰："《衡集·上事》云：'《河》《洛》五九，《六艺》四九，谓八十一篇也。'"⑦《隋书·经籍志》曰：

> 说者又云，孔子既叙《六经》，以明天人之道，知后世不能稽同其意，故别立纬及谶，以遗来世。其书出于前汉，有《河图》九篇，《洛书》六篇，云自黄帝至周文王所受本文。又别有三十篇，云自初起至于孔子，九圣之所增演，以广其意。又有《七经纬》三十六篇，并云孔

①《隋书·高祖纪上》。
②《隋书·经籍志》。历代禁毁图谶或谶纬的情况，参看钟肇鹏《谶纬论略》，第30—33页，沈阳，辽宁教育出版社，1991。
③《汉书·李寻传》。
④《汉书》卷七五，第3179页。按，颜师古赞成三国孟康说。
⑤《后汉书·儒林列传》。
⑥《后汉书·光武帝纪》。
⑦《后汉书》卷五九，第1913页。

子所作,并前合为八十一篇。而又有《尚书中候》《洛罪级》《五行传》《诗推度灾》《泛历枢》《含神务》《孝经勾命诀》《援神契》《杂谶》等书。汉代有郗氏、袁氏说。汉末,郎中郗萌集图纬谶杂占为五十篇,谓之《春秋灾异》。宋均、郑玄并为谶律之注。然其文辞浅俗,颠倒舛谬,不类圣人之旨。相传疑世人造为之后,或者又加点窜,非其实录。起王莽好符命,光武以图谶兴,遂盛行于世。

《隋志》的说法更为细致,《河图》本九篇,《洛书》本六篇,至于孔子、九圣又增演三十篇,源流共计四十五篇;《七经纬》(张衡所谓"六艺"即指六纬,并包《孝经纬》而言,与《隋志》同)三十六篇,皆托之孔子所作,与荀悦的说法一致。《河》《洛》及《七经纬》共计八十一篇,此八十一篇即光武帝所宣布于天下者。校定之外,《隋志》又列《尚书中候》《洛罪级》《五行传》《诗推度灾》《泛历枢》《含神务》《孝经勾命诀》《援神契》《杂谶》等书,别于八十一篇之外。

《后汉书·方术列传》说樊英"善风角、星筭、《河》《洛》《七纬》,推步灾异"。"七纬"即《七经纬》,李贤《注》曰:"《七纬》者,《易纬·稽览图》《乾凿度》《坤灵图》《通卦验》《是类谋》《辨终备》也,《书纬·琁机钤》《考灵耀》《刑德放》《帝命验》《运期授》也,《诗纬·推度灾》《记历枢》《含神务》也,《礼纬·含文嘉》《稽命征》《斗威仪》也,《乐纬·动声仪》《稽耀嘉》《汁图征》也,《孝经纬·援神契》《钩命决》也,《春秋纬·演孔图》《元命包》《文耀钩》《运斗枢》《感精符》《合诚图》《考异邮》《保乾图》《汉含孳》《佑助期》《握诚图》《潜潭巴》《说题辞》也。"[1]李《注》"七纬"共三十五篇,较《隋志》所说三十六篇少一篇。而李《注》所列《孝经纬·援神契》《钩命决》,《隋志》未入《七经纬》三十六篇中,可知李《注》未必尽得其实。

---

[1] 参看《后汉书》卷八二,第2721—2722页。《后汉书·张曹郑列传》有"七经谶"的说法,李贤《注》曰:"《七经》谓《诗》《书》《礼》《乐》《易》《春秋》及《论语》也。"参看《后汉书》卷三五,第1196页。按,此谓《论语》,与《方术列传》注说为《孝经》不同。

明清两代盛行辑佚,纬书有十余家。现在,通行的纬书本有《黄氏逸书考》(1934年朱长圻据黄氏辑《汉学堂丛书》本补刊)和安居香山、中村璋八纂集的《重修纬书集成》①,后者是目前最完备的版本。

据《后汉书·方术列传》李贤《注》,汉代《易纬》有《稽览图》《乾凿度》《坤灵图》《通卦验》《是类谋》《辨终备》六篇。《隋书·经籍志》曰:“《易纬》八卷,郑玄注。”新旧《唐书志》并录《易纬》九卷,云宋均注。宋以后,又出现《乾坤凿度》和《乾元序制记》二种。《易纬》八种,有明修《永乐大典》本、清修《四库全书》本和武英殿聚珍本。其中,四库本采用大典本,聚珍本以四库本为基础,经与钱叔宝藏本和范钦本校勘而成。以后各本,即沿袭武英殿聚珍本。汉传《易纬》六种,以《稽览图》《乾凿度》和《通卦验》三种的思想性最高,含量丰富,值得梳理一二。

二、《易纬》的哲学:“易一名而含三义”与“有形生于无形”的宇宙本体论

《易纬》认为整个世界、整个宇宙,不论自然界还是人类社会,都以天人感应的方式关联在一起。其中,《乾凿度》《稽览图》《通卦验》三篇的哲学论述比较深入,这主要体现在对易本体和宇宙本体,及乾坤说、卦气说和爻辰说的论述上。

1.“易一名而含三义”与“《易》一元以为元纪”

孔颖达在《周易正义·论易之三名》一文中提出了“《易》一名而含三义”的著名命题,但其实它出自《易纬·乾凿度》。《乾凿度》卷上曰:“(孔子曰)《易》者,易也,变易也,不易也。管三成为道德苞籥。”“苞”通“包”,包裹也;“籥”,通“钥”,关钥、要钥也。《易》”一名而包含了“易”“变易”“不义”三义。易道统此三义、三事,故能包裹道德,成为其关钥。“道”“德”,乃汉人通用的两个哲学术语。

关于“《易》一名而含三义”的“易”一义,《乾凿度》卷上曰:②

① 安居香山、中村璋八纂集:《纬书集成》,石家庄,河北人民出版社,1994。
② 本书凡引《易纬》文,参看武英殿聚珍本,且诸条引文采用张惠言《易纬略义》等著作校正过。

易者,以言其德也,通情(精)无门,藏神无内也。光明四通,佹易立节,天地烂明,日月星辰布设,八卦错序,律历调列,五纬顺轨,四时和粟孳结。四渎通情,优游信洁,根著浮流,气更相实。虚无感动,清净照哲,移物致耀,至诚专密,不烦不挠,淡泊不失,此其易也。

引文中的"易"字,与上文所说"变易""不易"均不同义。《广雅·释言》:"易,与、如也。"王念孙《广雅疏证》曰:"宋定之云,《系辞传》:'易者,象也。象也者,像也。'像即如似之之意。引之云,《论语》'贤贤易色',易者,如也,犹言好德如好色也。二说并通。"《玉篇·日部》亦曰:"易,象也。"《乾凿度》下文云"佹易","佹"即"效"字。一本或作"佼",读作"效"。《说文·攴部》曰:"效,象也。"段玉裁《注》曰:"象,当作像。《人部》曰:'像,似也。'"[1]《玉篇·人部》:"效,学效也。"即效法之义。简言之,"效易",谓效法、如似而已。《周易·系辞传》曰"乾以易知""易简而天下之理得矣",二"易"字训同此。验之郑《注》"佹易无为,故天下之性莫不自得也""佹易者,寂然无为之谓也",正用"效法""如似"的训解。

"易者,以言其德也",这即是说,效易无为乃易道本体的特性,内包精微、神妙的作用,故万物之性皆自得也。从生化的角度来看,"效易立节"存在于万物的生成之中,宇宙万物,例如天地、日月星辰、四时、八卦和根著浮流之物,都是"气更相实"的结果。郑玄《注》曰:"此皆言易道无为,故天地万物各得以自通也。"正是《乾凿度》所谓万物自然生成之意。从"气更相实"来看,万物的生成又呈现出从无到有、从虚到实的气化过程。下文"虚无感动,清净照哲,移物致耀,至诚专密,不烦不扰,淡泊不失,此其易也"的论述更为深入,它追问了何以能感动生化的原因,认为易道本体(亦即宇宙本体)具有"虚无""清净""至诚"的特性,故能感应天下之动,而物得以自动自专。以上即是"《易》者,易也"之"效易"义。

---

① 段玉裁:《说文解字注》三篇下,第123页,上海,上海古籍出版社,1988。

关于"《易》一名而含三义"的"变易"义,《乾凿度》卷上曰:

> 变易也者,其气也。天地不变,不能通气。五行迭终,四时更废。君臣取象,变节相和,能消者息,必专者败。君臣不变,不能成朝。纣行酷虐,天地反;文王下吕,九尾见。夫妇不变,不能成家。妲己擅宠,殷以之破;大任顺季,享国七百。此其变易也。

"变易也者,其气也","变易"首先是一个自然生化的原理,天地万物的生成必然包含此一原理。阴阳二气相交通,正是天地变易的结果。"五行迭终,四时更废",天道如此,而况于人乎?变易既是一个自然法则,又是一个应然法则。《乾凿度》说,君臣、夫妇都应当效法天道,"变节相和","成朝"和"成家"。"文王下吕""大人顺季",此变节相和之例,故成朝成家;"纣行酷虐""妲己擅宠",此不能变节之例,故亡国破家。

关于"《易》一名而含三义"的"不易"义,《乾凿度》卷上曰:

> 不易也者,其位也。天在上,地在下,君南面,臣北面,父坐子伏,此其不易也。

"效易"以言本体,"变易"以言气化,"不易"以言人物在天地和人间中的位置。"不易也者,其位也",此"位"具有"自然即应然"的特性,故谓之"不易"也。"不易"与"变易"相对,但二义并不矛盾。天上地下,这是自然、本然的不易之位;父坐子伏,这是自然、本然且应然的不易之位,人间的应然法则以宇宙秩序为终极依据,故谓之天伦。

总之,"效易""变易""不易"三义构成了一个连续而整体的世界观系统,而既然《易》一名包含此三义,那么就《易经》,《乾凿度》说:"故《易》者,天地之道也,乾坤之德,万物之宝。至哉《易》! 一元以为元纪。""天地"就宇宙之全体言,"万物"就人物之个体言。《易》既然被看作天地之道、乾坤之德和万物之宝,那么在作者的思想世界中它就是宇宙的本体! 且此本体,在《乾凿度》看来,是一、不是二,它统摄天地、乾坤和杂多的万物,所以说"至哉《易》! 一元以为元纪"。

当然,我们应当注意到,作为名号被定义的"易"字与《易》书之间的关系。《乾凿度》之所以提出类似于"《易》一名而含三义"的命题,并作出了较为充分的阐释,乃是为了阐明《易》之名义及其所包含的义理。反之,这也即是说,《周易》这部大书包含了"《易》一名而含三义"所涉宇宙、人生和社会的基本道理。《乾凿度》下文即曰:"(伏羲)始作八卦,以通神明之德,以类万物之情,故《易》者所以经天地,理人伦而明王道。"

2."乾坤安从生"与《乾凿度》对浑天说理论的构造

除"《易》一元以为元纪"的本体论外,《乾凿度》还提出了许多重要问题和观点,值得重视。

第一,通过"有形生于无形,乾坤安从生"的追问,《乾凿度》展开了对太易、太初、太始、太素、浑沦的论述,深化了对世界本原的理解。《乾凿度》卷上曰:

> 昔者圣人因阴阳定消息,立乾坤以统天地也。夫有形生于无形,乾坤安从生? 故曰:有太易,有太初,有太始,有太素也。太易者,未见气也。太初者,气之始也。太始者,形之始也。太素者,质之始也。炁、形、质具而未离,故曰浑沦。浑沦者,言万物相浑成而未相离,视之不见,听之不闻,循(揗)之不得,故曰易也。易无形畔。易变而为一,一变而为七,七变而为九;九者,气变之究也。乃复变而为一(二);一(二)者,形变之始。清轻者上为天,浊重者下为地。物有始、有壮、有究,故三画而成乾。乾坤相并俱生,物有阴阳,因而重之,故六画而成卦。

这段文字,亦见于《乾凿度》卷下,仅有个别文字不同。刘仲达《鸿书》引《钩命决》曰:"天地未分之前,有太易,有太初,有太始,有太素,有太极,是为五运。形象未分,谓之太易。元气始萌,谓之太初。气形之端,谓之太始。形变有质,谓之太素。质形已具,谓之太极。"[①]在思想上亦与《乾凿度》相同,只不过"浑沦"一词改为"太极"。疑《钩命决》晚于

[①]《白虎通·天地》陈立《疏证》引,参看班固撰、陈立疏证:《白虎通》卷九,第 421 页,北京,中华书局,1994。

《乾凿度》成书。《乾凿度》这段文字以浑天说为宇宙论背景,太初、太始、太素正是浑天说的宇宙生成论的基本要素。[1] 站在浑天说的基础上,纬书作者进一步提出了太易、太初、太始、太素和浑沦五个演变阶段的设想,以此来回答所谓"乾坤(天地)安从生"的问题。从"太易"到"浑沦"之"易"有一个过程,而"浑沦"之"易",即"《易》一名而含三义"的第一义。太易为终极本体,所谓"未见气也";太初、太始、太素分别为气、形、质之始;气、形、质具备而未相离析,即为"浑沦"。所谓"浑沦","言万物相浑成而未相离",为易本体的存在状态。"太易"为纯无,自"太易"至"浑沦"为易本体界;"易无形畔",故亦为无,它超越于视、听、循的感官认识。自"浑沦"以下,落入有形界。

　　"易变而为一"以下,《乾凿度》上下卷郑《注》不一,今据己意取舍之。下文以数论太易、太初、太始、太素之变,所论仍然在无形界之内。数一、七、九,表示气变由始、壮至究,由太初、太始至太素的过程,"九者,气变之究";阳极而阴,由奇而偶,易乃复变而为二,"二者,形变之始",依次变为六、八,它们表示形变由始、壮至究,由太初、太始至太素的过程。"有形生于无形",气、形一旦生成,即生天生地,"清轻者上为天,浊重者下为地"。由天地,易道进一步生化出万物,而万物均有始、壮、究三个发展阶段。乾坤安从生?乾坤之三画即象物变之始、壮、究;"物有阴阳",故"六画而成卦"。

　　《乾凿度》对于无形界五个阶段说的构想,可能受到了《淮南子·天文》篇首段文本的影响。在汉章帝时期,这一宇宙论的构想正式被官方和学者所采纳、吸收。《白虎通·天地》篇曰:"始起,先有太初,然后有太始,形兆既成,名曰太素。混沌相连,视之不见,听之不闻,然后判清浊;既分,精曜出布,庶物施生……故《乾凿度》云:'太初者,气之始也。太始者,形之始也。太素者,质之始也。阳唱阴和,男行女随也。'"这是直接

---

[1] 参看丁四新《浑天说的宇宙生成论与结构论溯源——兼论楚竹书〈太一生水〉〈恒先〉与浑天说之理论起源》,《人文杂志》2017 年第 10 期。

以《乾凿度》为根据来构筑王朝的经学宇宙论。此后,张衡的《灵宪》(见《后汉书·天文志上》刘昭《注》引)、《列子·天瑞》、《广雅·释天》都直接采纳了这一宇宙论构想,来谈论所谓天道。与《乾凿度》不同的是,它们沿袭《钩命决》的说法,均将太初至浑沦阶段统称为"元气"。元气宇宙论的观念,从西汉到东汉在不断强化,在思想系统中的地位在不断提升。反过来看,以太初、太始、太素、浑沦来理解"元气",这既深化了对此一概念的理解,也深化了对事物生成之本源结构(气、形、质)的理解。

第二,《乾凿度》提出了"《易》始于太极"的命题,以宇宙论的开展作为《易》成书的根据。《乾凿度》卷上曰:

> 孔子曰:《易》始于太极,太极分而为二,故生天地。天地有春、秋、冬、夏、之节,故生四时。四时各有阴阳、刚柔之分,故生八卦。八卦成列,天地之道立,雷风水火山泽之象定矣。

"太极",郑玄《注》曰:"气象未分之时,天地之所始也。"正是所谓"浑沦"或"元气"的概念,特因其为万物化生之端,故称之为"太极"。"二",郑《注》云:"七九、八六。"七、九、六、八,上与太始、太素相应,而下为四象之数,故郑《注》云云。"故生天地",郑《注》云:"轻清者上为天,重浊者下为地。"可知,此段文本对于《系辞》"太极生两仪,两仪生四象"的诠释,完全是接着太易、太初、太始、太素、浑沦的元气宇宙论(浑天说生成论)套路来讲的。由天地而四时,由四时而生八卦,"八卦成列,天地之道立,雷风水火山泽之象定矣"。

第三,《乾凿度》"《易》一阴一阳合而为十五之谓道"及"太一取其数以行九宫"的论述,将《周易》原理与彼时神意化的天道观结合起来,从而回答了五音、六律、七宿的来源问题。《乾凿度》卷上曰:

> 《易》一阴一阳合而为十五之谓道。阳变七之九,阴变八之六,亦合于十五,则象变之数若一也。五音、六律、七变由此作焉。

卷下亦曰:

阳动而进,阴动而退,故阳以七,阴以八为象,《易》一阴一阳合而为十五,之谓道。阳变七之九,阴变八之六,亦合于十五。则象变之数若一阳动而进,变七之九象其气之息也。阴动而退,变八之六象其气之消也。故太一取其数以行九宫,四正四维,皆合于十五。五音、六律、七宿,由此作焉。

"合而为十五",包含了《周易》的天道观奥秘之一。阳变七之九,阴变八之六,均合而为十五。在此,"合而为十五"的算法本身即体现了"一阴一阳之谓道"的原理。所谓"五音、六律、七变(宿),由此作焉",这即是说,上至天文、下至地理均从此天道原理生现,从此阴阳二气流布而出。与《乾凿度》卷上略有不同的是,卷下又增添了"太一取其数以行九宫"之说。九宫数说与《说卦传》八卦方位结构的起源本不相同,《大戴礼记·明堂》篇始将"二九四七五三六一八"九数,以纵横三数之和为十五的方式附于明堂九宫制度下。与《大戴礼记》编撰同时,魏相"数表采《易阴阳》及《明堂》《月令》奏之"①,直接综合了这三种传统,而将九宫、八卦、四时月令和五方神配合起来,但仍未见其将九数明确纳入此一系统中。不过,既然魏相表采《明堂》,此《明堂》即见于《大戴礼记》,则九数可纳入八卦九宫系统,这本在学理之中。阜阳双古堆汉墓出土了太乙九宫式盘,其式法即为了展现神性的天道在八方和中央的流行。至西汉末年,八卦与九宫数相配,及"太一取其数以行九宫"被推展出来,这是很自然的事情。而这一点正是《易纬·乾凿度》的贡献。据郑玄《注》,太乙下行九宫的次序正按照从一至九的数序进行。

八卦九宫数对于宋代易学的影响非常深远②,宋儒十分重视《洛书》四十五数(刘牧称为《河图》)图象,即源于此。

①《汉书·魏相传》。
②《云笈七签·太上老君开天经》将八卦九宫数简明地总结为"戴九履一,左三右七,二四为肩,六八为足,中有五龟,体成八卦",由此"戴九履一"的说法在宋代传播开来。参看张君房编《云笈七签》卷二,第29页,李永晟点校,北京,中华书局,2003。

三、《易纬》的哲学：乾坤说、八卦说、爻辰说和卦气说

乾坤说、八卦说、爻辰说和卦气说，也是《易纬》的重要哲学思想。相对于西汉中后期易学和汉末易学，《易纬》具有承上启下的作用。

1. 乾坤说

在《周易》中，《乾》《坤》二卦为纯阳、纯阴卦，且居于六十四卦之最前两卦。在《说卦传》中，乾坤两卦在八卦系统中的重要性是毫无疑问的，乾健坤顺，乾为天为父，坤为地为母，且震、巽、坎、离、艮、兑六子卦由乾坤两父母卦三索而来。在《系辞传》中，乾坤二卦法象天地，"天地"的自然、人文含意被赋予这两卦，并与阴阳、健顺、动静、翕辟、尊卑等观念配合起来，由此《系辞传》提出了《乾》《坤》为"《易》之蕴"和"《易》之门"的观点。《彖传》和《象传》在解释乾坤两卦时也以"天地"为基础，而《文言传》则对这两卦作了特别的引申解释。

对于《易传》的乾坤说，除了继承，《乾凿度》同时作了某些发展。这主要体现在四个方面：其一，《乾凿度》更突出了乾坤二卦对于易道的特别性和重要性。在论述"《易》一名而含三义"部分，《乾凿度》卷上最后总结道："故《易》者，天地之道也，乾坤之德，万物之宝。"《乾》《坤》二卦作为《周易》六十四卦的代表，足见它们对于"《易》"的重要性了。其二，《乾凿度》对于乾坤与天地、阴阳的关系有更为深入的论述。除了乾象天象阳、坤象地象阴之外，《乾凿度》又说"乾坤，阴阳之主也""立乾坤以统天地也"和"乾坤者，阴阳之根本，万物之祖宗也"等，不但强化了乾坤二卦在宇宙论中的建构作用，而且将其本体化。在一定意义上说，可以将乾坤两卦看作宇宙生成的本根。在人伦世界，《乾凿度》卷上曰："法《乾》《坤》，顺阴阳，以正君臣、父子、夫妇之义"，则更应当如此。其三，《乾凿度》深入地追问和回答了"乾坤安从生"的问题，将元气宇宙论与《周易》哲学深入地结合起来，从而让乾坤二卦在诠释中获得了新的生展空间。最后，乾坤二卦在《乾凿度》的八卦说、爻辰说和卦气说中都起着重要作用。

2. 八卦说

对于《周易》八卦,《乾凿度》等从三个方面作了深入论述。其一,在继承《系辞》伏羲作八卦和太极生八卦之说的基础上,《乾凿度》从宇宙生成论的角度论述了八卦的来源,其具体过程是这样的:易本体→太极→两仪(天地)→四象(四时)→八卦。其二,《乾凿度》将八卦与九宫搭配起来,产生了所谓"太一下行八卦九宫"之说。在宋代,八卦九宫数被称为《洛书》,影响非常深远。其三,《乾凿度》建立了八卦与五行、五常、八方、十二月之间的联系,将八卦对于世界的建构能力提升到一个新的高度。《乾凿度》卷上曰:

(1) 八卦成列,天地之道立,雷风水火山泽之象定矣。其布散用事也,震生物于东方,位在二月;巽散之于东南,位在四月;离长之于南方,位在五月;坤养之于西南方,位在六月;兑收之于西方,位在八月;乾制之于西北方,位在十月;坎藏之于北方,位在十一月;艮终始之于东北方,位在十二月。八卦之气终,则四正、四维之分明。生、长、收、藏之道备,阴阳之体定,神明之德通,而万物各以其类成矣。

(2) 孔子曰:岁三百六十日而天气周。八卦用事各四十五日,方备岁焉。故艮渐正月,巽渐三月,坤渐七月,乾渐九月,而各以卦之所言为月也。乾者,天也。终而为万物始,北方万物所始也,故乾位在于十月。艮者,止物者也。故在四时之终,位在十二月。巽者,阴始顺阳者也。阳始壮于东南方,故位在四月。坤者,地之道也,形正六月。四维正纪,经纬仲序度毕矣。

(3) 是故八卦以建五气,以立五常,以之行象。

(4) 孔子曰:八卦之序成立则五气变形,故人生而应八卦之体,得五气以为五常,仁、义、礼、智、信是也。夫万物始出于震,震,东方之卦也。阳气始生受形之道也,故东方为仁。成于离,离,南方之卦也。阳得正于上,阴得正于下,尊卑之象定,礼之序也,故南方为礼。入于兑,兑,西方之卦也。阴用事而万物得其宜,义之理也,故西方为义。渐于坎,坎,北方之卦也。阴气形盛,阳气含闭,信之类也,故北方为信。夫四方之义皆统于中央,故乾、坤、艮、巽位在四维,中央所以绳四方行也,智之决也,故中央为智。故道兴于仁,立于礼,理于义,定于信,成于智。五者道德之分,天人之际也,圣人所以通天意、理人伦而明至道也。

八卦成列,与八方四时的搭配,出自《说卦传》"帝出乎震"章。《乾凿度》以此为基础,建构出一个更为开放、复杂的宇宙论系统。

上引第一、二条材料为一类,主要讲八卦气在一岁十二月的布散用事。坎离震兑四正卦与乾坤艮巽四维卦,将世界分为八方,一岁分为八节。八卦用事,起于震而终于艮,且一卦与一节对应,每卦三气、值四十五日,二十四气共值三百六十日。而《乾凿度》将三月、七月、九月和正月四个月收摄于四维卦,实现了八卦与十二月的对应。需要指出,八卦气的布散用事也属于卦气说的内容。另外,八卦与地支的搭配亦见于《乾凿度》卷上:"(孔子曰)乾坤,阴阳之主也。阳始于亥,形于丑。乾位在西北,阳祖微据始也。阴始于巳,形于未,据正立位,故坤位在西南,阴之正也。君道倡始,臣道终正,是以乾位在亥,坤位在未,所以明阴阳之职,定君臣之位也。"当然,这段话仅叙述了部分八卦与地支的搭配关系。

上引第三、四条材料又为一类,其基本思想为:"八卦以建五气,以立五常,以之行象。"现将其具体内容,连同与十二月的搭配关系列表如下:

震　东方　木气　仁　二月

巽　东南　　　　　四月　　渐三月

离　南方　火气　礼　五月

坤　西南　　　　　六月　　渐七月

兑　西方　金气　义　八月

乾　西北　　　　　十月　　渐九月

坎　北方　水气　信　十一月

艮　东北　　　　　十二月　渐正月

／　中央　土气　智　／

中国人很早就建立了四正四维的观念。四正卦居于四方,巽坤乾艮居于四维。而四维卦在《乾凿度》看来起着"绳约"的作用,中央土行即以之维系和裁决其他四行。同时与仁、礼、义、信相较,《乾凿度》最为重视"智"的作用,"智"居于中央位置。在当时,五常与五行的搭配有两种模式,一种以"信"居中央,在汉代典籍中常见,另外一种则以"智"居中央,在典籍中比较少见。而为何《乾凿度》在五常中最重视"智"呢? 这可能与纬书重视宇宙论,汉人普遍重视生存智慧,即重视预知吉凶祸福的思维倾向有关。进一步,《乾凿度》为何要以八卦建五气、立五常,而行之于人事呢? 这是由"兴于仁,立于礼,理于义,定于信,成于智"之"道",即由八卦五行的时空秩序来决定的。

3. 爻辰说

卦与节气相配,即为卦气说。地支与爻相配,即为爻辰说。爻辰说起源于京房的爻纳支说。它的诞生,将汉人的天道观、宇宙观从卦伸展到爻中;反过来看,爻辰说进一步强化了《周易》对于宇宙、人生的解释能力。据《史记·律书》《历书》《汉书·律历志》和郑玄、贾公彦《周礼注疏》,十二辰即由十二星次确立,而十二律则起自十二辰。① 《乾凿度》在一段论述《周易》卦爻与大衍筮法、历日关系的文字中将六十四卦分为三十二组,每两卦一组,其法以卦当岁、爻当月、析当日。《乾凿度》卷下曰:

　　天道左旋,地道右迁。二卦十二爻而期一岁,[三十二而大周。]

---

① 《周礼·春官·大师》郑玄《注》曰:"黄钟,子之气也,十一月建焉,而辰在星纪。大吕,丑之气也,十二月建焉,而辰在玄枵。大簇,寅之气也,正月建焉,而辰在陬訾。应钟,亥之气也,十月建焉,而辰在析木。姑洗,辰之气也,三月建焉,而辰在大梁。南吕,酉之气也,八月建焉,而辰在寿星。蕤宾,午之气也,五月建焉,而辰在鹑首。林钟,未之气也,六月建焉,而辰在鹑火。夷则,申之气也,七月建焉,而辰在鹑尾。中吕,巳之气也,四月建焉,而辰在实沈。无射,戌之气也,九月建焉,而辰在大火。夹钟,卯之气也,二月建焉,而辰在降娄。辰与建交错贸处,如表里然,是其合也。"参看阮元校刻:《十三经注疏·周礼注疏》(清嘉庆刊本)卷二三,第1717页。

《乾》阳也，《坤》阴也，并治而交错行。《乾》贞于十一月子，左行，阳时六。《坤》贞于六月未，右行，阴时六，以奉顺成其岁。岁终，次从于《屯》《蒙》。《屯》《蒙》主岁，《屯》为阳，贞于十二月丑，其爻左行，以间时而治六辰。《蒙》为阴，贞于正月寅，其爻右行，亦间时而治六辰。岁终则从其次卦。阳卦以其辰为贞，丑与（其爻）左行，间辰而治六辰。阴卦与阳卦同位者，退一辰以为贞，其爻右行，间辰而治六辰。《泰》《否》之卦独各贞其辰，共北（比）辰左行相随也。《中孚》为阳，贞于十一月子；《小过》为阴，贞于六月未，法于《乾》《坤》。三十二岁期而周六十四卦、三百八十四爻、万一千五百二十析，复从于贞。

将六十四卦分为三十二组，每两卦一组，前一卦为阳，后一卦为阴，即《乾》卦为阳、《坤》卦为阴，《屯》卦为阳、《蒙》卦为阴，《需》卦为阳、《讼》卦为阴，乃至《既济》卦为阳、《未济》卦为阴。阳卦法天道，阴卦法地道，且"并治而交错行"。根据"天道左旋，地道右迁"及"间辰而治六辰"的原理，阳卦左行顺取纳辰，阴卦右行逆取纳辰。《乾》《坤》主岁，《乾》贞于十一月子，左行，从初至上六爻依次纳子、寅、辰、午、申、戌；据"阳起于子，阴起于午"的原理，《坤》本当贞于午，但因与《乾》九四纳辰同位，故"退一辰以为贞"，即《坤》贞于六月未，从初至上六爻依次纳未、巳、卯、丑、亥、酉。《屯》《蒙》主岁，《屯》贞于十二月丑，从初至上六爻依次纳丑、卯、巳、未、酉、亥；《蒙》贞于正月寅，从初至上六爻依次纳寅、子、戌、申、午、辰。如此类推，唯《泰》《否》二卦独异[1]，而《中孚》《小过》"法于《乾》《坤》"。

虽然《乾凿度》的爻辰说解决了六十四卦三百八十四爻如何纳辰的问题，并将一岁之月日与大衍筮数结合了起来，但是由于它过于复杂，使用不便，因此这套象数学说难以实际应用到历法制定等具体事务上。据

---

[1]《乾凿度》卷下郑玄《注》曰："泰、否独各贞其辰，言不用卦次。泰卦当贞于戌，否当贞于亥。戌，乾体所在；亥，又坤消息之月。泰、否、乾、坤，体恣与之相乱，故避之。而各贞其辰，谓泰贞于正月，否贞于七月，六爻皆泰得否之乾，否得泰之坤。此辰左行，谓泰从正月至六月皆阳爻，否从七月至十二月皆阴爻，否泰各自相从。"

《汉书·律历志上》，刘歆的《三统历》仅采用了乾坤十二爻辰说，云：十一月，《乾》之初九，黄钟子为天统；六月，《坤》之初六，林钟丑为地统；正月，《乾》之九二，太族寅为人统。后汉郑玄即以刘歆说为基础①，大力推展乾坤十二爻辰说，建构了一个兼摄天象、人事，复杂、多层而开放的宇宙系统。

4. 卦气说

《易纬》的卦气说包括四正卦说、六日七分说、八卦卦气说和十二消息卦说等内容，它们都受到了阴阳家的深刻影响。

先看四正卦卦气说和六日七分说。二说皆源自孟喜。据前人研究，《易纬》继承或保留了孟喜的卦气说。《稽览图》卷上曰：

> 甲子卦气起《中孚》。……六日八十分之七而从，四时卦十一辰余而从。《坎》常以冬至日始效，《复》生坎七日。消息及杂卦传，相去各如《中孚》。太阴用事，如少阳卦之效也。一辰，其阴效也，尽日。太阳用事，而少阴卦之效也，一辰，其阳也，尽日。消息及四时卦，各尽其日。

卷下曰：

> 小过、蒙、益、渐、泰（寅），需、随、晋、解、大壮（卯），豫、讼、蛊、革、夬（辰），旅、师、比、小畜、乾（巳），大有、家人、井、咸、姤（午），鼎、丰、涣、履、遁（未），恒、节、同人、损、否（申），巽、萃、大畜、贲、观（酉），归妹、无妄、明夷、困、剥（戌），艮、既济、噬嗑、大过、坤（亥），未济、蹇、颐、中孚、复（子），屯、谦、暌、升、临（丑）。
>
> 坎（六）、震（八）、离（七）、兑（九）。

---

① 焦循说："郑康成以爻辰说《易》，本《乾凿度》，而实不同。"又说："郑氏注《乾凿度》自依纬为说，其注《易》不用《乾凿度》为爻辰之序，皆用左旋，既以诸卦之爻统于乾坤。"参看焦循《易图略》卷八《论爻辰》，皇清经解本，杨世文、李勇先、吴雨时编：《易学集成》第3卷，第2967、2969页，成都，四川大学出版社，1998。按，郑玄注《乾凿度》与注《周易》所用爻辰说不同，这是正确的；但说郑氏爻辰说本于《乾凿度》，这是不正确的。其实，郑氏爻辰说本于刘歆。

已上四卦者,四正卦,为四象。每岁十二月,每月五卦,卦六日七分,每期三百六十五日,每四分日之一。

"甲子卦气起《中孚》"中的"卦气",具体指阳气。上引卷上文字比较容易理解,其大意即见于所引卷下文字和郑玄《注》中。

关于四正卦,《通卦验》卷下在"冬至,广漠风至"至"未当至而至,人手心主脉盛,多病痈疽肿痛,应在芒种"一段文字中说:"坎、震、离、兑为之,每卦六爻,既通于四时、二十四炁;人之四支、二十四脉亦存于期。"既然四正卦二十四爻,与四时二十四气、人体之四肢二十四脉存在通应关系,那么卦气的来至,即存在一个是否当时,和对于人体、气候的影响问题。

再看八卦卦气说。对于八卦卦气说,上文已有论述,《通卦验》卷下也有论述,较为重要,现引述如下:

凡《易》八卦之气,验应各如其法度,则阴阳和,六律调,风雨时,五谷成熟,人民取昌,此圣帝明王所以致太平法。故设卦观象,以知有亡。夫八卦缪乱,则纲纪坏败,日月星辰失其行,阴阳不和,四时易政。八卦气不效,则灾异炁臻,八卦气应失常。夫八卦气验,常在不亡。以今入月八日不尽八日,侯诸卦炁,各以用事,时气著明而见。冬至四十五日,以次周天三百六十五日,复当卦之炁,进则先时,退则后时,皆八卦之效也。夫卦之效也,皆指时卦,当应他卦气,及至其灾,各以其冲应之,此天所以示告于人者也。

乾,西北也,主立冬,人定,白炁出,直乾,此正气也。气出右,万物半死;气出左,万物伤。乾气不至,则立夏有寒,伤禾稼,万物多死,人民疾疫,应在其冲。乾炁见于冬至之分,则阳炁火盛,当藏不藏,蛰虫冬行。乾为君父,为寒,为冰,为金,为玉。于是岁,则立夏蚤蛰,夏至寒,乾得坎之寒,则当夏雨雪水冰。乾炁退,伤万物。

坎,北方也,主冬至,夜半黑炁出,直坎,此正炁也。气出右,天下旱;气出左,涌水出。坎炁不至,则夏至大寒雨雪,涌泉出,岁多大水,应在其冲。坎炁见立春之分,则水炁乘出,坎为沟渎,于是岁多水灾,江河决,山水涌出。坎炁退,则天下旱。

艮,东北也,主立春,鸡鸣,黄炁出,直艮,此正炁也。炁出右,万物霜;炁出左,山崩,涌水出。艮炁不至,则立秋山陵多崩,万物华实不成,五谷不入。应在其冲。艮炁见于春分之分,则万物不成。艮为山,为止;不止,则炁过山崩。艮炁退,则数有云雾霜。

震,东方也,主春分,日出,青炁出,直震,此正炁也。炁出右,万物半死;炁出左,蛟龙出。震炁不至,则岁中少雷,万物不实,人民疾热,应在其冲。震炁见立夏之分,雷炁盛,万物蒙而死不实,龙蛇数见,不云而雷,冬至乃止。震炁退,岁中少雷,万物不茂。

巽,东南也,主立夏,食时,青炁出,直巽,此正炁也。炁出右,风橛木;炁出左,万物伤,人民疾湿。巽炁不至,则岁中多大风,发屋扬砂,禾稼尽卧,应在其冲。巽炁见夏至之分,则风,炁过折木。巽炁退,则盲风至,万物不成,湿伤人民。

离,南方也,主夏至,日中,赤炁出,直离,此正炁也。炁出右,万物半死;炁出左,赤地千里。离炁不至,则无日光,五谷不荣,人民病目痛,冬无冰,应在其冲。离炁见于立秋之分,兵起。离炁退,则其岁日无光,阴必害之。

坤,西南也,主立秋,晡时,黄炁出,直坤,此正炁也。炁出右,万物半死;炁出左,地动。坤炁不至,则万物不茂,地数震,牛羊多死,应在其冲。坤炁见于秋分之分,则其岁地动摇,江河水乍存乍亡。坤炁退,则地分裂,水泉不泯。

兑,西方也,主秋分日,白炁出,直兑,此正炁也。炁出右,万物不生;炁出左,则虎害人。兑炁不至,则岁中多霜,草木枯落,人民疥瘙,应在其冲。兑炁见于立冬之分,则万物不成,虎狼为灾,在泽中。兑炁退,则泽枯,万物不成。

最后看十二消息卦说。十二消息卦说,亦由孟喜发明,《易纬》作了继承,同时有所发展,综合了新内容。《乾凿度》卷下将十二消息卦应用于"录图受命"之说,形成了一种历史哲学和所谓体表之说,而这两点是孟喜卦气说所无的。《乾凿度》卷下以 31 920 岁为一个时间单位,其间"录图受命,易姓四十二纪"。所谓"四十二纪",乃消息卦三复之为三十六,与六子之和。《乾凿度》卷下曰:"消息卦纯者为帝,不纯者为王,六子上不及帝,下有过王。"由此,"异姓四十二纪"可分为圣、庸、君子、小人之世。继之,《乾凿度》卷下对于十二消息卦所值的圣王之世还作了具体划分,云:《乾》三十二世消,《坤》三十六世消,《复》十八世消,《临》十二世消,《泰》三十世消,《大壮》二十四世消,《夬》三十二世消,《姤》一世消,《遁》一世消,《否》十世消,《观》二十世消,《剥》十二世消。此十二卦共值二百二十八世,俱为圣王之世,其中《乾》《坤》所值六十八世为"至德之世"。《乾凿度》对于宋儒邵雍的历史哲学产生了重要影响。

关于体表说(即十二消息卦为人体某部位的表征),《乾凿度》卷下有"《复》,表日角""《临》,表龙颜"等文句,可以参看。

在《通卦验》卷下"春三月,候卦气"至"下阳应上阴,九其阳,六其阴"一段文字中,作者又论述了"消息之候"的问题。郑玄《注》曰:"上既著八卦气之得失,此又重以消息之候,所以详易道天气。"其实,郑《注》也只是通言诸种卦气说。《通卦验》一书就是为了推明四正卦说、八卦气、十二消息卦气、六十卦气说的得失,进而阐明易道之天气问题。难能可贵的是,《通卦验》充分吸收了当时的天文学成果,而明确指出,一岁之四时、八节、十二度、二十四节气划分的终极根据在于"日"的南北移动。《通卦验》卷下曰:"故日者,众阳之精也,天所以照四方,因以立定二十四炁,始于冬至,终于大雪,周天三百六十五日。"节气来源于寒热,寒热来源于阴阳消息,阴阳消息来源于发光发热的"日"。正是"日"从夏至到冬至的南北移动,造成了所谓四时、八节、十二度和二十四节的划分。

另外,在《稽览图》卷上,作者又提出了卦气寒温灾异之说,这是比较特别的。《稽览图》云六十四卦气(其中有消息卦与杂卦之分,且消息卦为主,杂卦为辅)有寒温清浊之分,"诸卦气,温寒清浊,各如其所",否则就会出现各种灾异、怪乱的现象；人之形体当与之相应，"凡形体不相应，皆有其事而不成也；其在位者，有德而不行也"。

　　总之，卦气说乃《易纬》哲学的重要内容，它是汉代天人感应之学和当时天道观的重要组成部分，富有浓厚的时代特色和带有鲜明的农业文明印记。另外，汉代是二十四气说逐渐产生影响并深入人心，从而直接影响人的生活世界的时代。在这种情况下，经师们积极建构和完善卦气说，这是完全可以理解的。

第八章　刘向、刘歆的哲学思想

第一节　刘向、刘歆简介

刘向、刘歆父子是西汉历史上的著名经学家、文献学家和文学家。刘向（前79—前8），字子政，原名更生，汉高祖少弟楚元王刘交四世孙。父名刘德，"修黄、老术，有智略"[①]，宣帝地节年间封为阳城侯。刘向十二岁即出仕；在宣帝五凤、甘露年间，"会初立《穀梁春秋》，征更生受《穀梁》，讲论《五经》于石渠"[②]。元帝时期，刘向参与了激烈的宫廷斗争。成帝建始元年（前32），刘向更名向，字子政，迁为光禄大夫。成帝河平三年（前26），征召校书，《汉书·成帝纪》曰："光禄大夫刘向校中秘书。"《汉书·楚元王传》曰："诏向领校中《五经》秘书。"《汉书·艺文志》曰："至成帝时，以书颇散亡，使谒者陈农求遗书于天下。诏光禄大夫刘向校经传诸子诗赋，步兵校尉任宏校兵书，太史令尹咸校数术，侍医李柱国校方技。每一书已，向辄条其篇目，撮其指意，录而奏之。会向卒，哀帝复使向子侍中奉车都尉歆卒父业。"校书是一件大事，对于先秦至西汉典籍的整理和保存起到了巨大作用。据《汉书·艺文志》，

---

①②《汉书·楚元王传》。

刘向撰有《五行传记》《新序》《说苑》等书,《五行传记》又名《洪范五行传论》。《汉书·五行志》大量引用了刘向的《洪范五行传论》,此书清人有辑佚。

刘歆(前50—23),字子骏;建平元年(前6)改名秀,字颖叔,刘向少子。据《汉书·楚元王传》,刘歆"少以通《诗》《书》能属文召见成帝……为黄门郎";成帝河平年间,"受诏与父向领校秘书";哀帝初年,为侍中奉车都尉等职,"复领《五经》,卒父前业","歆乃集《六艺》群书,种别为《七略》";王莽篡位后,刘歆为国师。刘歆的学术贡献,主要表现在三个方面:(1)在刘向《别录》的基础上,刘歆修订完成了《七略》一书。《七略》即《辑略》《六艺略》《诸子略》《诗赋略》《兵数略》《术数略》和《方技略》。《汉书·艺文志》即据《七略》删裁而成,班固曰"今删其要,以备篇籍"①是也。(2)刘向习《穀梁春秋》,刘歆则喜好《左氏春秋》等古文经。《楚元王传》曰:"及歆亲近,欲建立《左氏春秋》及《毛诗》《逸礼》《古文尚书》皆列于学官。"刘歆作《移让太常博士书》,开启了经今古文学之争,影响深远。(3)在王莽摄政时期,刘歆以刘向《五纪论》为基础,进一步"考定律历,著《三统历谱》"②。《三统历谱》大概是世界上最早的天文年历雏形。

刘向、刘歆父子的学术贡献,《汉书·楚元王传》作了很好的概括,曰:"刘氏《洪范论》发明《大传》,著天人之应;《七略》剖判艺文,总百家之绪;《三统历谱》考步日月五星之度,有意其推本之也。"从哲学的角度看,刘向、刘歆的五行灾异说、德运观、与制定《三统历》相关的天道观和别诸子为九流等思想颇为重要。③ 此外,刘向的性情说和政治思想也值得注意。

---

① 《汉书·艺文志》。
② 《汉书·楚元王传》。
③ 诸子分为九流之说,出自刘向,而非班固新说。班固在《汉书·叙传》中说:"刘向司籍,九流以别。"

第二节 刘向、刘歆的五行灾异说和新德运观

《洪范》是一篇非常重要的文献,乃《尚书》在汉代最盛行的篇目。而《洪范五行传》既依之衍生,又与之相互助长,影响深远。刘向、刘歆父子都撰有《洪范五行传论》,是对《洪范五行传》更进一步的解释,后来它们都构成了班固《汉书·五行志》的重要内容。

一、《洪范五行传论》与《汉书·五行志》

刘向、刘歆的灾异说,以《尚书·洪范》的五行论为基础。汉代中期,灾异说经历了从阴阳灾异说转向五行灾异说的变化。《汉书·楚元王传》曰:"向见《尚书·洪范》箕子为武王陈五行阴阳休咎之应,向乃集合上古以来历春秋六国至秦汉符瑞灾异之记,推迹行事,连传祸福,著其占验,比类相从,各有条目,凡十一篇,号曰《洪范五行传论》,奏之。"刘向编撰的《洪范五行传论》是以《洪范五行传》为前提的,参看《汉书·眭两夏侯京翼李传》《五行志中之上》。《洪范五行传》,旧说以为伏生所作,不过有学者认为出自夏侯始昌之手。① 夏侯始昌,鲁人,武帝时期经学家。《汉书·五行志中之上》曰:"孝武时,夏侯始昌通《五经》,善推《五行传》,以传族子夏侯胜,下及许商,皆以教所贤弟子。其传与刘向同,唯刘歆传独异。"这说明刘向所传与夏侯胜、许商相同,其《洪范五行传论》均出自夏侯始昌一系。刘歆亦有《洪范五行传论》,不过其所传者"独异"②,在解说上作了较大的改变。

---

① 旧说一般认为《洪范五行传》出自伏生的手笔,但今天,有多位学者认为它是由夏侯始昌撰作的。参看缪凤林《洪范五行传出伏生辨》,转见蒋善国:《尚书综述》,第 113—114 页,上海,上海古籍出版社,1998;徐复观:《徐复观论经学史二种》,第 96—99 页,上海,上海书店,2002;徐兴无:《刘向评传》,第 288—290 页,南京,南京大学出版社,2005。《洪范五行传》是否原为夏侯始昌本人所作,在笔者看来,尚值得讨论。《汉书·五行志》云夏侯始昌"善推《五行传》",据此,《五行传》应当作于此前。不管怎样,夏侯始昌很可能对西汉中后期诸家所传《五行传》定本的形成起了重要作用。

② 《汉书·五行志中之上》。

《汉书·艺文志》载"刘向《五行传记》十一卷","许商《五行传记》一篇"。《艺文志》所载刘向《五行传记》，即《楚元王传》所谓《洪范五行传论》十一篇。刘向等人的《五行传论》，早已散佚不存，所幸班固在《汉书·五行志》中做了大量引用。《汉书·五行志上》曰：

> 汉兴，承秦灭学之后，景武之世，董仲舒治《公羊春秋》，始推阴阳，为儒者宗。宣元之后，刘向治《穀梁春秋》，数其祸福，传（傅，附也）以《洪范》，与仲舒错。至向子歆治《左氏传》，其《春秋》意亦已乖矣，言《五行传》又颇不同。是以揽（擥，引取之也）仲舒，别向、歆，传（傅）载睂孟、夏侯胜、京房、谷永、李寻之徒，所陈行事，讫于王莽，举十二世，以傅《春秋》，著于篇。

《五行志》的相关引用，显然以董仲舒、刘向和刘歆三家为主：董仲舒"始推阴阳"，以《公羊春秋》为主要经典；刘向继之，以《穀梁春秋》为主要经典，并以《尚书·洪范》附之，着重阐扬天人感应的五行灾异说；刘歆以《左氏传》为主要经典，不过在班固看来，其所说《春秋》意"亦已乖"，言《五行传》"又颇不同"。《宋书·五行志》曰："刘向广演《洪范》，休咎之文益备。"《隋书·经籍志》曰："济南伏生之《传》，唯刘向父子所著《五行传》是其本法。"除"揽（擥）仲舒，别向、歆"外，班固又附载睂孟、夏侯胜、京房、谷永、李寻等大师之说，并采摘下讫王莽之行事以附著于《春秋》，如此构筑了《五行志》文本的基本框架。

所谓《洪范五行传》，其实就是对《尚书·洪范》数段经文的阴阳灾异化的解释。《汉书·五行志》大体上由《经》《传》《说》和《行事》四个部分构成。《经》即《洪范》两段文本，《传》即夏侯始昌所传之《洪范五行传》，《说》以综述董仲舒以下西汉京师们的正统通说为主，《行事》则以《春秋经》为纲，并附著下讫王莽的诸灾异事件，同时抄录西汉京师们的不同解说。从《五行志》来看，《经》的部分，刘向、歆父子二人所传所录者基本上是相同的，而在《传》的部分，刘歆作了一定程度的改作；在《说》的部分，二人"颇不同"；在《行事》的部分，二人相差就更大了。

二、《汉书·五行志》所录《洪范·五行》经传及其问题

《汉书·五行志》所录《洪范·五行》经传，其文本及其次序如下：

(1) 经曰："初一曰五行。五行：一曰水，二曰火，三曰木，四曰金，五曰土。水曰润下，火曰炎上，木曰曲直，金曰从革，土爰稼穑。"

传曰："田猎不宿，饮食不享，出入不节，夺民农时，及有奸谋，则木不曲直。"

传曰："弃法律，逐功臣，杀太子，以妾为妻，则火不炎上。"

传曰："治宫室，饰台榭，内淫乱，犯亲戚，侮父兄，则稼穑不成。"

传曰："好战攻，轻百姓，饰城郭，侵边境，则金不从革。"

传曰："简宗庙，不祷祠，废祭祀，逆天时，则水不润下。"

(2) 经曰："羞用五事。五事：一曰貌，二曰言，三曰视，四曰听，五曰思。貌曰恭，言曰从，视曰明，听曰聪，思曰睿。恭作肃，从作乂，明作悊，聪作谋，睿作圣。休征：曰肃，时雨若；乂，时旸若；悊，时奥若；谋，时寒若；圣，时风若。咎征：曰狂，恒雨若；僭，恒旸若；舒，恒奥若；急，恒寒若；霿，恒风若。"

传曰："貌之不恭，是谓不肃，厥咎狂，厥罚恒雨，厥极(痙)恶。时则有服妖，时则有龟孽，时则有鸡祸，时则有下体生上之痾，时则有青眚青祥。唯金沴木。"

传曰："言之不从，是谓不乂，厥咎僭，厥罚恒旸，厥极(痙)忧。时则有诗妖，时则有介虫之孽，时则有犬祸。时则有口舌之痾，时则有白眚白祥。惟木沴金。"

传曰："视之不明，是谓不悊，厥咎舒，厥罚恒奥，厥极(痙)疾。时则有草妖，时则有赢虫之孽，时则有羊祸，时则有目痾，时则有赤眚赤祥。惟水沴火。"

传曰："听之不聪，是谓不谋，厥咎急，厥罚恒寒，厥极(痙)贫。时则有鼓妖，时则有鱼孽，时则有豕祸，时则有耳痾，时则有黑眚黑

祥。惟火沴水。"

传曰:"思心之不睿,是谓不圣,厥咎霿,厥罚恒风,厥极(殛)凶短折。时则有脂夜之妖,时则有华孽,时则有牛祸,时则有心腹之痾,时则有黄眚黄祥,时则有金木水火沴土。"

(3)[经曰:"皇极,皇建其有极。"]①

传曰:"皇之不极,是谓不建,厥咎眊,厥罚恒阴,厥极(殛)弱。时则有射妖,时则有龙蛇之孽,时则有马祸,时则有下人伐上之痾,时则有日月乱行,星辰逆行。"

上述第二段引文中的经文,乃《洪范》篇"五事""五征"两处文本的抄录。除此之外,《传》文还暗中采用了《经》的另一段文字:"六极(殛):一曰凶短折,二曰疾,三曰忧,四曰贫,五曰恶,六曰弱。"这里,还需要指出,既然《洪范五行传》以"五行"为称,则其所据经文当然是那些能与"五行"相匹配的文本,而不必是对整个《洪范》文本的解释。②

《经》所谓"五行"乃天道之本,而《传》则以人事灾异附之,五行与五事之间有相配关系,盖天道为本,人事为用也。《洪范》"五行"水、火、木、金、土五者,在春秋后期与五方、四时相配,并依经文的本来顺序而自然地配上一、二、三、四、五之数,后人更谓之为生数,即"水,北、冬、一""火,南、夏、二""木,东、春、三""金,西、秋、四""土,中、五"是也。而在解释的时候,从所引《五行志》文本来看,《传》采用了木、火、土、金、水五行相生的顺序,这与《经》文原本的次序不合。依常理来看,《传》既然是用来解《经》的,那么它应当遵循经文原有的次序。今《五行志》所载《传》文的次序不同于《经》文,表明这有可能是由刘向更改所致的,而未必始自伏生或夏侯始昌。而刘向、刘歆父子以五行相生为基础建构的新德运说,即可为其证。

《五行志》所录《经》《传》,由"五行"而"五事",由"五事"而"皇极"。"五行""五事"在《传》文中依相生顺序而排列,然而问题在于《五行传》为

---

① 《汉书·五行志》原无此"经曰"句,今据《汉书·谷永杜邺传》补。
② 《洪范五行传》文字,参看清人陈寿祺辑《尚书大传·洪范五行传》,四部丛刊本。

何要将"皇极"一段经文抄出,加以解释,看作一个必要的组成部分? 这是因为"五行""五事"与"五官"相配,代表五时之运,而"皇极"则与皇帝、王道相配。《汉书·律历志上》曰:"其于人,皇极统三德五事。"《汉书·匡张孔马传》曰:"《书》曰'羞用五事''建用皇极'。如貌、言、视、听、思失,大中之道不立,则咎征荐臻,六极屡降。皇之不极,是为大中不立,其《传》曰'时则有日月乱行',谓朓、侧匿,甚则薄蚀是也。"《汉书·外戚传下》曰:"皇极者,王气之极也。"皆可为证。"皇极"训为"大中",大中之道即为王道。显然,"皇极"的原则超越于"五行""五事"之上,而成为它们的根据。因此,《五行传》必将《洪范》"皇极"一段文字抄录出来以作为解说的依据。

三、刘向、刘歆的新德运观及二人在《五行传论》上的差别

1. 刘向、刘歆的新德运观

班固《汉书·郊祀志赞》曰:

> 汉兴之初,庶事草创,唯一叔孙生略定朝廷之仪。若乃正朔、服色、郊望之事,数世犹未章焉。至于孝文,始以夏郊,而张仓据水德,公孙臣、贾谊更以为土德,卒不能明。孝武之世,文章为盛,太初改制,而兒宽、司马迁等犹从臣、谊之言,服色数度,遂顺黄德。彼以五德之传从所不胜,秦在水德,故谓汉据土而克之。刘向父子以为帝出于《震》,故包羲氏始受木德,其后以母传子,终而复始,自神农、黄帝下历唐虞三代而汉得火焉。故高祖始起,神母夜号,著赤帝之符,旗章遂赤,自得天统矣。昔共工氏以水德间于木火,与秦同运,非其次序,故皆不永。由是言之,祖宗之制盖有自然之应,顺时宜矣。究观方士祠官之变,谷永之言,不亦正乎! 不亦正乎!

据《郊祀志赞》,汉代的德运说在士大夫阶层发生了多次更变。在文帝时期,张仓以为汉得水德,贾谊、公孙臣则欲更之以土德,然而直到武帝太初元年(前104),西汉才真正实行土德说,兒宽、司马迁等都赞成汉得土德说。公孙臣、贾谊认为汉代得土德,承认了秦朝政权在王朝更迭历史上

的合法性和正统性。秦始皇根据邹衍从所不胜的五德终始说,认为秦得水德;而汉人如果承认秦朝在历史上的合法性,那么根据从所不胜的法则,汉应该得土德。自从武帝确认汉为土德之后,土德说一直实行到西汉终结。在成帝时期,刘向提出了新的德运观,刘歆作了继承,具体参看《汉书·律历志》。刘向、刘歆的新德运观乃根据五行相生原理,认为五德之运的顺序为木德→火德→土德→金德→水德→木德,而王朝受命的历史即依此次序循环。根据《汉书·律历志》,刘向、刘歆父子的新德运观具体是这样的:根据《易传·说卦传》"帝出乎《震》",刘向认为帝太昊伏羲氏始受木德(《震》居东方为春木),炎帝神农氏受火德,黄帝轩辕氏受土德,少昊帝金天氏受金德,颛顼帝高阳氏受水德,帝喾高辛氏受木德,帝尧陶唐氏受火德,帝舜有虞氏受土德,伯禹夏后氏受金德,殷受水德,周受木德。

　　刘向、刘向德运观的新内容主要体现在两个方面,一个是德运次序原理以"相生"取代"从所不胜",即所谓"以母传子",这符合儒家的生生观念,让历史哲学带上了价值色彩。另一个是将三皇五帝三王纳入新德运观中,以儒家正统化的帝王观念来否定秦始皇的历史价值,否定其合法性,排斥其正统性。秦朝是否真正受命,是否居于历史的正统位置?刘向曰:"昔共工氏以水德间于木、火,与秦同运,非其次序,故皆不永。"①认为秦朝"非其次",故仅给予秦朝一个非常尴尬的位置。

　　根据新德运观,刘向、刘歆认为汉为火德。《汉书·高帝纪赞》曰:"刘向云战国时刘氏自秦获于魏。秦灭魏,迁大梁,都于丰,故周市说雍齿曰:'丰,故梁徙也。'是以颂高祖云:'汉帝本系,出自唐帝。降及于周,在秦作刘。涉魏而东,遂为丰公。'丰公,盖太上皇父。其迁日浅,坟墓在丰鲜焉。及高祖即位,置祠祀官,则有秦、晋、梁、荆之巫,世祠天地,缀之以祀,岂不信哉!由是推之,汉承尧运,德祚已盛,断蛇著符,旗帜上赤,协于火德,自然之应,得天统矣。"刘向考"汉帝本系,出自陶唐",由此推出"汉承尧运"。除了帝系的血缘关联外,刘向将"断蛇著符,旗帜上赤"

_____

① 《汉书·郊祀志赞》。

作为"协于火德"的符瑞来论证汉朝受命的历史合法性问题。综合考虑，刘向、刘歆的新德运观更符合汉人的经学观、历史观及其相应的意识形态；而且，经过刘向之手，在考据上也似乎显得更客观、有效，从而汉得火德在知识论上也充满了优越性。

　　总之，张苍所谓汉得水德之说无法区别秦汉两朝，不能满足新王朝（汉）应得"新命"的传统观念。而汉初士大夫在反思秦亡的过程中一直力图区别秦汉两朝，在否定暴秦的同时希望汉朝能够达到"永命"的目的。这两重原因决定了张苍的水德说最终会被汉人抛弃。公孙弘、贾谊认为汉得土德，这不仅肯定了汉朝受命的合法性，而且也肯定了秦朝的历史合法性。这一观念虽然得到了武帝的包容和肯定，但是终究因其与汉代否定秦朝之历史正统的观念相违，特别是与经学家的正统观念相抵牾，因此遭到了刘向等人的直接怀疑。刘向父子提出的新德运观，包含了多方面的考虑，符合汉人的历史观及对历史的理解①，故在汉代后期成为共识，乃至最终被王莽和光武帝相继采用。据《郊祀志》颜师古《注》引邓展曰："向父子虽有此议，时不施行。"汉家真正实行火德，乃是在光武建武二年（26），《后汉书·光武帝纪》曰："（二年春）壬子，起高庙，建社稷于洛阳，立郊兆于城南，始正火德，色尚赤。"

　　2. 刘向、刘歆《五行传论》及其所据《传》之差别

　　回头再看刘向、刘歆父子所据《五行传》之不同及二人说解"颇不同"的情况。《汉书·五行志》曰：

　　　　（1）庶征之恒雨，刘歆以为《春秋》大雨也，刘向以为大水。

---

① 具体说来，刘向的新德运观涉及如下因素：（1）自司马迁之后，统一的中华古史传说观已经形成，且据刘向的考证，"汉帝本系，出自陶唐"；（2）阴阳灾异说日渐兴隆并弥漫于宫廷和私家生活之中，高祖始皇，"著赤帝之符"，这在德运观中需要得到照应；（3）经学日益发达并形成相互关联的整体，刘向所谓伏羲氏受木德，即取自《说卦传》"帝出于《震》"；（4）历法的日益完善并面临统一的任务，这表现在三统说上面。这些因素，在当时，作为刘向提出新德运观的前提条件而存在着。（5）此外，刘向父子均是经学大师，儒家经学及文化的阐扬者，而整个西汉朝廷又以孝文化著称，于是面对子克母的旧五行德运观，他们实有作根本性改变的必要，由"子克母"转变为"母传子"，即由"相胜"转变为以"相生"为原理的德运观。

（2）庶征之恒阳，刘向以为《春秋》大旱也。其夏旱雩祀，谓之大雩。不伤二谷，谓之不雨。

（3）庶征之恒奥，刘向以为《春秋》亡冰也。小奥不书，无冰然后书，举其大者也。

（4）刘歆《听传》曰"有介虫孽也"，庶征之恒寒。刘向以为《春秋》无其应，周之末世舒缓微弱，政在臣下，奥暖而已，故籍秦以为验。

（5）刘歆《思心传》曰"时则有蠃虫之孽"，谓螟螣之属也。庶征之常风，刘向以为《春秋》无其应。

（6）刘歆《皇极传》曰"有下体生上之痾"，说以为下人伐上，天诛已成，不得复为痾云。皇极之常阴，刘向以为《春秋》亡其应；一曰，久阴不雨是也；刘歆以为自属常阴。

从上引六条解说可以看出，刘向、刘歆父子言灾异确实"颇不同"。不仅如此，而且在《行事》部分，刘向歆父子的解释差异就更多和更大了。除此之外，《行事》部分还采录了当时众多经学家的解释，其异同在此得到了具体展现。值得注意的是，刘向的解释更为靠近董仲舒，而刘歆的解释则与众人多异。具体情况，参看《汉书·五行志》，今不赘述。

从上引《五行志》原文来看，班固之所以说刘歆所传《五行传》"独异"，是因为一者，他对传统的《五行传》重新作了结构性的划分，并分别命名为所谓《貌传》《言传》《视传》《听传》《思心传》和《皇极传》。刘歆"《听传》""《思心传》"和"《皇极传》"的名称，已见上引文。"《貌传》"和"《言传》"则见于《汉书·五行志中之上》，"《视传》"见于同书《五行志中之下》。二者，刘歆所传之《传》文，确实多有不同于乃父（刘向所传《五行传》文字同于夏侯胜、许商等经师）之处。例如《五行传》本曰"时则有龟孽，时则有鸡祸，时则有下体生上之痾"，刘歆《貌传》则改作"有鳞虫之孽，羊祸，鼻痾"，并申述其改作的理由曰："说以为于天文东方辰为龙星，故为鳞虫；于《易》，《兑》为羊，木为金所病，故致羊祸，与常雨同应。"又如

《五行传》本曰"时则有介虫之孽",刘歆《言传》则改作"时有毛虫之孽",并申述其改作的理由曰:"说以为于天文西方参为虎星,故为毛虫。"再如《五行传》本曰"时则有赢虫之孽,时则有羊祸",刘歆《视传》则改作"有羽虫之孽,鸡祸",并申述其改作的理由曰:"说以为于天文南方喙为鸟星,故为羽虫;祸亦从羽,故为鸡;鸡于《易》自在《巽》。"例四,《五行传》本曰"时则有下人伐上之痾",刘歆《皇极传》改作"有下体生上之痾",并申述其改作的理由曰:"说以为下人伐上,天诛已成,不得复为痾云。"不过,对于这些改作及其申述的理由,班固多以"此说非是""说非是"予以呵斥或否定。

进一步,从班固《五行志》来看,刘歆《洪范五行传论》前当有一个类似《序》的导言,用以说明《洪范》"九畴"及《五行传》所由作的理论因缘,对传统的《河图》《雒书》提出了具体的解释。而这一点,在刘向的《五行传论》中当是没有的。《汉书·五行志》开篇即曰:

> 《易》曰:"天垂象,见吉凶,圣人象之;河出图,雒出书,圣人则之。"刘歆以为虑羲氏继天而王,受《河图》,则而画之,八卦是也;禹治洪水,赐《雒书》,法而陈之,《洪范》是也。……圣人行其道而宝其真。降及于殷,箕子在父师位而典之。周既克殷,以箕子归,武王亲虚己而问焉。故经曰:"惟十有三祀,王访于箕子,王乃言曰:'乌呼,箕子!惟天阴骘下民,相协厥居,我不知其彝伦逌叙。'箕子乃言曰:'我闻在昔,鲧堙洪水,汨陈其五行,帝乃震怒,弗畀《洪范》九畴,彝伦逌斁。鲧则殛死,禹乃嗣兴,天乃锡禹《洪范》九畴,彝伦逌叙。'"此武王问《雒书》于箕子,箕子对禹得《雒书》之意也。"初一曰五行;次二曰羞用五事;次三曰农用八政;次四曰旪用五纪;次五曰建用皇极;次六曰乂用三德;次七曰明用稽疑;次八曰念用庶征;次九曰向用五福,畏用六极。"凡此六十五字,皆《雒书》本文,所谓天乃锡禹大法九章,常事所次者也。以为《河图》《洛书》相为经纬,八卦、九章相为表里。昔殷道弛,文王演《周易》;周道敝,孔子述《春秋》。则《乾》

《坤》之阴阳,效《洪范》之咎征,天人之道粲然著矣。

这段话,乃班固概括刘歆《五行传论》的相关文字而来。其中,《易》曰"天垂象"一段数句,出自《周易·系辞上》。《河图》《雒书》本系古人悬案,但也是自上古以来圣圣相传的两种瑞应符篆,孔子即曾曰"凤鸟不至,河不出图,吾已矣乎!"汉人对于《河图》《雒书》到底为何物,在当时的文化氛围中,乃是一个必须严加追究的问题。刘歆予以指实,根据《易传》和《尚书》,他认为八卦是伏羲受《河图》则而画之的结果,《洪范》则是禹受赐《雒书》法而陈之的结果。也可以反过来说,他认为《河图》即是指八卦,《雒书》即是指《尚书·洪范》。进一步,刘歆根据《洪范》开篇一段文字,指明"禹得《雒书》之意",即通过受赐洪范九畴来使天下实现从"彝伦迪斁"到"彝伦迪叙"的理想状态。刘歆还说,《洪范》"初一曰五行"以下六十五字,"皆《雒书》本文"。刘歆之所以作如此论说,无非是为了在与当时流行的谶纬思潮相应和的同时强化《洪范五行传》的神圣性。而刘歆本人(及前人)之所以要作《洪范五行传论》,在他看来,乃是为了"则《乾》《坤》之阴阳,效《洪范》之咎征,天人之道粲然著矣"。

最后,需要指出,无论是刘向还是刘歆,其《洪范五行传论》虽然以《洪范五行传》为纲,以《春秋》所列及下至王莽时期诸行事为纬,但是在具体的解释过程中,二人运用了丰富的易学知识,易学在其中具有方法论的意义。《汉书·楚元王传》即曰"歆及向始皆治《易》",易学对于刘向、刘歆父子确实产生了深远且重大的影响。[①] 而在《洪范》经的原理性作用下,以《易》解释《春秋》经文及其灾异现象,这是刘向、刘歆父子《洪范五行传论》的一个重要解释特征。

总之,《汉书·五行志》所录《五行传》文本按照木、火、土、金、水的相生次序排列,与刘向的新德运观一致,这应当出自刘向的调整。而刘歆对于《洪范五行传》文本作了多方面的改变,这体现了他在经学和灾异说

---

① 刘向、刘歆父子的易学思想,可参看郑万耕《刘向、刘歆父子的易说》(《周易研究》2004 年第 2 期,第 3—12 页)等文。

上的新看法。他与其父刘向在相关论证中都非常重视《周易》的原理作用。

第三节　从《汉书·律历志》论刘歆的天道观

律历,是汉人天道观的重要组成部分。汉人论律历,始于张苍,中经司马迁、刘向等人的推衍,至刘歆总其大成。《史记》分《律书》和《历书》为二,《汉书》合二为一,名为《律历志》。《汉书·律历志》继承了《史记·律书》《史记·历书》的许多内容,但是从形成过程来看,班固基本上是通过抄录刘歆的著作来完成的,所谓"删其伪辞,取正义著于篇"及"(刘歆)作《三统历》及《谱》以说《春秋》,推法密要,故述焉"①是也。因此《汉书·律历志》大体上可以直接看作研究刘歆思想的材料。需要指出,《三统历》及《谱》的制定不过是"向子歆究其微眇"的结果。据《汉书·律历志上》,刘向在成帝时期"总《六历》,列是非,作《五纪论》",很可能《五纪论》奠定了《三统历》的理论基础。从这一点看,《汉书·律历志》所说刘歆的天道观,很可能也是刘向的天道观。

司马迁在《律书》开篇说:"王者制事立法,物度轨则,壹禀于六律,六律为万事根本焉。"在《历书》中,他说:"王者易姓受命,必慎始初,改正朔,易服色,推本天元,顺承厥意。"这些看法都是汉人的通识,刘歆无疑作了继承。不过,与司马迁相较,刘歆更为重视"数"的观念,将其提升到哲学高度上。不仅如此,刘歆的律历论在解释上具有综合的特征,以《易》《春秋》《尚书》等作为根本经典依据,以及将太极元气、阴阳五行观念作为基本解释理论。概括来说,《汉书·律历志》所反映的刘歆哲学思想可以概括为如下。

一、数者,所以算数事物,顺性命之理也

在《律历志》中,刘歆提出了"数者,所以算数事物,顺性命之理也"的

①《汉书·律历志上》。

看法,深化了人们对于"数"的存在本性的认识,意识到"数"是人用来规范宇宙万物(包括人)的一种普遍存在。不过,也可以说,客观事物因其本有"数"在,而人乃得以"数"数之。《汉书·律历志上》曰:

> 数者,一、十、百、千、万也,所以算数事物,顺性命之理也。《书》曰:"先其算命。"本起于黄钟之数,始于一而三之,三三积之,历十二辰之数,十有七万七千一百四十七,而五数备矣。其算法用竹,径一分,长六寸,二百七十一枚而成六觚,为一握。径象《乾》律黄钟之一,而长象《坤》吕林钟之长。其数以《易》大衍之数五十,其用四十九,成阳六爻,得周流六虚之象也。夫推历生律制器,规圜矩方,权重衡平,准绳嘉量,探赜索隐,钩深至远,莫不用焉。度长短者不失毫牦,量多少者不失圭撮,权轻重者不失黍絫。纪于一,协于十,长于百,大于千,衍于万,其法在算术。宣于天下,小学是则。职在太史,羲和掌之。

"数"是一种普遍性的规范,一、十、百、千、万乃数量单位,但是这不是说"数"完全是一种人为的、主观的产物,刘歆认为它也是"顺性命之理"的结果。"理",条理、准则。事物不同,其性命之理不同;即使是同一事物,在生死成毁或不同的存在状态中,其数也是不同或变化着的。作为《五经》之首的《周易》,刘歆也着重从"数"的关联及《易》生于数的观念反复作了论说。刘歆的这一认识,显然超越了《史记·律书》"六律为万事根本"的说法。由此而下,刘歆说"(数)本起于黄钟之数"云云——这才是对司马迁说法的继承。而"本起于黄钟之数"同"六律为万事根本"一样,都指明了人类发明和使用"数"的宇宙论根源。具体说来,在汉人的思想世界中,万数都应当返回到具有强烈的宇宙生成论背景的律吕之数上来加以理解和把握。以"数"为基础,刘歆将五声、度量衡、三统三正,乃至历数都关联起来了。

二、天地之数、中数、九六之数与三统说

刘歆的三统说在内容上比较复杂和庞大。毫无疑问,他高度重视

"数"的观念。总的看来,其论述"数"的起源及其推演过程具有浓厚的经典论证色彩,将《周易》等经典(《五经》)看作最为重要、最为可靠的理论依据。一方面,三统说来源于"数"的推演,这其中包括三律数、历数、五位相合数、中数、大衍之数和天地之数等;另一方面,在理论上它又包括五声、十二律吕、阴阳五行和太极元气等内容。

首先,刘歆认为包括律历数在内的万数,皆本源于天地之数或大衍之数。"天地之数"的说法本于《周易·系辞上》,即所谓天一地二,天三地四,天五地六,天七地八,天九地十。天地之数各有五个,各自相加,"天数二十有五,地数三十",《系辞上》并说:"凡天地之数五十有五,此所以成变化而行鬼神也。"刘歆对这段话深信不疑,将其看作五声六律和历数之本数,他认为"天地之数"已包含了黄钟、林钟之数,而人"继天顺地,序气成物""终天地之功",由之可得太族之数。在天地之数中,刘歆又最重"中数"。所谓中数,指天数"五"和地数"六"。《汉书·律历志上》曰:

(1)天之中数五,五为声,声上宫,五声莫大焉。地之中数六,六为律,律有形有色,色上黄,五色莫盛焉。

(2)天之中数五,地之中数六,而二者为合。六为虚,五为声,周流于六虚。虚者,爻律夫阴阳,登降运行,列为十二,而律吕和矣。太极元气,函三为一。极,中也。元,始也。行于十二辰,始动于子。参之于丑,得三。又参之于寅,得九。……又参之于亥,得十七万七千一百四十七。此阴阳合德,气钟于子,化生万物者也。故孳萌于子,纽牙于丑,引达于寅,冒茆于卯,振美于辰,已盛于巳,咢布于午,昧薆于未,申坚于申,留孰于酉,毕入于戌,该阂于亥。出甲于甲,奋轧于乙,明炳于丙,大盛于丁,丰楙于戊,理纪于己,敛更于庚,悉新于辛,怀任于壬,陈揆于癸。故阴阳之施化,万物之终始,既类旅于律吕,又经历于日辰,而变化之情可见矣。

(3)《传》曰"天六地五",数之常也。天有六气,降生五味。夫五

六者,天地之中合,而民所受以生也。故日有六甲,辰有五子,十一
而天地之道毕,言终而复始。

在第一条引文中,刘歆以中数"五""六"作为论说和推演五声六律的
根据。所谓五声,宫商角徵羽是也,而以宫声为上。由五声而有八音。
六律为阳,包含六吕,合为十二律吕。在五声、六律中,律吕更为根本,
"五声为本,生于黄钟之律"。

在第二条引文中,刘歆论述了太极元气是如何化生万物的,其中"函
三为一"及"阴阳合德,气钟于子,化生万物者也"是两个重要法则,但是
也可以看出中数"五""六"在此具有基础性的作用,因为它们即表示了阴
阳之别。天五、地六相合即包涵了阴阳合德之义,"周流于六虚"而"列为
十二"律吕矣。"函三",太极本函之也,"三"为生化的倍数法则,"为一"
乃极中元始之端;"极"者,中也。太极元气"行于十二辰,始动于子",依
叁法(三之也),经过丑寅而至于戌亥,从三、九而至于五万九千四十九、
十七万七千一百四十七。同时,气化万物,并依子丑至戌亥之序完成了
从生到阂的循环。刘歆又将万物的循环与十干联系起来,所以说:"阴阳
之施化,万物之终始,既类旅于律吕,又经历于日辰,而变化之情可
见矣。"

在第三条引文中,《传》指《左传》,《左传·昭公元年》曰:"天有六气,
降生五味,发为五色,征为五声,淫生六疾。"所谓"五""六"为"数之常",
即其为天地之中数。作为中数,它们具有象征天地的作用,"天地之中
合,而民所受以生也"。

"大衍之数"亦见于今本《周易·系辞》(帛书《系辞》无)。《汉书·律
历志上》曰:"是故元始有象一也,春秋二也,三统三也,四时四也,合而为
十,成五体。以五乘十,大衍之数也,而道据其一,其余四十九,所当用
也,故著以为数。"对于"大衍之数"的来源和形成,刘歆作了具体阐述。
其中"元始有象",其数"一",这是汉人以特有方式对宇宙本体的表达,浑
天说已肯定此一命题,而"三统三也"则大体上是由刘向、刘歆提出来的。

总之,以大衍之数来展示元气在宇宙万物中的生成和开展,这是其所以称为"大衍之数"的根本原因。大衍之数五十,对于"舍一不用"的问题,刘歆以"道据其一",其余四十九"所当其用"为说。而所谓"道",指"一阴一阳之谓道"。

其次,刘歆认为三统本自三律,而三律之数与三极之道相合。《汉书·律历志上》曰:

> 三统者,天施,地化,人事之纪也。十一月,《乾》之初九,阳气伏于地下,始著为一,万物萌动,钟于太阴,故黄钟为天统,律长九寸。九者,所以究极中和,为万物元也。《易》曰:"立天之道曰阴与阳。"六月,《坤》之初六,阴气受任于太阳,继养化柔,万物生长,楙之于未,令种刚强大,故林钟为地统,律长六寸。六者,所以含阳之施,楙之于六合之内,令刚柔有体也。"立地之道曰柔与刚。""乾知太始,坤作成物。"正月,《乾》之九三(二),万物棣通,族出于寅,人奉而成之,仁以养之,义以行之,令事物各得其理。寅,木也,为仁;其声,商也,为义。故太族为人统,律长八寸,象八卦,宓戏氏之所以顺天地,通神明,类万物之情也。"立人之道曰仁与义。""在天成象,在地成形。""后以裁成天地之道,辅相天地之宜,以左右民。"此三律之谓矣,是为三统。

律吕相生及与十二辰的相配关系,起源很早,《吕氏春秋·十二纪》和《淮南子·时则》《史记·律书》的记载都很成熟。爻辰说源自京房,不过,刘歆的特别之处在于单独以乾坤十二爻与十二辰律相配,形成了所谓乾坤十二爻辰说,并以之建构十二律吕的生成关系和解释三统的来源。在上述引文中,刘歆仅论及天统、地统、人统三统之律,今联系相关文献,将这一图式的基本架构列表如下:

十一月 《乾》初九 子 黄钟 长九寸 天统

十二月 《坤》六四 丑 大吕

正 月 《乾》九二 寅 太族 长八寸 人统

二	月	《坤》六五	卯	夹钟		
三	月	《乾》九三	辰	姑洗		
四	月	《坤》上六	巳	仲吕		
五	月	《乾》九四	午	蕤宾		
六	月	《坤》初六	未	林钟	长六寸	地统
七	月	《乾》九五	申	夷则		
八	月	《坤》六二	酉	南吕		
九	月	《乾》上九	戌	亡射		
十	月	《坤》六三	亥	应钟		

刘歆的乾坤十二爻辰说,后来被东汉大儒郑玄所继承和发扬光大,在易学史上产生了较大影响。①

"三统",本《春秋》家旧说,董仲舒说为黑统、白统和赤统②;刘歆则以天统、地统、人统为"三统",与董子不同。《汉书·律历志》曰:"三统者,天施,地化,人事之纪也。""统"者,绪也。刘歆的三统说出自其父刘向,而此种三统说最终源自《易十翼》"三才"或"三极"的观念。《史记·律书》曰:"吹律听声,推孟春以至于季冬。"又曰:"律历,天所以通五行八正之气。"刘歆的三统说正是继承史家的天道观而来,根据阴阳二气在四时的消息运动来制定律历。将《易传》的三才说应用于律历说,即为刘向、刘歆的三统说。

最后,刘歆的三统说也非常重视"九""六"二数。从上面的引文来看,刘歆以九、六、八这三个数字论说了三统说。《汉书·律历志上》曰"黄钟为天统,律长九寸","林钟为地统,律长六寸","太族为人统,律长八寸"。刘歆之所以认为黄钟为天统,林钟为地统,太族为人统,与其对

---

① 郑玄的坤卦六爻的纳辰来自刘歆,而不是来自《易纬·乾凿度》。《乾凿度》的爻辰说体系不同。刘向、郑玄仅使用乾坤十二爻辰说。而即使就坤卦来说,《乾凿度》坤六爻的纳辰不同,它们是这样的:六月,初六,未;四月,六二,巳;二月,六三,卯;十二月,六四,丑;十月,六五,亥;八月,上六,酉。
② 《春秋繁露·三代改制质文》。

于律数"九""六""八"的易学化（或哲学化）的认识相关。传统易学以九、六、七、八为四象数，但刘歆的根据不同：他认为"九""六"二数分别为阳阴、刚柔的数码指示符号，故下文曰"九六，阴阳、夫妇、子母之道也"；而对于律数"八"则曰"象八卦"。从哲理上来看，"九者，所以究极中和，为万物元也"，与"六者，所以含阳之施，楙之于六合之内，令刚柔有体也"相配，体现了《易》"一阴一阳之谓道"的原理。分而论之，在刘歆看来，黄钟为天统，合于《说卦》"立天之道曰阴与阳"的说法；林钟为地统，合于《说卦》"立地之道曰刚与柔"。不过，对于人统，刘歆的解释与对天统、地统的解释又不同："寅，木也，为仁"，"其声，商也，为义"，这是在五行、五声、五常的图式系统中来作解释的；"人奉而成之，仁以养之，义以行之，令事物各得其理"，这是从所以参赞化育的角度来显示人之所以为人的高贵品质的。如此，便可与《说卦传》"立人之道曰仁与义"的说法相合。

"三正"，也是一个传统术语，刘歆在观念上作了推展。《汉书·律历志上》曰："黄钟子为天正，林钟未之冲丑为地正，太族寅为人正。""三正"即天正、地正、人正，与天统、地统、人统的三统说相应。《律历志》曰"三统正始"，这即是说"三正"由"三统"而定。刘歆的三正说，显然较之此前《春秋》学家的寅为夏正、丑为殷正、子为周正的旧三正说在哲学认识上有了大幅提高。由三统、三正，进而衍生出历数，这是刘歆的思路。但不论是三律还是三统、三正，它们都是在以天、地、人为基本构架的宇宙论上来展开的。很显然，从宇宙学说来看，刘向、刘歆在浑天说的基础上兼容了盖天说。盖天说是天、地、人三才说，进而是刘氏所谓三统说、三正说的宇宙论基础。

三、以太极元气为本体，以阴阳五行为生化法则

在刘歆的三统说中，太极元气为万物生成、变化的本原，而阴阳五行在宇宙生化的过程中起着重要作用。因此，三统历数即是天道在时间上的具体展现，或者说，天道乃三统历数的生变根据。《律历志上》曰：

　　《传》曰"天有三辰,地有五行",然则三统五星可知也。《易》曰:"参五以变,错综其数。通其变,遂成天下之文;极其数,遂定天下之象。"太极运三辰五星于上,而元气转三统五行于下。其于人,皇极统三德五事。故三辰之合于三统也,日合于天统,月合于地统,斗合于人统。五星之合于五行,水合于辰星,火合于荧惑,金合于太白,木合于岁星,土合于填星。三辰五星而相经纬也。天以一生水,地以二生火,天以三生木,地以四生金,天以五生土。五胜相乘,以生小周;以乘《乾》《坤》之策,而成大周。阴阳比类,交错相成,故九六之变登降于六体。……三统二千三百六十三万九千四十,而复于太极上元。九章岁而六之为法,太极上元为实,实如法得一,阴阳各万一千五百二十,当万物气体之数,天下之能事毕矣。

　　所谓"太极中央元气"[1],"太极"在天之中央,"极"者"中"也。古人认为宇宙生化从"天极",即从"太极"开始。阴阳二气在太极阶段,混而未分,即谓之"元气"。为了说明三统历数及万数的来源,刘歆以《左传·昭公三十二年》"天有三辰,地有五行"为经典根据,并以太极元气为演化的本原。"太极运三辰五星于上,而元气转三统五行于下",而人则以"皇极统三德五事"以顺应之。"三辰",即日、月、斗;"五星",即晨星、荧惑、太白、岁星和填星。三辰合于三统,五星合于五行;三辰五星交错运行于上,而三统五行运转于下。五行生于天地,其具体生成之法,刘歆综合了《易传·系辞》天地之数及《洪范》五行之序,云:天以一生水,地以二生火,天以三生木,地以四生金,天以五生土。这即是说,五行是由天地之数生成的。

　　在历数的具体演算上,刘歆继承和发展了《太初历》的成果。据《汉书·律历志》,他以一月为 $29\frac{43}{81}$ 日;一年为 $12\frac{7}{19}$ 月,$365\frac{385}{1539}$ 日;一章为十九年,二百三十五月;一统为八十一章,一千五百三十九年,一万九千

———————————

[1]《汉书·律历志上》。

三十五月,五十六万二千一百二十日;一元为三统,四千六百十七年;五千一百二十元,二千三百六十三万九千四十年为一大周期。所谓"一元为三统",以甲子日起元,"天以甲子,地以甲辰,人以甲申",三统后乃复为甲子日,故刘歆以此名其历曰《三统历》。

刘歆的律历说广泛地运用了阴阳、五行观念。例如,对于五声,刘歆以宫为纲,以商角徵羽为纪,并将它们与五常、五事等相配。这是应用了五行思维方式的结果。《汉书·律历志上》曰:

> 宫,中也,居中央,畅四方,唱始施生,为四声纲也。徵,祉也,物盛大而繁祉也。羽,宇也,物聚臧宇覆之也。夫声者,中于宫,触于角,祉于徵,章于商,宇于羽,故四声为宫纪也。协之五行,则角为木,五常为仁,五事为貌。商为金为义为言,徵为火为礼为视,羽为水为智为听,宫为土为信为思。以君臣民事物言之,则宫为君,商为臣,角为民,徵为事,羽为物。唱和有象,故言君臣位事之体也。

而在论说权与规、矩、准、绳的关联时,刘歆兼用阴阳五行两种观念。《汉书·律历志上》曰:

> 权与物钧而生衡,衡运生规,规圜生矩,矩方生绳,绳直生准,准正则平衡而钧权矣。是为五则。……以阴阳言之,大阴者,北方。北,伏也,阳气伏于下,于时为冬。冬,终也,物终臧,乃可称。水润下。知者谋,谋者重,故为权也。大阳者,南方。南,任也,阳气任养物,于时为夏。夏,假也,物假大,乃宣平。火炎上。礼者齐,齐者平,故为衡也。少阴者,西方。西,迁也,阴气迁落物,于时为秋。秋,𢿥也,物𢿥敛,乃成孰。金从革,改更也。义者成,成者方,故为矩也。少阳者,东方。东,动也,阳气动物,于时为春。春,蠢也,物蠢生,乃动运。木曲直。仁者生,生者圜,故为规也。中央者,阴阳之内,四方之中,经纬通达,乃能端直,于时为四季。土稼穑蕃息。信者诚,诚者直,故为绳也。五则揆物,有轻重圜方平直阴阳之义,四方四时之体,五常五行之象。厥法有品,各顺其方而应其行。职

在大行,鸿胪掌之。

权、衡、规、矩、绳"五则",以"权"为根本:权生衡,衡生规,规生矩,矩生绳,矩生准,"准正则平衡而钧权矣"。"五则"相生的顺序,按照《洪范》五行数排列:权,水,一也;衡,火,二也;规,木,三也;矩,金,四也;绳,土,五也。这是从本源的角度来说明"五则"的先后关系。

"五则"通天地、人伦,具有律身和治世的功用。以"阴阳言之",五则与四方、四时、五常、五行的搭配关系可以表示如下:

阴阳	四方	四时	五行	五常	五则
太阴	北	冬藏	水	智重	权
太阳	南	夏假	火	礼平	衡
少阴	西	秋籔	金	义方	矩
少阳	东	春蠢	木	仁圜	规
阴阳之内	中央	四季	土	信直	绳

上表,从阴阳入手,中经四方、四时、五行、五常,最后指向五则,构成了一个相互关联的整体图式。从阴阳来看,五则是按照相对原则来排列的;从五行来看,五则是按照相胜原则来排列的,说明五则在实际运用中应当遵循"相对"和"克制"的原则。

四、以儒经为依据,对三统说作了经典论证

刘歆对其三统律历说所作的论证,非常重视《周易》《春秋》和《尚书》等经的作用,其中引用《周易》最为广泛。现仅举二例以见之:(1)《汉书·律历志上》征引"予欲闻六律、五声、八音、七始咏[①],以出内五言,女听",即出自《书·皋陶谟》篇,刘歆作了细致的解释,曰:"予者,帝舜也。

---

① "七始咏",今文《尚书》作"在治忽"。"在",金文、古文写作"才","才""七"形近。"咏"从永声,"忽"从勿声,"永""勿"古文形近。"始""治"均从台声。作"在治忽"或"七始咏",乃今古文学派经文之不同,其是非,涉及古文字的识别及如何释读。

言以律吕和五声,施之八音,合之成乐。七者,天地四时人之始也。顺以歌咏五常之言,听之则顺乎天地,序乎四时,应人伦,本阴阳,原情性,风之以德,感之以乐,莫不同乎一。唯圣人为能同天下之意,故帝舜欲闻之也。"(2) 在一段以时间为主线并略加诠释的文字中,刘歆会通《春秋》《周易》二经,作为论证根据,并提出了"《易》与《春秋》,天人之道也"的观点。《汉书·律历志上》曰:

> 《经》元一以统始,《易》太极之首也。春秋二以目岁,《易》两仪之中也。于春每月书王,《易》三极之统也。于四时虽亡事必书时月,《易》四象之节也。时月以建分、至、启、闭之分,《易》八卦之位也。象事成败,《易》吉凶之劾也。朝聘会盟,《易》大业之本也。故《易》与《春秋》,天人之道也。《传》曰:"龟,象也。筮,数也。物生而后有象,象而后有滋,滋而后有数。"

"元一""春秋二""王三""四时""八节",对于古人而言都是非常重要的时间概念和节点,且通常是构成其宇宙论的必要部分。刘歆亦不例外,他的三统说需要阐释这些时间概念的意义和价值。不过,他的方式,是以《春秋》为主导,而以《易》来阐释它们的。这些概念或有本体的意义,所谓"《经》元一以统始,《易》太极之首也"是也;或有宇宙生化论的意义,由元一而春秋二、四时、八节,依此与太极、两仪、四象、八卦对应;或有价值论上的意义,"于春每月书王,《易》三极之统也"。对于"王"字,刘歆在此显然采用了汉人所谓"一贯三"的通说;"三"者,天、地、人,故刘歆说"《易》三极之统也"。通过这样的阐释,刘歆突显了"王"在时间中的存在价值。不但如此,而且在刘歆看来,宇宙中的万物和所有人事都是在时间的生成中存在和展现的,而在时间的生成中即寄寓着价值世界,所谓"象事成败,《易》吉凶之劾也。朝聘会盟,《易》大业之本也"。这也是为何他要说"《易》与《春秋》,天人之道也"的深沉原因。

第四节　刘向的性情说与政治哲学

一、性情说：以先后、未发已发论性情及性情各有善恶

自战国早期以来，人性本体的内涵及其善恶的判断，成为儒学内部辩论的一大问题。进入汉代，不论是在天人感应的宇宙论中还是在元气宇宙论中，阴阳五行成为宇宙生化的两大实体和生化阶段。由此，与阴阳相对应，"情性"成为汉人理解人性的基本结构。

在西汉，陆贾、董仲舒、刘向和扬雄四人均曾论及人性善恶的问题。陆贾的说法，见于王充《论衡·本性篇》。陆子所谓"天地生人也，以礼义之性"，据王充的评述[1]，其意只是认为人应当以礼义为其本性，如此才合乎天地生人之本义。显然，陆贾没有从"本性"上来认识和判断人性善恶的问题。陆贾之后，董仲舒对于人性问题作了更为深入和细致的思考。根据《春秋繁露·深察名号》，董子认为阴阳、贪仁"两有""两在"于人身，因此世间既不存在所谓纯仁无贪，也不存在所谓纯贪无仁的人性。但是，他在《深察名号》篇中认为存在纯善的"圣人之性"和纯恶的"斗筲之性"。这样一来，董子的论述在逻辑上就不能自洽，所以王充批评道："夫人情性，同生于阴阳……情性生于阴阳，安能纯善？仲舒之言，未能得实。"西汉末期，扬雄提出了"人性善恶混"[2]的主张。这一主张乃继承董子而来，仍然立足于阳仁阴贪的观念来论述所谓人性善恶问题；不过，与董子相较，扬雄的说法在逻辑上似乎变得圆满自洽了。同时，我们看到，王充对扬雄也作了批评，他说："扬雄言人性善恶混者，中人也。"[3]为什么王充说扬雄的人性论得中人之性？这是因为王充本人在人性自然的论调上即持三品之论：人生而禀受阴阳情性，其才有渥泊、纯驳和清浊的不

---

[1]《论衡·本性篇》。又，本书凡引王充《论衡》，均参看黄晖撰《论衡校释》（北京，中华书局，1990）。引文凡有校改，亦多从此书。

[2]《法言·修身篇》。

[3]《论衡·本性篇》。

同,他依此而说其善恶,分为三品。王充在宇宙论上持元气自然论,与西汉诸儒所持天命气化论的观念颇为不同,也因此他的人性三品论不同于董仲舒的三品说,而扬雄的人性善恶混说则可以归入王充所说的中人之性。

1. 从《论衡·本性篇》看刘向的性情说

刘向介于董仲舒与扬雄之间,他的人性说亦见于王充的《论衡·本性篇》和荀悦的《申鉴·杂言》。先看《论衡·本性篇》的相关论述:

> (1)孙卿有(又)反孟子,作《性恶》之篇,以为"人性恶,其善者伪也"。……刘子政非之,曰:"如此,则天无气也。阴阳善恶不相当,则人之为善,安从生?"

> (2)刘子政曰:"性,生而然者也,在于身而不发;情,接于物而然者也,形出于外。形外则谓之阳,不发者则谓之阴。"夫子政之言,谓性在身而不发。情接于物,形出于外,故谓之阳;性不发,不与物接,故谓之阴。夫如子政之言,乃谓情为阳、性为阴也。不据本所生起,苟以形出与不发见定阴阳也。必以形出为阳,性亦与物接,造此必于是,颠沛必于是。恻隐不忍,仁之气也;卑谦辞让,性之发也,有与接会,故恻隐卑谦形出于外。谓性在内,不与物接,恐非其实。不论性之善恶,徒议外内阴阳,理难以知。且从子政之言,以性为阴,情为阳,夫人禀情(性),竟有善恶不(否)也?

在第一条引文中,刘向批评了荀子的"性恶伪善"说。在他看来,如果遵从荀子的主张,就会导致"天无气也"的后果。根据汉人的宇宙生化论,凡气化不离阴阳对待,遵循"一阴一阳之谓道"的原理。而如果认为人性只是恶的,那么这即是认为人性只有阴贪而无阳仁的方面。在汉人的思想中,这显然是难以成立的,因此刘向反诘道:"阴阳善恶不相当,则人之为善,安从生?"由此可知,刘向认为,人的为善为恶在阴阳气化中已预先存在其本源。

在第二条引文中,刘向的性情说与时人迥异,突破了汉人所谓阴阳情性同赋同禀的观念。在他看来,所谓"性","生而然者也","在于身而不发";所谓"情","接于物而然者也","形出于外"。在此,刘向将"性""情"看作一对有先后、隐现之别的概念:性是生而如此、禀受在身的未发者,而情是感物而动、形出于外的已发者,且二者具有对应关系。这种性情论,显然受到了《礼记·中庸》和《乐记》的深刻影响。①《中庸》曰:"喜怒哀乐之未发谓之中,发而皆中节谓之和。"《乐记》曰:"人生而静,天之性也;感于物而动,性之欲也。物至知(智)知,然后好恶形焉。"从下文王充的批评来看,刘向所谓"性"的内容具体指恻隐不忍、卑谦辞让的仁礼之性,但又不尽为此义理之性,因为他将"性"定义为"生而然者也",跟孟子之说有所区别;并且,从王充的批评来看,刘向不以此为"情"的内容。由此推测,刘向的性情论大概以《礼记·中庸》和《孟子·公孙丑上》《孟子·告子上》为思想资源,所谓"性",继承了孟、告的说法,兼大体、小体而言之;所谓"情",同于《左传》、大小戴《礼记》的"六情"或"七情"说,即所谓喜、怒、哀、乐、好、恶、惧七者。应当说,刘向的说法是性情论的一次大创造,但是在汉代阴阳气化论的哲学大背景下,刘向的创造却似乎显得不伦不类。他以"形外则谓之阳,不发者则谓之阴",即以未发、已发为标准,而判定性为阴、情为阳,这种观念在较大程度背离或超出了汉人的思想传统,而显得特立独行。汉人以性阳情阴为通说,性情的阴阳划分是通过阴阳气化的对待性开展出来而加以规定的。王充正是抓住了这一点而对刘向的性情说作了根本批评和否定,认为他"不据本所生起,苟以形出与不发见定阴阳也"。王充的批评还包括两个要点:(1) 依据刘向的规定,仁气、礼气等具有"有与接会""恻隐卑谦形出于外"的特点,因此在王充看来,刘子政所谓"谓性在内,不与物接"的说法并不符合人性的实际;(2) 既然刘向"不论性之善恶"而"徒议外内阴阳",那么这就会令人产生对其所

---

① 刘向在《说苑》中两次引用《中庸》,可证其生前比较重视这一文本。《建本》篇引《中庸》曰:"好问近乎智,力行近乎仁,知耻近乎勇。"《敬慎》篇引《中庸》曰:"莫见乎隐,莫显乎微,故君子能慎其独也。"

禀受的本性是否有善恶的怀疑。不过，需要注意，第二条文献所反映的刘向性情说似乎与第一条不尽一致，因此王充对刘向人性论的叙述是否准确，这还是一个问题。另外，刘向的人性说前后是否存在变化，这也是需要考虑的问题。

2. 从《申鉴·杂言》看刘向的性情说

汉末荀悦在《申鉴·杂言下》中对刘向的性情说作了叙述和评论，他本人是赞成刘向的性情说的。《申鉴·杂言下》曰：[1]

> 或问天命人事，曰："有三品焉，上下不移，其中则人事存焉尔。命相近也，事相远也，则吉凶殊矣。故曰：'穷理尽性以至于命。'孟子称性善，荀卿称性恶，公孙子曰'性无善恶'，[董仲舒曰'性善情恶'，][2]杨雄曰'人之性善恶浑'，刘向曰'性情相应，性不独善，情不独恶'。"曰："问其理。"曰："性善，则无四凶；性恶，则无三仁；人无善恶，文王之教一也，则无周公管蔡；性善情恶，是桀纣无性而尧舜无情也；性善恶皆浑，是上智怀恶而下愚挟善也。理也未究矣，惟向言为然。"

> 或曰："仁义，性也；好恶，情也。仁义常善，而好恶或有恶，故有情恶也。"曰："不然。好恶者，性之取舍也；实见于外，故谓之情尔，必本乎性矣。仁义者，善之诚者也，何嫌其常善？好恶者，善恶未有所分也，何怪其有恶？凡言神者，莫近于气。有气斯有形，有神斯有好恶喜怒之情矣。故神有情，由（犹）气之有形也。气有白黑，神有善恶，形与白黑偕，情与善恶偕，故气黑非形之咎，神恶非情之罪也。"

荀悦不仅赞同传统的三品人性说，而且将三品再分为九品。他历数了此前各种人性、性情善恶说，认为它们均于"理也未究矣"，而唯独赞成刘向的说法，云"惟向言为然"。根据荀悦的叙述，刘向认为性情

---

① 所引《申鉴》文，据丛书集成初编本，北京，商务印书馆，1937。
② 本句，笔者据下文"性善情恶，是桀纣无性而尧舜无情也"补。

为相应关系,性、情各有善恶,与董子性善情恶的说法不同。所谓"性",荀悦在上文云"生之谓性,形神是也",而仁义固然为性;所谓"情",即好恶喜怒之类。这些,都与上文所说刘向"性""情"概念是一致的。荀悦说:"好恶者,性之取舍也;实见于外,故谓之情尔,必本乎性矣。"在此,情由性生,性情具有先后和隐现的关系,而刘向所说的性情关系也是如此。进一步,荀悦认为"神有善恶"而"情与善恶偕",这与其所述刘向"性不独善,情不独恶"的说法一致。不过,值得注意的是,荀悦以恶善分别对应阴阳,云:"善,阳也;恶,阴也。"[①]这显然是情性各有阴阳的观点。而这种观念,与王充所述刘向以形出为阳、未发为阴的说法相差颇大。

总之,刘向认为性情具有先后和未发已发的相应关系,并认为它们各有善恶。这些看法,得到了荀悦的继承和赞同。不过,刘向以形出之情为阳、以未发之性为阴的特异说法,受到了王充的严厉批评。

二、政治哲学:以仁义为主干的治国之道

刘向的政治学说,主要见于《说苑》一书。今传《说苑》共分二十卷二十篇[②],这二十篇分别为《君道》《臣术》《建本》《立节》《贵德》《复恩》《政理》《尊贤》《正谏》《敬慎》《善说》《奉使》《权谋》《至公》《指武》《谈丛》《杂言》《辨物》《修文》和《反质》,其中多数篇目两两为一组,在思想上相对或相关,大体上阐述了君主和臣下应当如何治国的问题。

刘向的政治哲学涉及六个方面:(1)君道与臣术;(2)建本和敬慎;(3)贵德、仁政与报恩;(4)人君、人臣之公与"公生明,偏生暗"的正心之术;(5)文质相救与诚一为质说;(6)政有三品与德刑之用。总之,从为政的主体到为政的品第,刘向构造了一套系统的政治哲学理论。这其中

---

① 《申鉴·杂言下》。
② 参看向宗鲁《说苑校证》,北京,中华书局,1987。本书凡引《说苑》文及文字校改,均参看此本。

包括君道无为、臣道有为,如何建立君臣的政治主体,仁政和公义的实践,文质相救循环和诚一为质,以及政有三品等问题。刘向的政治哲学虽然吸纳了一些道、法、阴阳家的思想,但是无疑以孔孟儒学所宣扬的仁义观念为主干,且不论是在政治实践上还是在政治人格的建立上都是如此。